*Victor Ostrovsky,* geboren 1950 in Kanada als Sohn einer Israelin und eines Kanadiers jüdischer Abstammung, verbrachte seine Jugend in Israel und wurde mit 18 Jahren der jüngste Offizier in der israelischen Armee. Er wurde Mitte der achtziger Jahre vom Mossad rekrutiert und arbeitete vier Jahre im Geheimdienst, bevor er desillusioniert die Organisation verließ und nach Kanada zurückkehrte.

*Claire Hoy,* 1940 geboren, ist einer bekanntesten Journalisten Kanadas. Er hat vier Bücher veröffentlicht, darunter den Bestseller »Friends in High Places«, ein Enthüllungsbuch über den politischen Filz in der Regierungszeit von Brian Mulroney.

W0052602

Dieses Buch wurde auf chlor- und säurefreiem Papier gedruckt.

Vollständige Taschenbuchausgabe Oktober 1992
Droemersche Verlagsanstalt Th. Knaur Nachf., München
© 1991 für die deutschsprachige Ausgabe
Hoffmann und Campe Verlag, Hamburg
© 1990 Claire Hoy und Victor Ostrovsky
Titel der Originalausgabe »By Way of Deception«
Aus dem Amerikanischen von Elmar Schlereth
Originalverlag Stoddart Publishing Co. Ltd., Toronto
Umschlaggestaltung Manfred Waller
Bruck und Bindung Elsnerdruck, Berlin
Printed in Germany
ISBN 3-426-77022-9

9   10

VICTOR OSTROVSKY/CLAIRE HOY

# Der Mossad

Ein Ex-Agent enthüllt Aktionen und Methoden
des israelischen Geheimdienstes

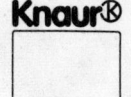

Für alle, die freiwillig ihr
Leben hingaben, obwohl man sie
hätte schonen sollen

*Victor Ostrovsky*


Für Lydia –
meine ganz persönliche geheime
Inspiration

*Claire Hoy*

# INHALT

## III
## DIE WEGE DER TÄUSCHUNG 219

# VORWORT

Die Tatsachen zu enthüllen, wie ich sie von meinem günstigen Ausgangspunkt während meiner vierjährigen Tätigkeit für den Mossad kennengelernt habe, war für mich keineswegs leicht.

In meiner sehr stark zionistisch ausgerichteten Familie hat man mir beigebracht, daß der israelische Staat nicht fähig sei, Schandtaten zu verüben. Daß wir der David in einem nie endenwollenden Kampf gegen einen immer stärker werdenden Goliath wären. Daß es außer uns selbst niemanden auf der Welt gäbe, der uns beschützte – ein Gefühl, das durch die Überlebenden des Holocausts bestärkt wurde, die unter uns lebten.

Uns, der neuen Generation von Israelis, der auferstandenen Nation, die nach mehr als 2 000 Jahren des Exils wieder in ihr eigenes Land heimgekehrt war, war das Schicksal der gesamten Nation anvertraut.

Die Kommandeure unserer Armee wurden Champions genannt, nicht Generale. Unsere Führer waren Kapitäne am Ruder eines großen Schiffes.

Ich fühlte mich regelrecht erhoben, als ich ausgewählt wurde und das Privileg erhielt, der Elite, so sah ich den Mossad, anzugehören.

Aber die verkümmerten Ideale und der selbstbezogene Pragmatismus, die ich im Mossad vorfand, verbunden mit Raffgier, Geilheit und dem völligen Mangel an Achtung vor menschlichem Leben, bewogen mich, die folgende Geschichte zu erzählen.

Aus Liebe zu einem freien und gerechten Israel werfe ich mein

Leben in die Waagschale und stelle mich jenen entgegen, die dafür verantwortlich sind, daß der zionistische Traum in den heutigen Alptraum verwandelt wurde.

Der Mossad, dem als Geheimdienst die Aufgabe anvertraut worden war, den Kurs für die Steuerleute der Nation abzustecken, hat dieses Vertrauen mißbraucht. Er handelt aus Eigennutz, aus erbärmlichen, egoistischen Interessen, und er hat die Nation auf einen Kollisionskurs in Richtung Krieg gebracht.

Ich kann nicht länger schweigen. Ich kann auch die Glaubwürdigkeit dieses Buches nicht aufs Spiel setzen, indem ich reale Ereignisse hinter falschen Namen und verschleierten Identitäten verstecke (allerdings habe ich für die Nachnamen einiger aktiver Katsas die Anfangsbuchstaben benutzt, um ihr Leben zu schützen).

Nun sind die Würfel gefallen.

Im Juli 1990                                        *Victor Ostrovsky*


In mehr als 25 Jahren journalistischer Tätigkeit habe ich gelernt, niemals nein zu sagen, wenn einem jemand eine Story anbietet, auch wenn das Angebot noch so unglaublich klingt. Victor Ostrovskys Story klang zu Anfang bizarrer als alles, was ich bisher gehört hatte.

Wie die meisten Journalisten habe ich mir schon genug Geschichten von Leuten anhören müssen, die mir mit ersterbender Stimme erklärten, wieso ihre Story durch die bösartigen Aktivitäten einer intergalaktischen Verschwörung unterdrückt worden sei. Andererseits haben alle Journalisten auch schon einmal dieses Hochgefühl erlebt, wenn man auf einen Tip reagiert, der sich später als Knüller erweist.

An einem Nachmittag im April 1988 saß ich an meinem üblichen Platz auf der Pressetribüne des Parlamentes in Ottawa, als

mich Victor Ostrovsky anrief, um mir zu sagen, daß er mir eine
Geschichte mit internationalen Bezügen erzählen wolle, die mich
interessieren könnte. Ich hatte erst kürzlich einen umstrittenen
Bestseller unter dem Titel *Friends in High Places* veröffentlicht,
der die Schwierigkeiten des damaligen kanadischen Premierministers und seiner Regierung behandelte. Victor sagte, daß er
meine Herangehensweise an Probleme von öffentlichem Interesse schätze; deswegen habe er sich entschlossen, mir die Geschichte anzubieten. Er ging nicht in die Details, sondern schlug
ein Treffen in einem nahegelegenen Café vor, bei dem ich ihm
nur 15 Minuten lang zuhören sollte. Nach drei Stunden Unterhaltung besaß Victor immer noch meine volle Aufmerksamkeit. Er
hatte tatsächlich eine interessante Geschichte zu erzählen.

Meine erste Sorge galt natürlich der Frage, wie ich herausfinden konnte, ob er wirklich derjenige ist, für den er sich ausgibt.
Einige private Nachforschungen über verschiedene Kontakte,
dann seine Bereitschaft, Namen zu nennen und selbst offen zu
sein, ermöglichten mir bald die Feststellung, daß er tatsächlich
ein ehemaliger Mossad-*Katsa** ist.

Viele Leute werden über das, was sie in diesem Buch lesen
werden, nicht glücklich sein. Es ist eine beunruhigende Geschichte, wohl kaum eine Chronik des Erhebendsten, was die
menschliche Natur zu bieten hat. Viele werden in Victor einen
Verräter an Israel sehen. Sei's drum. Aber ich sehe ihn als einen
Mann, der die tiefe Überzeugung hegt, daß der Mossad eine gute
Organisation ist, die sich in ein Übel verkehrt hat; ein Mann, dessen Idealismus unter den ständigen Schlägen der Realität zer-
brach; ein Mann, der glaubt, daß der Mossad – wie im übrigen
jede andere Regierungsorganisation auch – sich für seine Aktionen öffentlich verantworten muß. Selbst der CIA muß sich vor
einer gewählten Körperschaft verantworten. Der Mossad nicht.

Am 1. September 1951 gab der damalige Premierminister David Ben Gurion eine Direktive heraus, daß der Mossad als eine
vom Außenministerium unabhängige Geheimdienstorganisation

* Siehe Glossar, Seite 405

11

zu schaffen sei. Bis auf den heutigen Tag, obwohl jeder weiß, daß er existiert – Politiker rühmen sich zuweilen sogar seiner Erfolge –, ist der Mossad in jeder Hinsicht eine nebulöse Organisation geblieben. Man findet über ihn zum Beispiel keinerlei Nachweis im israelischen Staatshaushalt. Und der Name seines Chefs wird, so lange er diese Position einnimmt, nie veröffentlicht.

Die Einschätzungen dieses Buches sind durch Victors Überzeugung bestimmt, daß der Mossad außer Kontrolle geraten ist, daß sogar der Premierminister, obwohl er die Kontrolle ausüben sollte, keine wirkliche Autorität über seine Aktionen besitzt, ja sogar oft von ihm manipuliert wird, damit er Aktionen zustimmt oder selbst welche in Gang setzt, die vielleicht im besten Interesse der Mossad-Führung liegen mögen, nicht aber im besten Interesse Israels.

Das Geheimdienstgeschäft erfordert von Natur aus eine beträchtliche Geheimhaltung, gleichwohl sind in demokratisch verfaßten Ländern gewisse Bereiche dieser Arbeit öffentlich. In den Vereinigten Staaten zum Beispiel werden der Direktor und seine Stellvertreter zuerst vom Präsidenten ernannt, müssen sich dann öffentlichen Anhörungen des vom Senat gewählten Geheimdienstausschusses stellen und schließlich noch von der Mehrheit des Senats bestätigt werden.

Am 28. Februar 1989 zum Beispiel tagte im Hart-Senatsgebäude in Washington, im Zimmer SH-216, unter Vorsitz von David L. Boren der Ausschuß, um den CIA-Veteranen Richard J. Kerr über seine Nominierung zum Stellvertretenden Direktor des CIA zu befragen. Noch bevor es zu dieser Anhörung kam, mußte Kerr einen 45seitigen Fragebogen ausfüllen, wobei es um alles in seinem privaten Ausbildungs- und Berufsleben ging, aber auch um seine Finanzen, einschließlich der Ländereien, die er besitzt, sein Gehalt in den vergangenen fünf Jahren, den Umfang seiner Hypothekenbelastungen, sowie Fragen über die Organisationen, denen er angehört hat bis hin zu seinen allgemeinen Ansichten über das Leben und den Geheimdienst.

Bei der Eröffnung des Hearings meinte Senator Boren, daß sich für den Ausschuß die seltene Gelegenheit biete, die Untersuchung öffentlich zu führen. »Zwar sehen verschiedene andere Länder eine gesetzliche Überwachung ihrer Geheimdienstaktivitäten vor, aber die umfassende Prozedur in unserem Land ist wirklich einzigartig.«

Neben anderen Aufgaben führt der Ausschuß vierteljährlich eine Prüfung aller vom Präsidenten befohlenen Programme von getarnten Aktionen durch, und er veranstaltet gesonderte Anhörungen, wann immer der Präsident eine neue Undercover-Operation einleiten läßt.

»Wir haben zwar nicht die Macht, durch ein Veto eine vorgeschlagene Tarnoperation zu verhindern«, fuhr Boren fort, »doch sind die Präsidenten in der Vergangenheit unseren Ratschlägen gefolgt und haben bestimmte Aktivitäten geändert oder sogar eingestellt, von denen das Komitee glaubte, daß sie schlecht geplant seien, oder von denen wir glaubten, daß sie unnötige Risiken für die Sicherheitsinteressen der USA darstellten.«

In Israel erfährt selbst der Premierminister, der offiziell für den Geheimdienst zuständig ist, oft nichts von den Operationen, bevor sie abgeschlossen sind. Und die Öffentlichkeit erfährt schon überhaupt nichts davon. Von einer Überprüfung der Mossad-Aktivitäten und seines Personals durch irgendein Komitee gar nicht zu reden.

Die Bedeutung einer angemessenen politischen Kontrolle des Geheimdienstes betonte Sir William Stephenson im Vorwort zu dem Buch *A Man Called Intrepid*. Er schrieb dort, daß der Geheimdienst in den Demokratien notwendig sei, um Katastrophen und die mögliche völlige Zerstörung des eigenen Landes zu vermeiden.

»In den immer differenzierteren Arsenalen auf der ganzen Welt ist der Geheimdienst eine ganz wichtige Waffe, vielleicht die wichtigste«, schrieb Stephenson. »Aber sie ist, da sie geheim ist, auch die gefährlichste. Es müssen Vorkehrungen getroffen werden, um ihren Mißbrauch zu verhindern, und diese Vorkehrungen müssen überprüft und strikt eingehalten werden. Aber, wie in allen anderen Unternehmungen auch, wird der Charakter und die Klugheit derjenigen, die in der Verantwortung stehen, entscheidend sein. Auf die Verläßlichkeit dieses Wächteramtes baut die Hoffnung freier Menschen, in Sicherheit fortzuleben und sich zu behaupten.«

Eine weitere berechtigte Frage im Zusammenhang von Victors Geschichte ist, wie ein relativ kleiner Funktionär in jenem Institut – so wird der Mossad genannt – überhaupt soviel erfahren konnte. Die Antwort ist überraschend einfach.

Zuerst einmal ist der Mossad als Organisation winzig.

In seinem Buch *Games of Intelligence* schreibt Nigel West (das Pseudonym für den britischen Tory-Abgeordneten Rupert Allason), daß im CIA-Hauptquartier in Langley, Virginia, »auf das sogar bereits Schilder von der George Washington Parkway, außerhalb Washingtons D.C., an verweisen«, 25 000 Angestellte arbeiten, »von denen die überwältigende Mehrheit sich nicht die Mühe macht, die Art ihrer Arbeit zu verheimlichen«.

Der gesamte Mossad beschäftigt lediglich 1 200 Angestellte, einschließlich der Sekretärinnen und Putzfrauen – denen allen eingeimpft wird, daß sie auf Fragen nach ihrer Tätigkeit antworten sollten, sie arbeiteten für das Verteidigungsministerium.

West schreibt auch, daß »Beweise, die aus den Angaben sowjetischer Überläufer zusammengetragen wurden, darauf hindeuten, daß das Erste Hauptdirektorium des KGB etwa 15 000 Offiziere [auf der ganzen Welt] beschäftigt«, wovon »3 000 im Hauptquartier in Teplistan, gleich außerhalb von Moskaus Ringstraße, im Südwesten der Hauptstadt, stationiert sind«. Das war in den fünfziger Jahren. Neuere Daten besagen, daß die Gesamtzahl der KGB-Angestellten weltweit 250 000 beträgt. Sogar der kubanische DGI-Geheimdienst hat allein in Kubas diplomatischen Missionen in der ganzen Welt 2 000 Operateure stationiert.

Der Mossad beschäftigt – es ist kaum zu glauben, aber wahr – lediglich 30 bis 35 Agentenführer oder *Katsas*, die weltweit zu jedem beliebigen Zeitpunkt in Aktion treten. Der Hauptgrund für diese außerordentlich niedrige Zahl liegt darin – das werden Sie in diesem Buch noch lesen –, daß Israel im Gegensatz zu anderen Ländern auf ein bedeutendes und loyales Unterstützerpotential aus den jüdischen Gemeinden in der ganzen Welt zurückgreifen kann. Dies geschieht durch das einzigartige System der *Sayanim*, der jüdischen freiwilligen Helfer.

Victor führte über seine eigenen und die ihm von anderen berichteten Erfahrungen Tagebuch. In Orthographie ist er nicht besonders gut, aber er besitzt ein fotografisches Gedächtnis für Tabellen, Pläne und sonstige optische Daten, eine Fähigkeit, die für Geheimdienstoperationen außerordentlich wichtig ist. Und weil der Mossad so eine kleine, engmaschige Organisation ist, bekam er schnell Zugang zu den geheimen Computerdaten und zu mündlichen Berichten, was für so einen Neuling im CIA oder KGB völlig ausgeschlossen wäre. Selbst als Studenten konnten er und seine Kameraden bereits den Mossad-Zentralcomputer benutzen, und zahllose Stunden wurden damit verbracht, bis ins kleinste Detail immer wieder und wieder Dutzende aktueller Mossad-Operationen zu studieren – so sollten die neuen Rekruten lernen, wie man an eine Operation herangeht und Fehler vermeidet.

Außerdem führt der einzigartige, historisch bedingte Zusammenhalt in der jüdischen Gemeinde, die Überzeugung, daß, unabhängig von politischen Meinungsverschiedenheiten, alle zusammenhalten müßten, um sich vor Feinden zu schützen, zu einer Offenheit untereinander, die zwischen den Angestellten der CIA oder des KGB zum Beispiel undenkbar ist. Wenn man unter sich ist, bespricht man alles offen und bis ins Detail.

Ich möchte mich natürlich bei Victor bedanken, weil er mir ermöglichte, diese bemerkenswerte Geschichte ans Licht der Öffentlichkeit zu bringen. Ich möchte auch meiner Frau Lydia danken für ihre beständige Unterstützung des Projektes, vor allem, weil die Besonderheit dieser Story auch nach Abschluß des Manuskripts mehr Streß erzeugt als meine normalen Tätigkeiten als politischer Journalist.

Die Parlamentsbibliothek in Ottawa war mir während meiner Arbeit so behilflich wie bisher schon immer.

Im Juli 1990                                                    *Claire Hoy*

# Prolog

## OPERATION SPHINX

Es war verzeihlich, daß Butrus Ibn Halim die Frau bemerkte. Schließlich war sie eine Blondine mit erotischer Ausstrahlung in enganliegenden Hosen und knapp geschnittener Bluse, die gerade so viel enthüllte, daß sie in jedem Mann die Lust nach mehr wecken mußte.

Sie war seit einer Woche täglich an seiner Bushaltestelle in Villejuif in den südlichen Vororten von Paris erschienen. Bei gerade zwei Bussen, die dort hielten – ein lokaler und ein RATP nach Paris –, und gewöhnlich nur wenigen Wartenden war es unmöglich, sie nicht zu bemerken. Obwohl Halim es nicht wußte, war genau dies beabsichtigt.

Es war im August 1978. Die Gewohnheiten der Frau schienen genauso regelmäßig zu sein wie seine. Sie war da, wenn Halim ankam, um seinen Bus zu erwischen. Wenig später kam dann ein hellhäutiger, blauäugiger, gepflegt gekleideter Mann in einem roten Ferrari-BB 512-Zweisitzer angeflitzt, ließ die Blondine einsteigen, um dann mit ihr weiß Gott wohin davonzurasen.

Halim, ein Iraker, dessen Frau Samira weder ihn noch ihr langweiliges Leben in Paris länger ertragen konnte, verbrachte auf seiner einsamen Fahrt zur Arbeit viel Zeit mit Gedanken an diese Frau. Zeit genug hatte er. Halim war nicht geneigt, mit irgend jemandem auf seinem Weg zu sprechen. Der irakische Sicherheitsdienst hatte ihn angewiesen, auf dem Weg zur Arbeit Umwege zu benutzen und sie öfters zu wechseln. Die einzigen festen Punkte waren die Bushaltestelle in Villejuif in der Nähe seines Wohnsitzes und die Metrostation Gare Saint-Lazare. Dort nahm Halim den Zug nach Sarcelles, das gleich nördlich von Paris lag, wo er an einem streng geheimen Projekt arbeitete, bei dem es um den Bau eines Kernreaktors für den Irak ging.

Eines Tages traf der zweite Bus vor dem Ferrari ein. Zuerst hielt die Frau auf der Straße Ausschau nach dem Wagen, zuckte dann mit den Schultern und stieg in den Bus. Halims Bus war durch einen kleineren »Zwischenfall« zwei Ecken zuvor kurz aufgehalten worden, als ein Peugeot vor ihm aus einer Parklücke in den Verkehr einscherte.

Augenblicke später kam der Ferrari an. Der Fahrer schaute sich suchend nach dem Mädchen um, und als Halim das bemerkte, rief er ihm auf französisch zu, daß sie den Bus genommen habe. Der Mann antwortete verblüfft auf englisch, woraufhin ihm Halim das Ganze nochmals auf englisch wiederholte.

Der Mann bedankte sich und fragte Halim, wohin er müsse. Halim nannte ihm die Metrostation Madeleine, zu Fuß nicht weit von Saint-Lazare gelegen, und der Fahrer, Ran S. – den Halim nur als den Engländer Jack Donovan kennenlernen würde –, sagte ihm, daß er auch in jene Richtung müsse, und bot ihm an, ihn mitzunehmen. Warum nicht, dachte Halim, sprang in den Wagen und lehnte sich im Sitz zurück.

Der Fisch hatte den Haken geschluckt. Und wie der Zufall es wollte, wurde es zu einem Glücksfang für den Mossad.

Die Operation Sphinx endete spektakulär am 7. Juni 1981, als israelische Jagdflugzeuge aus amerikanischer Produktion die irakische Atomanlage Tamuze 17 (oder Osirak) bei Tuwaitha außerhalb von Bagdad in einem gewagten Unternehmen über feindlichem Territorium zerstörten. Aber das geschah erst, nachdem der Mossad durch jahrelange internationale Intrigen, diplomatische Schachzüge, Sabotage und Morde den Bau der Anlage verzögert hatte, doch letztlich dabei gescheitert war, ihn völlig zu stoppen.

Die Angst der Israelis vor diesem Projekt war groß gewesen, seit Frankreich im Sog der Energiekrise von 1973 ein Abkommen unterzeichnet hatte, in dem vereinbart wurde, Irak, seinem damals zweitgrößten Öllieferanten, ein atomares Forschungszentrum zu liefern. Die Ölkrise hatte das Interesse an atomarer Energie als einer alternativen Energiequelle wachsen lassen, und diejenigen Länder, die über diese Technik verfügten, steigerten ihre internationalen Verkäufe drastisch. Frankreich wollte damals Irak einen 700-Megawatt-Atomreaktor zur Stromerzeugung verkaufen.

Irak behauptete regelmäßig, daß sein nukleares Forschungszentrum friedlichen Zwecken dienen sollte, im wesentlichen der Energieerzeugung für Bagdad. Israel befürchtete aus gutem Grund, daß es zur Herstellung von Atombomben für den Einsatz gegen Israel benutzt werden würde.

Die Franzosen hatten zugesichert, für zwei Reaktoren 93 Prozent angereichertes Uran aus ihrer militärischen Anreicherungsanlage Pierrelatte zu liefern. Frankreich erklärte sich bereit, vier Ladungen Brennstoff an den Irak zu verkaufen: insgesamt 150 Pfund angereichertes Uran, genug für vier Atombomben. Dann hatte US-Präsident Jimmy Carter die Nichtweiterverbreitung von Kernwaffen zu einem Eckpfeiler seiner Außenpolitik gemacht, und US-Diplomaten drängten sowohl die Franzosen als auch die Iraker, ihre Pläne zu ändern.

Selbst die Franzosen wurden gegenüber Iraks Absichten mißtrauisch, als Irak ihr Angebot strikt ablehnte, das angereicherte Uran durch eine weniger gefährliche Form von Brennstoff, Karamel genannt, zu ersetzen, eine Substanz, die zwar zur Produktion von atomarer Energie, aber nicht von Atombomben benutzt werden konnte.

Irak blieb unnachgiebig. Abkommen war Abkommen. Auf einer Pressekonferenz im Juli 1980 in Bagdad mokierte sich der starke Mann Iraks, Saddam Hussein, über die israelischen Bedenken, als er sagte, daß vor vielen Jahren zionistische Kreise in Europa die Araber verspottet hätten, die, so sagten jene, ein unzivilisiertes und rückständiges Volk seien, das eben nur Kamele in der Wüste reiten könnte. Heute könne man sehen, wie diese Kreise, ohne mit der Wimper zu zucken, sagten, daß der Irak im Begriff stehe, Atombomben zu produzieren.

Die Tatsache, daß der Irak sich Ende der siebziger Jahre diesem Punkt näherte, veranlaßte den AMAN, Israels militärischen Geheimdienst, an Zwi Zamir, einen großen, schlanken, kahl werdenden Ex-General, den damaligen Mossad-Chef, ein Memo zu schicken (»schwarz« markiert als Zeichen höchster Geheimhaltung). Der AMAN wollte genauere Insider-Informationen über den Entwicklungsstand des irakischen Projektes haben. Folglich wurde David Biran, Chef des *Tsomet*, das ist die Rekrutierungsabteilung des Mossad, aufgefordert, sich mit Zamir zu treffen. Biran, ein dicklicher, rundgesichtiger Karrieretyp beim Mossad (und ein bekannter Dandy), traf sich danach mit seinen Abteilungsleitern und beauftragte sie, einen irakischen Verbindungsmann direkt in Sarcelles, der Fertigungsanlage in Frankreich, ausfindig zu machen.

Eine mühselige, zweitägige Durchsicht von Personallisten verlief ergebnislos, weshalb Biran den Chef der Pariser Residentur, Dan Arbel, anrief, einen weißhaarigen, vielsprachigen Mossad-Karriere-Offizier, und ihm die notwendigen Instruktionen gab. Wie alle derartigen Abteilungen liegt auch die in Paris in den sehr gut gesicherten Kellern der israelischen Botschaft. Arbel steht als Chef dieser Abteilung noch über dem Botschafter. Das Mossad-Personal kontrolliert den Diplomatenpostsack (the »dip«) und sämtliche ein- und ausgehende Post. Es sorgt auch für sichere Häuser *(safe houses)*, die unter dem Namen »Operations-Appartements« laufen; allein die Abteilung in London zum Beispiel besitzt mehr als hundert solcher Wohnungen, und weitere fünfzig sind angemietet.

In Paris gab es auch eine gewisse Zahl *Sayanim*, jüdische freiwillige Helfer des Mossad aus allen Gesellschaftsschichten, und einer von ihnen, mit dem Decknamen Jacques Marcel, arbeitete in der Personalabteilung der Kernkraftanlage von Sarcelles. Wäre das Projekt weniger dringlich gewesen, hätte man ihn wohl nicht gebeten, das gewünschte Dokument zu besorgen. Normalerweise hätte er die Informationen mündlich weitergegeben oder hätte sie kopiert. Ein Dokument mitzunehmen, bedeutet immer das Risiko, erwischt zu werden, und setzt den Sayan einer

Gefahr aus. Aber in diesem Fall wurde beschlossen, daß man das Dokument selbst brauchte, vor allem weil arabische Namen oft verwirrend sind (Araber benutzen häufig verschiedene Namen in verschiedenen Situationen). Um sicherzugehen, wurde Marcel also gebeten, eine Liste aller in der Anlage von Sarcelles arbeitenden Iraker zu beschaffen.

Da er sowieso in der nächsten Woche nach Paris zu einer Versammlung kommen sollte, instruierte man Marcel, die Personalliste zusammen mit anderen Papieren, die er legitim zur Versammlung mitbrächte, in den Kofferraum seines Wagens zu legen. In der Nacht davor traf sich ein Mossad-*Katsa*, ein Einsatzoffizier oder Agentenführer, mit ihm, um ein Duplikat des Kofferraumschlüssels zu erhalten und Marcel Anweisungen zu geben. Marcel sollte zur festgesetzten Zeit durch eine Seitenstraße nahe der École Militaire fahren. Dort würde er einen roten Peugeot mit einem speziellen Aufkleber am rückwärtigen Fenster sehen. Der Wagen sollte gemietet werden und die ganze Nacht vor dem Café stehenbleiben, um dort einen sicheren Parkplatz zu haben, was in Paris nicht leicht ist. Marcel sollte dann um den Block herumfahren, und wenn er zurückkäme, würde der Peugeot herausfahren, um ihm den Parkplatz zu überlassen. Danach sollte er einfach zu seiner Versammlung gehen und die Personalliste im Kofferraum lassen.

Da Angestellte in sicherheitsrelevanten Industriezweigen hin und wieder überwacht werden, wurde Marcel auf dem Weg zu seinem Rendezvous ohne sein Wissen vom Mossad beschattet. Nachdem die beiden Mossad-Leute sicher waren, daß keine Überwachung stattfand, nahmen sie die Liste aus dem Kofferraum und gingen in das Café. Während der eine Mann bestellte, ging der andere auf die Toilette. Dort packte er eine Kamera mit vier schmalen, ausziehbaren Aluminiumfüßen, »Kralle« genannt, aus. Dieses Gerät hilft Zeit sparen, weil es bereits richtig eingestellt ist und spezielle, von der Mossad-Fotoabteilung hergestellte Schnapp-Filmrollen verwendet werden können, die 500 Aufnahmen pro Rolle erlauben. Wenn es aufgestellt ist, kann der Fotograf Dokumente schnell unter der Linse durchziehen, wobei er jedesmal einen Gummiauslöser betätigt, den er zwischen den Zähnen hält. Nachdem die drei Seiten auf diese Weise fotografiert worden waren, legten die Männer die Liste wieder in Marcels Kofferraum und verschwanden.

Die Namen wurden sofort per Computer an die Paris-Abteilung der Zentrale in Tel Aviv geschickt, unter Benutzung des üblichen Mossad-Doppel-Kodiersystems. Jeder phonetische Laut hat eine Nummer. Wenn der Name beispielsweise Abdul lautet, dann könnte »Ab« mit der Zahl sieben belegt werden und »dul« mit einundzwanzig. Um ein Entschlüsseln noch mehr zu erschweren, bekommt jede Zahl einen Kode – einen Buchstaben oder eine andere Zahl –, und diese »Taschen«-Kodierung wird einmal wöchentlich geändert. Aber auch dann enthält jede Botschaft nur die halbe Geschichte; in der einen Botschaft würde der Kode für den Kode von »Ab« stehen und in der nächsten der Kode für den Kode von »dul«. Selbst wenn man eine Botschaft abfinge, würde sie für jemanden, der sie entschlüsselte, unverständlich sein. Auf diese Weise wurde die ganze Personalliste mit zwei verschiedenen Computerübertragungen an das Hauptquartier durchgegeben.

Sobald die Namen und die Positionen der Bezeichneten in Tel Aviv dekodiert waren, wurden sie an das Mossad-Forschungszentrum und zum AMAN geschickt. Da aber das irakische Personal in Sarcelles Wissenschaftler waren, die man früher nicht als gefährlich ansah, hatte der Mossad wenig über sie in seinen Akten.

Die Antwort des Tsomet-Chefs lautete, »auf geeignetste Weise durchzugreifen« – d. h. das leichteste Ziel zu wählen. Und zwar schnell. Auf diese Weise verfiel man auf Butrus Ibn Halim. Er sollte sich als Glückstreffer erweisen, aber zu diesem Zeitpunkt wurde er ausgewählt, weil er der einzige irakische Wissenschaftler war, bei dem in der Liste eine Adresse angegeben war. Das bedeutete, daß die anderen entweder stärker auf ihre Sicherheit bedacht waren oder in Militär-Quartieren in der Nähe der Anlage wohnten. Außerdem war Halim verheiratet – nur die Hälfte der Iraker war das –, hatte aber keine Kinder. Für einen 42jährigen Iraker war es ungewöhnlich, keine Kinder zu haben – kein Zeichen für eine normale, glückliche Ehe.

Da man nun die Zielperson hatte, bestand das nächste Problem darin, wie man sie rekrutieren könne, zumal der Auftrag aus Tel Aviv lautete, daß dies als *ain efes* betrachtet wurde, d. h., es durfte kein Fehlschlag werden, ein starker Ausdruck im Hebräischen. Um diese Aufgabe auszuführen, waren zwei Teams gefordert.

Das erste, *Yarid*, das für Europa zuständige Sicherheitsbüro, sollte die Gewohnheiten Halims und seiner Frau Samira auskundschaften und feststellen, ob sie unter irakischer oder französischer Überwachung stünden. Ferner sollte das Team durch einen Sayan-Makler ein in der Nähe von Halims Wohnung liegendes Appartement finden (ein Pariser Sayanim war Makler und wurde damit betraut, ein Appartement in der angegebenen Umgebung zu finden, bei dem keine Fragen gestellt werden würden).

Das zweite Team, *Neviot*, war zuständig für notwendige Einbrüche, für die Präparierung der Wohnung des Opfers und die Installierung von Abhöranlagen – »Holz«, wenn sie in einem Tisch oder eine Fußleiste eingepaßt werden mußten, »Glas«, wenn ein Telefon benutzt wurde.

Der Yarid-Zweig der Sicherheitsabteilung des Mossad besteht aus drei Teams zu je sieben bis neun Leuten, von denen zwei im Ausland und eins in Israel agierten. Wird eins der Teams für eine Operation angefordert, gibt es normalerweise beträchtlichen Zank, weil jedes seine spezielle Tätigkeit als besonders wichtig ansieht.

Der Neviot-Zweig besteht ebenfalls aus drei Experten-Teams, die in der Kunst unterwiesen wurden, Informationen von leblosen Objekten zu erhalten: das bedeutet Einbrüche oder das Fotografieren von Dokumenten, Eindringen und spurloses Verlassen von Räumen und Gebäuden, um Überwachungsanlagen zu installieren, ohne Spuren zu hinterlassen oder mit irgend jemandem in Berührung zu kommen. Zu ihren Arbeitsutensilien gehören Nachschlüssel für die meisten der größeren Hotels in Europa, wobei ständig neue Methoden für das Öffnen der Türen entwickelt werden müssen, die mit kodierten Karten, Kodeschlüsseln oder auf andere Art verschlossen sind. Einige Hotels zum Beispiel haben Schlösser, die sich nur mit dem Daumenabdruck des Zimmergastes öffnen lassen.

Nachdem die Abhöranlagen oder Wanzen in Halims Appartement plaziert worden waren, mußte ein *Shicklut*-Angestellter (Abhörabteilung) die Gespräche abhören und aufnehmen. Das Band vom ersten Tag sollte in die Zentrale nach Tel Aviv geschickt werden, wo der spezielle Dialekt festgestellt und ein *Marats*, ein Hörer, der diesen Dialekt am besten verstand, so schnell wie möglich nach Paris gesandt werden sollte, um die elektronische Überwachung weiterzuführen und der Pariser Abteilung Sofortübersetzungen zu liefern.

An diesem Punkt der Operation hatte man nur einen Namen und eine Adresse. Sie hatten nicht einmal ein Foto von dem Iraker und natürlich keine Garantie, daß er nützlich sein könnte. Das Yarid-Team begann mit der Observierung seiner Wohnung von der Straße und dem benachbarten Appartement aus, um herauszufinden, wie Halim und seine Frau aussähen.

Der erste tatsächliche Kontakt wurde zwei Tage später hergestellt, als eine junge, attraktive Frau mit kurzem Haar an Halims Tür klingelte und sich als Jacqueline vorstellte. Es war Dina, eine Yarid-Mitarbeiterin, deren Aufgabe einfach darin bestand, sich Halims Frau genau anzusehen und sie für das Team zu identifizieren, damit die Observierung richtig beginnen konnte. Dina hatte sich als Parfüm-Verkäuferin getarnt und führte ein großes Sortiment mit sich. Mit Diplomatenköfferchen und Bestellscheinen war sie in dem dreistöckigen Gebäude von Tür zu Tür gegangen und hatte ihre Ware angeboten, um keinen Argwohn zu erregen. Sie hatte es so eingerichtet, daß sie an Halims Tür während seiner Abwesenheit ankommen würde.

Samira war wie die meisten Frauen in dem Gebäude von dem Parfümangebot fasziniert. Kein Wunder, denn die Preise waren viel niedriger als im Geschäft. Die Kunden mußten die Hälfte des Preises sofort und die andere Hälfte bei Lieferung bezahlen, mit dem Versprechen eines »kostenlosen Geschenks«, sobald der Auftrag ausgeführt werden würde.

Samira bat Jacqueline sogar herein und schüttete ihr ihr Herz aus, wie unglücklich sie sei, daß ihr Mann keinen Ehrgeiz besäße, aus welch wohlhabender Familie sie käme und daß sie es leid sei, ihr eigenes Geld für ihr Leben verbrauchen zu müssen, und – Volltreffer – daß sie in zwei Wochen heim in den Irak fahren würde, weil ihre Mutter sich einer größeren Operation unterziehen müsse. Man rechnete sich aus, daß ihr Mann noch angreifbarer sein würde, wenn er erst einmal allein wäre.

Jacqueline, die sich als Studentin aus guter Familie im südlichen Frankreich ausgab, die Parfüm verkaufte, um sich etwas Taschengeld hinzuzuverdienen, hatte großes Verständnis für Samiras Sorgen. Da ihre eigentliche Aufgabe nur in der Identifizierung der Frau bestand, übertraf ihr Erfolg alle Erwartungen. Bei der Observierung muß jedes winzige Detail nach jedem Schritt dem Team in einem sicheren Haus berichtet werden, um es dort verwerten und den nächsten Schritt planen zu können. Dies bedeutet normalerweise stundenlange Befragungen, wiederholtes Prüfen jedes Details, in dessen Verlauf sich die Gemüter oft genug erhitzen, wenn die Bedeutung einer bestimmten Handlung oder eines Satzes diskutiert wird. Die Mitglieder des Teams rauchen eine Zigarette nach der anderen und trinken ununterbrochen Kaffee, und die Atmosphäre wird immer gespannter, je länger sich alles hinzieht.

In diesem Fall war man sich einig, daß Dina (Jacqueline), da sie Samira offenbar sympathisch war, den Fortgang der Dinge beschleunigen könnte. Ihre nächste Aufgabe sollte sein, die Frau zweimal aus ihrer Wohnung zu locken. Einmal, damit das Team den besten Platz für ein Abhörgerät bestimmen konnte, und das zweite Mal, um es zu installieren. Das bedeutete, daß in der Wohnung Fotos gemacht, Maße und Farbproben genommen werden mußten, um absolut sicher eine exakte Replik eines Gegenstandes machen zu können, der, mit einer eingebauten Wanze versehen, in der Wohnung plaziert werden sollte. Wie bei allem, was der Mossad unternimmt, wird darauf geachtet, das Risiko so gering wie möglich zu halten.

Beim ersten Besuch hatte sich Samira darüber beklagt, daß sie keinen guten Friseur fände, der etwas an ihrer Haarfarbe ändern könne. Als Jacqueline zwei Tage später mit der Ware wiederkam (diesmal kurz bevor Halim zu Hause sein würde, damit sie ihn sich anschauen konnte), erzählte sie Samira von ihrem modischen Friseur auf dem linken Seineufer.

»Ich habe André von Ihnen erzählt, und er sagte, daß er liebend gerne etwas mit Ihren Haaren machen würde«, sagte Jacqueline. »Es würden ein paar Sitzungen sein. Ich würde Sie gerne einmal mitnehmen.«

Samira ergriff die Gelegenheit beim Schopf. Sie und ihr Mann hatten keine richtigen Freunde in der Gegend und kaum soziale Kontakte, so daß ihr die Gelegenheit, der Langeweile ihres Appartements zu entgehen und einige Nachmittage in der Stadt zu verbringen, sehr willkommen war.

Das spezielle Geschenk für Samira für den Kauf des Parfüms war ein modischer Schlüsselhalter mit einzelnen Laschen für jeden Schlüssel. »Hier«, sagte Jacqueline. »Geben Sie mir Ihren Schlüssel, und ich zeige Ihnen, wie es funktioniert.«

Samira konnte, als sie ihr den Schlüssel überreichte, die geschickte Bewegung nicht sehen, mit der Jacqueline ihn in eine aufklappbare, fünf Zentimeter große Schachtel steckte, die, mit Papier umwickelt, wie ein weiteres Geschenk aussah. Sie war mit einer talkumbestreuten Plastikmasse gefüllt, die nicht am Schlüssel kleben blieb. Steckte man einen Schlüssel in die Schachtel und klappte sie zu, ergab sich ein perfekter Abdruck, von dem ein Duplikat gemacht werden konnte.

Das Neviot-Team hätte auch ohne Schlüssel einbrechen können, aber warum sollte man die zusätzlichen Risiken einer Entdeckung auf sich nehmen, wenn es sich so arrangieren ließ, daß man durch die Tür hineingehen konnte, als wäre man dort zu Hause? Wären sie erst einmal drinnen, würden sie auf jeden Fall die Tür abschließen und eine Stange zwischen Türgriff und Boden stellen. Auf diese Weise würde jemand, der an der Wache vor dem Haus vorbeikäme und versuchen würde, die Tür aufzuschließen, glauben, daß das Schloß kaputt wäre, und Hilfe holen, wodurch den Leuten drinnen Zeit bliebe, unbeobachtet zu verschwinden.

Nachdem Halim identifiziert worden war, setzte der Yarid die Methode der »bewegungslosen Verfolgung« ein, eine Taktik, bei der der Tagesablauf eines Individuums ermittelt werden konnte, ohne das geringste Risiko, entdeckt zu werden. Es geht dabei um eine abschnittsweise Beobachtung und nicht ein Hinterhertraben. In der Nähe steht eine Person, um zu kontrollieren, wohin der Beobachtete geht. Nach einigen Tagen steht dann ein anderer Mann eine Straße weiter entfernt zur Beobachtung und so weiter. In Halims Fall war es außerordentlich einfach, weil er jeden Tag zur selben Bushaltestelle ging.

Durch das Abhörgerät erfuhr das Team genau, wann Samira zurück in den Irak fliegen würde. Man hörte auch mit, wie Halim ihr sagte, daß sie wegen einer Sicherheitskontrolle zur irakischen Botschaft müsse. So war der Mossad gewarnt und konnte noch vorsichtiger sein. Aber man hatte immer noch keine Vorstellung davon, wie man Halim rekrutieren könnte. Wegen der Dringlichkeit des Falles hatte man allerdings nicht viel Zeit, um festzustellen, ob Halim sich kooperativ verhalten würde oder nicht.

Der Einsatz eines *Oter*, eines bezahlten Arabers, der andere Araber kontaktierte, wurde vom Sicherheitsdienst in diesem Fall als zu riskant ausgeschlossen. Es mußte auf Anhieb klappen, und man wollte nichts vermasseln. Die anfängliche Hoffnung, daß Dina alias Jacqueline an Halim durch seine Frau rankommen könnte, gab man bald auf. Nach dem zweiten Friseur-Treffen wollte Samira mit Jacqueline nichts mehr zu tun haben. »Ich habe gesehen, wie du das Mädchen angesehen hast«, sagte Samira zu Halim bei einer ihrer Streitereien. »Du brauchst gar nicht auf dumme Ideen zu kommen, nur weil ich weggehe. Ich kenne dich schon.«

Dadurch verfiel man auf die Idee mit dem Mädchen an der Bushaltestelle und mit dem Katsa Ran S. als auffälligem Engländer Jack Donovan. Der gemietete Ferrari und Donovans scheinbarer Reichtum würden ein übriges tun.

Bei der ersten Fahrt im Ferrari ließ Halim nichts über seinen Job verlauten. Er behauptete, Student zu sein – ein ziemlich alter, dachte Ran. Er erwähnte, daß seine Frau wegfahren und daß er gern gut essen, aber als Moslem keinen Wein trinken würde.

Donovan sagte nichts Bestimmtes über seinen Beruf, um so flexibel wie möglich zu sein; er äußerte lediglich, daß er mit internationalen Geschäften zu tun habe. Er schlug vor, daß Halim ihn vielleicht einmal in seiner Villa auf dem Land besuchen oder mit ihm zum Essen kommen könne, während seine Frau verreist sei. Halim legte sich allerdings nicht fest.

Am nächsten Morgen war die Blonde wieder da, und Donovan ließ sie einsteigen. Einen Tag später kam Donovan, aber nicht das Mädchen, und wieder bot er Halim die Mitfahrt in die Stadt an. Diesmal schlug er vor, daß sie in einem Lokal erst mal einen Kaffee trinken sollten. Über seine hübsche Begleiterin erklärte Donovan: »Ach, sie ist nur eine kleine Nutte, die ich aufgegabelt habe. Sie fing an, zu anspruchsvoll zu werden, und da hab' ich ihr den Laufpaß gegeben. Irgendwie auch schade – sie war sehr gut, wenn Sie wissen, was ich meine. Aber daran gibt es ja glücklicherweise keinen Mangel, alter Junge.« Halim erzählte Samira nichts von seinem neuen Freund. Das wollte er für sich behalten.

Nachdem Samira in den Irak geflogen war, nahm Donovan Halim regelmäßig in die Stadt mit und verhielt sich zunehmend offener. Er erzählte ihm, daß er für zehn Tage geschäftlich nach Holland müsse. Er gab Halim seine Visitenkarte – getürkt natürlich, aber doch ein richtiges Büro mit Anschrift und Sekretärin, falls Halim kommen und es sich anschauen würde, in guter Lage in einem renovierten Gebäude nahe dem Arc de Triomphe.

In jener Zeit wohnte Ran (Donovan) im sicheren Haus, wo er nach jeder Begegnung mit Halim den Pariser Abteilungschef oder dessen Stellvertreter getroffen hatte, um den nächsten Schritt zu planen, seine Berichte zu schreiben, die Abschriften der Tonbänder von der Abhöraktion zu lesen und jedes nur mögliche Szenario immer wieder durchzuspielen.

Ran fuhr immer erst eine andere Strecke, um sich zu vergewissern, daß ihm niemand folgte. In dem sicheren Haus wechselte er seine Papiere aus und hinterlegte den britischen Paß. Er mußte jedesmal zwei Berichte schreiben. Der erste, ein Informationsbericht, enthielt die spezifischen Details über alles, was bei dem Treffen gesprochen wurde.

Der zweite war ein Operationsbericht, der die fünf Ws enthielt: Wer, was, wann, wo und warum. Er führte alles auf, was während des Treffens geschehen war. Dieser zweite Bericht wurde in einen gesonderten Umschlag gesteckt und einem *Bodel*, einem Kurier, übergeben, der Mitteilungen zwischen den sicheren Häusern und der Botschaft überbringt.

Operations- und Informationsberichte werden getrennt nach Israel übermittelt, entweder über Computer oder mit der Diplomatenpost. Ein Operationsbericht wird außerdem gestückelt, um das Entschlüsseln zu erschweren. Im ersten Teil könnte stehen: »Ich traf die Person in (siehe zweiter Teil)«, und im zweiten Teil stünde dann der Ort usw.

Jede Person hat zwei Decknamen, wobei sie ihre eigenen Kodes nicht kennt: einen Informations- und einen Operationskode.

Der Mossad legt das absolute Schwergewicht immer auf die Kommunikation. Da man weiß, wozu man selbst in der Lage ist, geht man davon aus, daß andere Länder das ebenfalls können.

Nachdem Samira abgereist war, änderte Halim seine Gewohnheiten. Er blieb nach der Arbeit in der Stadt, um in einem Restaurant zu essen oder ins Kino zu gehen. Eines Tages rief er seinen Freund Donovan an und hinterließ eine Nachricht. Drei Tage später rief Donovan zurück. Halim wollte ausgehen. Donovan führte ihn in ein teures Cabaret zum Essen und zu einer Show. Er bestand darauf, die Rechnung zu begleichen.

Halim trank diesmal, und im Verlauf des langen Abends sprach Donovan mit ihm über ein Geschäft, das er gerade tätige. Alte Transportcontainer nach Afrika verkaufen, die dort als Behausungen benutzt würden.

»Die Leute sind in manchen Gegenden so arm. Sie schneiden einfach Löcher als Fenster und Türen hinein und leben da drin«, sagte Donovan. »Ich kann da einen Posten in Toulon bekommen, für beinahe nichts. Ich werde an diesem Wochenende hinunterfahren. Warum kommst du nicht einfach mit?«

»Ich wäre wahrscheinlich nur im Weg«, meinte Halim. »Und von Geschäften habe ich keine Ahnung.«

»Quatsch. Es ist eine lange Fahrt hin und zurück, und ich hätte gerne Begleitung. Wir bleiben über Nacht und kommen am Sonntag zurück. Was würdest du denn sonst am Wochenende tun?«

Beinahe wäre der Plan ins Wasser gefallen, weil ein Sayan vor Ort im letzten Moment kalte Füße bekam. Für ihn sprang ein Katsa als »Geschäftsmann« ein, der Donovan die Container verkaufte.

Als die beiden über den Preis verhandelten, bemerkte Halim, daß einer der Container, der von einem Kran hochgehievt worden war, am Boden verrostet war (wie alle anderen auch – und man hoffte, daß Halim es bemerken würde). Er nahm Donovan beiseite und sagte es ihm, wodurch sein Freund auf die 1200 Container noch einen Abschlag bekam.

Am Abend beim Essen gab Donovan Halim 1000 US-Dollar in bar. »Mensch, nimm es«, sagte er. »Ich habe durch dich viel mehr gespart, weil du den Rost entdeckt hast. Obwohl es am Ende völlig egal ist, ob die Dinger verrostet oder nicht verrostet sind, aber das konnte der Ochse, der sie verkauft hat, schließlich nicht wissen.«

Zum ersten Mal begann Halim zu dämmern, daß mit seinem neugewonnenen Freund nicht nur gemütliche Stunden zu verbringen waren, sondern daß es auch gewinnbringend sein konnte. Für den Mossad, der weiß, daß man mit Geld, Sex und bestimmten Formen von psychologischer Motivation – jeweils einzeln oder im Zusammenspiel – beinahe alles kaufen kann, war ihr Mann jetzt wirklich am Haken. Es war an der Zeit, mit Halim zu einem richtigen Geschäft oder *Tachles* zu kommen.

Nachdem man wußte, daß Halim volles Vertrauen zu Donovan hatte, lud dieser den Iraker in seine luxuriöse Hotelsuite im »Sofitel-Bourbon« in der 32 rue Saint-Dominique ein. Er bat auch Marie-Claude Magal, eine junge Prostituierte, dazu. Nachdem er das Essen bestellt hatte, sagte Donovan seinem Gast, daß er wegen eines dringenden Geschäfts weggehen müsse, und hinterließ auf dem Tisch ein gefälschtes Telex, das Halim als Bestätigung lesen konnte.

»Hör zu, das tut mir wirklich leid«, sagte er. »Aber ihr könnt euch vergnügen, und ich lass' wieder von mir hören.«

Und Halim vergnügte sich mit der Hure. Die Episode wurde gefilmt, nicht unbedingt zum Zweck der Erpressung, sondern lediglich um zu sehen, was passierte, was Halim sagen und tun würde. Ein israelischer Psychiater ging bereits jedes Detail der Berichte über Halim nach Anhaltspunkten durch, wie man den Iraker auf effektivste Weise bearbeiten könnte. Auch ein israelischer Atomphysiker war abgestellt worden, falls seine Dienste benötigt würden. Wurden sie auch, und es dauerte gar nicht mehr lange. Zwei Tage später kam Donovan zurück und rief Halim an. Beim Kaffee konnte Halim deutlich merken, daß irgend etwas seinen Freund stark beschäftigte.

»Ich habe die Chance, mit einem deutschen Unternehmen ein Bombengeschäft zu machen. Spezialluftdruckbehälter, um radioaktives Material für medizinische Zwecke zu transportieren«, sagte Donovan. »Das hat furchtbar viel mit Technik zu tun. Da liegt eine Menge Geld drin, aber ich habe keine Ahnung davon. Sie haben mich mit einem englischen Wissenschaftler in Verbindung gebracht, der bereit ist, die Behälter zu inspizieren. Das Problem ist nur, daß er zuviel Geld verlangt, und ich weiß nicht, ob ich ihm trauen kann. Ich glaube, er ist irgendwie mit den Deutschen verbandelt.«

»Vielleicht könnte ich helfen«, sagte Halim.

»Vielen Dank, aber ich brauche einen Wissenschaftler, der sich diese Behälter genau anschaut.«

»Ich bin Wissenschaftler«, sagte Halim.

Donovan schaute ihn überrascht an und sagte: »Was meinst du damit? Ich dachte, du würdest studieren?«

»Ich mußte dir das zu Anfang sagen. Aber ich bin ein Wissenschaftler, der vom Irak für ein spezielles Projekt hierhergeschickt wurde. Ich bin sicher, daß ich helfen könnte.«

Ran sagte später, als Halim ihm endlich seinen Beruf gestanden hatte, sei ihm gewesen, als hätte man ihm alles Blut abgezapft, die Venen mit Eis gefüllt, wieder abgezapft und schließlich heißes Wasser hineingepumpt. Sie hatten ihn! Aber Ran durfte seine Begeisterung nicht zeigen. Er mußte ruhig bleiben.

»Hör zu, ich soll diese Bande am Wochenende in Amsterdam treffen. Ich muß schon ein oder zwei Tage vorher reisen, aber wie wäre es, wenn wir dir Sonnabend früh meinen Jet schickten?«

Halim war einverstanden.

»Du wirst es nicht bereuen«, sagte Donovan. »Da ist ein Pakken Geld mit zu verdienen, wenn die Dinger nicht illegal sind.«

Der Jet, der vorübergehend mit dem Zeichen von Donovans Firma bemalt wurde, war ein Learjet, der aus Israel zu diesem Zweck eingeflogen wurde. Das Amsterdamer Büro gehörte einem reichen jüdischen Lieferanten. Ran wollte die Grenze nicht zusammen mit Halim passieren, weil er nicht seinen gefälschten britischen Paß, sondern seine echten Papiere benutzen wollte. Diese Methode zog man bei Grenzübertritten immer vor, um möglicher Entdeckung zu entgehen.

Als Halim im Amsterdamer Büro in der Limousine, die ihn am Flughafen abgeholt hatte, eintraf, waren die anderen schon alle da. Die beiden Geschäftsleute waren Itzik E., ein Mossad-Katsa, und Benjamin Goldstein, ein israelischer Atomphysiker, der einen deutschen Paß besaß. Er hatte einen der Luftdruckbehälter als Modell mitgebracht, damit Halim ihn sich anschauen konnte.

Nach einigen einleitenden Worten verließen Ran und Itzik den Raum, um scheinbar die finanzielle Seite zu regeln, und überließen den beiden Wissenschaftlern die Diskussion über die technische Seite. Aufgrund ihrer gemeinsamen Interessen und ihres Sachverstands waren sich beide sofort sympathisch. Goldstein fragte Halim, wieso er soviel von der Atomindustrie verstünde. Es war ein Schuß ins Blaue, aber Halim, der alle Vorsicht fahren ließ, erzählte ihm von seinem Job.

Später, nachdem Goldstein Itzik von Halims Geständnis erzählt hatte, beschlossen sie, den arglosen Iraker zum Essen einzuladen. Ran sollte eine Entschuldigung dafür finden, daß er leider nicht teilnehmen könne.

Beim Essen erzählten ihm die beiden Männer von einem Plan, an dem sie, wie sie sagten, schon lange arbeiteten: Sie versuchten an Länder der Dritten Welt Atomanlagen zu verkaufen – für friedliche Zwecke natürlich.

»Euer Atomprojekt wäre ein perfektes Modell für uns, um unsere Technik an diese Leute zu verkaufen«, sagte Itzik. »Wenn du uns nur ein paar Details, ein paar Pläne, so was in der Art bringen könntest, dann könnten wir alle ein Vermögen damit machen.

Aber das muß unter uns bleiben. Wir möchten nicht, daß Donovan etwas davon erfährt, sonst will er auch seinen Teil von dem Kuchen. Wir haben die Kontakte, und du hast das Know-how. Wir brauchen ihn wirklich nicht.«

»Na ja, ich bin mir nicht sicher«, sagte Halim. »Donovan ist immer fair zu mir gewesen. Und ist es nicht, na ja, ihr wißt schon, irgendwie gefährlich?«

»Nein. Keine Gefahr«, sagte Itzik. »Du mußt doch einen ganz normalen Zugang zu diesen Dingen haben. Und wir wollen es ja nur als Modell benutzen, das ist alles. Wir würden dich gut bezahlen, und niemand würde jemals etwas davon erfahren. Wie denn? Derlei Dinge werden doch dauernd gemacht.«

»Das glaube ich auch«, sagte Halim immer noch zögernd, aber angelockt durch die Aussicht auf das große Geld. »Aber was ist mit Donovan? Ich möchte nicht gerne hinter seinem Rücken handeln.«

»Glaubst du, er beteiligt dich an allen seinen Geschäften? Komm schon. Er wird niemals davon erfahren. Du kannst doch weiter mit Donovan befreundet sein und Geschäfte mit uns machen. Wir würden ihm bestimmt nichts davon erzählen, weil er dann seinen Anteil wollte.«

Jetzt hatten sie ihn wirklich in der Falle. Die Aussicht auf eine große Menge Geld war zu faszinierend. Er hatte jedenfalls Vertrauen zu Goldstein, und es war ja nicht so, als ob er ihnen beim Produzieren einer Bombe helfen würde. Und Donovan brauchte es wirklich nicht zu erfahren. Warum also nicht? dachte er.

Halim war damit offiziell rekrutiert. Und wie viele andere Rekruten auch war er sich dessen nicht einmal bewußt.

Donovan gab Halim 8000 US-Dollar für seine Hilfe bei den Behältern, und am nächsten Tag, nachdem er bei einem teuren Brunch und mit einer Nutte in seinem Zimmer gefeiert hatte, flog der glückliche Iraker in einem Privatjet zurück nach Paris.

An diesem Punkt sollte Donovan eigentlich von der Bildfläche verschwinden, um Halim aus der belastenden Situation zu befreien, etwas vor ihm verbergen zu müssen. Er tauchte auch für eine Weile ab, hinterließ Halim allerdings eine Telefonnummer in London, falls er ihn kontaktieren wollte. Donovan sagte, er habe Geschäfte in England und wüßte nicht genau, wie lange er wegbleiben würde.

Zwei Tage später traf sich Halim mit seinen neuen Geschäftsfreunden in Paris. Itzik, draufgängerischer als Donovan, wollte einen Plan von der irakischen Anlage mitsamt Details über ihre Lage, Kapazität und den genauen Zeitplan für ihre Errichtung. Halim war zuerst ohne Einwände einverstanden. Die beiden Israelis beschrieben ihm, wie man mit Hilfe von »Papier Papier« kopierte, einem Spezial-Papier, das einfach auf das zu kopierende Dokument gelegt wird, wobei man mehrere Stunden lang ein Buch oder sonst einen Gegenstand darauf liegenläßt. Das Bild wird auf das Papier übertragen, das zwar dann immer noch wie gewöhnliches weißes Papier aussieht, aber beim Entwickeln ein Spiegelbild des Dokuments zeigt.

Als Itzik ihn zur weiteren Preisgabe von Informationen drängen wollte, nachdem er ihn jedesmal gut bezahlt hatte, zeigte der Iraker Anzeichen der sogenannnten »Spion-Reaktion«. Heiße und kalte Schauer, erhöhte Temperatur, Schlaflosigkeit und Ruhelosigkeit – reale körperliche Symptome, die durch die Furcht, entdeckt zu werden, entstehen. Je mehr man tut, um so mehr fürchtet man die Konsequenzen seines Handelns.

Was war zu tun? Das einzige, was Halim einfiel, war ein Telefonat mit seinem Freund Donovan. Der würde schon Rat wissen. Der kannte Leute an hohen und geheimnisvollen Stellen.

»Du mußt mir helfen«, forderte Halim, als Donovan seinen Anruf beantwortete. »Ich habe ein Problem, aber ich kann darüber nicht am Telefon reden. Ich habe Trouble. Ich brauche deine Hilfe.«

»Dafür sind Freunde doch da«, beruhigte Donovan ihn und sagte Halim, daß er in zwei Tagen mit dem Flugzeug aus London käme und ihn in der »Sofitel«-Suite treffen würde.

»Ich bin übers Ohr gehauen worden«, jammerte Halim und gestand das ganze »geheime« Geschäft, das er mit dem deutschen Unternehmen in Amsterdam gemacht hatte. »Es tut mir so leid. Du warst so ein guter Freund. Aber das Geld hat mich verführt. Meine Frau will immer, daß ich mehr verdiene, daß ich aufsteige. Da hab' ich plötzlich meine Chance gesehen. Ich war so egoistisch und so blöde. Verzeih mir bitte. Ich brauche deine Hilfe.«

Donovan verzieh alles großzügig und sagte Halim: »So läuft's eben bei Geschäften.« Aber er äußerte die Vermutung, daß die Deutschen vielleicht in Wirklichkeit CIA-Leute sein könnten. Halim war wie vom Donner gerührt.

»Ich habe ihnen alles gegeben, was ich habe«, sagte er zu Rans großer Freude. »Aber sie drängen mich zu noch mehr.«

»Laß mich mal darüber nachdenken«, sagte Donovan. »Ich kenne da einige Leute. Du bist jedenfalls nicht der erste Kerl, der vom großen Geld geblendet wurde. Wir schalten jetzt erst einmal ab. Wir lassen es uns gutgehen. Diese Dinge sind bei näherem Hinsehen selten so schlimm, wie sie scheinen.«

In jener Nacht gingen Donovan und Halim aus, um zu essen und zu trinken. Später kaufte Donovan ihm wieder eine Nutte. »Sie wird deine Nerven beruhigen«, lachte er.

Das tat sie auch. Erst fünf Monate waren seit Beginn der Operation vergangen. Ein hohes Tempo für derlei Geschäfte. Aber da soviel auf dem Spiel stand, hielt man dies Tempo für notwendig. Dennoch war erst einmal Vorsicht geboten. Halim mußte jetzt behutsam behandelt werden, da er angespannt und ängstlich war.

Nach einer hitzigen Debatte in dem sicheren Haus fiel die Entscheidung, daß Ran Halim wieder treffen sollte, um ihm zu sagen, daß es eine CIA-Operation sei.

»Sie werden mich aufhängen«, schrie Halim. »Sie werden mich hängen.«

»Nein, werden sie nicht«, sagte Donovan. »Du hast ja schließlich nicht für die Israelis gearbeitet. So schlimm ist es ja nicht. Und überhaupt, wer wird davon erfahren? Ich habe mit ihnen ein Abkommen geschlossen. Sie wollen von dir nur noch eine Information, und dann lassen sie dich in Ruhe.«

»Was? Was kann ich ihnen denn noch geben?«

»Nun, ich verstehe davon nichts, aber du schon, glaube ich«, sagte Donovan und zog ein Papier aus seiner Tasche. »Ah, hier ist es. Sie wollen wissen, wie Irak reagieren wird, wenn Frankreich ihnen statt dieses angereicherten Zeugs als Ersatz, wie heißt es noch, ach ja, Karamel anbietet. Sag es ihnen, und sie werden dich nie mehr belästigen. Sie haben kein Interesse daran, daß dir was passiert. Sie wollen nur die Information.«

Halim sagte ihm, daß der Irak angereichertes Uran haben wolle, aber, wie auch immer: In wenigen Tagen käme Yahia el Meshad, ein in Ägypten geborener Physiker, um das Projekt zu inspizieren und diese Fragen für den Irak zu entscheiden.

»Wirst du ihn treffen?« fragte Donovan.

»Ja. Er wird mit allen am Projekt Beteiligten zusammentreffen.«

»Gut. Dann wirst du ja vielleicht die Information bekommen, und all deine Ängste werden vorbei sein.«

Halim sah etwas erleichtert aus und hatte es plötzlich eilig, Donovan zu verlassen. Da er jetzt über Geld verfügte, hatte er sich selbst eine Nutte gemietet, eine Freundin von Marie-Claude Magal. Diese Frau glaubte, sie würde ihre Informationen an die örtliche Polizei weitergeben, in Wirklichkeit erhielt sie aber ihr leicht verdientes Geld vom Mossad. Als Halim der Magal gesagt hatte, daß er ihr regulärer Kunde werden möchte, hatte sie ihm auf Donovans Vorschlag hin die Adresse ihrer Freundin gegeben.

Jetzt bestand Donovan darauf, daß Halim für den Besucher Meshad in einem Restaurant ein Dinner organisiere, wo er dann »zufällig« vorbeikommen würde.

An dem festgesetzten Abend stellte Halim, der sich überrascht gab, Meshad seinen Freund Donovan vor. Der vorsichtige Meshad sagte jedoch nur unverbindlich hallo und schlug Halim vor, an ihren Tisch zurückzukehren, als er das Gespräch mit seinem Freund beendet hatte. Halim war viel zu nervös, um das Karamel-Thema mit Meshad auch nur zu berühren, und der Wissenschaftler zeigte absolut kein Interesse an Halims Erklärungen, daß sein Freund Donovan in der Lage wäre, beinahe alles zu kaufen, und für sie vielleicht einmal von Interesse sein könnte.

Später am Abend rief Halim Donovan an und sagte ihm, daß es ihm nicht gelungen sei, irgend etwas aus Meshad herauszubekommen. Am nächsten Abend, als sie sich in Donovans Suite trafen, überzeugte der Halim davon, daß der CIA zufrieden wäre, wenn er den Zeitpunkt der Verschiffung des Materials von Sarcelles in den Irak nennen könne, und daß man ihn dann in Ruhe lassen würde.

Zu dem Zeitpunkt hatte der Mossad bereits von einem »weißen« Agenten, der für die französische Regierung im Finanzwesen arbeitete, erfahren, daß der Irak sich nicht auf einen Ersatz für angereichertes Uran einlassen würde. Dennoch könnte Meshad, als der Verantwortliche für das gesamte Projekt im Irak, ein wertvoller Rekrut sein. Wenn es nur eine Möglichkeit gäbe, an ihn heranzukommen...

Samira kehrte aus dem Irak zurück und fand Halim verändert vor. Er behauptete, er sei befördert worden und hätte eine Gehaltserhöhung bekommen. Er zeigte sich plötzlich auch romantischer und begann, sie in Restaurants auszuführen. Sie erwogen sogar, sich einen Wagen zu kaufen.

Obwohl Halim ein glänzender Wissenschaftler war, war er nicht klug im Sinne von clever. Eines Nachts, kurz nach der Rückkehr seiner Frau, erzählte er ihr von seinem Freund Donovan und seinen Problemen mit dem CIA. Sie war wütend. Sie bekam einen Tobsuchtsanfall und schrie zweimal, daß wahrscheinlich der israelische Geheimdienst dahintersteckte und nicht der CIA.

»Warum sollten sich die Amerikaner dafür interessieren?« keifte sie. »Wer außer den Israelis und der dämlichen Tochter meiner Mutter würde sich jemals die Mühe machen, mit dir zu reden?«

Eigentlich war sie gar nicht so dumm.

Die Fahrer der beiden Lastwagen, die am 5. April 1979 in der Frühe Triebwerke von der Fabrik Dassault Brequet für Mirage-Kampfflugzeuge zu einem Hangar in La Seyne-sur-Mer, einer Stadt an der französischen Riviera in der Nähe von Toulon, transportierten, dachten sich nichts dabei, als sich unterwegs ein dritter Lastwagen zu ihnen gesellte.

In einer modernen Variante des Trojanischen Pferds hatten die Israelis ein Team von fünf Neviot-Saboteuren und einen Atomphysiker, alle in normaler Straßenkleidung, in einem großen Metall-Container versteckt und als Teil des Konvois aus drei Lastwagen in den Sicherheitsbereich geschleust. Ihre Informationen basierten auf den Angaben von Halim. Sie wußten, daß Wächter bei Abtransporten immer wachsamer als bei Lieferungen waren. Wahrscheinlich würden sie den Konvoi einfach nur durchwinken. Zumindest setzten die Israelis darauf. Der Atomphysiker war aus Israel eingeflogen worden, um genau zu bestimmen, wo die Sprengladungen an den gelagerten Reaktorkernen, an denen drei Jahre gearbeitet worden war, angebracht werden müßten, um den größten Schaden anzurichten.

Einer der Wächter war ein neuer Mann, gerade erst ein paar Tage in seinem Job, aber er war mit so guten Zeugnissen angetreten, daß ihn niemand verdächtigte, den Schlüssel genommen zu haben, um den Teil des Lagers zu öffnen, wo die Ausrüstung für den Irak darauf wartete, in einigen Tagen abtransportiert zu werden.

Nach den Anweisungen des Physikers brachte das israelische Team fünf Ladungen Plastiksprengstoff an den empfindlichsten Stellen des Reaktorkerns an.

Die Aufmerksamkeit der Wachen an den Toren richtete sich plötzlich auf einen Vorfall auf der Straße: Dort war eine Fußgängerin, eine attraktive junge Frau, offenbar von einem Autofahrer gestreift worden. Sie schien nicht ernsthaft verletzt zu sein. Zumindest ihre Stimmbänder waren es nicht, da sie dem verwirrten Fahrer obszöne Schimpfworte an den Kopf warf.

Unterdessen hatte sich eine kleine Menschenmenge versammelt, einschließlich der Mossad-Saboteure, die hinten über einen Zaun geklettert waren und zum Vordereingang gelaufen kamen. Sie musterten zuerst sorgfältig die Menge, um herauszufinden, ob alle französischen Wächter aus der Gefahrenzone waren. Danach zündete einer in aller Ruhe heimlich mit einem Spezialgerät die Sprengsätze, durch die 60 Prozent der Reaktorteile zerstört wurden und ein Schaden von 23 Millionen Dollar entstand. Die irakischen Pläne wurden dadurch um mehrere Monate verzögert; erstaunlicherweise war ein gut Teil des restlichen Materials im Hangar jedoch nicht beschädigt worden.

Als die Wächter die dumpfe Explosion hinter sich hörten, stürzten sie sofort zu der halbzerstörten Halle. Unterdessen brauste der am »Unfall« beteiligte Wagen davon, während die Saboteure und die verletzte Fußgängerin, in solchen Dingen bestens geübt, ruhig in den verschiedenen Nebenstraßen verschwanden.

Die Mission war ein voller Erfolg. Die Pläne Iraks wurden ernsthaft gestört, und das brachte Saddam Hussein große Probleme.

Eine Umweltorganisation mit Namen *Groupe des écologistes français,* die völlig unbekannt war, übernahm die Verantwortung für den Anschlag, was von der französischen Polizei jedoch ausgeschlossen wurde. Aber eine Nachrichtensperre, die von der Polizei über die Ermittlungen zu dem Sabotageakt verhängt wurde, führte in den Zeitungen zu Spekulationen über die Verantwortlichen. *France Soir* zum Beispiel meinte, die Polizei vermute »extreme Linke« hinter dem Anschlag, während *Le Matin* behauptete, Palästinenser hätten es im Auftrag Libyens getan; das Wochenblatt *Le Point* deutete auf das FBI.

Wieder andere Blätter beschuldigten den Mossad, doch ein israelischer Regierungssprecher tat die Beschuldigung als »Antisemitismus« ab.

Halim und Samira kehrten nach einem üppigen Mahl in einem Bistro auf dem linken Seineufer spät nach Mitternacht nach

Hause zurück. Halim stellte das Radio an, weil er Musik hören und sich vor dem Zubettgehen entspannen wollte. Statt dessen vernahm er die Nachricht von der Explosion in der Nähe von Toulon. Halim geriet in Panik.

Er rannte im Appartement herum, warf wahllos Dinge durch die Gegend und schrie eine Menge Blödsinn.

»Was ist los mit dir?« schrie Samira mitten in den Lärm. »Bist du verrückt geworden?«

»Sie haben den Reaktor in die Luft gejagt«, brüllte er. »Sie haben ihn hochgejagt! Jetzt werden sie mich auch hochjagen!«

Er rief Donovan an.

Nach einer Stunde rief sein Freund zurück. »Mach bloß keine Dummheiten«, sagte er. »Bleib ruhig. Niemand kann dich damit in Verbindung bringen. Komm morgen abend zu mir in die Suite.«

Halim schlotterte immer noch, als er zu dem Treffen kam. Er hatte weder geschlafen noch sich rasiert. Er sah übel aus.

»Jetzt werden mich die Iraker aufhängen«, stöhnte er. »Dann werden sie mich den Franzosen ausliefern, und die legen mich unter die Guillotine.«

»Das hat doch nichts mit dir zu tun gehabt«, sagte Donovan. »Denk doch mal nach. Niemand hat einen Grund, dir Vorwürfe zu machen.«

»Das ist furchtbar. Furchtbar. Ist es möglich, daß die Israelis dahinterstecken? Samira glaubt, die wären das. Könnte es sein?«

»Komm schon, reiß dich zusammen. Wovon sprichst du denn? Die Leute, mit denen ich es zu tun habe, würden so etwas nicht tun. Wahrscheinlich ist das irgendwas mit Industriespionage. Es gibt da eine große Konkurrenz. Das hast du mir selbst gesagt.«

Halim sagte, daß er zurück in den Irak gehen würde. Seine Frau wollte sowieso, und er hätte lange genug in Paris gearbeitet. Er wollte von diesen Leuten wegkommen. Nach Bagdad würden sie ihm nicht folgen.

Donovan hoffte, Halims Verdacht einer israelischen Beteiligung zerstreuen zu können, und entwickelte die Theorie von der Industriespionage weiter. Dann sagte er Halim, falls er wirklich ein neues Leben beginnen wolle, könnte er sich an die Israelis wenden. Er hatte zwei Gründe für diesen Vorschlag: Erstens konnte er, Donovan, dadurch noch größere Distanz zu den Israelis demonstrieren, und zweitens war es ein Versuch, Halim direkt zu rekrutieren.

»Sie werden zahlen. Sie geben dir eine neue Identität und werden dich schützen. Sie wüßten zu gern all das, was du über die Anlage weißt.«

»Nein, ich kann nicht«, sagte Halim. »Nicht mit denen. Ich werde nach Hause fahren.«

Und das tat er auch.

Meshad war immer noch ein Problem. Da er einer der wenigen angesehenen arabischen Wissenschaftler auf dem Gebiet der Kernforschung war und außerdem in engem Kontakt mit den höchsten irakischen Militärs und Zivilbehörden stand, war er für den Mossad überaus wertvoll, und man wollte ihn direkt rekrutieren. Denn trotz Halims unfreiwilliger Hilfe blieben einige Schlüsselfragen immer noch ungelöst.

Am 7. Juni 1980 machte Meshad wieder eine seiner vielen Reisen nach Paris, diesmal, um die abschließende Entscheidung zu dem Vertrag bekanntzugeben. Bei einem Besuch der Fabrik in Sarcelles sagte er den französischen Wissenschaftlern: »Wir werden das Gesicht der arabischen Weltgeschichte verändern.« Und das war genau das, was Israel befürchtete. Die Israelis hatten die französischen Telexe über Meshads Reiseroute und seinen Aufenthalt (Zimmer 9041 im »Meridien-Hotel«) abgefangen. Das machte es ihnen leicht, vor seiner Ankunft das Zimmer mit Wanzen auszustatten.

Meshad war am 11. Januar 1932 in Banham, Ägypten, geboren, ein ernsthafter, brillanter Wissenschaftler, dessen dickes, schwarzes Haar sich zu lichten begann. In seinem Paß war als Beruf Professor der Atomwissenschaft an der Universität von Alexandria eingetragen.

Später gab seine Frau Zamuba in Interviews mit ägyptischen Zeitungen an, daß sie mit ihren drei Kindern (zwei Mädchen und ein Junge) dabei gewesen seien, zum Urlaub nach Kairo aufzubrechen. Sie sagte, daß ihr Mann sogar schon die Flugtickets gekauft hätte, als er von einem Beamten aus Sarcelles angerufen worden sei. Sie hörte ihn sagen: »Warum ich denn? Ich kann einen Experten schicken.« Sie sagte, daß er von dem Augenblick an sehr nervös und ärgerlich gewesen sei und daß sie glaube, daß in der französischen Regierung ein israelischer Agent sitze, der ihm eine Falle gestellt hätte. »Es war gefährlich. Natürlich. Er sagte mir immer, daß er seine Aufgabe, die Bombe zu konstruieren, fortsetzen würde, selbst wenn er sein Leben dafür riskieren müßte.«

Die offizielle Nachricht, die von den französischen Behörden an die Medien weitergegeben wurde, lautete, daß Meshad im Fahrstuhl von einer Prostituierten angesprochen worden sei, als er an dem stürmischen 13. Juni 1980 um 19 Uhr in sein Zimmer im 9. Stock zurückkehrte. Der Mossad wußte, daß Meshad an extremem Sex, speziell Sadomaso-Praktiken, interessiert war, und daß eine Prostituierte mit dem Spitznamen Marie Express ihn regelmäßig unterhalten hatte. Ihr wurde gesagt, sie solle um etwa 20.30 Uhr im Hotel sein. Ihr wirklicher Name war Marie-Claude Magal, die Frau, die Ran ursprünglich zu Halim geschickt hatte. Obwohl sie ziemlich viel für den Mossad arbeitete, wurde ihr niemals genau gesagt, wer ihre Auftraggeber waren. Solange sie bezahlten, kümmerte es sie auch nicht.

Man wußte auch, daß Meshad ein harter Brocken war, nicht so einfältig wie Halim. Und da er nur wenige Tage bleiben würde, entschloß man sich, ihn direkt anzusprechen. »Wenn er einverstanden ist, ist er rekrutiert«, erklärte Arbel. »Wenn nicht, dann ist er tot.«

Er war nicht einverstanden.

Yehuda Gil, ein arabisch sprechender Katsa, wurde an Meshads Tür geschickt, kurz bevor Magal eintraf. Meshad öffnete die Tür gerade so weit, um hinausschauen zu können, hielt sie aber verriegelt. Er fauchte: »Wer sind Sie? Was wollen Sie?«

»Ich komme von einer Regierung, die eine Menge Geld für Antworten zu zahlen bereit ist«, sagte Gil.

»Hau ab, du Hund, oder ich rufe die Polizei«, antwortete Meshad.

Und Gil verschwand. Er flog sofort nach Israel zurück, so daß er auf keinen Fall mit Meshads Fall in Verbindung gebracht werden konnte. Meshad ereilte ein anderes Schicksal.

Der Mossad exekutiert keine Leute, es sei denn, sie haben Blut an den Händen. Dieser Mann würde das Blut israelischer Kinder an den Händen haben, falls er sein Projekt vollenden würde. Warum also warten?

Der israelische Geheimdienst wartete zumindest noch so lange, bis Magal Meshad unterhalten hatte und einige Stunden später gegangen war. Er soll ruhig glücklich sterben, lautete die Begründung.

Als Meshad schlief, schlüpften zwei Männer mit Hilfe eines Nachschlüssels leise in seine Suite und schnitten ihm die Kehle durch. Sein blutüberströmter Körper wurde am nächsten Morgen von einem Zimmermädchen gefunden.

Die französische Polizei sagte, daß der Job von einem professionellen Killer erledigt worden sei. Nichts war entwendet. Kein Geld. Keine Dokumente. Nur ein mit Lippenstift verschmiertes Handtuch wurde auf dem Boden des Badezimmers gefunden.

Magal war schockiert, als sie von dem Mord hörte. Meshad war schließlich noch am Leben gewesen, als sie ihn verlassen hatte. Einerseits, um sich selbst zu schützen, und andererseits, weil sie verdächtig war, ging sie zur Polizei und berichtete, daß Meshad wütend gewesen war, als sie ankam, und zwar wegen einiger Leute, die an ihn herangetreten waren und Informationen kaufen wollten.

Magal erzählte dies ihrer Freundin, der ehemaligen »Begleiterin« von Halim, die es unwissentlich wiederum an einen Mossad-Kontaktmann weitergab.

Am späten Abend des 12. Juli 1980 arbeitete Magal am Boulevard St. Germain, als ein Mann in einem schwarzen Mercedes an ihrer Ecke hielt und ihr Zeichen gab, auf die Fahrerseite herumzukommen.

Daran war nichts Ungewöhnliches. Als sie mit dem Interessenten zu verhandeln begann, bog ein zweiter schwarzer Mercedes um die Kurve und sauste mit hoher Geschwindigkeit die Avenue hinunter. Genau im richtigen Augenblick gab der Fahrer in dem parkenden Wagen Magal einen kräftigen Stoß, so daß sie rückwärts vor den heranrasenden Wagen flog. Sie war auf der Stelle tot. Beide Wagen verschwanden in der Nacht.

Obwohl beide – Magal wie auch Meshad – vom Mossad ermordet wurden, waren natürlich die internen Entscheidungsabläufe, die ihrem Tod vorausgingen, äußerst verschieden.

Zuerst Magal. Die Bedenken in bezug auf ihre Person sind wohl zu dem Zeitpunkt im Hauptquartier in Tel Aviv zur Sprache gekommen, an dem die verschiedenen Berichte eingetroffen, entschlüsselt und analysiert worden waren. Dann war es wohl klar, daß sie zur Polizei gegangen war und dadurch ernsthafte Schwierigkeiten verursachen würde.

Diese Einschätzung würde dann die administrative Leiter hinaufwandern und möglicherweise sogar auf dem Tisch des Mossad-Chefs landen, wo die endgültige Entscheidung getroffen würde, sie »aus dem Verkehr zu ziehen«.

Ihre Ermordung fiel in die Kategorie eines »operativen Notstandes«, eine Art von Situationen, wie sie bei Operationen eben auftauchen und in denen relativ schnell Entscheidungen, den genauen Umständen des Falles entsprechend, getroffen werden müssen.

Die Entscheidung zur Exekution von Meshad jedoch ist auf ein ultrageheimes, internes Beschlußsystem zurückzuführen, bei dem eine formelle »Exekutionsliste« im Spiel ist, die der persönlichen Zustimmung des israelischen Premierministers bedarf.

Die Zahl der Namen auf dieser Liste variiert beträchtlich, von manchmal nur einem oder zwei bis zu hundert, je nach dem Ausmaß antiisraelischer terroristischer Aktivitäten.

Das Ersuchen, jemanden auf die Exekutionsliste zu setzen, geht vom Mossad-Chef an das Büro des Premierministers. Angenommen, es hat einen Terroristenangriff auf ein israelisches Ziel gegeben – wobei das Opfer nicht unbedingt jüdisch zu sein braucht. Es könnte ein Bombenanschlag auf ein El-Al-Büro in Rom sein, bei dem italienische Bürger getötet worden sind. Das würde auf jeden Fall einen Angriff auf Israel darstellen, weil er bezwecken würde, Leute davon abzuhalten, die israelische Fluggesellschaft El Al zu benutzen.

Weiter angenommen, der Mossad wüßte genau, daß Ahmed Gibril der Schuldige wäre, der den Angriff befohlen und/oder organisiert hätte. In dem Moment würde er Gibrils Namen dem Premier nennen, der ihn wiederum einem speziellen juristischen Ausschuß unterbreiten würde, der so geheim ist, daß nicht einmal der Oberste israelische Gerichtshof von seiner Existenz eine Ahnung hat.

Das Komitee ist ein Militärgerichtshof und verurteilt angeklagte Terroristen in Abwesenheit. Es besteht aus Geheimdienstlern, Militärs und Beamten des Justizministeriums. Die Anhörung, die einer Gerichtsverhandlung ähnelt, findet an unterschiedlichen Orten statt, häufig in irgendeiner Privatwohnung. Sowohl die personelle Besetzung wie der Ort wird für jeden einzelnen Fall gewechselt.

Zwei Rechtsanwälte werden für den jeweils anstehenden Fall verpflichtet, von denen der eine den Staat vertritt oder die Anklage und der andere die Verteidigung übernimmt, obwohl der Angeklagte von dem ganzen Vorgang keine Ahnung hat. Das Gericht entscheidet dann aufgrund des Beweismaterials, ob der Mann – in diesem Fall Gibril – schuldig ist. Wird er schuldig gesprochen, was in diesem Stadium gewöhnlich der Fall ist, kann der »Gerichtshof« zweierlei vorschreiben: entweder den Mann nach Israel zu bringen und einem regulären Gerichtshof zu überstellen; oder, falls dies zu gefährlich oder unmöglich ist, ihn bei erstbester Gelegenheit zu exekutieren.

Aber bevor der Anschlag ausgeführt wird, muß der Premierminister die Exekutionsorder unterschreiben. Die Praxis wird von den unterschiedlichen Premiers verschieden gehandhabt. Manche unterschreiben das Dokument im voraus. Andere bestehen darauf, erst darüber zu befinden, ob der Anschlag in der aktuellen Situation politische Probleme mit sich bringen würde.

Auf jeden Fall besteht eine der ersten Amtspflichten eines neuen israelischen Premiers darin, die Exekutionsliste zu lesen und bei jedem Namen zu entscheiden, ob er die Exekution bestätigt oder nicht.

Am 7. Juni 1981, 16 Uhr, einem strahlenden, sonnigen Sonntag, hob eine Gruppe von zwei Dutzend amerikanischen F-15- und F-16-Jägern von der Luftwaffenbasis Beersheba ab (nicht Eilat, wie weithin berichtet wurde, weil das im Bereich des jordanischen Radars liegt). Sie starteten zu einem gefährlichen, 90minütigen, mehr als 1000 Kilometer weiten Flug über feindliches Gebiet nach Tuwaitha, außerhalb von Bagdad, um den irakischen Kernreaktor dem Erdboden gleichzumachen.

Begleitet wurden sie von einem Flugzeug, das nach einer Aer-Lingus-Frachtmaschine aussah (die Iren vermieten ihre Flugzeuge an arabische Länder, dadurch würde die Maschine nicht weiter auffallen). In Wirklichkeit war es jedoch ein israelisches Tankflugzeug vom Typ Boeing 707. Die Jäger flogen in geschlossener Formation direkt oberhalb der Boeing, so daß es aussah, als wäre nur ein Flugzeug, ein Zivilflugzeug auf einer Zivilroute, in der Luft. Die Flugzeuge flogen »schweigend«, d. h. sie hatten keinen Funkkontakt, aber sie empfingen Meldungen von einem sogenannten »Backup-Electronic-Warfare & Communication«-Flugzeug, das auch dazu diente, andere Funksignale einschließlich des feindlichen Radars zu stören.

Etwa auf halbem Wege, bereits über irakischem Gebiet, tankte die Boeing die Jäger auf. (Der Rückflug nach Israel war ohne Auftanken nicht zu schaffen, und man konnte ein erneutes Betanken nach der Attacke nicht riskieren, weil sie vielleicht verfolgt würden; deshalb das riskante Auftanken direkt über dem Irak.) Nach dem Auftanken drehte die Boeing ab, zu ihrem Schutz von zwei Jägern begleitet, überquerte Syrien nordwestlich und landete schließlich auf Zypern, als ob es sich um ein reguläres Linienflugzeug handelte. Die beiden Jäger begleiteten die Boeing nur bis zum Verlassen des feindlichen Territoriums und kehrten dann zu ihrer Basis in Beersheba zurück.

In der Zwischenzeit hatten die übrigen Bomber ihren Weg fortgesetzt, ausgerüstet mit Sidewinder-Raketen, Bomben und 2000-Pfund-»lasergelenkten«-Bomben (die auf einem Laserstrahl direkt ins Ziel fliegen).

Dank der Informationen, die ursprünglich von Halim stammten, wußten die Israelis, wo genau sie zuschlagen mußten, um den größtmöglichen Schaden anzurichten. Die Hauptaufgabe bestand darin, die Kuppel im Zentrum der Anlage zum Einsturz zu bringen. Ein israelischer Geheimdienstler befand sich zusätzlich mit einem Funkgerät in der Nähe der Anlage, das auf einer festgelegten Frequenz starke Piepsignale aussandte, um die Jäger zu ihrem Ziel zu lenken.

Im wesentlichen gibt es zwei Möglichkeiten, ein Ziel auszumachen. Erstens, man sieht es. Aber bei Fluggeschwindigkeiten über 1400 Kilometer pro Stunde muß man die Gegend sehr gut kennen, um dazu in der Lage zu sein, besonders dann, wenn das Ziel relativ klein ist. Man orientiert sich an der Landschaft, wobei einem das Terrain sehr vertraut sein muß, um bestimmte Landmarken zu erkennen. Doch – kaum überraschend – hatten die Israelis keine Gelegenheit, über Bagdad Übungsflüge abzuhalten. Sie hatten jedoch zu Hause über einem Modell der Anlage geprobt, bevor sie zu dem wirklichen Angriff starteten.

Die zweite Methode, ein Ziel zu finden, besteht in einem Peilgerät, das in der Nähe des Objektes deponiert wird. Man hatte eines außerhalb der Anlage plaziert, aber um absolut sicherzugehen, wurde Damien Chassepied, ein französischer Techniker, gebeten, eine Aktentasche mit einem Zielfunkgerät innerhalb des Gebäudes abzustellen. Aus nie geklärten Gründen wurde Chassepied drinnen aufgehalten und wurde dadurch das einzige Opfer des außergewöhnlichen Überfalls.

Um 18.30 Uhr im Irak eingetroffen, stiegen die Maschinen vom Tiefflug (um dem Radar zu entgehen), bei dem sie die Bauern auf den umliegenden Feldern bei der Arbeit sehen konnten, kurz vor dem Ziel auf 700 Meter hoch. Das Hochziehen geschah so schnell, daß das feindliche Radar verwirrt wurde, und die hinter den Jagdflugzeugen untergehende Sonne blendete die Iraker, die an den Flakgeschützen saßen. Die Jäger tauchten dann so schnell hinunter, einer nach dem anderen, daß die Iraker nur Zeit fanden, einige harmlose Schüsse aus den Flaks in die Luft abzugeben. Aber es wurden keine Sam-Raketen abgefeuert, und kein irakisches Flugzeug nahm die Verfolgung auf, als die Angreifer abdrehten und auf dem kürzeren Weg direkt über Jordanien und in größerer Höhe nach Israel zurückflogen. Sie ließen Saddam Husseins Träume vom Irak als einer Atommacht in Scherben zurück.

Die Anlage selbst war vollständig verwüstet. Das riesige Kuppeldach des Reaktorgebäudes war aus dem Fundament gehoben worden, und die extrem verstärkten Mauern des Gebäudes waren auseinandergebrochen. Zwei weitere große Gebäude, die für die Anlage wichtig waren, waren schwer beschädigt. Die von den israelischen Piloten angefertigten Videoaufnahmen, die später einem israelischen Parlamentsausschuß vorgelegt wurden, zeigten, wie der Kern des Reaktors auseinanderbrach und in das Kühlbecken hinabstürzte.

Premierminister Begin hatte den Angriff ursprünglich für Ende April vorgesehen, aufgrund der Angaben des Mossad, daß die Anlage am 1. Juli die Arbeit aufnehmen würde. Er verschob den Angriff, nachdem in den Zeitungen der frühere Verteidigungsminister Ezer Weizman mit der Aussage zitiert wurde, daß Begin »eine abenteuerliche Operation zwecks Verbesserung seiner Wahlchancen vorbereite«.

Ein weiteres Angriffsdatum, der 10. Mai, genau sieben Wochen vor den Wahlen in Israel am 30. Juni, wurde auch fallengelassen, weil Shimon Peres, Führer der Arbeitspartei, Begin eine »persönliche« und »streng geheime« Note schickte, in der es hieß, er solle von dem Angriff »Abstand nehmen«, weil die Angaben des Mossad »nicht realistisch« seien. Peres sagte voraus, daß der Angriff Israel isolieren könnte »wie einen Baum in der Wüste«.

Gerade drei Stunden nach ihrem Start kehrten die Jäger sicher nach Israel zurück. Zwei Stunden lang hatte Premierminister

Begin mit seinem gesamten Kabinett bei sich daheim in der Smolenskin Street auf Nachrichten gewartet.

Kurz vor 19 Uhr rief General Rafael Eitan, Oberkommandierender der israelischen Armee, Begin an und sagte, die Mission sei durchgeführt (das Endstadium wurde Operation Babylon genannt), und alle Leute seien in Sicherheit.

Begin soll geantwortet haben: »*Baruch hashem*«, »gesegnet sei Gott.«

Saddam Husseins spontane Reaktion wurde niemals öffentlich bekannt.

# I
## KADETT 16

# I

# REKRUTIERUNG

Ende April 1979 kehrte ich gerade von einem zweitägigen U-Boot-Dienst nach Tel Aviv zurück, als mir mein Marinekommandeur den Befehl überbrachte, an einem Treffen in der Militärbasis Shalishut im Außenbezirk von Ramt Gan, einem Vorort der Stadt, teilzunehmen.

Damals war ich Korvettenkapitän, Chef der Testabteilung für Waffensysteme der Sektion für Marineoperationen im Hauptquartier von Tel Aviv.

Ich wurde am 28. November 1949 in Edmonton, Provinz Alberta (Kanada) geboren und war noch ein Kind, als sich meine Eltern trennten. Mein Vater hatte während des Zweiten Weltkrieges in der RCAF (kanadische Luftwaffe) gedient und mit seinem Lancaster-Bomber zahllose Einsätze über Deutschland geflogen. Nach dem Krieg war er Freiwilliger im israelischen Unabhängigkeitskrieg: Als Kommandant befehligte er die Luftwaffenbasis Sede Dov in den nördlichen Außenbezirken von Tel Aviv.

Meine israelische Mutter hat ihrem Land während des Krieges ebenfalls gedient. Sie fuhr Versorgungslastwagen für die Briten von Tel Aviv nach Kairo. Danach war sie im israelischen Widerstand, der *Haganah*, aktiv. Sie war Lehrerin und zog mit mir später nach London, Ontario, dann für kurze Zeit nach Montreal und schließlich, als ich sechs Jahre alt war, nach Holon, eine Stadt in der Nähe von Tel Aviv. Mein Vater war von Kanada in die Vereinigten Staaten emigriert.

Meine Mutter kehrte wieder nach Kanada zurück, aber als ich 13 war, zogen wir abermals nach Holon. Schließlich ging meine Mutter erneut nach Kanada, aber ich blieb in Holon bei den Großeltern mütterlicherseits, Heim und Ester Margolin. Sie waren 1912 mit ihrem Sohn Rafa vor den Pogromen in Rußland geflohen. Ein zweiter Sohn war bei den Pogromen getötet worden. In Israel bekamen sie zwei weitere Kinder, Maza, einen Jungen, und Mira, ein Mädchen. Sie waren wirkliche Pioniere in Israel. Mein Großvater war Buchhalter, aber bis er seine Ausbildungsnachweise aus Rußland bekommen hatte, mußte er in der UJA (United Jewish Agency) den Boden scheuern. Später wurde er ihr Chef-Revisor und eine hochgeachtete Persönlichkeit.

Ich wurde als Zionist erzogen. Mein Onkel Maza war während des Unabhängigkeitskrieges in einer Elite-Einheit der Untergrundarmee, den »Wölfen von Samson«, gewesen.

Meine Großeltern dachten sehr idealistisch. In meiner Jugend stellte ich mir Israel als Land, in dem Milch und Honig fließen, vor. Ein Land, das jedes Opfer verdiente. Ich glaubte, es sei ein Land, das niemals Unrecht tun, anderen niemals Böses zufügen würde und allen anderen Nationen als Beispiel dienen würde, dem sie folgen müßten. Wenn politisch oder finanziell irgend etwas im Land schiefging, glaubte ich immer, daß das nur in den unteren Rängen der Regierung vorkäme – durch die Bürokraten, die es am Ende aber schon richten würden. Ich glaubte, es gäbe Leute, die über unsere Rechte wachen würden, große Männer wie Ben Gurion, den ich wirklich bewunderte. Begin war für mich in meiner Jugend ein militanter Radikaler, den ich nicht ausstehen konnte. Wo ich aufgewachsen bin, galt politische Toleranz als Grundregel. Die Araber wurden als menschliche Wesen angesehen. Wir hatten vorher mit ihnen in Frieden gelebt und würden es auch am Ende wieder tun. Das war meine Vorstellung von Israel.

Kurz bevor ich 18 Jahre alt wurde, trat ich in die Armee ein, um die vorgeschriebene dreijährige Dienstzeit abzuleisten. Nach neun Monaten war ich Leutnant – damals der jüngste Offizier in der israelischen Armee.

Während meiner Dienstzeit war ich am Sueskanal, auf den

Golanhöhen und am Jordan stationiert. Ich erlebte, wie Jordanien die PLO vertrieb, und wir erlaubten den jordanischen Panzern, unser Territorium zu durchqueren, um sie zu umzingeln. Das war schon seltsam. Die Jordanier waren unsere Feinde, aber die PLO war der größere Feind.

Als mein Militärdienst im November 1971 beendet war, ging ich für fünf Jahre nach Edmonton zurück, wo ich verschiedenste Jobs machte: von Werbung bis zum Geschäftsführer einer Tapetenabteilung im Einkaufszentrum. Den Yom Kippur-Krieg verpaßte ich. Aber ich wußte, daß für mich der Krieg nicht beendet sein würde, bevor ich mich nicht eingesetzt hätte. Im Mai 1977 kehrte ich nach Israel zurück und trat in die Marine ein.

Als ich zu dem Treffen in der Shalishut-Basis kam, wurde ich in ein kleines Büro geschoben, wo ein Fremder mit ein paar Papieren vor sich am Tisch saß.

»Wir haben deinen Namen aus dem Computer«, sagte der Mann. »Auf dich treffen unsere Kriterien zu. Wir wissen, daß du deinem Land bereits dienst, aber es gibt einen Weg, auf dem du ihm noch besser dienen kannst. Bist du interessiert?«

»Nun ja. Ich bin interessiert. Worum geht es?«

»Zuerst um eine Reihe von Tests, damit wir sehen, ob du geeignet bist. Wir werden dich anrufen.«

Zwei Tage später wurde ich für 20 Uhr in eine Wohnung in Herzlia bestellt. Ich war überrascht, daß der Psychiater, der an der Marinebasis beschäftigt war, die Tür öffnete. Das war ihr Fehler. Er sagte, daß er dies für einen Sicherheitsdienst tue und daß ich in der Basis nichts davon erwähnen sollte. Ich sagte ihm, daß das in Ordnung ginge.

In den nächsten vier Stunden wurde ich unterschiedlichen psychiatrischen Tests unterworfen: vom Rorschach-Test bis zu detaillierten Fragen über alles nur Denkbare.

Eine Woche später wurde ich zu einem weiteren Treffen im Nordteil von Tel Aviv in der Nähe von Bait Hahayal geladen. Ich hatte meiner Frau bereits davon erzählt. Wir hatten das Gefühl, daß der Mossad dahintersteckte. Wer konnte es sonst sein?

Dies war die erste in einer Serie von Begegnungen mit einem Mann, der sich Ygal nannte. Ihr folgten lange Sitzungen im Scala-Café in Tel Aviv. Ygal sagte mir immer wieder, wie wichtig es sei, und munterte mich ständig auf. Ich füllte Hunderte Formulare aus mit Fragen wie: »Würdest du es als verwerflich ansehen, wenn du jemanden für dein Land töten müßtest? Hältst du Freiheit für wichtig? Gibt es etwas Wichtigeres als Freiheit?« Solche Sachen. Da ich ganz sicher war, daß der Mossad dahintersteckte, war es offensichtlich, welche Antworten sie wünschten. Und ich wollte unbedingt hineinkommen.

Derartige Treffen fanden dann alle drei Tage statt – ein Prozeß, der sich über etwa vier Monate hinzog. Einmal wurde ich in einer Militärbasis einer umfassenden medizinischen Untersuchung unterzogen. Wenn es beim Militär Untersuchungen gibt, steht man meistens mit 150 anderen Burschen in einer Reihe. Wie in einer Fabrik. Aber hier hatten sie zehn Räume für die Tests, jeden mit einem Arzt und einer Schwester, und alle warteten auf mich. Ich war der einzige. Jedes Team brauchte etwa eine halbe Stunde für mich. Sie machten alle Arten von Untersuchungen. Sie hatten sogar einen Zahnarzt. Irgendwie kam ich mir dadurch sehr bedeutend vor.

Nach alldem hatte ich immer noch keine genaueren Informationen über den Job bekommen, den sie mir unbedingt geben wollten. Trotzdem wollte ich ihn um jeden Preis annehmen, was immer es sein würde.

Schließlich sagte mir Ygal, daß ich das Job-Training größtenteils in Israel absolvieren müßte, aber nicht zu Hause wohnen könne. Es würde mir erlaubt werden, meine Familie alle zwei oder drei Wochen einmal zu sehen. Am Ende würde ich ins Ausland geschickt werden, und dann könnte ich meine Familie nur etwa einmal im Monat sehen. Ich sagte zu Ygal, solange könnte ich nicht wegbleiben. Das sei nichts für mich. Als er mich bat, darüber nachzudenken, habe ich doch zugestimmt. Dann riefen sie meine Frau Bella an. In den nächsten acht Monaten nervten sie uns ständig per Telefon.

Da ich bereits in der Armee diente, hatte ich nicht das Gefühl, daß ich meinem Land keinen Dienst erweisen würde. Das war ein Ausgleich. Ich war damals ziemlich rechts eingestellt – politisch, nicht sozial. Damals glaubte ich, daß man die beiden Sachen voneinander trennen könnte, besonders in Israel. Egal, ich wollte jedenfalls den Job, aber ich wollte meiner Familie nicht solange fernbleiben.

Damals sagte man mir nicht genau, für welchen Job ich ausgebildet werden würde, aber als ich später wirklich in den Mossad eintrat, erfuhr ich, daß sie mich für den *Kidon* vorbereiteten, die Killereinheit der *Metsada*-Abteilung. (Metsada, heute *Komemiute* genannt, ist für die kämpfenden Einheiten verantwortlich.) Aber ich war mir immer noch nicht sicher, was ich aus meinem Leben machen wollte.

1981 verließ ich die Marine. Da ich ausgebildeter Graphiker war, beschloß ich, mich selbständig zu machen und bemalte Glasfenster herzustellen. Ich fertigte einige an und versuchte sie zu verkaufen, stellte aber schnell fest, daß bemalte Glasfenster in Israel nicht sonderlich gefragt sind, zum Teil wohl deshalb, weil sie die Leute an Kirchen erinnerten. Einige Leute waren aber daran interessiert, wie man sie herstellt; deshalb wandelte ich meinen Laden in eine Schule um, in der man mit der Produktion vertraut gemacht wurde.

Im Oktober 1982 erhielt ich zu Hause ein Telegramm mit einer Telefonnummer, die ich am nächsten Donnerstag zwischen 9 und 19 Uhr anrufen sollte. Ich sollte Deborah verlangen. Ich rief an. Man nannte mir eine Adresse im Erdgeschoß des Hadar Dafna Center, ein Büroturm am King Saul Boulevard in Tel Aviv – später erfuhr ich, daß es das Hauptquartier des Mossad ist –, einer dieser grauen, schmucklosen Betonklötze, die in Israel so beliebt sind.

Ich betrat die Eingangshalle. Rechts stand eine Bank, und links an der Wand hing ein kleines, unverdächtiges Schild: Sicherheitsdienst Rekrutierung. Meine zurückliegende Erfahrung ging mir immer noch nach. Ich hatte wirklich das Gefühl, etwas verpaßt zu haben.

Ich war eine Stunde zu früh gekommen, weil ich so aufgeregt war. Ich ging daher in die Cafeteria im zweiten Stock, die auch Besuchern zugänglich war. An der Seite des Gebäudes gibt es einige private Geschäfte, was dem Komplex das Aussehen eines Einkaufszentrums verleiht. Das Mossad-Hauptquartier ist jedoch als Gebäude innerhalb eines Gebäudes konzipiert worden. Ich hatte mir einen Sandwich-Toast bestellt – ich werde das nie vergessen. Als ich ihn aß, schaute ich mich um und fragte mich, ob außer mir noch jemand bestellt worden war.

Als es soweit war, ging ich die Treppe hinunter zu dem bezeichneten Raum und wurde am Ende in ein kleines Büro mit einem großen, hell gemaserten Tisch geführt. Ansonsten war es spärlich möbliert. Es gab da einen Abfalleimer mit einem Schwingdeckel, ein Telefon, einen Spiegel an der Wand und das Foto eines Mannes, der mir bekannt vorkam, den ich aber nicht einordnen konnte.

Der gutaussehende Bursche am Tisch öffnete eine dünne Akte, schaute kurz hinein und sagte: »Wir suchen Leute. Unsere Hauptaufgabe ist die Rettung und der Schutz von Juden in der ganzen Welt. Es ist harte Arbeit, und es kann gefährlich sein. Mehr kann ich dir nicht sagen, bevor wir dich nicht einigen Tests unterzogen haben.« Der Mann erklärte mir dann, daß sie mich nach jeder Testserie anrufen würden. Wenn ich einen einzigen nicht bestünde, könnte ich's vergessen. Wenn ich durchkäme, erhielte ich Anweisungen für den nächsten Test. »Wenn du versagst oder aussteigst, darfst du uns nicht mehr kontaktieren. Es gibt keine Berufungsinstanz. Wir entscheiden, und damit hat es sich. Ist das klar?«

»Ja.«

»Schön. Heute in zwei Wochen möchte ich dich um 9 Uhr hier sehen, damit wir mit den Tests beginnen können.«

»Heißt das, daß ich ab dann meine Familie selten sehen werde?«

»Nein.«

»Gut, ich werde in zwei Wochen hier sein.«

Als der Tag kam, wurde ich in einen großen Raum gebracht.

Dort saßen neun weitere Leute hinter Schulbänken, und jedem von uns wurden 30 Seiten Fragebögen ausgehändigt, die Fragen zur Person enthielten und alle Arten von Tests. Alles zielte darauf, herauszufinden, wer man ist, was und wie man denkt. Nachdem wir sie ausgefüllt und abgegeben hatten, wurde uns gesagt: »Wir werden euch anrufen.«

Eine Woche später wurde ich zu einem Treffen mit einem Mann beordert, der mein Englisch testete, das ich ohne israelischen Akzent spreche. Er fragte mich nach der Bedeutung zahlloser Slang-Ausdrücke, aber er war nicht ganz up-to-date bei solchen Begriffen wie »far out« (sehr unkonventionell, extrem). Er fragte mich auch vieles über Städte in Kanada und in den Vereinigten Staaten, wer US-Präsident sei und solche Sachen.

Die Treffen zogen sich über drei Monate hin, aber im Gegensatz zum ersten Mal fanden sie tagsüber in dem Büro im Zentrum statt. Ich wurde nochmals ärztlich untersucht, aber diesmal war ich nicht allein. Und ich wurde zwei polygraphischen Tests unterzogen. Den Rekruten wurde ständig eingeschärft, den anderen nichts über sich selbst mitzuteilen. »Behaltet euer Zeug für euch«, das war die Losung.

Als immer wieder neue Treffen anberaumt wurden, wurde ich immer besorgter. Der Mann, der mich interviewte, hieß Uzi; später lernte ich ihn besser kennen. Es war Uzi Nakdimon, Chef der Rekrutierungsabteilung. Vor dem letzten Test wollten sie sich aber noch mit Bella treffen.

Das Treffen mit ihr dauerte sechs Stunden. Uzi fragte sie alles mögliche, nicht nur über mich, sondern auch über ihre eigene politische Vergangenheit, ihre Eltern, ihre Stärken und Schwächen sowie ausführlich über ihre Haltung zum Staat Israel und seiner Stellung in der Welt. Als stiller Beobachter war auch ein Psychiater anwesend.

Anschließend rief mich Uzi herein und sagte mir, daß ich mich am Montag früh um sieben melden sollte. Ich sollte zwei Koffer mitbringen, gepackt mit unterschiedlicher Kleidung von Jeans bis zu Anzügen. Das würde mein abschließender drei- bis viertägiger Test werden. Er erklärte mir weiter, daß zum Ausbildungsprogramm ein zweijähriges Training gehörte und daß das Gehalt um eine Stufe höher als das für meinen bisherigen Dienstrang liegen würde. Nicht schlecht, dachte ich. Ich war damals Korvettenkapitän und würde nun zum Oberst werden. Ich war wirklich aufgeregt. Endlich war es soweit. Ich hatte das Gefühl, daß ich etwas Besonderes sei, aber später fand ich heraus, daß Tausende Männer interviewt werden. Etwa alle drei Jahre machen sie einen Kurs, wenn sie genug Leute zusammenhaben. Am Ende bleiben 15 übrig; manchmal bestehen alle, manchmal keiner. Ein vorherbestimmtes Ergebnis gibt es nicht. Sie sagen, daß sie für jeden der 15 zum Kurs zugelassenen Leute 5000 prüfen. Sie suchen sich die *richtigen* Leute aus, nicht unbedingt die *besten*. Das ist ein großer Unterschied. Die meisten der Prüfer sind Leute vom Außendienst *(field people)*, und sie halten nach ganz bestimmten Talenten Ausschau. Aber das zeigen sie nicht. Sie lassen dich einfach in dem Glauben, du wärst etwas Besonderes und deswegen für die Tests ausgewählt worden.

Kurz vor dem festgesetzten Tag brachte mir ein Bote einen Brief ins Haus, der nochmals Zeit und Ort bestätigte und mich daran erinnerte, Kleidung für unterschiedliche Gelegenheiten mitzubringen. Es stand auch darin, ich solle nicht meinen Namen benutzen. Ich sollte einen Namen meiner Wahl auf ein beigefügtes Papier mit einer kurzen Geschichte für meine neue Identität schreiben. Ich wählte den Namen Simon Lahav. Der Name meines Vaters ist Simon, und mir ist einmal gesagt worden, daß der Name Ostrovsky auf polnisch oder russisch scharfe Klinge bedeutet. *Lahav* bedeutet Klinge auf hebräisch.

Ich bezeichnete mich als freischaffender Graphikdesigner; so konnte ich meine Erfahrung auf dem Gebiet nutzen; aber genauer legte ich mich nicht fest. Ich gab eine Adresse in Holon an, von der ich wußte, daß dort ein freies Feld war.

An einem regnerischen Tag im Januar 1983 traf ich planmäßig kurz vor 7 Uhr ein. Ich fand zwei Frauen und acht Männer in der Gruppe vor sowie drei oder vier Leute, die ich für Instrukteure hielt. Nachdem wir die Umschläge mit unseren neuen Identitäten ausgehändigt bekommen hatten, wurde die Gruppe mit dem Bus zu dem bekannten Appartement-Hotel Country Club an der Straße nach Haifa, außerhalb von Tel Aviv gebracht. Das Hotel rühmt sich, die meisten Rekreationsmöglichkeiten von allen Strandhotels in Israel zu haben.

Uns wurden paarweise Zimmer zugewiesen, wo wir unsere Sachen unterbringen sollten. Danach sollten wir uns in der Einheit 1 sammeln.

Auf einem Hügel oberhalb des Country Club liegt die sogenannte Sommerresidenz des Premierministers. In Wirklichkeit ist es die *Midrasha*, die Ausbildungsakademie des Mossad. An jenem ersten Tag schaute ich zu jenem Hügel empor. Jedermann in Israel weiß, daß der Ort etwas mit dem Mossad zu tun hat, und ich fragte mich, ob ich wohl dort oben enden würde, wenn ich dies hier überstanden hätte. Ich stellte mir dann vor, daß alle nur dazu da wären, um mich zu testen. Das mag paranoid klingen, aber Paranoia ist in diesem Geschäft ein Plus.

Einheit 1 besaß eine riesige Eingangshalle mit einem langen Tisch in der Mitte, auf dem alles für ein üppiges Frühstück gerichtet war. Es gab ein unglaubliches Buffet mit mehr Speisen, als ich jemals zuvor gesehen hatte; dann war da noch ein Oberkellner, um besondere Wünsche entgegenzunehmen.

Außer den zehn Studenten saßen ein Dutzend Leute herum, die frühstückten. Um 10.30 Uhr etwa begaben wir uns in einen angrenzenden Raum, in dem in der Mitte ebenfalls ein langer Tisch stand, an den sich die Studenten setzten, während die übrigen an den Tischen an der Wand Platz nahmen. Niemand trieb uns zur Eile an. Wir hatten ein gemütliches Frühstück gehabt, und im Konferenzzimmer gab es Kaffee – und jedermann rauchte wie gewöhnlich eine Zigarette nach der anderen.

Uzi Nakdimon wandte sich an die Gruppe: »Willkommen zu der Testreihe. Wir werden drei Tage hier sein. Tut nichts, was ihr glaubt, daß es von euch erwartet wird. Benutzt euren eigenen Verstand in jeder denkbaren Lage. Wir suchen die Leute aus, die wir brauchen. Ihr habt schon eine ganze Menge Tests bestanden. Jetzt wollen wir ganz sicher sein, daß ihr die Richtigen seid.

Jeder von euch bekommt einen Instrukteur«, fuhr er fort. »Jeder von euch hat zur Tarnung einen Namen und Beruf angenommen. Ihr werdet versuchen, diese Legende beizubehalten, aber gleichzeitig ist es eure Aufgabe, jeden anderen an diesem Tisch zu *enttarnen*.«

Damals wußte ich es noch nicht, aber unsere war die erste Testgruppe, in der Frauen waren. Es hatte politischen Druck gegeben, auch weibliche Katsas im Mossad zu haben. Deshalb hatte man sich wohl entschlossen, einige aufzunehmen, einfach um festzustellen, was sie bringen würden. Natürlich waren sie nicht ernsthaft bereit, welche durchkommen zu lassen. Es war nur eine Geste. Es gibt weibliche Agenten, aber keine stieg je zum Katsa auf. Zum einen sind Frauen verwundbarer, aber ein Hauptziel der Aktivitäten des Mossad sind Männer, die Anwerbung von Männern. Arabische Männer. Die können zwar von Frauen getäuscht werden, aber kein Araber würde für Frauen arbeiten. Also können sie von Frauen nicht rekrutiert werden.

Wir zehn Rekruten begannen, uns mit unserer Legende vorzustellen. Während unseres jeweiligen Vortrags begannen die anderen Testteilnehmer Fragen zu stellen. Von Zeit zu Zeit stellten auch die Testleiter, die hinter uns saßen, Fragen.

Ich blieb mit meiner Geschichte ziemlich vage. Ich wollte nicht sagen, daß ich für eine bestimmte Firma gearbeitet hätte, weil sie irgend jemand vielleicht bekannt gewesen wäre. Ich sagte, ich hätte zwei Kinder, aber ich machte Jungen aus ihnen, weil es nicht erlaubt war, reale Fakten zu enthüllen. Aber ich wollte mich so eng wie möglich an meine wirkliche Geschichte halten. Das war einfach. Ich fühlte mich nicht unter Druck. Es war ein Spiel, das mir Spaß machte.

Die Übung dauerte etwa drei Stunden. Einmal, als ich gerade Fragen stellte, beugte sich ein Tester mit seinem Notizblock vor und sagte: »Entschuldige, wie war noch dein Name?« Kleine Dinge, etwa in dieser Art, um deine Konzentration zu prüfen. Man mußte ständig auf der Hut sein.

Als die Sitzung zu Ende war, mußten wir in unsere Zimmer zurückgehen und Straßenkleidung anlegen. »Ihr geht in die Stadt.«

Wir wurden in Gruppen zu je drei »Studenten« eingeteilt, die jeweils mit zwei Instrukteuren in ein Auto stiegen. Als wir in Tel Aviv ankamen, trafen wir an der Ecke King Saul Boulevard und Ibn Gevirol zwei weitere Instrukteure. Es war etwa 16.30 Uhr. Einer der Instrukteure wandte sich an mich und sagte: »Siehst du den Balkon im dritten Stock dort drüben? Ich möchte, daß du hier drei Minuten stehenbleibst und nachdenkst. Dann möchte ich, daß du zu dem Gebäude gehst, und innerhalb von sechs Minuten will ich dich mit dem Besitzer oder Mieter und einem Glas Wasser in der Hand auf dem Balkon stehen sehen.«

Ich war erschocken. Wir hatten keine Ausweise bei uns, und in Israel ist es strafbar, ohne Ausweis angetroffen zu werden. Uns war gesagt worden, stets unseren Decknamen zu benutzen, egal was passierte. In Israel geht man ganz einfach nicht ohne Papiere aus. Uns war gesagt worden, daß wir auch dann an unseren Tarnungen festhalten sollten, wenn wir Ärger mit der Polizei bekommen würden.

Was also tun? Mein erstes Problem war, genau herauszubekommen, welches Appartement gemeint war. Nach einer, wie mir schien, kleinen Ewigkeit sagte ich zu dem Instrukteur, daß ich bereit sei.

»Wie willst du die Sache prinzipiell angehen?«

»Prinzipiell drehe ich einen Film«, antwortete ich.

Obwohl sie eigentlich spontane Aktionen wünschten, wollten die Instrukteure doch, daß wir nach einem groben Aktionsplan vorgingen, statt nach dem arabischen Wort *Ala bab Allah* oder »Was sein wird, wird sein; überlaß es einfach Allah« zu handeln.

Ich lief schnell in das Gebäude und die Treppen hinauf; dabei zählte ich jedes Stockwerk, um sicherzugehen, daß ich das richtige erwischte. Eine Frau von etwa 65 Jahren öffnete mir die Tür.

»Hallo«, sagte ich auf hebräisch. »Mein Name ist Simon. Ich arbeite in der Abteilung für den öffentlichen Nahverkehr. Sie wissen ja, daß es auf der Kreuzung da unten ziemlich viele Unfälle gibt.« Ich machte eine Pause, um ihre Reaktion zu taxieren.

»Ja, ja, ich weiß«, sagte sie. (Wenn man bedenkt, wie die Israelis fahren, kann man davon ausgehen, daß es an den meisten

Kreuzungen viele Unfälle gibt, so daß meine Behauptung nicht sonderlich riskant war.)

»Wir würden gern Ihren Balkon mieten, wenn es möglich wäre.«

»Meinen Balkon mieten?«

»Ja. Wir möchten den Verkehr auf der Kreuzung da unten filmen. Sie würden nicht durch Leute gestört. Wir würden nur eine Kamera auf Ihren Balkon stellen. Könnte ich vielleicht einen Blick hinunterwerfen, um sicher zu sein, daß es der richtige Winkel ist? Wenn ja, wären dann 500 Pfund genug?«

»Ja, natürlich«, sagte die Frau und schob mich in Richtung Balkon.

»Oh, entschuldigen Sie, daß ich Sie noch einmal bemühe, aber könnte ich ein Glas Wasser haben, es ist so heiß heute.«

Kurz darauf standen wir Seite an Seite auf dem Balkon und schauten hinunter.

Ich fühlte mich großartig. Ich sah, wie alle uns beobachteten. Als die Frau sich abwandte, prostete ich ihnen mit meinem Glas zu. Ich schrieb den Namen und die Telefonnummer der Frau auf, sagte ihr, daß wir noch ein paar Plätze besichtigen müßten und wir ihr Bescheid geben würden, falls wir ihren Balkon wählen würden.

Während ich hinunterging, war schon der zweite Student zu seinem Auftrag losgezogen. Er ging zu einem Geldautomaten, wo er sich den Gegenwert von zehn Dollar von irgendeinem Fremden leihen sollte, der den Automaten benutzte. Er sagte einem Mann, er brauche ein Taxi, weil seine Frau im Krankenhaus ein Kind bekommen habe und er kein Geld dabei hätte. Er bekam das Geld und schrieb sich Name und Adresse auf, um es ihm zurückzuschicken.

Der dritte Student in der Gruppe war nicht so erfolgreich. Er sollte auf dem Balkon eines anderen Wohnhauses erscheinen. Zuerst verschaffte er sich Zugang zum Dach, indem er sagte, er müsse die Fernsehantenne kontrollieren. Als er dann zu der bestimmten Wohnung ging und den Besitzer fragte, ob er von seinem Balkon aus einen Blick auf die Antenne werfen könne, stellte sich zu seinem Pech heraus, daß der Mann bei der Antennenfirma angestellt war.

»Wovon redest du eigentlich?« fragte der Mann. »Mit der Antenne ist alles in Ordnung.« Der Student mußte schnell verschwinden, weil der Mann drohte, die Polizei zu rufen.

Nach dieser Übung wurden wir in die Hayarkon Street gefahren, eine Hauptstraße am Mittelmeer entlang, wo alle die großen Hotels liegen. Mich brachte man in die Lobby des Sheraton-Hotels, wo ich mich setzen und abwarten sollte.

»Siehst du das Hotel gegenüber – das Basel-Hotel?« fragte einer der Instrukteure. »Ich möchte, daß du hinübergehst und mir von ihrer Gästeliste den dritten Namen von oben bringst.«

In Israel liegen die Gästebücher unter dem Empfangstisch und nicht obenauf, und sie werden, wie vieles andere auch, als vertraulich angesehen. Es begann gerade zu dunkeln, als ich die Straße überquerte, noch ohne einen Schimmer, wie ich an den Namen kommen sollte. Ich wußte, daß ich Unterstützung hatte. Ich wußte, daß es ein Spiel war. Trotzdem war ich aufgeregt. Ich wollte erfolgreich sein, obwohl, wenn man es recht überlegt, die Aufgabe ziemlich albern war.

Ich entschloß mich, englisch zu sprechen, weil man dann meist besser behandelt wird. Sie denken nämlich, man sei Tourist. Als ich mich dem Empfang näherte, um nach irgendwelchen Nachrichten für mich zu fragen, fiel mir der alte Witz ein, in dem man jemanden anruft und fragt, ob Dave da sei. Man telefoniert mehrmals und stellt dieselbe Frage, wobei der Typ am Telefon immer wütender wird, weil man die falsche Nummer hat. Dann ruft man nochmals an und sagt: »Hallo, hier ist Dave. Irgendeine Nachricht für mich?«

Der Angestellte schaute zu mir auf. »Sind Sie Gast?«

»Nein, bin ich nicht«, sagte ich. »Aber ich warte auf jemanden hier.«

Der Angestellte sagte, es seien keine Nachrichten für mich da. Ich setzte mich in die Lobby und wartete. Nach etwa einer halben Stunde, wobei ich ständig auf die Uhr gesehen hatte, ging ich wieder zu ihm.

»Vielleicht ist er schon hier, und ich habe ihn bloß verpaßt«, sagte ich.

»Wie heißt er denn?« fragte der Angestellte. Ich murmelte einen Namen, der sich wie »Kamalunke« anhörte. Der Angestellte griff nach dem Gästebuch und schaute es durch. »Können Sie es bitte buchstabieren?«

»Ich bin mir nicht sicher. Entweder mit C oder mit K«, sagte ich und beugte mich über den Tisch, scheinbar in der Absicht, ihm dabei zu helfen, den Namen zu finden, doch in Wirklichkeit, um den dritten Namen von oben zu lesen.

Dann, als ob ich gerade eben meinen Irrtum bemerkte, sagte ich: »Oh, ich bin im Basel-Hotel. Ich dachte, es sei das City-Hotel. Tut mir leid. Wie dumm von mir.«

Wieder fühlte ich mich großartig. Dann fragte ich mich, wie zum Teufel meine Instrukteure wissen wollten, ob ich ihnen den richtigen Namen nannte. Aber in Israel haben sie zu allem Zugang.

Inzwischen füllte sich die Hotellobby mit Leuten, deshalb traten die beiden Instrukteure und ich auf die Straße hinaus. Sie sagten, jetzt käme der letzte Test, und händigten mir ein Telefonmikrofon aus, an dem zwei Drähte hingen. An dem Ding war zu Identifizierungszwecken ein Zettel befestigt. Ich sollte im Tal-Hotel zu dem öffentlichen Wandtelefon in der Lobby gehen, die Sprechmuschel herausnehmen, das mir übergebene Mikro einbauen, das ausgebaute mitbringen und alles voll funktionstüchtig hinterlassen.

Vor dem Telefon standen die Leute Schlange, aber ich sagte zu mir selbst, daß ich das Ding hinbekommen müßte. Als ich an der Reihe war, warf ich eine Münze ein, wählte irgendeine Nummer und hielt den Hörer an meine Wange. Meine Knie begannen zu schlottern. Hinter mir die Reihe der Wartenden. Ich drehte das Mundstück ab, holte dann mein Notizbuch aus der Tasche und gestikulierte wild, als wollte ich etwas notieren. Ich klemmte den Hörer zwischen Kinn und Schulter und sprach auf englisch hinein.

Unterdessen stand ein Typ so dicht hinter mir, daß ich beinahe seinen Atem im Nacken spürte. Ich legte mein Notizbuch hin, drehte mich zu ihm um und sagte: »Entschuldigen Sie«, und als er einen Schritt zurücktrat, schraubte ich das neue Teil ein. Jemand hatte inzwischen auf den Anruf geantwortet und gefragt: »Wer ist da?« Aber sobald ich das Plastikteil wieder festgeschraubt hatte, legte ich auf.

Ich zitterte, als ich das Sprechteil des Hörers in meine Tasche steckte. Ich hatte niemals zuvor etwas dergleichen getan – niemals irgend etwas gestohlen. Ich fühlte mich ganz schwach, als ich zu dem Instrukteur hinausging und ihm das Teil aushändigte.

Bald darauf fuhren wir alle fünf wieder zurück zum Country Club. Es wurde wenig gesprochen. Nach dem Abendessen wurde uns gesagt, wir sollten bis zum nächsten Morgen einen detaillierten Report über alles schreiben, was wir den Tag über gemacht hätten, und nichts auslassen, egal wie unbedeutend es uns erscheinen möge.

Gegen Mitternacht, mein Zimmergenosse und ich waren müde und saßen noch vor dem Fernseher, klopfte einer der Instrukteure an die Tür. Er sagte mir, ich solle mir Jeans anziehen und mit ihm kommen. Er fuhr mich in die Nähe eines Obstgartens und sagte mir, daß einige Leute wahrscheinlich in diesem Gebiet ein Treffen organisieren wollten. In der Ferne hörte man Schakale heulen, und die Grillen zirpten ununterbrochen.

»Ich zeige dir, wo«, sagte er. »Ich möchte wissen, wie viele Leute sich treffen und was sie sagen. Ich werde dich in zwei oder drei Stunden abholen.«

»Okay«, sagte ich.

Er führte mich einen Schotterweg entlang bis hinunter zu einem *Wadi* (ein Fluß, der außerhalb der Regenperioden trocken ist). Es war noch ein kleines Rinnsal zu sehen, und eine Betonröhre von etwa 50 Zentimeter Durchmesser führte unter der Straße hindurch.

»Dort«, sagte er und deutete auf die Röhre. »Dort ist ein gutes Versteck. Es gibt da ein paar alte Zeitungen, die du vor dir aufhäufen kannst.«

Das war nun ein echter Test für mich. Ich neige zu Klaustrophobie, was sie aus den psychologischen Tests erfahren hatten. Und ich hasse Ungeziefer: Kakerlaken, Würmer, Ratten. Ich mag nicht in einem See schwimmen, wegen all des schmierigen Zeugs auf dem Grund. Als ich durch die Röhre schaute, konnte ich nicht einmal das andere Ende sehen. Es wurden die längsten drei Stunden meines Lebens. Und es kam natürlich niemand. Es gab gar kein Treffen. Ich versuchte, nicht einzuschlafen. Ich erinnerte mich immer wieder daran, wo ich war, und das hielt mich wach.

Schließlich kehrte der Instrukteur zurück. »Ich möchte einen ausführlichen Bericht über das Meeting«, sagte er.

»Es war niemand hier«, antwortete ich.

»Bist du sicher?«

»Ja.«

»Vielleicht bist du eingeschlafen.«

»Nein, bin ich nicht.«

»Also, ich bin hier vorbeigekommen«, sagte der Instrukteur.

»Du bist irgendwo anders vorbeigegangen. Hier ist niemand vorbeigekommen.«

Auf dem Rückweg wurde mir gesagt, ich solle über diesen Test nicht sprechen.

Am folgenden Abend wurde der ganzen Gruppe gesagt, sie solle sich leger anziehen. Wir würden nach Tel Aviv gebracht werden, und jeder müsse ein bestimmtes Gebäude überwachen. Wir sollten über alles, was wir sähen, Notizen machen. Und wir sollten uns auch eine Legende ausdenken, um zu erklären, was wir da täten.

Um 20 Uhr wurde ich von zwei Leuten in einem Kleinwagen in die Stadt gefahren. Der eine von ihnen war Shai Kauly, ein Katsa-Veteran, mit dessen Namen eine lange Erfolgsliste verbunden ist (siehe Kapitel 9: »Strella«). Ich wurde einen Block von der Dizingoff Street, der Hauptstraße Tel Avivs, entfernt abgesetzt und sollte ein fünfstöckiges Gebäude überwachen und jeden aufschreiben, der hineinging: um welche Uhrzeit er eintraf, wegging, eine Personenbeschreibung, welche Lichter ein- und welche ausgeschaltet waren und zu welcher Uhrzeit. Sie sagten, sie würden mich später wieder abholen, sie würden dann die Scheinwerfer kurz aufblenden.

Mein erster Gedanke war, mich irgendwo zu verstecken. Aber wo? Sie hatten mir gesagt, ich sollte zu sehen sein. Ich wußte nicht, was mich erwartete. Dann kam mir die Idee, mich hinzusetzen und das Gebäude zu zeichnen. Während ich zeichnete, könnte ich alle notwendigen Informationen auf englisch versteckt auf die Rückseite schreiben. Sollte man mich fragen, warum ich in der Nacht zeichnete, würde ich sagen, daß ich dann weniger abgelenkt würde; weil ich außerdem in Schwarzweiß zeichnete, brauchte ich nicht soviel Licht.

Etwa nach einer halben Stunde wurden Ruhe und Frieden durch einen Wagen gestört, der mit quietschenden Reifen vor mir hielt. Ein Mann sprang heraus.

»Wer sind Sie?« fragte er.

»Simon Lahav.«

»Was machen Sie hier?«

»Ich zeichne.«

»Einer der Anwohner hat sich beschwert. Er sagt, Sie beobachteten die Bank.« (Im ersten Stock des Gebäudes befand sich tatsächlich eine Bank.)

»Nein, ich zeichne. Schauen Sie.« Ich hielt dem Bullen meine Zeichnung hin.

»Ich will deinen Scheißdreck nicht sehen. Los, steig in den Wagen.«

In dem Wagen ohne Kennzeichen saßen ein Fahrer und noch ein weiterer Mann auf dem Vordersitz. Sie gaben über Funk durch, daß sie jemanden aufgegriffen hätten, während derjenige, der mich zum Wagen befohlen hatte, neben mir Platz nahm. Der auf dem Vordersitz fragte nach meinem Namen. Ich antwortete: »Simon.«

Er fragte nochmals, und als ich ihm wieder antworten wollte, schlug mir der Kerl neben mir ins Gesicht und sagte: »Halt's Maul.« – »Er hat mir eine Frage gestellt«, sagte ich. »Er hat dich gar nichts gefragt«, erhielt ich zur Antwort.

Ich war geschockt. Ich fragte mich, wo meine Kumpel waren.

Dann fragte der neben mir, woher ich käme. Ich sagte, Holon. Da stieß mich der Bulle vom Vordersitz vor den Kopf und sagte: »Ich habe dich nach deinem Namen gefragt.«

Als ich sagte, ich sei Simon aus Holon, fragte der Bulle neben mir: »Was bist du, ein Hellseher?« Dann drückte er mir den Kopf nach unten, drehte mir die Arme auf den Rücken und legte mir Handschellen an. Der Bulle neben mir fluchte wie ein Verrückter, nannte mich einen dreckigen, elenden Drogendealer.

Ich sagte, ich hätte nur gezeichnet, aber er wollte wissen, was ich beruflich machte. Ich sagte ihm, ich sei Künstler.

Wir waren schon losgefahren, als der Kerl vorn sagte: »Wir nehmen dich jetzt mit in die Stadt. Wir werden's dir schon zeigen.« Er nahm meine Zeichnungen, zerriß sie und warf sie auf den Boden. Dann befahl er mir, die Schuhe auszuziehen – nicht ganz leicht, wenn einem die Hände gefesselt sind.

»Wo hast du die Drogen versteckt?« fragte einer.

»Was meinst du? Ich habe keine Drogen. Ich bin Künstler.«

»Wenn du jetzt nicht redest, dann wirst du später reden«, sagte er. In der Zwischenzeit prügelten sie ständig auf mich ein. Einer von den Kerlen schlug mir so stark gegen den Kiefer, daß ich dachte, ich hätte einen Zahn verloren.

Der Mann vom Vordersitz zog mich nach vorn, brüllte mir direkt ins Gesicht, bedrohte mich, wollte wissen, wo die Drogen seien, während der Fahrer ziellos durch die Stadt fuhr.

Ich war der Meinung, die wollten einfach jemanden quälen. Sie hatten einen Typ auf der Straße aufgelesen und ließen ihre Wut an ihm aus. Ich hatte von so etwas schon gelesen. Ich verlangte, daß sie mich zur Polizeistation brächten, damit ich einen Anwalt nehmen könnte. Nach etwa einer Stunde fragten sie mich nach dem Namen der Galerie, die meine Kunst ausstelle. Ich kannte alle Galerien in Tel Aviv – und wußte auch, daß um diese Zeit alle geschlossen waren, deshalb sagte ich ihnen irgendeinen Namen. Als wir an der Adresse ankamen, hatte ich immer noch Handschellen an, so wies ich mit dem Kopf dorthin und sagte: »Meine Bilder sind da drinnen.«

Mein nächstes Problem war, daß ich keinen Ausweis dabei

hatte. Ich sagte ihnen, daß ich ihn zu Hause vergessen hätte. Dann zogen sie mir die Hose aus, um sie, wie sie sagten, nach Drogen zu durchsuchen. Ich fühlte mich zunehmend unsicher, aber am Ende wurden sie milder gestimmt und schienen mir zu glauben. Ich sagte, ich wollte wieder dorthin, wo sie mich aufgegriffen hätten, wüßte aber nicht, wie ich dorthin käme. Ich sagte ihnen, daß ich kein Geld hätte und daß ein Freund mich dort später abholen wollte.

Also fuhren sie mich wieder in die Gegend und hielten an einer Bushaltestelle. Der eine Bulle hob meine Zeichnungen vom Boden auf und warf sie zum Fenster raus. Sie nahmen mir die Handschellen ab, und wir saßen noch im Wagen, während der eine Bulle einen Bericht schrieb. Dann kam ein Bus. Der Kerl neben mir schubste mich auf die Straße, wo ich hinfiel. Er warf mir Hose und Schuhe hinterher, und sie rieten mir, von dort zu verschwinden, bevor sie wiederkämen.

Da lag ich nun ohne Hosen auf der Straße, während Leute aus dem Bus stiegen. Aber ich griff nach meinen Papieren, und da fühlte ich mich, als hätte ich eben den Mount Everest bestiegen. Das Hochgefühl nach einer vollbrachten Leistung!

Dreißig Minuten später, nachdem ich mich angezogen und meinen Platz wieder eingenommen hatte, sah ich die Scheinwerfer aufblinken, ging zum Wagen und wurde zurück zum Country Club gefahren, um meinen Bericht zu schreiben. Sehr viel später traf ich die »Polizisten« wieder.

Es waren natürlich keine Polizisten gewesen. Es schien, als ob alle Studenten in jener Nacht ihre »Polizisten« getroffen hätten. Es war Teil des Tests.

Einer der anderen wurde am Kiker Hamdina, einem bekannten Platz, »verhaftet«. Wir sagten immer, daß dieser Platz ein Sinnbild für den Staat Israel darstelle. Im Sommer tritt dort ein Zirkus auf, und im Winter gibt's Matsch. Genau wie Israel. Das halbe Jahr Matsch und das andere halbe Jahr Zirkus. Der Kerl war ein Idiot. Er sagte ihnen, er hätte eine Spezialaufgabe: Er sei vom Mossad rekrutiert und dies sei ein Test. Nun, er ist durchgefallen.

Von den zehn Leuten, die diese ganze Zerreißprobe mitmachten, habe ich nur eine der Frauen jemals wiedergesehen. Und zwar als »Lebensretterin« am Swimmingpool im Mossad-Hauptquartier an den Wochenenden, wenn die Familienmitglieder hineindurften.

Am dritten Tag wurden wir nach dem Frühstück nach Tel Aviv zurückgebracht. Meine erste Aufgabe war, in ein Restaurant zu gehen, mit einem mir bezeichneten Mann ein Gespräch zu beginnen und mit ihm für den Abend eine Verabredung zu treffen. Bevor ich hineinging, beobachtete ich das Restaurant eine Weile, und stellte dabei fest, daß die Kellner um den Mann herumtanzten, woraus ich schloß, es müßte der Geschäftsführer sein. Als ich mich an den Tisch neben ihn setzte, sah ich, daß er eine Filmzeitschrift las.

Ich dachte mir, daß der Filmtrick mir geholfen hatte, auf den Balkon zu kommen, und daß er jetzt vielleicht auch funktionieren würde. Ich fragte den Kellner, ob ich den Manager sprechen könnte, weil ich einen Film drehen wollte und dies ein geeigneter Ort sein könnte. Bevor ich meinen Satz zu Ende gesprochen hatte, war er schon da und setzte sich neben mich. Ich sagte ihm, daß ich mir noch ein paar Plätze anschauen müßte, machte aber ein Treffen für abends aus. Wir schüttelten einander die Hände, und ich ging.

Später wurden alle zehn Studenten zu dem Park in der Nähe des Rothschild Boulevard gebracht. Ihnen wurde gesagt, daß ein großer Mann in einem schwarzweiß karierten Hemd vorbeikommen würde. Wir sollten ihm unauffällig folgen. Es war schwer, nicht aufzufallen, da wir zu zehnt waren und uns weitere 20 Männer folgten. Das dauerte zwei Stunden. Da gab es Typen, die uns von Balkonen beobachteten oder die hinter Bäumen hervorschauten, überall Leute. Aber die Leute, die uns beobachteten, wollten einfach sehen, wie wir reagierten, wie unser Instinkt funktionierte.

Als wir die Übung beendet und unsere Berichte fertig hatten, wurden wir wieder aufgeteilt. Ich wurde zurück zur Ibn Gevirol Street gefahren, aber diesmal hielt der Wagen vor der Hapoalim-

Bank. Mir wurde aufgetragen, dort drinnen den Namen des Managers, seine Privatadresse und soviel Informationen wie möglich über ihn zu beschaffen.

Man muß bedenken, daß Israel ein Land ist, in dem jedermann immer und gegenüber allem und jedem mißtrauisch ist. Ich ging hinein und fragte einen Angestellten nach dem Namen des Managers. Der Angestellte nannte ihn mir, und auf meine Nachfrage dirigierte er mich in den zweiten Stock. Ich ging hinauf und fragte dort nach dem Mann. Ich erzählte, daß ich lange in den Vereinigten Staaten gelebt hätte, jetzt zurückkehren wolle und große Summen auf ein neues Konto transferieren wolle. Ich bat, den Manager persönlich sprechen zu dürfen.

Als ich in sein Büro trat, bemerkte ich auf seinem Tisch eine B'nai-B'rith-Plakette*. Deshalb sprachen wir eine Weile darüber, und bevor ich mich versah, lud er mich in sein Haus ein. Er würde bald nach New York versetzt werden, wo er stellvertretender Direktor der dortigen Filiale werden würde. Wir tauschten die Adressen aus, und ich sagte, daß ich ihn besuchen würde. Ich sagte ihm auch, daß ich auf der Durchreise sei und noch kein Telefon in Israel hätte, ich ihn aber anrufen würde, wenn er mir seine Nummer gäbe. Er hatte sogar Kaffee hereinbringen lassen.

Ich sprach von etwa 150 000 Dollar, um mich dort niederzulassen. Wenn ich aber sehen könne, wie lange die Etablierung dauern würde, würde ich ihm mitteilen, wieviel weiteres Geld er transferieren solle. Die Geldangelegenheiten hatten wir in zehn bis 15 Minuten erledigt; danach unterhielten wir uns fast freundschaftlich. Nach einer Stunde wußte ich alles über den Mann.

Nachdem ich diesen Test hinter mir hatte, wurden ich und zwei weitere Studenten zum Tal-Hotel zurückgebracht, wo wir warten sollten, bis die anderen einträfen. Wir waren keine zehn Minuten dort, als sechs Männer hereinkamen. Einer sagte: »Das ist er«, wobei er direkt auf mich deutete.

»Komm mit uns«, sagte ein anderer. »Ihr wollt doch hier im Hotel keinen Zirkus veranstalten?«

* Jüdischer Orden, gegründet 1834 in New York

»Was soll das heißen«, fragte ich. »Ich habe nichts getan.«

»Komm mit uns«, sagte einer und zeigte seine Dienstmarke.

Sie steckten uns alle drei in einen Lieferwagen, verbanden uns die Augen und fuhren kreuz und quer durch die Stadt. Am Ende wurden wir in ein Gebäude gebracht, immer noch mit verbundenen Augen, und dann voneinander getrennt. Ich konnte die Geräusche von kommenden und gehenden Menschen hören. Dann wurde ich in einen winzigen, toilettenähnlichen Raum gebracht, wo ich mich setzen sollte.

Nach zwei oder drei Stunden holte man mich heraus. Offenbar hatte ich in einem kleinen Badezimmer auf dem Klodeckel gesessen. Es war in der Akademie (der Mossad-Trainingsschule) im ersten Stock, obwohl ich das damals noch nicht wußte. Ich wurde in einen anderen kleinen Raum gebracht. Das Fenster war schwarz gestrichen, und ein bulliger Typ saß da vor mir. Er hatte einen kleinen schwarzen Fleck im Auge, es sah aus, als hätte er zwei Pupillen. Er fing sanft an, mir Fragen zu stellen. Mein Name. Warum sei ich neulich in dem Hotel gewesen und hätte den Telefonapparat auseinandergenommen? Plante ich eine terroristische Aktion? Wo ich wohnte.

Irgendwann sagte er, daß sie mich zu meiner Adresse bringen würden. Ich wußte, daß es ein leerer Acker war, und mußte lachen. Er fragte, warum ich lachte, und ich sagte, ich stellte mir gerade eine komische Situation vor. Ich malte mir aus, wie ich dorthin gebracht und schreien würde: Mein Haus? Wo ist mein Haus? Ich konnte nicht aufhören zu lachen.

»Das muß hier irgendein Witz sein«, sagte ich. »Was wollen Sie von mir?«

Er sagte, er wolle mein Jackett. Es war eine Pierre-Balmain-Sportjacke. Er nahm sie. Dann nahm er mir alle meine Kleider ab. Ich war nackt, als sie mich wieder in das Badezimmer brachten, und kurz bevor sie die Tür schlossen, schüttete jemand einen Eimer Wasser über mir aus.

Sie ließen mich etwa 20 Minuten nackt und mit klappernden Zähnen allein. Dann brachten sie mich zu dem stämmigen Mann in das Büro zurück.

»Ist dir jetzt immer noch zum Lachen zumute?« fragte er.

Ich wurde vier- oder fünfmal zwischen Büro und Badezimmer hin und her gebracht. Wann immer jemand an die Tür des Vernehmungszimmers klopfte, wurde ich aufgefordert, mich unter dem Tisch zu verstecken. Das passierte etwa dreimal. Am Ende sagte der Mann zu mir: »Seien Sie nicht böse. Es war ein Mißverständnis.«

Er gab mir die Sachen zurück und sagte, sie würden mich hinbringen, wo sie mich aufgelesen hätten. Sie legten mir wieder eine Augenbinde an, steckten mich in einen Wagen, aber als der Fahrer gerade den Wagen angelassen hatte, rief jemand: »Warte einen Moment. Bringt ihn zurück! Wir haben seine Adresse kontrolliert, und dort ist nichts.«

»Ich weiß nicht, wovon Sie reden«, sagte ich, aber sie brachten mich zurück in das Badezimmer.

Wieder vergingen zwanzig Minuten, dann brachten sie mich hinunter in das Büro und sagten: »Tut uns leid, das war ein Irrtum!« Sie luden mich im Country Club ab, entschuldigten sich nochmals und fuhren weg.

Am vierten Morgen jener ersten Woche wurden wir alle zu einem Gespräch in einen Raum gerufen, einer nach dem anderen.

Sie fragten: »Was denkst du? Meinst du, du bist erfolgreich gewesen?«

Ich sagte: »Ich weiß es nicht. Ich weiß nicht, was ihr von mir wollt. Ihr habt gesagt, ich solle mein Bestes tun, und das habe ich getan.«

Manche waren 20 Minuten lang drinnen. Ich nur vier oder fünf Minuten. Am Ende sagten sie: »Danke. Wir rufen dich an.«

Zwei Wochen später riefen sie an. Ich sollte mich am nächsten Morgen in der Frühe im Büro melden.

Ich war drinnen. Jetzt sollte die eigentliche Prüfung erst beginnen.

# 2

# AUF DER SCHULBANK

In Israel glauben viele Menschen, das Land sei permanent in Gefahr. Eine starke Armee allein garantiert noch keine Sicherheit, wie ich damals glaubte.

Man weiß, daß es ein ungeheures Bedürfnis nach Sicherheit gibt, und man weiß, daß es eine Organisation namens Mossad gibt. Offiziell existiert sie in Israel gar nicht, aber jeder weiß Bescheid. Das ist aber nur der Gipfel des Eisbergs. Du findest heraus, daß es eine äußerst geheime Organisation ist, und wenn man erst einmal ausgewählt wurde, dann macht man, was einem gesagt wird, weil man glaubt, daß dahinter eine Art Zauberkraft steckt, die einem schon zur rechten Zeit erläutert würde.

Wenn man in Israel aufwächst, dann wird einem das eingeimpft. Man tritt zuerst in die Jugendbrigaden ein. Dort lernte ich das Schießen, und mit 14 Jahren war ich in Israel der Zweitbeste im Zielschießen. Ich benutzte das Stutzer-Gewehr der Scharfschützen und erzielte 192 von 200 möglichen Punkten, nur vier Punkte hinter dem Besten.

Dann habe ich auch mehrere Jahre in der Armee gedient. Ich wußte also – oder glaubte es zu wissen –, worauf ich mich einlassen würde.

Natürlich marschiert nicht jeder Israeli blind gehorchend drauflos, aber die »Späher«, die Rekruten für den Mossad suchen, u. a. mit Hilfe all dieser psychologischen Tests, finden die Leute heraus, die dazu bereit sind, und es wird in dem Stadium einfach vorausgesetzt, daß man tut, was einem gesagt wird. Wenn man Fragen stellt, kann dadurch später eine ganze Operation zum Teufel gehen.

Ich war damals Mitglied der Arbeitspartei in Herzlia und dort ziemlich aktiv. Ich dachte relativ liberal, so daß ich seither in einem ständigen Konflikt zwischen meinen Grundsätzen und meinem Pflichtgefühl steckte. Das ganze System beruht darauf, daß schon zu Anfang die richtigen Kandidaten ausgewählt werden, die dann im Lauf der Zeit durch eine gut abgestimmte Propaganda einer Gehirnwäsche und einem Ummodeln unterworfen werden. Wie das Sprichwort sagt: Willst du Tomaten zerquetschen, dann nimm die reifen. Warum eine grüne nehmen? Das geht zwar auch, aber die ist viel fester.

In den ersten sechs Wochen passierte nichts. Ich arbeitete im Büro in der Stadt, hauptsächlich als »Mädchen für alles« und Aktenbote. Aber an einem kalten Tag im Februar 1984 wurde ich mit 14 anderen in einen kleinen Bus gesteckt. Ich hatte keinen von ihnen zuvor gesehen. Als der Bus am Ende einen steilen Hügel hochfuhr, durch ein bewachtes Tor bog und vor der zweistöckigen Akademie hielt, waren wir doch sehr aufgeregt.

Wir 15 Kadetten kamen in ein niedriges Gebäude, in dessen geräumiger Eingangshalle eine Tischtennisplatte stand. An den Wänden hingen einige Luftaufnahmen von Tel Aviv. Eine Glaswand ließ den Blick auf einen Garten in einem Innenhof frei, der von zwei länglichen Gebäudeflügeln gesäumt war, und eine freischwebende Treppe führte offenbar in den ersten Stock hinauf. Das Gebäude war aus weißem Backstein gebaut. Die Böden bestanden aus hellem Marmor und die Wände ebenfalls aus weißem Backstein.

Ich wußte sofort, daß ich hier schon einmal gewesen war. Als ich bei der Vorprüfung zu meinem winzigen Badezimmer hochgeschleppt worden war, hatte ich unter meiner Augenbinde durchgeschaut und die erwähnte Treppe gesehen.

Kurz darauf kam ein dunkelhäutiger Mann mit ergrautem Haar herein und führte uns durch die hintere Tür zu einem der vier mobilen Klassenräume. Er sagte, daß der Direktor bald käme.

Auch dieses Zimmer war sehr geräumig. Es hatte Fenster auf beiden Seiten, vorn eine Tafel und einen langen t-förmigen Tisch in der Mitte mit einem Projektor darauf. Unser Kurs wurde Kadett 16 genannt, weil es der 16. Kurs für Mossad-Kadetten war.

Bald darauf hörten wir draußen auf dem Kies-Parkplatz schnelle Schritte, und drei Männer traten in den Raum. Der erste war ein kleiner, gutaussehender und dunkelhäutiger Typ, der zweite, den ich wiedererkannte, war älter und sah gelehrt aus, und der dritte war ein ca. 1,85 Meter großer blonder Mann, etwa 50 Jahre alt, mit viereckiger, goldgefaßter Brille, lässig gekleidet mit offenem Hemd und Pullover. Er schritt entschlossen zur Tafel, während sich die beiden anderen Männer hinten hinsetzten.

»Ich heiße Aharon Sherf«, sagte er. »Ich bin der Direktor der Akademie. Willkommen beim Mossad. Vollständig heißt er *Ha Mossad, le Modiyn ve le Tafkidim Mayuhadim* (Institut für Nachrichten und Spezialoperationen). Unser Motto lautet: ›Mit den Mitteln der Täuschung sollst du Krieg führen.‹«

Mir blieb die Luft weg. Wir wußten, daß es der Mossad war, aber wenn einem am Ende gesagt wird, daß man richtig lag – mein Gott, ich brauchte Luft. Sherf – besser unter dem Namen Araleh, eine Abkürzung für Aharon, bekannt – stand an einen Tisch gelehnt und wippte vor und zurück. Er wirkte streng und stark.

»Ihr seid ein Team«, fuhr er fort. »Ihr seid aus Tausenden ausgewählt worden. Wir haben eine endlose Zahl von Leuten durchgesiebt, und ihr seid am Ende übriggeblieben. Ihr habt alle Möglichkeiten, zu all dem zu werden, was wir uns wünschen. Ihr habt die Gelegenheit, eurem Land auf eine Art und Weise zu dienen, wie es nur wenigen vergönnt ist. Ihr müßt euch klarmachen, daß in unserer Organisation nicht in Quoten gedacht wird. Wir wären sehr froh, wenn ihr alle das Ziel erreichtet und wichtige Arbeitsaufgaben übernähmet. Andererseits wollen wir nicht eine Person dabei haben, die nicht hundertprozentig qualifiziert ist. Wenn das bedeutet, daß niemand ans Ziel kommt, dann ist das okay. Das ist in der Vergangenheit schon vorgekommen.

Dies ist eine einzigartige Ausbildungs-Akademie. Ihr selbst werdet zu dem Trainingsprozeß beitragen, indem ihr euch re-for-miert. Bis jetzt seid ihr lediglich Rohmaterial für die Aufgaben des Sicherheitsdienstes. Am Ende werdet ihr als die höchstquali-fizierten Geheimdienstleute der Welt dastehen.

Für diese Trainingszeit gibt es keine Lehrer im üblichen Sinn. Wir haben nur Leute aus der Arbeit vor Ort, die einen gewissen Teil ihrer Zeit der Akademie widmen, um eure Instrukteure zu sein. Sie werden zur Arbeit vor Ort zurückkehren. Sie werden euch als künftige Partner und Kollegen behandeln, nicht als Stu-denten.

Nichts von dem, was sie sagen, ist für immer und ewig gültig. Alles muß in der Praxis erprobt werden und unterscheidet sich je nach Person und deren Erfahrungen. Aber ihr Wissen basiert auf Erfahrung, und das wollen wir euch vermitteln. Mit anderen Worten, sie wollen euch an der kollektiven Erfahrung und dem Wissen des Mossad, wie sie beides kennen und es selbst durch Er-fahrung, Versuche und Irrtümer kennengelernt haben, teilneh-men lassen.

Das Spiel, auf das ihr euch einlaßt, ist gefährlich. Es gibt viel zu lernen. Es ist nicht einfach ein Spiel. Und das einzelne Leben gilt nicht immer als der letzte Einsatz in diesem Spiel. Ihr müßt immer daran denken, daß wir in diesem Geschäft zusammenhän-gen müssen – andernfalls könnten wir mal *nebeneinander* hän-gen.

Ich bin der Direktor dieser Akademie und der Trainingsabtei-lung. Ich bin zu jeder Zeit hier. Meine Tür steht immer offen. Viel Glück. Ich werde euch mit euren Instrukteuren allein las-sen.«

Er verließ den Raum.

Erst später registrierte ich die Ironie, die das Schild bedeutete, das über Sherfs Tür hing. Darauf stand ein Zitat, das dem ehema-ligen Präsidenten der Vereinigten Staaten Warren Harding zuge-schrieben wird: »Tu nichts Unmoralisches aus moralischen Grün-den« – eine Botschaft, die in krassem Gegensatz zu dem steht, was die Akademie lehrt.

Während Sherf gesprochen hatte, war noch ein Mann eingetreten und hatte sich gesetzt. Als der Direktor ging, eilte dieser untersetzte Mann, der einen nordafrikanischen Akzent hatte, nach vorn und stellte sich vor.

»Ich heiße Eiten. Ich bin für internationale Sicherheit zuständig. Ich bin hier, um euch ein paar Dinge zu erzählen, aber ich werde eure Zeit nicht allzu lange beanspruchen. Wenn ihr irgendwelche Fragen habt, zögert nicht, mich zu unterbrechen und zu fragen.« Wir bekamen bald heraus, daß jeder Lehrer in diesem Kurs diese Empfehlung aussprach.

»Ich möchte euch als erstes sagen, daß Wände Ohren haben. Es gibt ständig neue technologische Fortschritte, von denen ihr noch hören werdet. Aber es gibt einige ganz neue, die wir noch gar nicht kennen. Seid diskret. Wir wissen, daß ihr alle eine militärische Erziehung genossen habt, aber die Art Geheimnisse, die ihr jetzt mit euch herumtragt, ist noch bedeutender. Denkt bitte ständig daran.

Als nächstes vergeßt das Wort Mossad. Vergeßt es. Ich möchte es nicht wieder hören. Nie. Von jetzt an sagt ihr ›das Büro‹, wenn ihr euch auf den Mossad bezieht. In jeder Unterhaltung ist es das Büro. Ich möchte das Wort Mossad nicht mehr hören.

Euren Freunden könnt ihr erzählen«, fuhr Eiten fort, »daß ihr beim Verteidigungsministerium arbeitet und nicht darüber sprechen könnt. Sie werden erfahren, daß ihr nicht in einer Bank oder Fabrik arbeitet. Ihr müßt ihnen eine Antwort geben, sonst wird euch ihre Neugier Probleme bereiten. Das werdet ihr ihnen also sagen. Und was neue Freundschaften angeht – die werdet ihr nur mit unserer Zustimmung schließen. Ist das klar?

Und ihr werdet nicht am Telefon über eure Arbeit sprechen. Wenn ich irgend jemanden dabei erwische, der über seine Arbeit von zu Hause aus spricht, wird er streng bestraft werden. Fragt mich nicht, woher ich weiß, mit wem und was ihr von zu Hause aus telefoniert. Ich habe für die Sicherheit im Büro zu sorgen, und ich weiß alles.

Wenn es etwas gibt, was ich wissen muß, werde ich alle verfügbaren Mittel einsetzen, um es zu erfahren. Und ihr sollt wissen, daß die Story über meine *Shaback*-Zeit (israelische Bundespolizei) – ich hätte bei einem Verhör einem Typen zufällig die Eier abgerissen – nicht wahr ist.

Alle drei Monate werdet ihr einem Test am Lügendetektor unterzogen. Und später werdet ihr jedesmal, wenn ihr von einem Auslandsauftrag oder einem Besuch im Ausland oder irgendeinem Aufenthalt außerhalb Israels zurückkommmt, einen solchen Test machen müssen.

Ihr habt das Recht, einen solchen Test zu verweigern, was mir dann das Recht gibt, euch zu erschießen.

Ich werde euch in Zukunft noch öfters treffen, und wir werden andere Dinge miteinander besprechen. Ihr werdet in wenigen Tagen Ausweise erhalten. Ein Fotograf wird Bilder von euch machen. Ihr werdet dann sämtliche Dokumente mitbringen, die ihr noch aus dem Ausland besitzt, sei es ein Paß oder ein Ausweis für euch, eure Frau und eure Kinder. Da ihr in nächster Zeit nirgendwohin reisen werdet, werden wir sie für euch aufbewahren.«

Für mich bedeutete das, meinen kanadischen Paß und die Ausweise meiner Familie abzuliefern.

Danach nickte uns Eiten kurz zu und verließ den Raum. Jeder von uns war wie betäubt. Er hatte eine rauhe, primitive Art an sich. Kein angenehmer Typ. Etwa zwei Monate später war er draußen, und ich habe ihn nie wieder gesehen.

Nun ging der dunkelhäutige Mann nach vorn und sagte, er hieße Oren Riff und sei Kommandant dieses Kurses.

»Kinder, ich bin für euch verantwortlich. Ich werde alles nur Erdenkliche tun, um euren Aufenthalt hier so angenehm wie möglich zu gestalten«, sagte er und stellte uns dann den kleinsten Mann der Gruppe als Ran S. (der »Donovan« aus der »Operation Sphinx«) vor – als seinen Assistenten für diesen Kurs. Der gelehrt aussehende, gut gekleidete Mann war Shai Kauly, stellvertretender Direktor der Akademie, zugleich einer meiner früheren Prüfer.

Bevor er mit dem Unterricht anfing, erzählte uns Riff noch etwas über seine eigene Laufbahn. Er arbeitete seit vielen Jahren für das Büro. Einer seiner ersten Aufträge bestand darin, den

Kurden in Kurdistan in ihrem Unabhängigkeitskrieg gegen die Iraker zu helfen. Er war auch Verbindungsoffizier zum Büro von Golda Meir gewesen, Katsa in der Pariser Abteilung und Verbindungsoffizier in vielen anderen Teilen der Welt. »Im Moment sieht es so aus«, sagte er, »daß ich nur an wenigen Orten in Europa sicher bin.« (siehe Kapitel 10: »Carlos«)

Riff sagte dann, wir würden mit den beiden Dingen beginnen, die uns die nächsten zwei bis drei Monate hauptsächlich beschäftigen würden. Zuerst wären das die Aufgaben des Sicherheitsdienstes, in denen wir von Shaback-Instrukteuren unterrichtet werden würden, und das zweite wäre NAKA, ein Kürzel für ein einheitliches System zur Abfassung von schriftlichen Dokumenten. »Das heißt, daß Berichte in bestimmter Weise geschrieben werden, und nur in dieser Weise. Wenn ihr etwas tut und berichtet nicht darüber, dann ist es so, als hättet ihr es nicht getan. Andererseits: Wenn ihr nichts getan habt, berichtet aber darüber, dann ist es, als hättet ihr es getan«, sagte er lachend.

»Also fangen wir mal mit dem Erlernen von NAKA an.« (siehe Anhang II)

Wenn es um die Übermittlung von Botschaften ging, waren keinerlei Abweichungen von der vorgeschriebenen Form zugelassen. Das Papier war weiß, entweder rechteckig oder quadratisch. Das Sicherheitskennzeichen wurde oben unterstrichen hingeschrieben, in spezifischer Weise, um zu erkennen zu geben, ob es um geheime, sehr geheime oder nicht geheime Dinge ging.

Auf die rechte Seite des Blattes wurde der Name des Empfängers geschrieben und wer auf die Mitteilung hin reagieren sollte; das könnte eine Person sein oder auch zwei oder drei, aber jeder Name mußte unterstrichen sein. Darunter standen die Namen aller anderen Empfänger von Kopien, die aber nicht auf die Information reagieren mußten. Der Absender sollte eher eine Abteilung denn eine Person sein.

Das Datum mußte auf der linken Seite stehen zusammen mit der Dringlichkeit für die Übermittlung der Botschaft – Kabel, Eilkabel, normal, nicht dringlich – und einer Aktennummer für den Brief. Unter diesem »Briefkopf« hatte auf der Mitte des

Blattes in einem Satz der Inhalt des Briefes mit einer unterstrichenen Linie und einem Doppelpunkt wie in einer Schlagzeile zu stehen.

Darunter schrieb man zum Beispiel »bezugnehmend auf Schreiben 3J« und das entsprechende Datum. Wenn von Leuten die Rede war, die das Schreiben, auf das man sich bezog, nicht erhalten hatten, mußte man auch ihnen eine Kopie schicken.

Ging es um mehr als ein Thema, so wurden die verschiedenen Gegenstände durch Zahlen, jeweils in einer klaren, verständlichen Aussage, kenntlich gemacht. Jedesmal, wenn man irgendeine Zahl schrieb, zum Beispiel: »Ich bestellte 35 Rollen Toilettenpapier«, wiederholte man sie: »Ich bestellte 35 $\times$ 35 Rollen . . .« Wenn der Computer einen Fehler machte, würde die Zahl immer noch lesbar sein. Am Ende unterschrieb man mit seinem Kodenamen.

Wir verbrachten viele Stunden mit dem Üben von NAKA, da die Hauptaufgabe der Organisation darin besteht, Informationen zu sammeln und weiterzugeben.

Am zweiten Tag fiel die Stunde zum Thema Sicherheit aus. Wir erhielten statt dessen Stapel von Zeitungen, in denen bereits bestimmte Artikel gekennzeichnet waren. Jedem von uns wurde ein Thema vorgegeben, und das hatte man dann, unter Benutzung der Zeitungen als Quellenmaterial, in Informationsteilchen aufzulösen und zu einem Bericht zusammenzufassen. Waren alle Informationen ausgeschöpft, mußten wir »keine weitere Information« auf den Bericht schreiben, was heißen sollte, daß er vorerst vollständig war. Wir lernten auch, die thematische »Schlagzeile« erst dann einzufügen, wenn der Bericht fertig geschrieben war.

Wir wechselten unser Klassenzimmer. Wir hatten inzwischen unsere Ausweise erhalten, die nur aus einem Foto mit einem Kodestreifen darunter bestanden.

Am Ende der ersten Woche erklärte Riff, daß wir nun etwas zum Thema persönliche Sicherheit lernen würden. Er hatte seine Vorlesung gerade begonnen, als die Zimmertür mit einem Krach aufgestoßen wurde und zwei Männer in den Raum sprangen. Der eine hatte eine große Pistole, eine Eagle, der zweite eine Maschinenpistole, und sie begannen sofort zu schießen. Die Kadetten konnten sich zu Boden werfen, aber Riff und Ran S. sackten blutüberströmt rückwärts gegen die Wand.

Bevor wir nur einen Ton sagen konnten, waren die beiden Typen wieder draußen, hechteten in einen Wagen, und weg waren sie. Wir waren schockiert. Aber bevor wir reagieren konnten, stand Riff wieder auf, deutete auf Jerry S., einen der Kadetten, und sagte: »Okay. Ich bin also gerade erschossen worden. Gib mir bitte eine Täterbeschreibung, wie viele Schüsse abgegeben wurden, jede Information, die uns helfen kann, den Killern auf die Spur zu kommen.«

Als Jerry die Beschreibung lieferte, schrieb Riff alles an die Tafel. Er befragte danach die übrigen Kadetten. Anschließend ging er hinaus, um die beiden »Killer« hereinzurufen. Sie hatten keinerlei Ähnlichkeit mit unseren Beschreibungen. Wir erkannten sie nicht einmal wieder.

In Wirklichkeit waren die beiden Männer Mousa M., Chef der Trainingsabteilung für operative Sicherheit, kurz APAM genannt, und sein Assistent Dov L. Mousa erinnerte ziemlich an Telly Savalas.

»Wir wollen euch erklären, warum wir dieses Schauspiel hier abgezogen haben«, sagte Mousa. »Wir erledigen die meisten Aufträge in fremden Ländern. Für uns ist alles entweder Feind oder Ziel. Nichts ist Freund. Ich sage nichts, und ich meine nichts.

Dennoch dürfen wir nicht paranoid werden. Man kann nicht ständig an die Gefahr denken, in der man sich befindet, oder daß man befürchten muß, daß man verfolgt oder beobachtet wird. Würde man das tun, könnte man seine Arbeit nicht machen.

APAM ist ein Werkzeug. Es ist die Abkürzung für *Avtahat Paylut Modienit* oder ›Sicherung der operativen Geheimdienstaktivitäten‹. Es ist dazu da, um euch Inseln von Frieden und Sicherheit zu verschaffen, damit ihr euren Job ordnungsgemäß ausführen könnt und nicht die Kontrolle verliert. Bei APAM gibt es keinen Platz für Fehler. Bei Gabriel bekommt ihr vielleicht eine zweite Chance, aber Fehler sind tödlich.

Wir werden euch nach und nach beibringen, was Sicherheit heißt. Egal wie gut ihr seid, in welchem Fach auch immer, und egal wie fähig und intelligent ihr sonst seid, wenn ihr APAM nicht zu meiner Zufriedenheit besteht, dann seid ihr draußen. Man braucht dazu kein besonderes Talent, man muß nur lernen können. Ihr müßt Angst kennenlernen und wie ihr mit ihr umgeht. Ihr müßt immer an euren Job denken.

Das System, das ich euch in den nächsten zwei oder drei Jahren beibringen werde, ist unfehlbar. Es ist erprobt. Es ist ständig weiterentwickelt und ausgebaut worden. Es wird weiter vervollständigt. Es ist so schlüssig, daß, selbst wenn eure Feinde es ebenso gut kennen wie ihr, sie euch dennoch nicht erwischen werden.«

Mousa erklärte, daß Dov unser Instrukteur sein würde, obwohl er selbst auch einige Vorlesungen halten und uns bei Aufgaben helfen würde. Er nahm dann eine Kopie des Stundenplans zur Hand, deutete darauf und sagte: »Seht ihr den Raum zwischen der letzten Stunde des Tages und der ersten Stunde des nächsten Tages? Das ist die Zeit, wo ihr mir gehört.

Genießt euer letztes Wochenende als Blinde. In der nächsten Woche werden wir allmählich damit beginnen, euch die Augen zu öffnen. Meine Tür ist immer offen. Wenn ihr irgendwelche Probleme habt, kommt ohne Angst zu mir. Aber wenn ihr mich um meinen Rat fragt, erwarte ich auch, daß ihr euch dementsprechend verhaltet.«

Mousa, der Sicherheitschef für Europa war, als ich das letzte Mal von ihm hörte, war genau wie Eiten vom Shaback gekommen. Eine Zeitlang gehörte er zur Einheit 504, eine grenzüberschreitende Einheit, die für den militärischen Geheimdienst arbeitete. Er war grob und knallhart. Aber dennoch ein netter Kerl. Sehr ideologisch geprägt und voll Hingabe. Und immer für einen Scherz zu haben.

Bevor wir ins Wochenende gingen, mußten die Kadetten Ruty Kimchy kennenlernen, die Sekretärin der Ausbildungsakademie. Ihr Mann war zeitweise Chef der Rekrutierungsabteilung, und später spielte er als stellvertretender Außenminister eine wichtige Rolle bei Israels Beteiligung am verhängnisvollen Libanon-Krieg. Er war später auch in die Iran-Contra-Affäre verwickelt.

Die Tage waren gewöhnlich in fünf Blöcke eingeteilt: von 8 bis 10, von 11 bis 13, von 14 bis 15 und von 15 bis 20 Uhr. Wir hatten regelmäßig 20 Minuten Pause und nahmen unser Mittagessen zwischen 13 und 14 Uhr in einem anderen Gebäude weiter unten am Hügel ein. Auf dem Weg dorthin kamen wir an einem Kiosk vorbei, wo wir Zigaretten, Süßigkeiten und Lebensmittel zu ermäßigten Preisen kaufen konnten. Zu jener Zeit rauchte ich zwei bis drei Packungen Zigaretten am Tag. Wie beinahe jeder an der Akademie.

Der Unterrichtsstoff war in vier Hauptthemen eingeteilt: NAKA, APAM, allgemeine Militärkunde und Tarnung.

In Militärkunde lernten wir alles über Panzer, Luftwaffe, Marine, Aufbau von Militärbasen, Nachbarländer, ihre politischen, religiösen und sozialen Strukturen – über die letztgenannten Themen normalerweise in Form von Blockvorlesungen von Universitätsprofessoren.

Im Laufe der Zeit wuchs unser Selbstvertrauen, wir erzählten Witze im Klassenzimmer und waren im allgemeinen bester Laune. Nach drei Wochen kam ein neuer Mann zu uns, Yosy C., 24 Jahre alt. Er war ein Freund eines anderen Kadetten, Heim M., der schon 35 war, ein großer, glatzköpfiger Mann mit einer riesigen Knollennase, der arabisch sprach und immer scheu lächelte. Heim war verheiratet und hatte zwei Kinder. Yosy hatte mit ihm zusammen im Libanon in der Einheit 504 gedient und war gerade aus Jerusalem zurück, wo er einen sechsmonatigen Arabisch-Kurs absolviert hatte. Er sprach fließend arabisch, aber sein Englisch war schrecklich. Er war verheiratet, seine Frau schwanger. Yosy war orthodoxer Jude und trug stets eine gestrickte *Yarmelke*, aber wirklich berühmt wurde er durch seine Heldentaten bei Frauen. Er hatte viel Sexappeal. Für Frauen war er ein Magnet. Und das nutzte er weidlich aus.

Nach der Schule, wenn keine weiteren Aufgaben oder Übungen zu machen waren, verbrachte ich auf dem Nachhauseweg nach Herzlia immer einige Zeit bei Kaffee und Kuchen im »Ka-pulsky«, einem Café einer Lokal-Kette in Ramat Hasharon. Später gehörte ich zu einer prima Clique, die aus Yosy, Heim und Michel M. bestand. Michel war ein Kommunikationsexperte französischer Abstammung, der vor dem Yom Kippur-Krieg nach Israel gekommen war und in der Einheit 8200 gedient hatte. Er hatte schon zuvor in Europa verschiedene Aufgaben für den Mossad übernommen. Mit Französisch als erster Fremdsprache wurde er als erfolgversprechender Kandidat angesehen. Daher kam er durch die Hintertür in unseren Kurs.

Bei unseren Kaffeehaus-Sitzungen machten wir viele Pläne und diskutierten Strategien. Yosy sagte immer: »Wartet auf mich.« Dann bestellte er Kaffee und Kuchen und verschwand. 30 Minuten später war er wieder da und sagte, ihr Name sei Soundso. »Ich mußte ihr einen Gefallen tun«, meinte er. Er tat ständig derartige »Gefallen«. Wir warnten ihn, daß er sich noch mal was holen würde, aber er sagte immer: »Ich bin jung, und Gott ist auf meiner Seite.« Sein Hobby nahm derartige Ausmaße an, daß wir ihn damit aufzogen und sagten, es wäre für ihn wohl ein zweiter Job.

Tarnung als Technik wurde uns hauptsächlich von den Katsas Shai Kauly und Ran S. beigebracht. Kauly sagte uns: »Wenn ihr Nachrichten sammelt, dann seid ihr nicht Victor oder Heim oder Yosy, sondern ein Katsa. Wenn wir rekrutieren, dann meistens verdeckt. Man geht nicht zu einem Typen hin und sagt: ›Hallo, ich bin vom israelischen Geheimdienst und möchte, daß du mir Informationen gibst, für die ich dir dann Geld geben werde.‹

Man arbeitet geheim. Das bedeutet, daß man nicht derjenige ist, der man zu sein scheint. Ein Katsa muß wandlungsfähig sein. Das ist das Schlüsselwort: wandlungsfähig. Ihr habt vielleicht drei Treffs an einem Tag, und bei jedem seid ihr ein anderer, und das bedeutet, ein *vollständig* anderer.

Was ist eine gute Legende? Man sollte sie mit einem Wort er-klären können. Etwas, was einem den größtmöglichen Spielraum läßt. Wenn euch jemand fragt, was ihr tut, und ihr sagt: ›Ich bin Zahnarzt‹, dann ist das eine sehr gute Tarnung. Jeder weiß, was ein Zahnarzt ist. Wenn dann aber jemand seinen Mund aufsperrt und euch um Hilfe bittet, *dann* sitzt ihr in der Tinte.«

Wir verbrachten sehr viel Zeit damit, Tarnung als Praxis einzuüben. Wir studierten mit Hilfe der umfangreichen Bibliotheksbestände viele Städte, und wir lernten, über eine bestimmte Stadt zu sprechen, als hätten wir dort unser Leben verbracht. Wir lernten auch, eine Persönlichkeit »aufzubauen« und uns an einem Tag einen Beruf anzueignen. Das spielte sich bei Zusammentreffen mit erfahrenen Katsas ab, die unsere Legenden dann auch testeten, und zwar beiläufig, einfach so in Unterhaltungen.

Die Übungen fanden in einem Raum mit Fernsehkameras statt, damit die übrigen Kadetten in ihrem Klassenzimmer am Fernseher zuschauen konnten.

Als erstes lernten wir, keinesfalls zu schnell mit zu vielen Informationen rüberzukommen. Das ist ja keineswegs natürlich. Diese Lektion lernte z. B. Zwi G., ein 42jähriger Psychologe, ganz schnell. Er war der erste Kadett, der dieser Übung unterworfen wurde. Zwi stand einem Katsa gegenüber und sprach ununterbrochen 20 Minuten lang, alles, was er über die Stadt und den Beruf, die er als Tarnung benutzte, wußte, sprudelte nur so aus ihm hervor. Der Katsa sagte kein Wort. Als wir wieder in der Klasse waren, bogen wir uns vor Lachen. Nachdem er fertig war, kam er herein und sagte: »Ich hab's überstanden«, und war happy.

Wir waren alle bei der Armee gewesen, wo man für seine Freunde ein Gefühl der Loyalität entwickelt. Als uns Kauly fragte, wie wir das Gespräch einschätzten, sagte ich, ich sei der Meinung, Zwi hätte seinen Stoff gelernt und kenne die Stadt offenbar gut. Ein anderer sagte, daß er klar geredet hätte und daß seine Geschichte einleuchtend gewesen sei.

Da stand Ran S. auf und sagte: »Hört bloß auf. Wollt ihr mir etwa weismachen, daß ihr mit dem Quatsch einverstanden seid, der sich in dem Zimmer dort abgespielt hat? Daß ihr nicht die Fehler gesehen habt, die dieser *Putz* gemacht hat? Und der ist *Psychologe*. Denkt ihr Burschen überhaupt? Kommt das etwa bei diesem Kurs heraus? Ich möchte wissen, was ihr *denkt*. Wirklich denkt. Fangen wir einfach mit Zwi G. an.«

Zwi gab zu, daß er übertrieben agiert hätte, daß er zu ängstlich gewesen sei. Das öffnete die Schleusen bei uns. Ran hatte uns gesagt, wir sollten aussprechen, was wir dächten, weil jeder von uns am Ende drankäme, und es würde uns schlecht ergehen, wenn wir es nicht richtig machten. »Es könnte eines Tages sogar euer Leben retten«, sagte er.

Innerhalb von 90 Minuten wurde Zwi zur Null reduziert. Jede Eidechse, die durch das Klassenzimmer spaziert wäre, wäre von uns als intelligenteres Lebewesen angesehen worden. Es kam so weit, daß wir nach Wiederholung des Videos verlangten, um sein dummes Verhalten zu beweisen. Und das machte uns Spaß.

Das kommt dabei heraus, wenn man eine Gruppe von stark miteinander konkurrierenden Leuten hat und alle Regeln zivilisierten Verhaltens über Bord geworfen werden. Viele wären überrascht, wenn sie sehen würden, wie hemmungslos es dann zugeht. Im Rückblick war es schockierend. Es wurde Mißbrauch getrieben. Es wurde zu einem Wettbewerb, wer am härtesten zuschlagen könnte, nach Möglichkeit in die Weichteile. Jedesmal, wenn der Kampf jeder gegen jeden etwas abflaute und sich beruhigte, entfachten Ran und Kauly das Feuer von neuem, indem sie weitere Fragen stellten. Diese Übungen hatten wir zwei- oder dreimal in der Woche. Es war brutal, aber wir lernten tatsächlich, wie man eine Tarnung aufbaut und geschickt durchhält.

Mittlerweile waren wir schon elf Wochen im Kurs. Die praktischen Vorlesungen hatten sogar Wein zum Thema. Woran man guten Wein erkennt, wie man darüber spricht, woher er kommt. Wir übten im Speisesaal des Premierministers in der Akademie auch korrektes Essen; dabei wurden Menüs großer Restaurants aus aller Welt aufgetragen, um uns beizubringen, wie man richtig bestellt und formvollendet ißt.

In einer Ecke des Tischtennisraumes der Akademie war der Fernseher 24 Stunden lang in Betrieb. Es wurden Videos von kanadischen, amerikanischen, britischen und europäischen Fernsehsendern gezeigt, selbst Serien wie »I love Lucy« und verschiedene Seifenopern, um uns mit amerikanischen Shows vertraut zu machen. Wenn wir zum Beispiel eine Titelmusik hörten, wußten wir, woraus sie war, und konnten darüber sprechen. Es ist wie mit den neuen kanadischen Ein-Dollar-Münzen: Sie werden in Kanada *loonies* genannt. Wenn jemand einen daraufhin anspräche, und man wüßte nicht, wovon er redet, obwohl man sich als Kanadier ausgibt, dann wäre die beste Tarnung zum Teufel.

Im APAM-Kurs lernten wir das Beschatten, zuerst in Gruppen und dann allein. Wie man sich unter eine Menschenmenge mischt, wie man strategische Punkte einnimmt, wie man vom »Erdboden verschwindet«; den Unterschied zwischen der Beschattung einer Person in einem »schnellen« Gebiet (Geschäftsstraßen, wo man dichter dranbleiben muß) und einem »langsamen« Gebiet, das Konzept von »Raum und Zeit«, bei dem man lernt, die Zeit abzuschätzen, die jemand für eine bestimmte Entfernung braucht. Angenommen, jemand biegt um die Ecke einer Straße, und bis man selbst dort ist, ist er schon verschwunden. Man muß abschätzen können, ob er in der Zwischenzeit die Entfernung bis zur nächsten Straßenecke bewältigen konnte. Wenn nicht, dann weiß man, daß er in einem Gebäude verschwunden ist, und man muß warten.

Nachdem wir wußten, wie man jemanden observiert, mußten wir lernen herauszufinden, ob wir selbst beschattet würden – durch eine Prozedur, die »Route Routine« genannt wird.

Wir wurden in einen neuen Raum im Hauptgebäude geführt. Er lag im ersten Stock, war sehr groß und mit etwa 20 Stühlen ausgestattet – Flugzeugsessel mit ausklappbaren Tischchen und Aschenbechern in den Armstützen. Vorn befand sich ein kleines Podest mit einem Tisch und einem Stuhl. Dahinter gab es eine große Plexiglasplatte vor einem Bildschirm, auf den Kartenausschnitte von Tel Aviv projiziert wurden. Jeder von uns mußte auf der Karte die »Route« bezeichnen, die er nach dem Ende des Unterrichts einschlagen wollte. Eine Route ist die Basis jedweder Arbeit. Ohne sie konnten wir nicht arbeiten.

Den Kadetten wurden bestimmte Punkte zugewiesen, die sie zu einer bestimmten Zeit verlassen mußten, um einen bestimmten Weg zurückzulegen. Danach mußten sie berichten, ob ihnen jemand folgte oder nicht. Wenn sie beschattet wurden, dann mußten sie berichten, wen sie sahen, wann, wie viele Leute und wie sie aussahen. Die Kadetten, die berichteten, sie seien nicht beschattet worden, mußten sagen, wo und wann ihnen das klargeworden war, wie sie es überprüft hatten und wieso sie der Auffassung gewesen waren, daß sie nicht verfolgt worden seien. Dies alles wurde mit speziellen Stiften auf das Plexiglas über den Karten eingezeichnet.

Die Kadetten erstatteten gewöhnlich am nächsten Morgen Bericht, und wenn alle fertig waren, wurde uns gesagt, wer beschattet worden war und wer nicht.

Es ist ebenso wichtig zu wissen, daß man nicht beschattet wird, wie zu wissen, daß man observiert wird. Wenn man sich beschattet glaubt, aber nicht beschattet wird, kann man seine Arbeit jedenfalls nicht fortsetzen. Wenn zum Beispiel in Europa ein Katsa berichtet, daß er beschattet worden sei, wird seine Station alle Operationen für einen oder zwei Monate einstellen, bis das überprüft worden ist. Es ist gefährlich zu sagen, daß man beschattet worden ist, weil das natürlich sofort die Frage aufwirft, wer einen verfolgt hat und warum.

Man erklärte uns auch, daß die Häuser, in denen wir lebten, sichere Häuser seien. Wir mußten uns am Morgen, wenn wir gingen, vergewissern, daß wir nicht beschattet würden, ebenso am Abend, wenn wir kamen. Für alle Unternehmungen und Aufgaben bildeten während der Ausbildung die Akademie unsere Station und unsere Privatwohnungen die sicheren Häuser.

Eine Route wurde in zwei Hauptteile getrennt. Gewöhnlich plante man sie auf der Karte. Man verläßt einen Ort und verhält sich völlig natürlich. Man hält nach strategischen Punkten Ausschau, Orte, wo man sich begründet aufhalten und von wo man die Strecke überblicken kann, auf der man gekommen ist, wo man selbst aber nicht gesehen wird. Angenommen, ein Zahnarzt hat seine Praxis im dritten Stock eines Gebäudes. Auf dem Stockwerk befindet sich ein Fenster, von dem aus man die Straße, auf der man gekommen ist, überschauen kann. Wenn man einen kleinen Zickzack-Kurs genommen hat, um dorthin zu gelangen, würde man jetzt erkennen, ob man beschattet wird oder nicht. Von dem Fenster aus würde man den Verfolger sehen, wie er guckt und dann wartet.

Würde ich von einem Team beschattet, wenn ich aus einem Hotel käme, wäre ich eingekesselt. Ich würde deshalb fünf Minuten lang schnell laufen, um ihren Ring aufzubrechen. Dann würde ich im Zickzack in ein Gebäude gehen, mir einen Beobachtungspunkt suchen und zuschauen, wie sie sich wieder sammeln. Als nächstes müßte ich jeden Zufall ausschließen. Ich würde einen Bus nehmen, in einen anderen Stadtteil fahren und das wiederholen. Und zwar langsam, um ihnen die Chance zu geben, mir zu folgen.

Was man auf keinen Fall tun sollte, wenn man beschattet *wird,* ist, die Verfolger zu verlieren. Wenn das doch passiert ist, wie könnte man es dann überprüfen? Angenommen also, sie würden wieder auftauchen, und ich wäre also sicher, observiert zu werden, dann würde ich zunächst alle geplanten Aktivitäten einstellen. Ich könnte in ein Kino gehen – aber in Anbetracht unseres Ausbildungsstandes zu diesem Stadium wäre ich dann erledigt.

Jeder von uns trug eine kleine Mütze in der Tasche, die wir, sobald wir sicher waren, beschattet zu sein, aufsetzten. Dann mußte man zu einer Telefonzelle gehen, eine Nummer wählen, sagen, wo man war, berichten, daß man beschattet würde – oder nicht –, und nach Hause gehen. Oft trafen wir uns dann später im Haus eines Kadetten, um die Lage zu diskutieren.

In der gesamten Ausbildungszeit habe ich nur einen Fehler gemacht. Ich sagte einmal, daß ich beschattet würde, ohne daß es tatsächlich der Fall war. Das passierte deshalb, weil ein anderer Kadett meinen Routenplan kopiert hatte und mir im Abstand von fünf Minuten gefolgt war. Ich sah das ihn verfolgende Team und nahm an, es folgte mir. Aber *er* sah nicht, daß sie ihm folgten.

Mittlerweile hatte sich die Klasse in mehrere Cliquen aufgespalten. Im Kurs war man ständig verwundbar. Man war immer Angriffen ausgesetzt, und das galt im Klassenzimmer für jeden. Aber hinterher trafen wir uns allmählich in Gruppen von drei oder vier Leuten, gaben einander Ratschläge und begannen sogar, Lehrer für unsere Cliquen zu »rekrutieren«. Wir praktizierten, was wir gelehrt wurden, an den Leuten, die uns unterrichteten.

Zu jenem Zeitpunkt begannen die Instrukteure damit, uns die Anwendungsmöglichkeiten für das, was wir gelernt hatten, zu erklären.

»Jetzt, wo ihr gelernt habt, euch selbst zu schützen, werdet ihr das Rekrutieren lernen«, sagten sie uns. »Ihr kommt irgendwohin, vergewissert euch, daß ihr clean seid, und fangt mit dem Rekrutieren an. Danach schreibt ihr den Bericht in NAKA, wie ihr es gelernt habt. Und ihr wißt, wie ihr Informationen durch ständiges Abklopfen der erhaltenen Daten nutzt.«

Ich erinnere mich an die Worte von Mousa: »An diesem Punkt, meine Freunde, beginnt ihr, die Eierschale zu durchstoßen.«

Das Dotter lag in greifbarer Nähe.

# 3

## DIE ANFÄNGER

Im Verlauf des Kurses hatten die Kadetten mittlerweile eine ganze Menge an technischem Wissen angesammelt, das nun im wirklichen Leben erprobt werden mußte. Dies begann mit einer Serie von Übungen, manchmal zweimal täglich, die »Boutiquen« genannt wurden. Zweck der Übung war zu lernen, wie man das Anschlußtreffen gestaltet, nachdem man erfolgreich einen Kontakt zu einem potentiellen Rekruten geknüpft hat.

Wieder beobachteten alle anderen das Auftreten eines jeden Kadetten auf dem Fernsehschirm in einem gesonderten Raum. Seine Bemühungen wurden intensiv, oft aggressiv analysiert. Jede Übung dauerte etwa 90 Minuten, und sie waren wirklich zum Kotzen und schrecklich.

Jedes unserer Worte wurde genau untersucht, kritisiert. Jede Bewegung, jede Handlung. »Hast du genug Köder ausgelegt? Was meintest du, als du gesagt hast, er hätte einen hübschen Anzug an? Warum hast du ihm diese Frage gestellt? Diese Frage?«

Ein Fehler in der »Boutique«, mochte er noch so peinlich sein, war jedoch nicht fatal; ein Fehler in der wirklichen Welt des Geheimdienstes konnte es sein.

Wir wollten so viele Punkte wie möglich machen, um eventuelle künftige Fehler auszugleichen. Die Angst zu versagen war riesig. Irgendwie saßen wir durch die Arbeit beim Mossad in der Falle. Es schien, daß es da draußen für dich kein anderes Leben mehr gab. Was würde man tun? Was sollte nach dem Mossad deinen Adrenalinspiegel wieder steigen lassen?

Der nächste große Vortrag wurde von Amy Yaar gehalten, Abteilungschef für den Fernen Osten und Afrika des *Tevel* (Verbindungsabteilung mit Basis an den israelischen Botschaften). Seine Geschichte war so faszinierend, daß sich jeder nach dem Ende seiner Ausführungen fragte: »Wie können wir da jemals heranreichen?«

Yaars Abteilung hatte Leute an verschiedenen Punkten im ganzen Fernen Osten postiert, die wenig mit Geheimdiensttätigkeit zu tun hatten; sie mußten vielmehr den Rahmen für künftige geschäftliche und diplomatische Verbindungen schaffen. Sie hatten z. B. einen Mann mit britischem Paß in Jakarta sitzen, der getarnt arbeitete. Das heißt, die indonesische Regierung wußte, daß er vom Mossad war. Er besaß eine ausgearbeitete Fluchtroute und für alle Fälle – neben anderen Hilfsmitteln – einen Gürtel mit Goldmünzen. Seine Hauptaufgabe bestand darin, den Verkauf von Waffen in die Region zu bewerkstelligen. Sie hatten auch einen Mann in Japan, einen in Indien und in Malaysia. Yaar hielt jährliche Treffen mit seinen Mitarbeitern auf den Seychellen ab. Er hatte viel Spaß mit wenig Risiko.

Auch in Afrika beschäftigten sich Yaars Leute mit Waffenverkäufen in Millionen-Dollar-Höhe. Diese Verbindungsmänner arbeiteten in drei Stufen. Zuerst schufen sie Kontakte, um herauszufinden, was das Land brauchte, was es fürchtete, wen es als Feind betrachtete – Informationen, die durch Vor-Ort-Aktivitäten gesammelt wurden. Dahinter steckte die Überlegung, auf diesen Bedürfnissen aufzubauen, engere Beziehungen herzustellen und dann die betreffende Regierung wissen zu lassen, daß Israel Waffen und Ausbildung und was immer sonst noch liefern könne. Der letzte Schritt in diesem Prozeß, nachdem die Führung des Landes erst einmal am Haken der Waffenlieferung hing, war für den Mossad-Mann, der Regierung zu sagen, daß sie zum Beispiel auch landwirtschaftliche Ausrüstung abnehmen müsse. Die Führung des Landes wurde damit in eine Lage gebracht, wo sie die Verbindungen mit Israel nur ausweiten konnte, wenn zugleich formell diplomatische Beziehungen aufgenommen würden. Im Kern diente diese Methode dazu, solche Beziehungen durch die Hintertür herzustellen. Allerdings waren die Waffenge-schäfte häufig derart lukrativ, daß die Verbindungsmänner des Mossad sich nicht darum kümmerten, ihnen den nächsten Schritt folgen zu lassen.

In Sri Lanka machte man es jedoch. Amy Yaar stellte die Ver-bindung her, verpflichtete sich, das Land militärisch durch Lie-ferung wichtiger Ausrüstung, einschließlich torpedobestückter Patrouillen-Boote auszurüsten. Gleichzeitig rüsteten Yaar und Genossen die aufständischen Tamilen für ihren Kampf gegen die Regierung mit Anti-PT-Waffen aus. Die Israelis bildeten auch Elite-Einheiten für beide Seiten aus, ohne daß die jeweils andere Seite davon wußte (siehe Kapitel 6: »Der belgische Tisch«). Die israelischen Verbindungsleute halfen der Administration von Sri Lanka auch dabei, der Weltbank und anderen Investoren Millio-nen von Dollars unter Vorspiegelung falscher Daten abzuluch-sen, damit die Waffen bezahlt werden konnten.

Die Regierung von Sri Lanka war über die Bauernunruhen be-sorgt und wollte daher den Zusammenhalt unter den Bauern zer-stören. Sie sollten von der einen Seite der Insel zur anderen um-gesiedelt werden, und dafür brauchte man eine akzeptable Erklä-rung. Und an dieser Stelle erschien Amy Yaar auf der Bildfläche. Er dachte sich das große »Mahaweli-Projekt« aus, ein giganti-sches Vorhaben zur Umleitung des Wassers des Mahaweli-Flusses in die trockenen Gebiete auf der anderen Seite der Insel. Es wurde behauptet, daß dadurch die Energieerzeugung des Landes durch Wasserkraft verdoppelt und 300 000 Hektar bewässert wer-den könnten. Neben der Weltbank wollten Schweden, Kanada, Japan, die Bundesrepublik Deutschland, die EWG und die USA zusammen 2,5 Milliarden Dollar in das Projekt investieren.

Es war von Beginn an ein viel zu ambitioniertes Projekt, aber die Weltbank und die anderen Investoren wollten das nicht wahr-haben, und wenn sie von etwas überzeugt sind, läuft es immer weiter. Ursprünglich auf 30 Jahre ausgelegt, wurde das Projekt 1977 plötzlich beschleunigt, als Sri Lankas Präsident Junius Jaya-wardene merkte, daß es mit ein bißchen Hilfe vom Mossad zu einer überaus bedeutenden Sache werden könnte.

Um besonders die Weltbank davon zu überzeugen – die allein 250 Millionen Dollar investierte –, daß das Projekt machbar sei – was gleichzeitig eine gute Rechtfertigung für die Umsiedlung der Bauern sein würde –, ließ der Mossad zwei israelische Fachleute, der eine Wirtschaftswissenschaftler an der Universität Jerusalem, der andere Professor für Landwirtschaft, zwei Gutachten verfassen, die Wichtigkeit und Kosten des Projektes darlegten. Solel Bonah, ein größeres israelisches Bauunternehmen, erhielt einen umfangreichen Vertrag für einen Teil der Anlage.

Hin und wieder prüften Vertreter der Weltbank das Fortschreiten des Projektes in Sri Lanka, aber die Behörden vor Ort waren instruiert worden, wie sie diese Inspektoren hinters Licht führen könnten; sie machten zahlreiche Umwege – die leicht durch die unsichere Lage erklärt werden konnten – und fuhren dann mit ihnen zurück in dasselbe kleine Areal, wo speziell für diesen Zweck kleinere Bauarbeiten durchgeführt worden waren.

Später, als ich in Yaars Abteilung im Mossad-Hauptquartier arbeitete, hatte ich die Aufgabe, Jayawardenes Schwiegertochter – eine Frau, die Penny genannt wurde – auf einem geheimen Besuch in Israel zu eskortieren. Ich war für sie »Simon«.

Wir brachten sie überallhin, wohin sie wollte. Wir sprachen über allgemeine Dinge, aber sie wollte mir immer wieder erzählen, wie mit den Geldern für das Projekt Armeeausrüstung bezahlt wurde. Sie beschwerte sich, daß es mit dem Bau nicht weiterginge. Ironischerweise war das Projekt ja *erfunden* worden, um von der Weltbank Geld zur Bezahlung eben jener Waffen zu erhalten.

Israel unterhielt zu jener Zeit keine diplomatischen Beziehungen zu Sri Lanka. Eigentlich beteiligte sich Sri Lanka sogar an einem Embargo gegen Israel. Aber Penny erzählte mir von all den geheimen politischen Treffen, die stattfanden. Komisch war, daß in den Nachrichten, die über diese Treffen schließlich an die Öffentlichkeit drangen, davon die Rede war, daß Israel 150 Katsas in Sri Lanka stationiert hätte. So viele Katsas hatten wir nicht einmal auf der ganzen Welt. In Wirklichkeit waren damals nur Amy und sein Assistent dort, beide auf einem Kurzbesuch.

Eine weitere ganz neue Welt tat sich für mich und die anderen auf, als wir im Mossad-Hauptquartier eine Vorlesung über PAHA hörten, die Abteilung *Paylut Hablanit Oyenet,* d. h. »feindliche Sabotage-Aktivitäten«, die sich insbesondere mit der PLO beschäftigte. Diese Abteilung wird manchmal auch PAHA-Ausland genannt. Die Mitarbeiter sind vor allem im Innendienst tätig und haben die beste Forschungsabteilung in der gesamten Organisation. Ihre Analysen beziehen sich in der Hauptsache auf Operationen.

Es war wie ein Schock für uns. Sie brachten uns in einen Raum im sechsten Stock; wir setzten uns, und man sagte uns, daß man hier täglich Informationen über die Bewegungen der PLO und anderer terroristischer Organisationen sammle. Der Instrukteur öffnete eine 30 Meter breite Klappwand, auf der sich eine riesige Weltkarte befand – ohne Nord- und Südpol. Darunter befanden sich verschiedene Computer-Konsolen. Die Wand war in winzige Quadrate unterteilt, die man aufleuchten lassen konnte. Wenn man zum Beispiel die Taste für »Arafat« auf dem Computer-Keyboard drückte, dann leuchtete auf der Karte sein zuletzt bekannter Aufenthaltsort auf. Fragte man nach »Arafat, drei Tage«, dann leuchteten alle Orte auf, an denen er in den vergangenen drei Tagen gewesen war. Das aktuelle Quadrat leuchtete immer am hellsten, und je weiter seine Bewegungen zurücklagen, um so schwächer leuchteten die Lämpchen.

Die Karte war vielen Leuten dienlich. Wenn man zum Beispiel etwas über die Aktivitäten von zehn Schlüsselfiguren der PLO wissen wollte, mußte man ihre Namen eingeben, und jeder leuchtete in einer anderen Farbe auf. Man konnte sich auch jederzeit einen Ausdruck machen lassen. Die Karte war besonders für schnelles Überprüfen wertvoll. Angenommen, acht von zehn dieser Leute sind alle am selben Tag in Paris aufgetaucht. Das würde wahrscheinlich bedeuten, daß sie irgend etwas planten, und dann könnten »Schritte« unternommen werden.

Der Zentralcomputer des Mossad hat mehr als 1,5 Millionen Namen gespeichert. Jeden, der dem Mossad als PLO-Mann oder sonstiger Gegner bekannt wurde, nannte man einen »paha«, nach dem Namen der Abteilung. Die Abteilung besaß ein eigenes Computerprogramm, aber sie war auch an den Zentralcomputer angeschlossen. Der vom Mossad benutzte Computer war ein Burroughs, während das Militär und der übrige Geheimdienst IBM benutzte.

Bildschirme in den Konsolen an den Seiten der Karte konnten kleinste Ausschnitte zeigen – zum Beispiel Städte. Wenn von irgendeiner Station Informationen in Verbindung mit dem Stichwort PLO eingegeben wurden, dann zeigte der Computer das auf dem Bildschirm. Der Diensthabende konnte es lesen und einen Ausdruck machen lassen (auf dem Bildschirm war auch zu sehen, daß und um welche Uhrzeit ein Ausdruck gemacht wurde). Es gab kaum einen Schritt, den die PLO irgendwo auf der Welt machen konnte, ohne daß er auf der gigantischen Karte des Mossad notiert wurde.

Als erstes hatte der Diensthabende bei Schichtantritt alle Bewegungen der letzten 24 Stunden anzufordern; dies vermittelte ihm einen Überblick über alle Aktivitäten der PLO in den vergangenen 24 Stunden. Gab es zum Beispiel im Norden des Libanon ein PLO-Lager, von dem ein Agent berichtet hatte, daß zwei Lastwagen dort angekommen seien, wurde diese Information dem Diensthabenden weitergereicht. Der nächste Schritt wäre, herauszufinden, was sich auf den Lastwagen befand. Der Kontakt zu diesen Agenten fand täglich statt, manchmal stündlich, je nach ihrem Aufenthaltsort und dem Grad der Gefährdung Israels.

Die Erfahrung lehrte, daß scheinbar harmlose Dinge größere Aktivitäten auslösten. In einem Fall, noch vor dem Libanon-Krieg, gab ein Agent durch, daß eine Ladung guten Rindfleisches in ein PLO-Lager im Libanon gebracht worden sei; das war normalerweise in diesen Lagern nicht üblich. Der Mossad wußte, daß die PLO einen Angriff plante, aber er hatte keine Ahnung, wo. Die Rindfleischsendung war ein Hinweis. Sie war für ein Festessen gedacht. Aufgrund dieser Information haben israelische Sturmboot-Kommandos einen Präventivschlag durchgeführt und elf PLO-Guerillas getötet, als sie ihre Schlauchboote bestiegen.

Dies war ein Beispiel dafür, wie wichtig auch kleinste Informationsteile sein können – und wie entscheidend es ist, über alles haargenau zu berichten.

Zu Beginn des zweiten Monats erhielten wir Kadetten unsere persönliche Waffe, eine Beretta, Kaliber .22, die offizielle Waffe der Mossad-Katsas. Sie wird allerdings bei der Arbeit vor Ort selten getragen, weil das ernste Probleme mit sich bringen kann. In Großbritannien beispielsweise ist es ungesetzlich, eine Waffe zu tragen; das Risiko, erwischt zu werden, lohnt sich nicht. Wenn man seine Arbeit richtig macht, dann braucht man keine Waffe. Wenn man abhauen oder sich aus einer Sache rausreden kann – um so besser.

Uns wurde jedoch beigebracht, daß wir, falls unser Gehirn unserer Hand befiehlt, die Waffe zu ziehen, töten sollen. Das Gehirn muß dir sagen, daß der Kerl vor dir tot ist. Er oder du.

Aber auch der Gebrauch der Waffe erforderte Praxis. Es war wie beim Ballett – man lernte immer nur einen Bewegungsabschnitt zur Zeit.

Die Waffe wird in der Hose auf der Hüfte getragen. Manche Katsas benutzen Halfter, aber die meisten nicht. Eine Beretta ist ideal, weil sie klein ist. Man zeigte uns, wie man ein paar schmale Bleigewichte vorn am unteren Jackenrand einnähte; dadurch kann die Jacke nach außen schwingen, damit man besser an die Waffe kommt. Es ist eine Bewegung aus parallelem Drehen und Bücken, um für den Gegner ein minimales Ziel abzugeben; wenn du erst deine Jacke öffnen mußt, könnte es dich das Leben kosten.

Wenn man schießen muß, feuert man so viele Kugeln wie möglich auf das Ziel ab. Wenn es auf dem Boden liegt, geht man zu ihm hin, setzt ihm die Waffe an die Schläfe und schießt nochmals. So geht man auf Nummer Sicher.

Die Katsas benutzten normalerweise abgestumpfte oder Dumdumgeschosse, die hohl sind oder eine weiche Spitze haben; die Kugeln dehnen sich nach dem Abschuß aus und verursachen besonders schwere Wunden. Unser Schießtraining fand auf der Militärbasis in der Nähe von Petah Tikvah statt, wo die israelische Armee auch für ausländische Regierungen Spezialausbildungen durchführt. Wir trainierten stundenlang mit festen Zielen, aber auch an Schießgalerien, wo plötzlich Pappfiguren auftauchten, wenn wir vorbeiliefen.

Es gab auch das Modell eines Hotelkorridors. Den gingen wir entlang, bogen dann rechts ein, nochmals rechts, wobei wir ein Diplomatenköfferchen und einen »Zimmerschlüssel« in Händen hielten. Manchmal gelangten wir ohne Zwischenfälle in unsere »Zimmer«. Dann wieder öffnete sich plötzlich eine Tür, und eine Pappfigur schoß heraus. Wir übten, alles fallenzulassen und sofort zu schießen.

Wir lernten auch, die Waffen zu ziehen, wenn wir in einem Restaurant saßen und Probleme bekamen; entweder ließ man sich mit dem Stuhl zurückfallen und schoß unter dem Tisch hervor oder stieß im Fallen noch den Tisch um – ich brachte das nie fertig, andere schon – und feuerte dann, alles in einer einzigen Bewegung.

Was passiert mit einem unschuldigen Zuschauer? Uns wurde beigebracht, daß es in einer Situation, wo es zum Schußwechsel kommt, so etwas nicht gibt. Ein Zuschauer wird zum Zeugen deines Todes oder dem eines anderen. Wenn es dein Tod ist, wird es dich kaum interessieren, ob er verwundet wird. Es geht ums Überleben. *Dein* Überleben. Man muß alles vergessen, was man jemals über Fairneß gelernt hat. In solchen Situationen gilt es zu töten oder getötet zu werden. Deine Verantwortung besteht darin, das Eigentum des Mossad zu schützen, und das bist du. Wenn man das erst einmal verstanden hat, dann verliert man die Scham davor, als egoistisch dazustehen. Selbstsüchtig zu sein erscheint dann sogar als eine löbliche Eigenschaft – die man nur schwer abstreifen kann, wenn man am Ende des Arbeitstages nach Hause geht.

Als wir nach unseren ausgedehnten Waffenübungen in das Klassenzimmer zurückkehrten, sagte Riff zu uns: »Jetzt wißt ihr, wie man mit der Waffe umgeht. Nun vergeßt es. Ihr braucht sie nicht.« Da standen wir nun, die schnellsten Schützen im ganzen

Westen, und plötzlich war das alles nichts, hieß es, daß wir die Waffen nicht brauchten. Aber insgeheim sagte sich jeder, ja klar, das sagen sie nur so, aber ich weiß, daß ich sie brauchen werde.

Es folgten dann erneut lange Vorträge mit anschließenden praktischen Übungen in Tel Aviv, wo wir die Feinabstimmung beim Observieren und/oder Beschattetwerden üben mußten. Eine besonders langweilige Vorlesung hielt ein Mann, der damals der älteste Major in der israelischen Armee war. Mit leiser, monotoner Stimme sprach er sechs Stunden lang über die Tarnung und das Entdecken von kleineren und größeren Waffen, was er mit Hunderten von Dias illustrierte. Die einzige Bewegung, die er machte, war das Wechseln der Dias. Er sagte etwa: »Dies ist ein ägyptischer Panzer.« Dann: »Dies ist eine Luftaufnahme von vier getarnten ägyptischen Panzern.« Es gibt herzlich wenig zu sehen auf einem Foto von der Wüste mit mehreren gut getarnten Panzern. Es sieht eben einfach aus wie eine Wüste *ohne* Panzer. Wir sahen auch Bilder von syrischen Jeeps, amerikanischen Jeeps, ägyptischen Jeeps, getarnt oder nicht getarnt. Es war die lahmste Vorlesung, die ich in meinem ganzen Leben gehört habe. Später erfuhren wir, daß jeder sie mitmachen muß.

Die nächste Vorlesung war präziser. Sie wurde von Pinhas Aderet gehalten, und es ging um Dokumente: Pässe, Personalausweise, Kreditkarten, Führerscheine usw. Die wichtigsten Mossad-Dokumente sind die Pässe; davon gibt es vier Kategorien: erste und zweite Kategorie, Pässe für die »Feldarbeit« und Wegwerfpässe.

Die Wegwerfpässe sind entweder gefunden oder gestohlen worden und werden nur benutzt, wenn man sie kurz vorzeigen muß. Sie werden nicht als »richtige« Ausweise verwendet. Das Foto ist ausgewechselt, manchmal auch der Name, aber im Prinzip verändert man so wenig wie möglich. Solch ein Dokument würde jedoch einer genauen Untersuchung nicht standhalten. Neviot-Offiziere (die Einbrüche machen, Wohnungen präparieren u. dgl.) benutzen sie. Sie wurden auch bei Trainingsübungen innerhalb Israels benutzt oder zur Rekrutierung innerhalb Israels.

Zu jedem ausgegebenen Paß gab es ein Blatt mit dem Namen und der Adresse, dann noch eine Fotokopie der Karte von dem Stadtteil, wo die Adresse lag. Das Haus selbst war auf der Karte markiert, und es war ein Foto beigefügt sowie eine Beschreibung der Nachbarschaft. Wenn man zufällig jemandem begegnete, der die Ecke kannte, würde man durch eine simple Frage nicht in Schwierigkeiten geraten.

Wenn man einen Wegwerfpaß benutzte, wurde man darüber aufgeklärt, wo er zuvor benutzt worden war. Man würde ihn also nicht, sagen wir, im Hilton benutzen, wenn jemand mit diesem Dokument kürzlich erst dort gewesen ist. Außerdem mußte man sich für jeden Stempel im Paß eine Story zurechtlegen.

Der Paß für die Feldarbeit wurde für schnelle Arbeiten in einem fremden Land gebraucht. Er wurde jedoch nicht beim Grenzübertritt benutzt. Katsas verwenden selten falsche Ausweise, wenn sie von einem Land in ein anderes wechseln, es sei denn, sie reisen mit einem Agenten, was sie jedoch stets zu vermeiden suchen. Der *falsche* Paß wird mit der Diplomatenpost transportiert, die mit einem »bordero« versiegelt ist, einem Wachssiegel mit Faden, das deutlich anzeigt, daß er nicht unbemerkt geöffnet werden kann. Die Diplomatenpost wird für den Transport von Papieren und Schreiben zwischen den Botschaften verwendet, und es ist weltweit üblich, daß die Postsäcke beim Grenzübertritt nicht geöffnet werden. Der Träger genießt diplomatische Immunität. (Die Pässe könnten einem Katsa in einem anderen Land natürlich auch durch einen *Bodel*, einen Boten, überbracht werden.) Die Wachssiegel waren so gefertigt, daß die Umschläge leicht geöffnet und verschlossen werden konnten, ohne daß, z. B. beim Zoll, der Eindruck entstand, das Siegel sei verletzt worden.

Die Pässe der zweiten Kategorie, eigentlich perfekte Pässe, wurden passend zur Legende der Katsas hergestellt; sie wiesen keine lebenden Personen aus.

Für einen Paß der ersten Kategorie gab es jedoch sowohl eine Tarngeschichte als auch eine echte Person, die die Story verbürgen konnte. Ein solcher würde jeder offiziellen Untersuchung standhalten, sogar einer im Ursprungsland selbst.

Pässe werden aus unterschiedlichem Papier hergestellt. Es ist beispielsweise ausgeschlossen, daß die kanadische Regierung irgend jemandem das Papier verkauft, mit dem die kanadischen Pässe hergestellt werden. (Diese Pässe werden immer noch vom Mossad favorisiert.) Aber ein gefälschter Paß kann nicht auf falschem Papier hergestellt werden. Deshalb betreibt der Mossad im Keller der Akademie eine kleine Fabrik und ein chemisches Labor, wo die verschiedenen Papiersorten produziert werden. Chemiker haben die Zusammensetzung des Originalpapiers analysiert und die exakte Mischung herausgefunden, um Papierbögen für die benötigten Duplikate zu produzieren.

Das Papier wurde in einem riesigen Lagerraum bei einer bestimmten Temperatur und Luftfeuchtigkeit aufbewahrt. In den Regalen lagert Papier für Pässe der meisten Länder der Welt. Ein anderer Arbeitsbereich dieser »Fabrik« war die Produktion von jordanischen Dinar. Sie wurden erfolgreich gegen echte Dollars eingetauscht, und mit ihnen wurde Jordanien zusätzlich überflutet, um die dort herrschende chronische Inflation noch zu verstärken.

Als ich die Fabrik als Student besuchte, sah ich einen großen Stapel kanadischer Blanko-Pässe. Sie müssen gestohlen worden sein. Es sah nach einer regelrechten Ladung aus. Mehr als 1000 Stück. Ich glaube nicht, daß diese Menge jemals als vermißt gemeldet wurde, zumindest nicht in den Medien.

Viele Immigranten werden nach ihrer Ankunft in Israel gefragt, ob sie ihre Pässe abgeben möchten, um Juden zu retten. Jemand, der gerade von Argentinien nach Israel umgesiedelt ist, hätte wohl kaum etwas dagegen, seinen argentinischen Paß zu spenden. Der würde in einem riesigen Raum landen, der an eine Bibliothek erinnert, wo viele tausend Pässe lagern, unterteilt nach Ländern, Städten, sogar Distrikten, mit jüdischen und nicht-jüdischen Namen, alle nach Alter sortiert – und alle Daten von Computern erfaßt.

Der Mossad hatte auch eine größere Sammlung von Paßstempeln und Unterschriften, mit denen er seine eigenen Pässe stempelte. Sie wurden in einem Logbuch festgehalten. Viele dieser

Zeichen wurden mit Hilfe der Polizei gesammelt, die einen Paß zeitweise einbehalten und die verschiedenen Stempel fotografieren kann, bevor sie ihn an den Besitzer zurückgibt.

Selbst das Stempeln der falschen Pässe geschah nach einem präzisen Ablauf. Wenn mein Paß zum Beispiel einen Stempel aus Athen von einem bestimmten Tag trug, würde die Abteilung in ihren Listen nach dem Stempel und der Unterschrift jenes Tages zu einer korrekten Flugzeit schauen, so daß jemand, der Athen kontaktieren würde, um herauszufinden, welcher Beamte zu dieser Zeit Dienst hatte, eine richtige Information erhalten würde. Sie waren sehr stolz auf diese Arbeit. Manchmal füllten sie einen Paß mit zwanzig Stempeln. Sie sagten, daß noch keine Operation durch ein schlechtes Dokument verpatzt worden sei.

Zusätzlich würde ich im angenommenen Beispiel zu meinem Paß eine Akte bekommen, die ich auswendig lernen und dann wegwerfen müßte; sie enthielte allgemeine Informationen über den Tag, an dem ich angeblich in Athen gewesen war, wie das Wetter, die Schlagzeilen der Zeitungen lauteten, was allgemein im Gespräch war, wo ich übernachtete, was ich dort tat usw.

Bei jedem neuen Auftrag erhielten Katsas kleine Erinnerungszettel über ihre frühere Arbeit; zum Beispiel: Vergiß nicht, daß du an dem und dem Tag in jenem Hotel warst und dein Name soundso lautete. Auf den Zetteln standen auch alle Leute, die man getroffen und gesehen hatte. Ein weiterer Grund, in den Reports jedes Detail anzugeben, so geringfügig es scheinen mag.

Wenn ich jemanden rekrutieren wollte, würde der Computer zuvor jede Person raussuchen, die mit mir in irgendeiner Weise in Verbindung stünde bzw. gestanden hätte. In gleicher Weise würde man die zu rekrutierende Person überprüfen. Wenn ich dann mit jener Person auf eine Party gehen würde, liefe ich nicht Gefahr, mit einem Freund zusammenzustoßen, den ich bereits unter anderem Namen rekrutiert hatte.

In den nächsten sechs Wochen hielt ein Professor Arnon täglich eine Vorlesung von ein bis zwei Stunden über das Thema Islam im Alltag: eine Analyse der verschiedenen Sekten des Islam, ihrer Geschichte und Sitten, ihrer Feiertage, was ihren Anhängern zu tun erlaubt war – und was sie *wirklich* taten –, ihrer Verbote etc., alles mögliche, um sich ein Bild vom Feind und was ihn bewegte machen zu können. Am Ende erhielten wir einen ganzen Tag Zeit, um eine Darstellung über den Konflikt im Nahen Osten zu schreiben.

Unser nächstes Thema war *Bodlim* (im Singular *Bodel*). Dies sind Leute, die als Boten zwischen den sicheren Häusern und den Botschaften oder zwischen den sicheren Häusern fungieren. Das Training eines Bodel besteht hauptsächlich aus APAM – also darin, zu wissen, ob er beschattet wird oder nicht. Er transportiert alles in Diplomaten-Umschlägen oder -Postsäcken. Boten von Diplomatenpost genießen diplomatische Immunität und haben ein entsprechendes Dokument bei sich. Ihre Hauptfunktion besteht darin, den Katsas Pässe und andere Dokumente zu bringen und Berichte oder sonstige Dokumente zurück in die Botschaft zu transportieren. Katsas ist es nämlich, je nach Art ihres Auftrages, nicht immer erlaubt, die israelische Botschaft zu betreten.

Bodlim sind gewöhnlich junge Leute von Mitte Zwanzig, die diese Arbeit für ein oder zwei Jahre machen. Oft sind es israelische Studenten, die in einer kämpfenden Truppe gedient haben und die im allgemeinen als zuverlässig gelten. Obwohl es wichtig ist, daß sie lernen herauszufinden, ob sie beschattet werden oder nicht, können sie den Job durchaus noch während ihres Studiums machen. Sie gehören zu den unteren Rängen einer Station, aber dennoch ist es kein schlechter Job für einen Studenten.

Die meisten Stationen haben zwei oder drei Bodlim. Zu ihren Aufgaben gehört auch, sich um die sicheren Häuser zu kümmern. Der Bodel einer Station kann, sagen wir mal, sechs Appartements bewohnbar halten, so daß sich die Nachbarn nicht über eine leere Wohnung nebenan wundern, vor der sich die Post stapelt. Diese Bodlim leben mietfrei in sicheren Häusern und sorgen dafür, daß die Kühlschränke gefüllt sind, daß die Rechnungen bezahlt werden usw. Wenn das sichere Haus benötigt wird, dann zieht der Bodel-»Inhaber« in ein anderes, oder er zieht so lange in ein Hotel, bis die Luft wieder rein ist. Die Bodlim dürfen keine Freunde oder Freundinnen in die sicheren Häuser mitbringen. Ihre Gehälter bewegen sich zwischen 1000 und 1500 Dollar monatlich, je nachdem, wie viele Wohnungen sie versorgen. Da sie keine Miete zahlen, auch nicht für Essen und Trinken und die Studiengebühren aufkommen müssen – die werden vom Mossad bezahlt –, ist das kein schlechter Deal.

Als nächstes war *Mishlasim* dran, im Geheimdienstjargon tote Briefkästen und Übergaben *(drops)*. Als erste Regel lernten wir, daß beim Mossad ein toter Briefkasten nur in eine Richtung funktioniert: von uns zu ihnen. Es passierte nicht, daß ein Agent uns einen »drop« hinterließ, weil das sehr gut eine Falle sein konnte.

Eine Gruppe von Leuten von der Mossad-Abteilung, die sich mit »drops« beschäftigte, erklärte uns die Grundsätze dieser Kunst so:

Wenn klar ist, woraus dein »drop« besteht, müssen vor allem vier Dinge beachtet werden, um die erfolgreiche Weiterleitung zu garantieren: man muß möglichst wenig Zeit beanspruchen, um den Gegenstand zu plazieren; er soll so unverdächtig wie möglich aussehen, wenn er zu der Deponierungsstelle gebracht wird; es soll so einfach wie möglich sein, die Örtlichkeit dem Kontaktmann zu erklären; und wenn der ihn mitnimmt, muß das ebenfalls unverdächtig aussehen.

Ich bastelte einen Behälter aus einer Plastikschachtel für Seife, färbte ihn mit einem grauen Spray von der gleichen Farbe wie einen Hochspannungsmast und malte dann in Rot das Symbol für Hochspannung auf die Schachtel. Ich nahm vier Schrauben und Muttern, ebenfalls grau, klebte sie an das Plastik und befestigte einen Magneten am Boden der Schachtel. Mit dem Magneten befestigte ich die Box an der Innenseite der Motorhaube meines Wagens; dann hielt ich an einem Elektromast, täuschte Probleme mit dem Wagen vor, klemmte die Schachtel ins Innere des Mastfußes und fuhr los. Niemand würde den »drop« entdecken. Und selbst wenn, dann würde niemand ihn anfassen, weil er nach elektrischer Ladung aussah. Wenn der Agent die Schachtel an sich genommen hätte, könnte er sie ebenfalls an geeigneter Stelle am Wagen anbringen und wegfahren.

Uns wurde auch beigebracht, wie man einen *slick* fertigt, ein Versteck innerhalb eines Hauses oder einer Wohnung, das leicht zugänglich, aber für andere schwer zu finden ist. Das ist besser als ein Safe. Wenn man an einem Ort ist, wo man schnell etwas verstecken muß, lassen sich »slicks« mühelos herstellen, indem man einfache Gegenstände verwendet, die man in einem Eisenwarenladen oder auch in einem Großmarkt, z. B. für Bastler, kaufen kann.

Eines der simpelsten Verstecke bietet eine Tür mit Preßplatten auf beiden Seiten und einem Rahmen in der Mitte. Um etwas zu verstecken, bohrt man ein Loch in die Oberkante der Tür und hängt den Gegenstand hinein. Dann gibt es z. B. noch die Kleiderstange in Schränken. Darin ist oft eine Menge Platz. Sie nehmen vielleicht deine Kleider herunter und durchsuchen sie, aber nur wenige werden in die Stange schauen, an der sie aufgehängt sind.

Eine bequeme Methode, Geheimdokumente oder Geld durch den Zoll zu schmuggeln, beginnt mit dem Kauf von zwei identischen Ausgaben einer Zeitung; man schneidet bei einer ein Stück heraus und schafft so innen eine kleine Tasche. Dann schneidet man das gleiche Stück aus der anderen heraus und überklebt damit das Loch bei der ersten. Es ist lediglich ein alter Zaubertrick. Wir lasen immer viele Zauberbücher. Man kann mit der Zeitung unter dem Arm ungeniert zum Zoll gehen – kann sie sogar dem Beamten zum Halten geben, bis man abgefertigt ist.

Beim nächsten Übungsblock, »Kaffee« genannt, mußten drei Studenten zusammenarbeiten. Yosy, Arik F., ein gläubiger, über einsachtzig großer Riese, und ich gingen mit Shai Kauly als unserem Instruktor in die Hayarkon Street mit ihren vielen Hotels, setzten uns für eine Weile in ein Café und wurden dann einer nach dem anderen von Kauly in eine Hotellobby geführt. Jeder von uns hatte einen gefälschten Paß und die dazu passende Legende. War Kauly mit einem von uns in einer Lobby, schaute er sich um, wählte jemanden aus, und mit der Person mußten wir dann Kontakt aufnehmen. Manchmal waren es Agenten, manchmal nicht, jedenfalls mußten wir aus ihnen soviel Informationen wie möglich herausholen und ein Treffen vereinbaren.

Ich ging auf einen Mann zu, der Reporter von *Afrique-Asie* war, und bat ihn um Feuer. Das führte zu einer Unterhaltung, und ich erledigte meine Aufgabe gut. Er stellte sich als Katsa heraus, der, als Reporter getarnt, für jene Zeitschrift an einem PLO-Kongreß in Tunis teilgenommen hatte. Er schrieb sogar mehrere Artikel für sie.

Wie immer mußten wir nach jeder dieser Übungen einen Bericht schreiben: wie wir den Kontakt hergestellt hatten, was gesagt worden war, alles, was passiert war. Am nächsten Tag war in der Klasse Manöverkritik. Es war schon merkwürdig, wenn du in den Raum kamst und dort saß dein Kontakt.

Wie alle Übungen des Kurses wurden auch diese ständig wiederholt. Unser Stundenplan, der bereits voll war, führte nun zu Hektik. Wir waren zwar noch im Training, aber wir begannen jetzt alles miteinander zu verknüpfen – bis hin zu dem Punkt, daß wir nach Leuten Ausschau hielten, wo wir zuschlagen konnten. Wir konnten kein Gespräch mehr führen, ohne daß wir nicht unsere Köder auswarfen. Normalerweise erscheint man beim Rekrutieren am besten als wohlhabend, aber man durfte nicht zu sehr ins Detail gehen; andererseits durfte man aber auch nicht zu vage sein, um nicht als Hochstapler zu gelten.

Die Kurse waren in Wirklichkeit eine große Schule des Schwindels – eine Schule, in der man beigebracht bekam, Betrugs-Künstler zu sein, im Interesse seines Landes.

Eins der Probleme nach einer Übung, bei der ich mich zum Beispiel als reicher Unternehmer ausgegeben hatte, war dann, wieder auf den Teppich zurückzukommen. Plötzlich war ich nicht mehr reich; ich war Angestellter oder ein Beamter, wenn auch in einer interessanten Abteilung, und es war Zeit, den Bericht zu schreiben.

Die erste halbe Stunde an jedem Tag war nun für eine Übung reserviert, bei der jeweils ein Kadett dran war und die *D'a* (übersetzt: zu wissen) genannt wurde. Das hieß, man hatte eine aktuelle Nachricht vom Tage detailliert zu analysieren und zu referieren.

Das bedeutete eine zusätzliche Belastung, aber man erwartete von uns, daß wir das Tagesgeschehen genau im Auge behielten. Wenn man in all diesen Übungen steckte, konnte man leicht die Verbindung zur Außenwelt verlieren, und das konnte tödlich sein – im wörtlichen Sinne. So bekamen wir auch Übung im Sprechen vor Publikum und waren gezwungen, jeden Tag die Zeitungen zu lesen. Sollte jemand ein Thema anschneiden, konnten wir zeigen, daß wir auf dem laufenden waren, und vielleicht, wenn wir Glück hatten, beweisen, daß er im Unrecht war.

Nicht lange danach beschäftigten wir uns mit einer sogenannten »grünen« Übung. Es handelte sich um ein Vorgehen im Verbindungsbereich, das dazu diente, in bestimmter Weise ein Problem anzupacken. Angenommen, man wüßte, daß eine Gefahr, z. B. eine PAHA-Drohung (feindliche Sabotage) gegen eine Einrichtung in einem Lande bestünde. Eine solche Bedrohung zu analysieren und einzuschätzen, das erfordert eine Menge Diskussionen. Wenn die Drohung gegen eine lokale Institution gerichtet wäre, die nichts mit Israel zu tun hätte, und man sie enthüllen könnte, ohne die eigene Quelle in Gefahr zu bringen, war es grundsätzlich so, daß man die Information an die relevanten Stellen weiterreichte, gewöhnlich durch einen anonymen Telefonanruf oder direkt von einem Verbindungsmann zum anderen.

Wenn die Dinge jedoch so lägen, daß man die Information ohne Enthüllung der Quelle weiterreichen könnte, dann könnte man sich auch zu erkennen geben, so daß die anderen einem bei späterer Gelegenheit etwas schuldig wären.

Wenn das Ziel eine israelische Einrichtung wäre, müßte man alle zur Verfügung stehenden Mittel einsetzen, um das Unheil abzuwenden, selbst wenn das bedeutete, die eigene Quelle preiszugeben. Wenn man einen Agenten in einem Zielland auffliegen lassen müßte, um eine israelische Einrichtung in einem Basisland zu schützen, dann müßte man das tun. Dieses Opfer müßte erbracht werden. (Alle arabischen Länder wurden »Zielländer« genannt, während alle Länder, wo der Mossad Stationen hat, »Basisländer« heißen).

Wenn nicht das eigene Land Ziel einer feindlichen Aktivität

wäre, und man müßte für eine Information eine Quelle irgendwelcher Art gefährden, dann würde man einfach nichts tun. Dann ginge es den Mossad nichts an. Äußerstenfalls könnte man eine allgemeine Warnung anbieten, von der Art, daß sie aufpassen sollten, falls irgendwo etwas passierte. Eine solche Warnung würde natürlich zwischen tausend anderen untergehen (siehe Kapitel 16: »Beirut«).

Diese Einstellung wurde tief in unsere Köpfe eingegraben. Wir sollten tun, was gut für uns wäre, und alle anderen betrügen, weil sie uns nicht helfen würden. Je weiter rechts die Leute in Israel stehen, um so öfter bekommt man das zu hören. Wenn man in Israel politisch dort bleibt, wo man steht, rutscht man automatisch nach links, weil das ganze Land sehr schnell nach rechts abdriftet. Man weiß, was die Israelis sagen: »Wenn sie uns im Zweiten Weltkrieg nicht verbrannt haben, dann haben sie uns geholfen; und wenn sie uns nicht geholfen haben, dann ignorierten sie das andere.« Ich kann mich allerdings nicht entsinnen, daß in Israel jemals irgend jemand demonstriert hat, als all die Leute in Kambodscha ermordet wurden. Warum erwarten wir, daß jedermann sich für uns engagiert? Gibt uns die Tatsache, daß Juden gelitten haben, das Recht, anderen Schmerz und Elend zu bereiten?

Zur Tsomet-Arbeit (Rekrutierung und Katsa-Betreuung) gehörte auch, daß man uns beibrachte, welche Anweisungen wir einem Agenten geben, der in ein Zielland geschickt wird. Der Basis-Agent – von ihnen gibt es viele – wird der »Warn-Agent« genannt. So ein Agent kann etwa Pfleger in einem Krankenhaus sein; seine Aufgabe kann dann darin bestehen, dem Mossad mitzuteilen, wenn zusätzlich Betten in Bereitschaft gestellt werden oder ein neuer Flügel hinzukommt oder zusätzliche Medikamente eingelagert werden – alles, was nach Vorbereitungen für einen Krieg aussieht. Es gibt Warn-Agenten in den Häfen, die Mitteilung machen, wenn vermehrt Schiffe einlaufen; Agenten in den Feuerwehrzentralen, die den Mossad darauf aufmerksam machen, wenn dort spezielle Vorbereitungen getroffen werden, oder Leute in Bibliotheken, die berichten, wenn die halbe Beleg-

schaft plötzlich eingezogen wird, weil ihre Tätigkeit nicht kriegs-
wichtig ist.

Ein Krieg bringt viele Dinge ins Rollen, deshalb muß man sehr
präzise sein, wenn man einem Agenten Anweisungen für seine
(Auslands-)Arbeit gibt. Wenn der syrische Präsident mit Krieg
droht – was er schon oft getan hat – und sich weiter nichts ereig-
net, dann braucht man sich nicht darum zu kümmern. Aber wenn
er mit Krieg droht und alle möglichen, für die Logistik erheblichen Dinge passieren plötzlich, dann muß man damit rechnen,
daß die Chance besteht, daß er es diesmal ernst meint.

Von David Diamond, Chef der *Kashet*, später als Neviot bezeichnet (Abteilung für Einbrüche etc.), wurden wir auch darin
unterrichtet, wie wir ein totes Objekt oder ein Gebäude einschät-
zen und angehen müßten. Das war erst alles reine Theorie. Er
beschrieb uns einen konkreten Fall: Angenommen, euer Mann
wäre im sechsten Stock eines Gebäudes und hätte ein Dokument,
das wir unbedingt sehen müßten. Wie würdet ihr zu Werke gehen? Er erläuterte uns, wie wir das Gebäude observieren und ab-
checken müßten, die Verkehrssituation in der unmittelbaren
Umgebung, Polizei-Bewegungen, gefährliche Stellen – nicht zu
lange beispielsweise vor einer Bank stehenbleiben –, den Publi-
kumsverkehr und Besonderheiten jeglicher Art feststellen und
einen Fluchtweg planen müßten.

Dann gab es wieder Vorlesungen zur Übermittlung von Ge-
heimnachrichten, unterteilt in Senden und Empfangen. Vom
Mossad aus werden Nachrichten über Radio, Brief, Telefon, Ein-
würfe (»drops«) in tote Briefkästen oder bei Treffs übermittelt.
Jedem Agenten mit einem Radio wird eine bestimmte Uhrzeit
am Tag zugewiesen, zu der Botschaften für ihn von einem speziellen Rund-um-die-Uhr-Sender, der mittlerweile computeri-
siert ist, gesendet werden; zum Beispiel »Dies ist für Charlie«,
gefolgt von einem Buchstabenkode in Fünfergruppen. Die Botschaft wurde nur einmal wöchentlich geändert, um dem Agenten
die Möglichkeit zu geben, sie auch wirklich zu empfangen. Agenten besaßen ein Radio und eine Antenne, normalerweise bei sich
zu Hause oder am Arbeitsplatz.

Eine andere spezielle Methode der Kommunikation war der sogenannte »floater«. Es ist ein kleiner Mikrofilm, der an der Innenseite eines Briefumschlags befestigt wird. Der Agent öffnet den Umschlag und legt den Mikrofilm in ein Wasserglas. Dann pappt er ihn an die Außenseite des Glases und liest den Text mit dem Vergrößerungsglas.

Umgekehrt konnten die Agenten ihre Katsas per Telefon, Telex, Brief, Brief mit Spezialtinte oder bei Treffen oder mittels »Burst«-Kommunikation (Zerhacker) kontaktieren. Die Burst-Kommunikation ist ein System, bei dem auf einer bestimmten Frequenz ganz kurze Informationsstöße übermittelt werden. Es ist schwer aufzuspüren, und jedesmal, wenn ein Agent es benutzt, macht er es mit einem anderen Sender und wiederholt nie dieselbe Frequenz. Die Frequenzänderungen folgen einem vorherbestimmten Muster.

Die Grundidee war, die Kommunikation so einfach wie möglich zu machen. Aber je länger sich ein Agent in einem Zielland aufhält, um so mehr Informationen hat er – und um so raffinierter muß seine Ausrüstung sein. Das kann zu einem Problem werden, denn mit so einer Ausrüstung erwischt zu werden, ist sehr gefährlich. Der Agent muß im Gebrauch der Ausrüstung unterrichtet werden, und je mehr er lernt, um so nervöser wird er.

Um unseren Zionismus anzustacheln, verbrachte die Klasse einen ganzen Tag mit dem Besuch des »Hauses der Diaspora« in der Universität von Tel Aviv. Es ist ein Museum, das Modelle der Synagogen aus der ganzen Welt enthält und in dem die Geschichte der jüdischen Nation dargestellt wird.

Anschließend hörten wir einen wichtigen Vortrag von einer Frau namens Ganit über die jordanische Frage, über König Hussein und das Palästinenserproblem. Danach folgte eine Vorlesung über die ägyptische Armee und deren angekündigten Zehn-Jahres-Aufbauplan. Zwei Tage mit den Shabacks, die uns etwas über die PAHA-Methoden und Operationen in Israel mitteilten. Abgeschlossen wurde der erste Teil unseres Programms mit einer zweistündigen Vorlesung von Lipean, dem Mossad-Historiker. Das war im Juni 1984.

Viel Zeit unseres Trainings war auf die Herstellung von Beziehungen zu unbeteiligten Leuten verwandt worden. Man erblickte einen potentiellen Rekruten und sagte sich gleich: »Ich muß mit ihm sprechen und mich mit ihm verabreden. Er könnte hilfreich sein.« Das erzeugte ein merkwürdiges Gefühl von Selbstvertrauen. Plötzlich wurde jedermann auf der Straße zu einem Werkzeug. Man dachte, Mensch, den könnte ich einschalten. Plötzlich ging es nur noch ums Lügenerzählen; die Wahrheit zu sagen, wurde zur Nebensache. Es zählte nur noch: Okay, das wäre ein gutes Hilfsmittel. Wie könnte man es zum Ticken bringen? Wie könnte ich es für mich einsetzen – ich meine, für mein Land?

Ich wußte immer schon, was dort auf dem Hügel lag. Wir alle wußten es. Manchmal ist es tatsächlich die Sommerresidenz des Premierministers – oder sie wird als Aufenthaltsort von Staatsbesuchern genutzt. Golda Meir benutzte sie häufig dafür. Aber wir wußten, was sie außerdem noch war. Es ist einfach so, daß man das als Heranwachsender in Israel zu hören bekommt – daß sie zum Mossad gehört.

Israel ist eine Nation von Soldaten, was bedeutet, daß der direkte Kontakt mit dem Feind als die ehrenvollste Aufgabe angesehen wird. Das macht den Mossad zum höchsten israelischen Statussymbol. Und jetzt war ich ein Teil davon. Das vermittelte ein Machtgefühl, das schwer zu beschreiben ist. Das war es wert, *alles* durchzumachen, was ich durchgemacht habe, um dahin zu gelangen. Ich weiß, daß es nur wenige Leute in Israel gibt, die nicht gern an meinem Platz gewesen wären.

# 4

## DIE FORTGESCHRITTENEN

Den Kadetten wurde ständig eingepaukt, sie sollten flexibel und anpassungsfähig sein und alle ihre Fähigkeiten nutzen. Alles, was wir jemals gemacht hatten, konnte irgendwann in einen Vorteil verwandelt werden; folglich wurden wir ermutigt, über alles und jedes soviel wie möglich zu lernen. Michel M. und Heim M., die beide zu meiner festen, kleinen Clique gehörten, waren zum Training durch die Hintertür gekommen. Beide redeten gern und viel. Sie kannten fast das ganze Lehrpersonal, und sie malten uns immer wieder aus, wie sie einmal Generale und andere hochgestellte Persönlichkeiten rekrutieren würden. Ich konnte im Kurs am besten von allen Englisch, Jerry S. ausgenommen, und ich war am besten im operativen Denken, wie sie es nannten, d. h. abschätzen, was passieren wird, und die Probleme erfassen, bevor sie entstehen.

Weil Heim und Michel damals weltmännischer wirkten, schaute ich zu ihnen auf, und sie nahmen mich dafür unter ihre Fittiche. Wir wohnten ungefähr in derselben Gegend und fuhren daher gemeinsam zur Akademie hin und zurück – gewöhnlich verbunden mit einer abendlichen Sitzung im »Kapulsky« bei Kaffee, Kuchen und Gesprächen. Dort gab es übrigens die beste Schwarzwälder Kirschtorte, die ich je in meinem Leben gegessen habe.

Wir waren wirklich eng befreundet. Wir stellten gemeinsam Überlegungen an, fielen gemeinsam über vermeintliche Gegner her. Wir versuchten immer, unsere Übungen gemeinsam zu bewältigen, weil wir uns aufeinander verlassen konnten – oder das zumindest dachten. Und niemand hinderte uns daran.

Oren Riff, unser Chefinstrukteur, der für den Tevel gearbeitet hatte, legte immer den größten Wert auf das Thema Liaison. Zwischen 60 und 65 Prozent aller gesammelten Informationen stammen aus den Medien – Radio, Zeitungen, Fernsehen; etwa 25 Prozent durch Satelliten-, Telefon- und Radiokommunikationsüberwachung; fünf bis zehn Prozent aus den »Verbindungen« (Liaison) und etwa zwei bis vier Prozent von *Humant* – Agenten bzw. direkte Nachrichtenbeschaffung für die Tsomet-Abteilung (später in Melucha umgewandelt). Dieser kleine Prozentsatz ist der wichtigste unter allen gesammelten Informationen.

Zu den Vorlesungen in diesem zweiten Teil des Kurses zählte ein zweistündiger wissenschaftlicher Vortrag von Zave Alan, dem Verbindungs-Wunderknaben zwischen Mossad und dem CIA. Er sprach über die Vereinigten Staaten und Lateinamerika. Alan erklärte, daß, wenn man mit einem Verbindungsmann eines anderen Geheimdienstes zu tun hat, er einen als Glied einer Kette betrachtet und man selbst ihn ebenfalls als Kettenglied und Quelle betrachtet. Du übermittelst ihm die Information, die deine Vorgesetzten übermittelt haben möchten, und umgekehrt. Du bist nur ein Bindeglied. Aber da ihr beide Menschen seid, muß die Chemie stimmen.

Aus diesem Grund werden »Liaison-Leute«, wenn erforderlich, ausgewechselt. Wenn man erst mal gut miteinander kann, dann gibt es die Chance, eine persönliche Beziehung zwischen sich und der anderen Seite aufzubauen. Wenn die Beziehung gut gedeiht, dann entwickelt dein Kontakt Sympathie für dich. Er hat Verständnis für die Gefahren, denen dein Land ausgesetzt ist. Ziel ist, die geheimdienstliche Aktivität auf ein so persönliches Niveau zu bringen, daß man es mit einem Freund zu tun hat. Aber dennoch muß man stets daran denken, daß er immer noch ein Teil einer großen Organisation ist. Er weiß sehr viel mehr, als er dir mitteilen darf.

Manchmal kann man allerdings in eine Situation geraten, wo man Informationen braucht, die er dir dann aus freien Stücken als einem Freund gibt, wobei er weiß, daß ihm das nicht schaden kann, und auch weiß, daß du dichthalten wirst. Solche Informationen sind sehr wertvoll und werden, wenn man seinen Bericht schreibt, als »Jumbo« eingestuft. Alan blinzelte uns durch seine John-Lennon-Brille zu und rühmte sich, mehr »Jumbo«-Erfahrungen zu besitzen als sonst jemand im Mossad.

Wir würden allerdings als Mossad-Offiziere keine Jumbo-Informationen rausrücken. Wir würden »Als-ob-Jumbos« präparieren, Informationen, die auf persönlicher Ebene als Gegenleistung für persönliche Informationen der anderen Seite weitergereicht werden. Wirkliche »Jumbos« weiterzugeben würde als regelrechter Verrat angesehen werden.

Alan erzählte uns, daß er viele Freunde im US-Geheimdienst hätte. »Aber ich denke immer an das Allerwichtigste«, sagte er und machte eine effektvolle Pause. »Wenn ich mit meinem Freund zusammensitze, dann sitzt er nicht mit *seinem* Freund beisammen.«

Mit diesen Worten verließ er uns.

Auf Alans Vorlesung folgte eine über die technische Kooperation zwischen Nachrichtendiensten. Dabei erfuhren wir, daß der Mossad die größte Erfahrung beim Knacken von Schlössern besitzt. Verschiedene britische Hersteller von Schließvorrichtungen schickten zum Beispiel ihre Neuentwicklungen an den britischen Geheimdienst zwecks Sicherheitsüberprüfung; der wiederum reichte sie zur Analyse an den Mossad weiter. Für unsere Leute bestand die Aufgabe darin, das Schloß zu analysieren, herauszufinden, wie es geöffnet werden kann, um es dann mit einem »Zertifikat« zurückzuschicken, daß es – je nach Fall – »nicht zu knacken« sei.

Nach dem Mittagessen nahm uns an jenem Tag Dov L. zum Parkplatz mit, wo sieben weiße Ford Escort standen. (In Israel sind die meisten Wagen des Mossad, des Shaback und der Polizei weiß. Nur der Mossad-Chef fuhr damals einen burgunderfarbenen Lincoln Town Car.) Wir sollten lernen herauszubekommen, ob wir von einem Wagen aus beschattet werden. Auch dies mußte wieder und wieder durchgespielt werden. Es läuft keineswegs so, wie man es in Filmen sieht oder Büchern liest: Plötzlich stellen sich Härchen im Nacken auf, und dann weiß man, daß man verfolgt wird. Es ist eine Sache, die man nur durch Praxis und immer noch mehr Praxis lernt.

Jeden Abend, wenn wir nach Hause fuhren, und jeden Tag, wenn wir zur Ausbildung kamen, mußten wir uns vergewissern, daß wir nicht beschattet wurden.

Am nächsten Tag hielt Ran S. eine Vorlesung über die *Sayanim*, ein einzigartiger und wichtiger Bestandteil der Mossad-Operationen. Sayanim – d. h. Assistenten – müssen Juden sein. Sie leben im Ausland und obwohl sie nicht israelische Staatsbürger sind, wird zu vielen über ihre Verwandten in Israel Kontakt hergestellt. Ein Israeli, der z. B. einen Verwandten in England hat, könnte gebeten werden, diesem einen Brief zu schreiben, in dem stünde, daß der Überbringer des Briefs eine Organisation vertrete, deren Hauptaufgabe es sei, jüdische Menschen in der Diaspora zu retten bzw. zu schützen. Ob der Verwandte in Großbritannien ihm vielleicht in irgendeiner Weise behilflich sein könnte?

Es gibt Tausende Sayanim in der ganzen Welt. Allein in London gibt es etwa 2000 aktive und weitere 5000 auf einer Liste. Sie übernehmen viele unterschiedliche Aufgaben. Ein »Auto-Sayan« zum Beispiel, der ein Mietwagengeschäft hat, kann es dem Mossad ermöglichen, einen Wagen zu mieten, ohne die normalen Papiere ausfüllen zu müssen. Ein »Wohnungs-Sayan« kann ein Appartement anmieten, ohne Verdacht zu erregen, ein »Bank-Sayan« kann dir Geld besorgen, wenn du es z. B. mitten in der Nacht brauchen solltest, ein »Arzt-Sayan« kann eine Schuß-wunde behandeln, ohne daß die Polizei etwas davon erfährt usw. So hat man ein Reservoir von Leuten, auf das man in allen erforderlichen Lagen zurückgreifen kann; es sind Leute, die Dienste leisten, aber aus Loyalität Stillschweigen bewahren. Ihnen werden nur ihre Auslagen ersetzt. Oft wird die Treue der Sayanim von Katsas ausgenutzt, die sich die verfügbare Hilfe für persönliche Zwecke zunutze machen. Für die Sayanim gibt es keine Möglichkeit, dies zu kontrollieren.

Auf jeden Fall kann man immer sicher sein, daß ein Jude oder eine Jüdin, der/die weiß, daß es um den Mossad geht, und nicht zur Zusammenarbeit bereit ist, einen nicht verpfeifen wird. Man hat ein risikoloses Rekrutierungssystem zu seiner Verfügung, bei dem ein Pool von Millionen jüdischer Menschen außerhalb der Grenzen des Landes angezapft werden kann. Es ist viel einfacher, mit Leuten zu operieren, die vor Ort leben, und die Sayanim leisten überall unschätzbare praktische Hilfe. Aber sie werden niemals einem Risiko ausgesetzt – und sie erhalten niemals geheime Informationen.

Angenommen, ein Katsa braucht während einer Operation plötzlich ein Hifi-Lager zur Tarnung. Ein Anruf bei einem Sayan aus der Branche genügt, um dir umgehend 50 Fernseher, 200 Videogeräte – oder was auch immer – aus seinem Warenhaus zu liefern, und schon hättest du ein Lager im Wert von 3 bis 4 Millionen Dollar.

Da die meisten Mossad-Aktivitäten in Europa stattfinden, ist es empfehlenswert, eine Geschäftsadresse in Nordamerika zu haben. Es gibt also »Adressen-« und »Telefon-Sayanim«. Wenn ein Katsa eine Adresse oder Telefonnummer haben muß, kann er die eines Sayan benutzen. Und wenn ein Sayan einen Brief oder einen Anruf erhält, weiß er sofort, wie er sich zu verhalten hat. Einige »Geschäfts-Sayanim« haben bis zu 20 Leute angestellt, die Telefonanrufe beantworten, Briefe tippen, Botschaften faxen, alles für den Mossad. Der Witz dabei ist, daß 60 Prozent der Geschäfte der Anrufbeantwortungsdienste in Europa mit dem Mossad gemacht werden. Ohne ihn würden die pleite gehen.

Ein Problem bei diesem System ist, daß der Mossad sich nicht darum kümmert, wie verheerend es für die Stellung der Juden in der Diaspora sein könnte, wenn es bekannt wird. Die Antwort, die man bekommt, wenn man fragt, lautet: »Was könnte diesen Juden dann schlimmstenfalls passieren? Sie würden alle nach Israel kommen. Wunderbar.«

Die Katsas an den einzelnen Stationen müssen sich um die Sayanim kümmern. Die meisten der aktiven Sayanim werden so etwa alle drei Monate von einem Katsa besucht, was für einen

Katsa täglich ungefähr zwei bis vier persönliche Gespräche mit Sayanim bedeutet sowie zahlreiche Telefonate. Dieses System erlaubt es dem Mossad, mit einer minimalen personellen Besetzung zu arbeiten. So beschäftigt zum Beispiel eine KGB-Station etwa 100 Leute, während eine vergleichbare Mossad-Station mit nur sechs oder sieben Leuten auskommt.

Die Leute machen den Fehler zu glauben, der Mossad sei im Nachteil, weil er in eindeutigen Zielländern keine Stationen hat. Die Vereinigten Staaten haben zum Beispiel eine Station in Moskau, und die Russen haben eine Station in Washington und New York. Aber Israel besitzt z. B. keine Station in Damaskus. Man versteht nicht, daß der Mossad die ganze Welt außerhalb Israels als Ziel begreift, eingeschlossen Europa und die Vereinigten Staaten. Die meisten arabischen Länder haben keine eigene Waffenproduktion. Die meisten haben z. B. auch keine Elite-Militärakademien. Wenn man einen syrischen Diplomaten rekrutieren will, dann muß man das durchaus nicht in Damaskus tun. Man kann es in Paris machen. Wenn man Daten über die Raketen eines arabischen Landes möchte, bekommt man sie in Paris, in London oder in den Vereinigten Staaten, wo sie hergestellt werden. Von den Saudis selbst bekommt man über ihr Land weniger Informationen als von den Amerikanern. Was haben die Saudis? AWACS. Das ist Boeing. Und Boeing ist amerikanisch. Wozu braucht man dann noch die Saudis? Die gesamte Rekrutierungsleistung in Saudi-Arabien während meiner Zeit bestand aus einem Attaché an der japanischen Botschaft. Das war's.

Und wenn man an die höheren Offiziere herankommen möchte – die studieren schließlich in England oder den USA. Ihre Piloten trainieren in England, Frankreich und den Vereinigten Staaten. Ihre Kommandotruppen üben in Italien oder Frankreich. Man kann sie dort rekrutieren. Das ist einfach und bei weitem nicht so gefährlich.

Ran S. erzählte seiner Klasse auch alles über die »weißen Agenten«, Personen, die entweder offen oder verdeckt angeworben werden und nicht – höchstens ausnahmsweise – wissen, daß sie für Israel arbeiten. Es sind immer Nicht-Araber, und sie besitzen meist gutes technisches Wissen. In Israel gibt es das Vorurteil, daß Araber von technischen Dingen nichts verstehen. Das drückt sich in Witzen aus wie dem über den Mann, der arabische Gehirne für 150 Dollar verkauft und jüdische für 2 Dollar. Gefragt, warum das arabische Gehirn so teuer sei, antwortet er: »Weil es kaum gebraucht worden ist.« So stellt man sich in Israel ganz allgemein die Araber vor.

Mit weißen Agenten zu arbeiten, ist normalerweise weniger riskant als mit »schwarzen Agenten«, d. h. Arabern. Zum einen stehen Araber, die im Ausland arbeiten, sehr wahrscheinlich unter der Kontrolle arabischer Geheimdienste – und wenn sie dich erwischen, wie du mit einem schwarzen Agenten arbeitest, werden sie versuchen, dich umzubringen. Das Schlimmste, was einem Mossad-Katsa in Frankreich passieren kann, wenn er mit einem weißen Agenten zusammenarbeitet, ist die Ausweisung. Auf den weißen Agenten *selbst* wartet allerdings ein Prozeß wegen Hochverrats. Man tut alles, um ihn zu schützen, doch er trägt letztlich das größte Risiko. Wenn man jedoch mit einem arabischen Agenten arbeitet, dann sind beide Beteiligten in Gefahr.

Während die Arbeit in den Klassenräumen der Akademie weiterging, wurden auch die Übungen außerhalb mit den Autos fortgesetzt. Wir lernten eine Technik, die *Maulter* genannt wird, das bedeutet die nicht vorher geplante Benutzung eines Wagens zwecks Aufdeckung einer Verfolgung oder zur improvisierten Beschattung. Wenn man durch eine Gegend fahren muß, die man nicht kennt, und man keine im voraus geplante Route hat, gibt es Abläufe, die man einhalten muß – nach links abbiegen, dann nach rechts, weiterfahren, anhalten usw. –, um vor allem den Zufall auszuschalten und sich zu vergewissern, daß man nicht observiert wird. Wir wurden auch immer wieder daran erinnert, daß wir ja nicht an den Wagen »gekettet« seien. Wenn wir uns beschattet glaubten, aber nicht vollkommen sicher seien, wäre es vielleicht klug, sich zu Fuß weiterzuwagen, um es auf diese Weise herauszubekommen.

In einer anderen Vorlesung wurde von einem Katsa mit Namen Rabitz die israelische Station, die »Station vor Ort«, erklärt, die sich mit Zypern, Ägypten, Griechenland und der Türkei befaßt. Ihre Katsas werden »Hüpfer« oder »Springer« genannt, weil sie vom Hauptquartier in Tel Aviv aus arbeiten. Sie »springen« immer für ein paar Tage zwischen Israel und diesen Ländern hin und her und instruieren die Agenten und Sayanim. In allen diesen Ländern ist es gefährlich zu arbeiten, weil ihre Regierungen eher PLO-orientiert sind.

Die Station in Israel ist bei Katsas kein beliebter Posten. Während seiner Vorlesung machte Ran S. das ziemlich unverhohlen deutlich. Ironischerweise wurde er später zu ihrem Chef ernannt.

Zum Spaß begannen wir mit 25 Studenten aus einem anderen Kurs in der Akademie zu wetteifern – ein Kurs für Büroangestellte, Computer-Fachleute, Sekretäre und sonstiges Personal. Sie besuchten einen Grundkurs über die Arbeitsweise der Organisation, und sie waren immer viel ernsthafter dabei als wir.

Um sie von der begehrten Tischtennisplatte fernzuhalten, versteckten wir immer die Schläger und Bälle, aber auf dem Basketballfeld traten sie gegen uns an. Wir Kadetten spielten Basketball mit totalem Einsatz. Wir hatten einen Typ, der die Anzeigetafel »bediente«, und wir gewannen immer. Das andere Team regte sich dauernd darüber auf, trotzdem spielten wir einmal wöchentlich gegen sie, dienstags von 12 bis 13 Uhr.

Unser Stundenplan wurde immer dichter. Nachdem wir gelernt hatten, wie man mit einer Person nach dem ersten Kontakt bis zum Zeitpunkt der Rekrutierung umgeht, wurden uns die finanziellen Grundregeln beigebracht. Bevor man zum Beispiel jemanden verpflichtet, muß man seine finanzielle Situation ermitteln. Man darf natürlich einen armen Teufel nicht mit Geld überschütten, weil das sofort Verdacht erregen würde.

Angenommen, ein Agent ging in sein Zielland zurück, dann mußte er finanziell ausgestattet werden. Sagen wir, er hatte einen Zwei-Jahres-Vertrag und sein Mossad-Gehalt betrug 4000 Dollar im Monat. Wenn der Agent 1000 Dollar im Monat brauchte, ohne seinen Lebensstil zu ändern, dann würde ein Katsa für ihn ein Bankkonto einrichten, vielleicht in England, und darauf ein volles Jahresgehalt einzahlen. Der Agent würde also 12 000 Dollar sofort erhalten und die restlichen 36 000 Dollar auf sein Londoner Konto. Im zweiten Jahr, wenn er zwei Jahre bleibt, würden die 12 000 Dollar ihm wieder als Vorschuß gezahlt und weitere 36 000 aufs Konto gehen. So ist er also nicht nur für die täglichen Ausgaben abgesichert, sondern auch für seine Zukunft. Auf diese Weise bindet ihn das Büro enger an sich. Man wahrt dadurch seine eigenen Interessen.

Es gab auch ein System von Bonus-Zahlungen – extra, per Anweisung im Brief zum Beispiel –, je nach Qualität von beschafften Informationen oder der Position eines Agenten. Das schwankte zwischen 100 und 1000 Dollar durchschnittlich, aber, wenn es z. B. ein syrischer Minister wäre, könnten es je nach der Qualität seiner Berichte auch 10 000 bis 20 000 Dollar sein.

Von 30 bis 35 Katsas, die ständig beschäftigt werden, führt jeder zumindest 20 Agenten. Jeder von den etwa 600 Agenten würde durchschnittlich 3000 Dollar erhalten plus 3000 Dollar Bonus; viele verdienen erheblich mehr. Das macht für das Büro mindestens 15 Millionen Dollar pro Monat an Lohnkosten nur für die Agenten. Hinzu kommen die Kosten für die Rekrutierung, sichere Häuser, Operationen, Fahrzeuge und zahlreiche andere Ausgaben: das beträgt alles in allem Hunderte Millionen Dollar im Monat. Ein Katsa gibt mühelos täglich 200 bis 300 Dollar allein für Essen und Trinken aus und hat pro Tag insgesamt Aufwendungen in Höhe von 1000 Dollar. Das sind also weitere 30 000 bis 35 000 Dollar täglich, nur um die Ausgaben der Katsas zu begleichen. Und da ist das Gehalt der Katsas noch nicht mitgerechnet, das zwischen 500 und 1500 Dollar im Monat liegt.

Soll niemand sagen, daß ein Nachrichtendienst billig ist.

Als nächstes lehrte uns Dov, wie man eine »sichere Route« plant. Das bedeutet, eine Route, die von jemand anderem abgesichert wird.

Wir lernten die Abstimmung mit dem *Yarid* kennen, dem Zweig für operative Sicherheit (in Europa), und sahen uns einen langen Film zu diesem Thema an.

Die Yarid-Teams bestehen aus fünf bis sieben Leuten. Zu jener Zeit gab es insgesamt drei solcher Teams. Wenn sie sich in Europa aufhielten, war der Sicherheitschef in Europa ihr Boß.

Bei dieser Lektion ging es zentral darum, zu zeigen, welche Unterstützung Yarid den Katsas bieten konnte, aber auch, wie sie selbst eine Route sichern konnten, wenn Leute vom Yarid nicht zur Verfügung standen (siehe Anhang I). Nachdem ich all das gelernt hatte, sah ich die alltägliche Welt mit ganz neuen Augen. Ich besuchte regelmäßig Cafés in Tel Aviv, und plötzlich bemerkte ich all die Aktivitäten auf der Straße, die ich nie zuvor wahrgenommen hatte – Polizisten, die Leute beschatteten. Das passiert ständig, aber wenn man nicht darauf trainiert ist, dann sieht man es nicht.

Als nächstes war eine Vorlesung von Yehuda Gil über die Feinheiten der Rekrutierung dran. Gil war ein legendärer Katsa, den Riff als einen »Meister« vorstellte (siehe »Prolog: Operation Sphinx«; Kapitel 12: »Schachmatt«; Kapitel 14: »Operation Moses«). Er begann mit der Aussage, daß es bei der Rekrutierung von Leuten drei wichtige »Köder« gäbe: Geld, Gefühle, sei es Rache oder politische Überzeugung, und Sex.

»Denkt immer daran, langsam und behutsam zu Werke zu gehen«, sagte Gil. »Haltet euch im Zaum. Ihr habt beispielsweise den Angehörigen einer Minderheit aus einem Land, dem übel mitgespielt wurde. Er kann rekrutiert werden. Und wenn ihr ihm Geld gebt und er das Geld nimmt, dann wißt ihr, daß er rekrutiert ist, und er weiß auch, daß er rekrutiert ist. Jeder wird verstehen, daß es nicht Geld für nichts gibt, und niemand erwartet, Geld zu bekommen, ohne etwas dafür zu leisten.

Und dann ist da noch die Sache mit dem Sex. Durchaus nützlich, aber kein Zahlungsmittel, denn die meisten Leute, die wir rekrutieren, sind Männer. Es gibt ein Sprichwort: ›Frauen geben und vergeben, Männer bekommen und vergessen.‹ Deshalb ist Sex kein Zahlungsmittel. Geld, das vergessen die Leute nicht.«

Selbst wenn etwas funktioniert habe, sagte Gil, bedeute das nicht unbedingt, daß es die richtige Methode gewesen sei. Wenn es die richtige war, dann wird es immer funktionieren, wenn es nicht die richtige war, dann nur manchmal. Er erzählte die Geschichte von einem arabischen Arbeiter, einem *Oter* (oder »Entdecker«), der ein Treffen mit einer Person arrangieren sollte, die man rekrutieren wollte. Gil wartete im Wagen, während der Oter die Person holte. Gils Tarnung war, daß er eine Geschäftsbekanntschaft wäre. Der Oter arbeitete schon seit langem für den Mossad. Als er den Rekruten anschleppte, um Gil im Wagen zu treffen, stellte er Gil als Albert und den Rekruten als Ahmed vor. Dann sagte er zu Ahmed: »Das ist der Typ vom israelischen Geheimdienst, von dem ich dir erzählt habe. Albert, Ahmed ist bereit, für 2500 Dollar im Monat für euch zu arbeiten. Er wird alles tun, was ihr wollt.«

Oter – immer Araber – werden gebraucht, weil es sehr wenige arabisch sprechende Katsas gibt und es für einen Araber leichter ist, den ersten Kontakt zu einem anderen Araber herzustellen. Die Oter brechen gewissermaßen das Eis. Nach einer Weile finden die Katsas heraus, wie brauchbar sie tatsächlich sind.

In Gils Geschichte funktionierte die direkte Ansprache. Ahmed wurde rekrutiert, aber es wurde nicht den Regeln entsprechend getan. Gil brachte uns bei, daß man im Strom des Lebens mitschwimmen muß und das immer beim Rekrutieren im Kopf behalten sollte. Die Dinge müssen ganz natürlich ablaufen. Angenommen, man weiß von einem Mann, den man rekrutieren möchte, daß er an einem bestimmten Abend in einem Bistro in Paris sein wird. Man weiß, daß er arabisch spricht. Gil würde sich dann neben ihn setzen und der Oter ein Stück entfernt an die Bar. Plötzlich würde der Oter so tun, als bemerkte er Gil, würde hallo sagen, und sie würden sich dann auf arabisch unterhalten. Es würde nicht lange dauern, bis sich der Typ neben ihnen an dem Gespräch beteiligen würde. Natürlich wären sie genau über seine Vergangenheit informiert und könnten dadurch das Gespräch auf seine eigenen Interessen lenken.

Gil könnte dann zum Oter sagen: »Triffst du später noch deine Freundin?« Der Oter würde antworten: »Ja, aber sie will ihre Freundin mitbringen, und wir können es natürlich nicht vor ihr machen. Warum kommst du nicht auch mit?« Gil würde sagen, er habe leider keine Zeit, weil er noch etwas erledigen müsse. An diesem Punkt würde die zu rekrutierende Person mit ziemlicher Wahrscheinlichkeit sagen, daß *er* frei sei – und damit wäre der erste Schritt zur Rekrutierung getan.

»So müßt ihr das sehen«, fuhr Gil fort. »Wenn euch so was mit hebräisch sprechenden Leuten in irgendeiner Bar in Paris passieren würde, wäret *ihr* vielleicht rekrutiert worden. Die Menschen fühlen sich immer zueinander hingezogen, wenn sie in einem fremden Land ihre eigene Sprache hören.«

Bei der Herstellung des ersten Kontaktes ist es sehr wichtig, alles so natürlich wie möglich erscheinen zu lassen, damit dem Betreffenden nichts komisch vorkommt, wenn ihm die Situation nochmals durch den Kopf geht. Wenn es so nicht klappt, dann hast du ihn nicht »angezündet«. Er darf gar nicht auf den Gedanken kommen, daß er das Ziel sein könnte. Und bevor man sich überhaupt in jener Bar an ihn heranmachen würde, müßte man seine Akte immer wieder genauestens studiert haben, alles entdeckt haben über seine Vorlieben und Abneigungen, auch über seine Pläne für jene Nacht – alles, was dazu dienen könnte, Zufälle und damit Risiken auszuschalten.

Die nächste größere Vorlesung hielt Jitzak Knafy, der einen ganzen Packen Tabellen mitbrachte, um die logistische Unterstützung zu erläutern, die der Tsomet (Katsa-Rekrutierungs-Abteilung) bei seinen Operationen erhält. Die ist enorm. Es fängt bei den Sayanim an und schließt die Beschaffung von Geld, Wagen, Wohnungen usw. ein. Doch die wichtigste Unterstützung bedeuten Papiere und Dokumente. Der Katsa gibt vielleicht vor, daß er ein Unternehmen besitzt, das Flaschen produziert, oder daß er Geschäftsführer einer Auslandsabteilung von IBM ist. IBM ist ein wirklich brauchbares Unternehmen; es ist so groß, daß man einen IBM-Geschäftsführer dort jahrelang gut verstecken kann. Wir hatten sogar einige IBM-Lager, boten Notdienste an. Wir hatten Arbeiter und ein Büro – alles –, und IBM wußte nichts davon.

Aber ein Geschäft einzurichten, selbst ein getürktes, ist keine einfache Angelegenheit. Man braucht Visitenkarten, Briefpapier mit entsprechenden Angaben, Telefon, Telex und vieles mehr. Der Mossad hatte in einem Archiv perfekt vorgefertigte Firmen, »Bausteine« für komplette Firmen mit einer Adresse, Registriernummer, die nur darauf warteten, zum Leben erweckt zu werden. Man beließ sogar etwas Geld in diesen Unternehmen, genug, um Steuererklärungen machen zu können und keinen Argwohn zu erregen. Das Büro besaß Hunderte solcher Unternehmen in der ganzen Welt.

Im Hauptquartier gibt es fünf Räume voller Ausrüstungen für Scheinfirmen, in alphabetischer Reihenfolge in ausziehbaren Büroschränken. Da waren acht Regalreihen und 60 Fächer pro Regal, in jedem der fünf Räume. Die Informationen umfaßten die Geschichte jeder Firma, alle ihre finanziellen Daten und Unterlagen, eine Geschichte aller Aufzeichnungen, auf wen sie eingetragen war, kurz alles, was von einem Katsa an Wissen über »seine« Firma erwartet werden konnte.

Nach sechs Monaten, in der Mitte des Kurses, hatten wir eine Zusammenkunft, *Bablat* genannt, auf der über alles geredet wurde. Es dauerte fünf Stunden.

Zwei Tage davor hatten wir eine Übung, bei der mein Kollege Arik F. und ich uns in ein Café in der Henrietta Sold Street in der Nähe von Kiker Hamdina setzen mußten. Ich fragte Arik, ob er sauber angekommen sei. Er sagte ja. Ich ebenfalls. »Okay, ich weiß, daß ich sauber gekommen bin, und du sagst, du seist es auch, aber warum schaut uns der Kerl da drüben so an? Was mich angeht, mir reicht's. Ich gehe.«

Arik sagte, wir könnten nicht gehen; wir müßten warten, bis wir abgeholt würden. »Wenn du bleiben willst, gut«, sagte ich ihm. »Ich gehe.«

Arik sagte, ich würde einen Fehler machen, aber ich sagte, ich würde auf ihn am Kiker Hamdina warten.

Ich gab ihm 30 Minuten. Ich hatte mir vorgenommen, das Café nach dem Verlassen zu observieren. Ich hatte Zeit, deshalb legte ich eine Route und prüfte, ob ich sauber war. Dann kam ich zurück, stieg auf das Dach des Gebäudes, von wo ich das Restaurant beobachten konnte. Zehn Minuten später ging der Mann hinein, auf den wir gewartet hatten, und zwei Minuten später umstellten Polizeifahrzeuge das Restaurant. Sie zerrten die beiden hinaus und schlugen sie bewußtlos. Ich rief nach einem Notarztwagen. Später fand ich heraus, daß die ganze Episode eine Gemeinschaftsübung der Mossad-Akademie und der Spitzelabteilung der Tel Aviver Polizei war. Wir waren der Köder.

Arik, damals 28 Jahre alt, sah dem im Libanon gekidnappten Terry Waite von der Anglikanischen Kirche sehr ähnlich. Er war beim militärischen Nachrichtendienst gewesen, bevor er in den Kurs kam. Er war der größte Lügner auf der ganzen Erde. Wenn er guten Morgen sagte, mußte man zur Kontrolle erst einmal zum Fenster hinausschauen. Arik wurde bei dem Polizeiüberfall nicht so stark verprügelt, weil er geredet hatte, zweifellos gelogen, aber geredet. Arik wußte, daß man nicht geschlagen wurde, solange man redete.

Aber Jacob, der andere Bursche, wiederholte nur immer: »Ich weiß nicht, was ihr wollt.« Ein großer Bulle schlug ihn so, daß er mit dem Kopf gegen die Wand flog. Er hatte einen Schädelbasisbruch, war zwei Tage lang bewußtlos und weitere sechs Wochen im Krankenhaus. Er bekam sein Gehalt ein Jahr lang weiter, aber er stieg aus dem Kurs aus.

Wenn wir verprügelt wurden, war das so eine Art Wettbewerb. Diese Bullen wollten beweisen, daß sie besser waren als wir. Es war schlimmer, als wenn man wirklich geschnappt worden wäre. Die Kommandeure beider Seiten sagten wahrscheinlich: »Ich wette, du kannst meine Jungs nicht knacken.« – »Meinst du? Wie weit kann ich denn gehen?«

Wir beschwerten uns im Bablat darüber, daß wir keinen Sinn darin sähen, so brutal geschlagen zu werden. Uns wurde gesagt, wir sollten, wenn wir erwischt würden, keinen Widerstand leisten, sondern reden. Eure Wächter werden keine Chemikalien benutzen, solange ihr redet. Im Verlauf einer Übung bestand immer die Gefahr, von den Bullen geschnappt zu werden. Dadurch lernten wir, Vorsichtsmaßnahmen zu treffen.

Einmal stand auf dem Stundenplan des folgenden Tages eine Vorlesung von Mark Hessner (siehe Kapitel 9: »Strella«). Sie behandelte gemeinsame Operationen – von der »Operation Ben Baker« war die Rede –, die der Mossad zusammen mit dem französischen Geheimdienst durchgeführt hatte. Meine Kumpel und ich beschlossen, uns vorzubereiten, indem wir in der vorangehenden Nacht den Fall studierten. Also gingen wir nach dem Unterricht in die Akademie zurück und hinauf in den Raum 6, einen gesicherten Raum im ersten Stock, wo die Akten lagerten. Es war im August 1984, eine schöne Freitagnacht, und wir vergaßen völlig, wie spät es war. Gegen Mitternacht verließen wir den Raum und schlossen hinter uns ab. Wir hatten den Wagen auf dem Parkplatz in der Nähe des Speisesaals abgestellt und waren auf dem Weg dorthin, als wir vom Swimmingpool her Lärm hörten.

»Was zum Teufel ist da los?« fragte ich Michel.

»Laß uns mal nachschauen«, sagte er.

»Warte, warte«, sagte Heim. »Bloß leise sein.«

»Ich weiß was Besseres«, schlug ich vor, »gehen wir wieder nach oben und schauen, was los ist.«

Der Lärm hielt an, als wir zurückschlichen und die Treppe hinauf zu dem Fenster in dem kleinen Badezimmer gingen, in dem ich einmal bei den Tests eingesperrt worden war.

Was ich dann sah, werde ich nie vergessen. Etwa 25 Leute waren im und am Swimmingpool, und keiner hatte auch nur einen Faden am Leib. Der stellvertretende Mossad-Chef war auch da. Hessner. Mehrere Sekretärinnen. Es war unglaublich. Einige der Männer boten keinen sonderlich hübschen Anblick, aber die meisten Mädchen waren eindrucksvoll. Ich muß sagen, sie sahen viel besser aus als in Uniform. Die meisten waren weibliche Soldaten, die dem Büro zugewiesen worden waren, höchstens 18 bis 20 Jahre alt.

Einige der Teilnehmer planschten im Wasser, einige tanzten, und wieder andere lagen links und rechts auf Decken und vögelten nach guter alter Sitte. So etwas hatte ich noch nie gesehen.

»Laß uns eine Liste von den Anwesenden machen«, sagte ich.

Heim schlug vor, daß wir eine Kamera holen sollten, aber Michel sagte: »Ich verschwinde. Ich möchte meinen Job behalten.« Yosy war derselben Meinung, und Heim gab zu, daß es wahrscheinlich nicht klug wäre, Fotos zu machen.

Wir blieben etwa 20 Minuten dort. Es waren alles hohe Tiere, und sie machten Partnertausch. Es hat mich wirklich schockiert. So etwas erwartet man einfach nicht. Man sieht in diesen Leuten Helden. Man schaut zu ihnen auf, und dann sieht man sie auf einer Sex-Party am Swimmingpool. Und Heim und Michel schienen nicht einmal überrascht.

Wir schlichen uns davon, liefen zum Auto und schoben es bis zum Tor. Wir ließen den Wagen erst an, als wir zum Tor hinaus und unten am Fuß des Hügels waren.

Wir überprüften das später noch mal und bekamen mit, daß diese Parties offenbar regelmäßig stattfanden. Der Platz an diesem Swimmingpool ist der sicherste Ort in ganz Israel. Dort kommt man nur hinein, wenn man vom Mossad ist. Was kann denn schlimmstenfalls passieren? Ein Kadett sieht einen. Na und? Leugnen kann man immer.

Am nächsten Tag in der Klasse war es seltsam, da zu sitzen und sich die Vorlesung von Hessner anzuhören, nach dem, was wir von ihm in der Nacht zuvor gesehen hatten. Ich erinnere mich, daß ich ihn etwas fragte. Das mußte ich einfach. »Wie geht es Ihrem Rücken?« sagte ich. »Warum?« fragte er. »Sie gehen, als hätten Sie ihn überanstrengt«, sagte ich. Heim schaute mich an, und ihm fiel die Kinnlade nach unten.

Nach Hessners langer und langweiliger Vorlesung hatten wir noch eine über die Struktur des syrischen Militärs. Es ist schwer, bei solchen Vorlesungen nicht einzuschlafen. Wenn man auf den Golan-Höhen wäre, dann wäre es interessant, aber all das Zeug darüber, wo die Syrer ihre Stellungen haben, war ziemlich langweilig, obwohl sich ein Gesamtbild eingeprägt hat, und das wollten sie wohl auch bezwecken.

Im nächsten Abschnitt wurde die Absicherung von Treffs in den Basisländern behandelt. In der ersten Stunde sahen wir einen vom Mossad produzierten Film zu diesem Thema. Der Film beeindruckte uns nicht sonderlich. Da saßen die Leute immer in Restaurants herum. Das wichtigste dabei ist zu lernen, wie man ein Restaurant aussucht oder wann man das Treffen durchführt. Vor jedem Treffen muß man kontrollieren, ob man nicht observiert wird. Wenn man einen Agenten trifft, läßt man ihn zuerst eintreten und sich hinsetzen, damit man prüfen kann, ob er sauber ist. Jede Bewegung, die man in diesem Job macht, hat ihre eigenen Regeln. Wenn man sie verletzt, kann man ein toter Mann sein. Wenn man auf seinen Agenten im Restaurant wartet, dann ist man ein unbewegliches Ziel. Selbst wenn er aufsteht und zur Toilette gehen will, bleibt man selbst besser nicht sitzen, um auf ihn zu warten.

So etwas passierte einmal in Belgien, als ein Katsa mit Namen Tsadok Offir einen arabischen Agenten traf. Nachdem sie einige Minuten zusammengesessen hatten, wollte der Araber rasch etwas holen. Als er zurückkam, saß Offir immer noch da. Der Agent zog eine Pistole und füllte ihn mit Blei. Offir überlebte wie durch ein Wunder, der Agent wurde später im Libanon getötet. Offir erzählte die Geschichte jedem, der sie hören will, um zu zeigen, wie gefährlich der kleinste Fehler sein kann.

Wir wurden immer wieder darauf hingewiesen, wie wichtig es sei, uns selbst zu schützen. Sie sagten immer wieder: »Ihr lernt jetzt, wie man ein Fahrrad fährt, so daß ihr später, wenn ihr draußen seid, nicht mal mehr im Traum darüber nachdenken müßt.«

Das Rekrutieren muß so laufen, wie man einen Felsen den Berg hinunterrollt. Wir benutzten das Wort *Ledarder*, was bedeutet, auf der Spitze eines Berges zu stehen und einen Katzenkopf hinunterzustoßen. So muß man rekrutieren. Man greift sich jemanden und bringt ihn allmählich dazu, etwas Illegales oder Unmoralisches zu tun. Man stößt ihn den Berg hinab. Aber wenn er auf einem Podest sitzt, wird er dir nicht dabei helfen. Dann kann man ihn nicht benutzen. Die Absicht besteht darin, Leute zu benutzen. Aber um sie benutzen zu können, muß man sie ummodeln. Wenn man einen Typ hat, der nicht trinkt, der keinen Sex will, der kein Geld braucht, der keine politischen Probleme hat und der sich seines Lebens freut, dann wird man ihn nicht rekrutieren können. Man arbeitet eigentlich nur mit Verrätern. Ein Agent ist ein Verräter, egal wie sehr er sein Tun auch rationalisiert. Man hat es mit der schlimmsten Sorte Menschen zu tun. Wir sagten immer, daß wir die Leute nicht erpreßten. Hatten wir gar nicht nötig. Wir manipulierten sie nur.

Niemand soll sagen, das sei ein angenehmes Geschäft.

# 5

## ERSTE PRAXIS

Anfang März 1984 war es endlich an der Zeit, die Klassenräume zu verlassen.

Es waren noch 13 Kadetten übriggeblieben, die nun in drei
Teams aufgeteilt und in verschiedenen Wohnungen in Tel Aviv
und Umgebung untergebracht wurden.

Jedes Appartement war zugleich sicheres Haus und Station.
Meine Wohnung lag im vierten Stock; Wohnzimmer und Küche
hatten einen Balkon, außerdem gab es zwei Schlafzimmer, ein
Badezimmer und eine separate Toilette. Die sparsam möblierte
Wohnung gehörte einem Katsa, der sich im Ausland aufhielt.

Shai Kauly war für unser sicheres Haus bzw. Station verantwortlich. Die anderen »Anfänger« in dieser Wohnung waren:
Zwi G., der Psychologe, Arik F., mein Kumpel Avigdor A. und
noch ein gewisser Ami, ein reizbarer Sprachwissenschaftler, der
neben seinen anderen unübersehbaren Fehlern ein aggressiver
Nichtraucher war, und das in einer Umgebung, wo das Ketten-
rauchen quasi zum Einweihungsritus gehörte.

Ami, ein Junggeselle aus Haifa, sah wie ein Filmstar aus und
hatte fürchterliche Angst, vertrimmt zu werden. Ich verstehe
nicht, wie er die ersten Tests überhaupt bestanden hat.

Wir fünf kamen mit gepackten Koffern gegen 9 Uhr früh an.
Wir hatten 300 Dollar in bar in der Tasche, was eine ganze Menge
war, wenn man bedenkt, daß das Anfängergehalt 500 Dollar im
Monat beträgt.

Wir bedauerten, daß Ami zu unserer Gruppe gehörte, denn er

war ein Langweiler. Deshalb begannen wir darüber zu reden, was wir tun müßten, wenn die Polizei käme, wie wir uns am besten auf die Schmerzen beim Verprügeln vorbereiteten, was nur bezwecken sollte, daß Ami sich noch unbehaglicher als eh schon fühlte. Krumme Hunde, die wir nun mal waren, hatten wir daran unseren Spaß.

Als an die Tür geklopft wurde, schoß Ami in die Höhe und konnte seine Anspannung nicht verbergen. Aber es war nur Kauly, der für jeden von uns ein großes Kuvert brachte. Ami keifte ihn an: »Mir reicht's langsam!« Kauly sagte zu ihm, er solle zu Araleh Sherf, dem Chef der Akademie, gehen.

Ami wurde danach zur Gruppe in der Dizengoff Street geschickt, aber als eines Nachts die Polizei kam und die Tür eintrat, stand er auf und sagte: »Ich hab' jetzt endgültig genug.« Lief einfach hinaus und kehrte nie zurück.

Da waren wir nur noch zwölf.

Kaulys Umschläge enthielten die Anweisungen für unsere Aufträge. Meine Aufgabe war es, Kontakt zu einem Mann namens Mike Harari herzustellen. Sein Name sagte mir damals nichts. Ferner sollte ich Informationen über einen Mann sammeln, der bei seinen Freunden als »Mikey« bekannt war und Ende der vierziger Jahre im Unabhängigkeitskrieg freiwillig als Pilot gedient hatte.

Kauly sagte uns, daß wir einander bei der Durchführung der Aufgaben helfen sollten. Deshalb arbeiteten wir einen Operationsplan aus und legten eine Routine für die Sicherheit unserer Wohnung fest. Er gab jedem von uns Papiere – ich war wieder »Simon« – und Berichtformulare.

Zuerst mußten wir einen *slick* (Versteck) für unsere Dokumente basteln, dann eine Legende fabrizieren, die bei einer möglichen Polizeirazzia unsere Anwesenheit in der Wohnung erklärte. Die beste Methode dafür war eine »Kettenbegründung«. Ich würde sagen, daß ich aus Holon sei und nach Tel Aviv gekommen sei, wo ich Jack, den Wohnungsbesitzer, in einem Café getroffen hätte. »Jack hat gesagt, ich könnte die Wohnung benutzen, weil er für zwei Monate ins Ausland ginge«, würde ich sagen. »Dann habe ich Arik in einem Restaurant getroffen. Ihn kenne ich vom Wehrdienst in Haifa her. Deswegen ist er hier.« Avigdor würde Ariks Freund sein, und die beiden hätten dann auch wieder eine Story parat usw. Das würde recht plausibel klingen. Zu Kauly sagten wir, er müsse sich seine eigene Tarngeschichte ausdenken.

Aus unserem Wohnzimmertisch machten wir einen »Slick«. Es war ein Rahmen mit einer Glasscheibe auf einer Holzplatte, auf die wir vorsichtig eine zweite »falsche« Platte legten. Man brauchte nur das Glas abzunehmen und die oberste Holzplatte. Es war leicht zugänglich und ein Versteck, wo kaum jemand nachschauen würde.

Wir vereinbarten auch ein spezielles Klopfzeichen – ein normales zweimaliges Klopfen, dann einmal, zweimal, einmal – als Signal, daß jemand von uns an der Tür wäre. Bevor wir in die Wohnung zurückkehrten, wollten wir anrufen und eine verschlüsselte Botschaft durchgeben. Wäre niemand zu Hause, sollte als Signal auf der Wäscheleine des Küchenbalkons ein gelbes Handtuch hängen.

Wir waren furchtbar angespannt. Wir kamen uns vor, als würden wir auf Watte gehen, obwohl es ja eigentlich immer noch nur eine Übung war.

Bevor Kauly an jenem Tag fortging, hatten wir schon unsere Pläne fertig, wie wir an unsere »Zielpersonen« herantreten und Informationen von ihnen erhalten wollten. Da sie feste Adressen hatten, war die Observierung der erste Schritt. Avigdor machte sich auf, Hararis Haus für mich zu observieren, während ich Ariks Mann beobachten wollte, der die Firma Bukis Toys besaß.

Von Harari wußte ich nur Namen und Adresse. Er stand nicht im Telefonbuch. In der Bibliothek fand ich ihn jedoch im *Who is Who* für Israel. Der Eintrag war nicht sehr ausführlich. Es stand nur da, daß er Präsident der Migdal-Versicherung war, eine der größten im Lande; die Zentrale lag in der Nähe des Distriktes Hakirya. Dort standen viele Regierungsgebäude. Außerdem war noch vermerkt, daß Hararis Frau als Bibliothekarin in der Universität von Tel Aviv arbeitete.

Ich beschloß, mich um einen Job bei der Migdal-Versicherung zu bewerben. Ich wurde zur Personalabteilung geschickt. Als ich mich in die Schlange stellte, beobachtete ich einen Mann, ungefähr mein Alter, der in dem danebenliegenden Büro arbeitete. Ich hörte, wie er von einem anderen Angestellten »Jakov« gerufen wurde.

Ich trat in sein Büro und sagte: »Jakov?«

»Ja. Wer bist du?« fragte er.

»Ich bin Simon. Ich erinnere mich an dich. Wir waren beide in Tel Hashomer«, sagte ich; das war die größte Militärbasis für Rekruten, wo alle Israelis hinmüssen.

»In welchem Jahr warst du dort?« fragte er.

Statt ihm direkt zu antworten, sagte ich: »Ich bin ein 203er«, die ersten Ziffern einer Seriennummer, die eher einen Zeitraum für Einberufungen denn ein bestimmtes Jahr oder einen Monat bezeichnet. »Ich bin auch ein 203er«, sagte Jakov.

»Luftwaffe?«

»Nein, Panzer.«

»Oh, dann seid ihr *Pongos* geworden«, sagte ich lachend. (Pongos ist ein hebräischer Ausdruck in Anspielung auf das Wort Fungus – damit sind die Leute in einem Panzer gemeint, in dem es immer dunkel und oft feucht ist.)

Ich sagte, ich würde Harari flüchtig kennen, und fragte ihn, ob bei ihnen Jobs frei seien.

»O ja, sie suchen Vertreter«, sagte mir Jakov.

»Ist Harari immer noch Präsident?«

»Nein, nein«, antwortete er und nannte einen anderen Namen.

»Oh. Was macht Harari denn jetzt?«

»Er ist Diplomat«, sagte Jakov. »Und außerdem hat er eine Import-Export-Firma im Kur-Gebäude.«

Da klingelte es bei mir, weil Avigdor erzählt hatte, daß er einen Mercedes mit einem weißen Diplomatenkennzeichen vor Hararis Haus gesehen hatte. Ich war irritiert gewesen, als ich das gehört hatte. Denn eine Person mit einem hebräischen Namen, die mit ausländischen Diplomaten in Verbindung steht, ist in Israel sehr verdächtig. In diesem Land werden alle Diplomaten als

Spione angesehen. Deshalb darf ein israelischer Soldat, der per Anhalter reist, nicht in einen Wagen mit Diplomatenkennzeichen steigen; er käme vor ein Kriegsgericht. Als Avigdor den Mercedes vor Hararis Haus sah, konnten wir nicht wissen, daß es sein Wagen war. Wir glaubten, daß er einem Besucher gehöre.

Ich unterhielt mich noch einige Minuten mit Jakov, bis eine Frau zu mir kam und sagte, daß ich an der Reihe sei. Da ich keinen Verdacht erregen wollte, ging ich mit ihr, gab mir bei dem Gespräch aber keinerlei Mühe, den Job zu bekommen.

Jetzt wußte ich also, wo Hararis Frau arbeitete – in der Universität von Tel Aviv – und daß Harari selbst Diplomat war. Aber wo? Und für wen? Ich konnte ihn natürlich in seinem Wagen beschatten, aber da Harari Diplomat war, hatte er wahrscheinlich eine Schulung beim Geheimdienst genossen. Und ich wollte nicht gleich bei der ersten Aufgabe versagen.

Am zweiten Tag sagte ich Kauly, daß ich meine Aufgaben nacheinander lösen würde. Ich würde zuerst Harari kontaktieren und danach herausfinden, wer Mikey sei.

Jedesmal, wenn wir die Wohnung verließen, war es denkbar, daß wir beschattet wurden. Wenn das geschähe, müßte man den anderen im sicheren Haus Bescheid geben, daß es nicht mehr sicher war. Natürlich wußte jeder von uns, wo die anderen waren, weil wir ja unsere Berichte für Kauly abstimmten.

Damals beherrschte ich APAM schon im Schlaf. Am vierten Tag, als ich mich zum Kur-Gebäude begab, merkte ich, daß ich in der Nähe des Hakirya-Distriktes observiert wurde. Meine normale Sicherheitsroute war, den Bus in Givataim zu nehmen, zur Derah Petah Tikvah zu fahren und an der Ecke Kaplan Street auszusteigen, die direkt zur Hakirya führt.

An jenem Tag stieg ich aus dem Bus, beschrieb einen Kreis – was ich auch schon gemacht hatte, bevor ich den Bus in Givataim bestiegen hatte –, schaute nach rechts und sah nichts. Als ich jedoch nach links schaute, bemerkte ich mehrere Männer in einem Wagen in einer Parklücke. Sie sahen nicht danach aus, als gehörten sie dahin. Ich dachte, okay, ich mache ein Spielchen mit euch und lasse euch auf die Schnauze fliegen.

Ich kam zu einem Punkt, wo eine Brücke die Petah Tikvah in Richtung Kalka-Gebäude überquert. Es war etwa 11.45 Uhr und ein unglaublicher Verkehr. Ich ging zur Brücke hoch, stoppte und konnte den Fahrer des Wagens sehen, wie er zu mir auf-schaute, weil er offenbar nicht erwartet hatte, daß ich hinunter-schauen würde. Hinter mir war noch ein Mann, der sich mir aber nicht nähern konnte, ohne daß ich es bemerkt hätte. Am anderen Ende der Brücke stand ein weiterer Typ, der offenbar bereit war, mir zu folgen, falls ich mich nach Norden wenden würde, und ein dritter Mann, falls ich nach Süden ginge. Von meinem Aussichts-posten auf der Brücke hatte ich alles genau im Blick.

Unter der Brücke gab es keine Wendemöglichkeit für Autos. Statt die Brücke zu überqueren, zog ich eine Schau ab; ich schlug mir mit der flachen Hand an die Stirn, als hätte ich etwas verges-sen, drehte mich rasch um und ging zur Kaplan Street zurück – langsam, damit sie folgen konnten. Ich lachte in mich hinein, als ich das Hupen unter der Brücke hörte, weil der Wagen mitten im dichten Verkehr wenden wollte.

Auf der Kaplan Street konnten sie mir alle nur im Gänse-marsch folgen. Ich ging die Straße zur Hälfte hoch bis zu einem Militärposten vor dem Victor Gate (das nach meinem ehemali-gen Hauptfeldwebel benannt worden war), überquerte dann die Straße durch den dichten Verkehr in Richtung auf einen Kiosk, wo ich Gebäck und eine Limonade kaufte.

Als ich dort stand, sah ich, wie der Wagen langsam näher kam. Plötzlich bemerkte ich, daß Dov L. der Fahrer war. Ich beendete meinen Imbiß, ging zum Wagen hinüber – der völlig im Verkehr feststeckte –, stützte mich auf der Kühlerhaube ab, um mich auf den Gehweg zu schwingen, und ging weiter. Ich konnte hinter mir Dov L. hören, wie er in sein Walkie-talkie etwas in der Art sagte: »Okay. Eins zu null für dich. Du hast mich drange-kriegt.«

Ich war richtig stolz. Es hatte Spaß gemacht. Dov sagte später einmal zu mir, daß ihn noch niemand so reingelegt hätte, er sei völlig verwirrt gewesen.

Nachdem ich mich vergewissert hatte, daß ich sauber war,

nahm ich ein Taxi und fuhr in ein anderes Viertel von Tel Aviv, wo ich nochmals eine Route legte, um sicherzugehen, daß alles nicht bloß ein Trick gewesen war, um mich in Sicherheit zu wiegen. Danach kehrte ich zum Kur-Gebäude zurück und sagte am Empfang, ich hätte mit Herrn Harari eine Verabredung. Ich wurde in den vierten Stock gewiesen, wo auf einem kleinen Schild etwas von einer Import-Export-Spedition stand.

Ich hatte mich entschlossen, in der Mittagspause hinzugehen, weil die Leute vom Management dann selten da sind. Für's erste wollte ich nur mit einer Sekretärin sprechen und eine Telefonnummer bekommen und ein bißchen Information. Wenn Harari anwesend wäre, müßte ich improvisieren.

Glücklicherweise war nur die Sekretärin da. Sie sagte, daß die Firma ihre eigenen Produkte verschiffte, hauptsächlich nach Südamerika, und nur selten Tramp- oder Teilladungen von anderen übernähme, um ein Schiff voll zu bekommen.

Ich sagte ihr, daß ich bei der Versicherung gehört hätte, daß er hier arbeiten würde.

»Nein, nein«, sagte sie. »Er ist Partner in der Firma, aber er arbeitet nicht hier. Er ist der Botschafter für Panama.«

»Entschuldigung«, sagte ich (eine schlechte Antwort, aber ich war völlig überrascht), »ich dachte, er sei Israeli?«

»Ist er auch«, sagte sie. »Er ist Honorarbotschafter von Panama.«

Daraufhin ging ich, legte eine Route und schrieb einen vollständigen Report über meine Aktivitäten an diesem Tag.

Als Kauly kam, fragte er mich, wie weit ich sei, und er wollte auch wissen, wie ich den Kontakt herstellen wollte.

»Ich werde zur Botschaft von Panama gehen.«

»Warum?« fragte Kauly.

Ich hatte bereits einen Plan entwickelt. Vor der Küste Panamas gab es Inseln mit einer florierenden Zuchtperlen-Industrie. In Israel wäre das Rote Meer zur Perlenzucht sehr geeignet. Es ist ruhig, besitzt den nötigen Salzgehalt, und auf der anderen Seite im Persischen Golf gibt es jede Menge Perlmuscheln. Ich hatte mich darüber in der Bibliothek kundig gemacht – insbesondere über die Perlenzucht. Ich würde zur Botschaft gehen und den Partner eines reichen amerikanischen Geschäftsmannes mimen, der eine Perlenzucht in Eilat aufziehen wollte. Wegen der hohen Qualität der Perlen aus Panama wolle man einen Container mit Perlmuscheln nach Israel bringen, um die Zucht aufzubauen. Der Plan sollte andeuten, daß die beteiligten Leute viel Geld hätten und seriös seien – und nicht nur das schnelle Geld suchten, da schließlich für die ersten drei Jahre keine Gewinne zu erwarten waren. Kauly war einverstanden.

Jetzt mußte ich eine Verabredung mit Harari treffen und nicht mit dem *offiziellen* diplomatischen Vertreter Panamas. Als ich anrief, stellte ich mich als Simon Lahav vor. Ich sagte, daß ich eine Investition in Panama vorschlagen wolle. Die Sekretärin riet mir, zum Attaché zu gehen. Aber ich sagte: »Nein, ich brauche jemanden mit Erfahrung in Geschäftsangelegenheiten.« Darauf antwortete sie: »Vielleicht sollten sie Herrn Harari treffen.« Wir machten für den folgenden Tag eine Verabredung aus.

Ich sagte ihr, daß ich im Sheraton-Hotel zu erreichen sei, falls es um weitere Details ginge. Ich war dort im Rahmen einer Vereinbarung des Mossad mit dem Sicherheitsdienst verschiedener Hotels registriert. Offizieren wird ein Zimmer für den Empfang von Nachrichten zugewiesen.

Im Verlauf des Tages wurde die Nachricht hinterlassen, daß ich Herrn Harari um 18 Uhr in der Botschaft treffen könnte. Das erschien mir seltsam, weil dort bereits um 17 Uhr geschlossen wird.

Panamas Botschaft liegt am Strand südlich des Sede-Dov-Flughafens in einem Wohngebäude im Erdgeschoß. Ich erschien gut gekleidet, wie es sich für einen Geschäftsmann gehört. Ich hatte einen Paß verlangt, weil ich nicht als Israeli auftreten wollte, sondern als Geschäftsmann aus Britisch-Kolumbien, Kanada. Ich hatte bereits mit dem Bürgermeister von Eilat, Rafi Hochman, telefoniert, den ich aus der Zeit kannte, als ich ein Jahr lang dort lebte. Wir waren zusammen auf dasselbe Gymnasium gegangen. Ich hatte Hochman natürlich nicht gesagt, wer ich sei, aber ich hatte mit ihm das Projekt diskutiert, für den Fall, daß Harari etwas überprüfen wollte.

Unglücklicherweise hatte Kauly den Paß nicht bekommen, den ich brauchte, deshalb ging ich ohne einen. Ich dachte mir, wenn er fragte, würde ich sagen, ich sei Kanadier, deshalb würde ich normalerweise meinen Paß nicht mit mir herumtragen, und er läge im Hotel.

Ich traf in der Botschaft ein und fand Harari ganz allein vor. Wir saßen uns in einem luxuriösen Büro gegenüber, Harari hinter seinem großen Schreibtisch. Er hörte sich meinen Plan an.

Seine erste Frage war: »Steht eine Bank hinter Ihnen, oder sind es private Investoren?«

Ich sagte, es sei Spekulationskapital, das man als hochriskant ansähe. Harari lächelte. Ich wollte gerade in die Details der Muschelzucht gehen, als Harari fragte: »Wieviel Geld steht denn zur Debatte?«

»Soviel, wie gebraucht wird, bis zu 15 Millionen Dollar. Aber wir haben sehr viel Spielraum. Wir schätzen, daß die Betriebskosten auf drei Jahre gesehen 3,5 Millionen Dollar nicht überschreiten werden.«

»Weshalb also so eine große Kapitaldecke, wenn die Kosten so niedrig sind?« fragte Harari.

»Weil die potentiellen Gewinne sehr hoch sind und mein Partner sich darauf versteht, Geld aufzutreiben.«

Jetzt wollte ich unbedingt zu den technischen Details kommen, wollte den Namen des Bürgermeisters von Eilat ins Gespräch bringen. Aber Harari schnitt mir das Wort ab, beugte sich über den Tisch und sagte: »Für den richtigen Preis können Sie so gut wie alles, was Sie wollen, in Panama bekommen.«

Jetzt hatte ich ein echtes Problem. Ich war zu dem Typ hineingegangen und wollte ihn den Hügel hinunterrollen und ihn langsam schmutzig machen. Ich wollte den sauberen Burschen spielen, aber bevor ich überhaupt den Mund aufmachen konnte, rollte er *mich* schon den Hügel hinunter. Ich befand mich in einer Botschaft und sprach mit dem Honorarbotschafter. Er kannte mich nicht einmal, und schon ging's um Bestechungsgelder.

Und deshalb antwortete ich: »Was meinen Sie damit?«

»Panama ist ein merkwürdiges Land«, sagte Harari. »Es ist

eigentlich gar kein Land. Es ist eher ein Geschäftsunternehmen. Ich kenne die richtigen Leute dort oder – um es anders zu sagen – den Geschäftsinhaber. In Panama wäscht eine Hand die andere. Heute wollen Sie vielleicht über Ihr Perlengeschäft verhandeln. Morgen brauchen wir vielleicht etwas von Ihnen. Das sind so die geschäftlichen Gepflogenheiten, und wir arbeiten gerne auf lange Sicht.«

Harari machte eine Pause und sagte: »Aber bevor wir weitergehen, kann ich Ihren Ausweis sehen?«

»Was für einen Ausweis?«

»Na, Ihren kanadischen Paß.«

»Ich trage meinen Paß nie bei mir.«

»In Israel sollten Sie Ihre Ausweise immer bei sich haben. Rufen Sie mich an, wenn Sie ihn haben, und dann reden wir«, sagte er. »Jetzt ist, wie Sie wissen, die Botschaft geschlossen.«

Er stand auf und brachte mich, ohne ein weiteres Wort zu sagen, zur Tür.

Ich hatte ungeschickt reagiert, als Harari mich nach dem Paß fragte. Ich hatte gezögert, beinahe gestottert. Bei ihm sind da wahrscheinlich seine Geheimdienstinstinkte erwacht, und er wurde vorsichtig. Er wirkte plötzlich sehr gefährlich.

Ich ging in die Wohnung zurück, nachdem ich die gewöhnliche Sicherheitsprozedur hinter mir hatte, und war gegen 22 Uhr mit meinem Report fertig. Kauly kam vorbei, um ihn zu lesen.

Kauly ging, und er war noch nicht lange weg, als die Polizei kam und die Tür eintrat, wobei der ganze Rahmen dran glauben mußte. Wir wurden alle zur Polizeistation in Ramat Gan gebracht und in getrennte Zellen gesteckt, um verhört zu werden. Das sollte uns wieder einmal bewußt machen, daß, wenn wir in einer Station arbeiteten, unser größter Feind die örtliche Behörde war. Wenn man zum Beispiel beschattet wurde, mußte man in seinem Report angeben, ob man glaubte, daß es die Polizei gewesen sei oder nicht.

Wir wurden über Nacht festgehalten. Als wir zurück in das Appartement kamen, war die Tür bereits wieder eingesetzt. Etwa zehn Minuten später klingelte das Telefon. Es war Araleh

Sherf, Direktor der Akademie. Er sagte: »Victor? Laß alles stehen und liegen. Ich will dich hier sehen. Sofort.«

Ich nahm ein Taxi zur Ecke in der Nähe des Country Club, stieg aus und lief zu Fuß zur Schule. Irgend etwas stimmte nicht, das wußte ich. Vielleicht hatten sie schon herausgefunden, daß zum Beispiel auch der Spielzeughersteller ein Ex-Mossad-Mann war, wie bei Avigdors Kontakt, dem Besitzer einer Schnapsfabrik. Sherf sagte: »Ich will es dir geradeheraus sagen. Mike Harari war der Chef von Metsada. Sein einziger dunkler Punkt war Lillehammer, wo er das Kommando hatte.

Shai Kauly war sehr stolz auf dich. Er hat mir deinen Report gegeben. Aber nach deinen Angaben hörte sich Harari nicht besonders gut an. Eher wie ein Hochstapler. Deshalb rief ich ihn vergangene Nacht an und fragte ihn nach seiner Version. Ich las ihm deinen Bericht vor. Er sagte mir, daß alles, was du gesagt hast, falsch sei.« Sherf trug mir dann Hararis Version vor.

Danach sei ich angekommen, hätte 20 Minuten gewartet, bis er fertig gewesen sei, und hätte dann auf englisch mit schlechtem Akzent zu reden begonnen. Er sagte, er hätte in mir einen Schwindler gesehen und mich hinausgeworfen. Er sagte, er wisse nichts von der Perlengeschichte, und beschuldigte mich, die ganze Story erfunden zu haben.

»Harari war mein Vorgesetzter«, sagte Sherf. »Willst du etwa, daß ich einem Anfänger wie dir und nicht ihm glaube?«

Ich fühlte, wie mir das Blut zu Kopf stieg. Ich wurde wütend. Mein Gedächtnis für Namen ist vielleicht nicht das beste, aber meine Berichte waren immer so gut wie perfekt. Ich hatte das Aufnahmegerät in meinem Diplomatenkoffer angestellt, bevor ich mich mit Harari traf, und jetzt gab ich Sherf das Band. »Hier ist die Unterhaltung. Sie können mir sagen, wem Sie glauben. Ich habe es wörtlich vom Band abgeschrieben.«

Sherf nahm das Band und verließ das Büro. 15 Minuten später kam er wieder.

»Möchtest du in deine Wohnung zurückgefahren werden?« fragte er. »Es hat da wohl ein Mißverständnis gegeben. Nun, hier in den Umschlägen ist das Geld für euer Team.«

»Kann ich bitte das Band wiederhaben?« sagte ich. »Da sind noch Dinge von einer anderen Operation drauf.«

»Welches Band?« sagte Sherf.

»Das ich Ihnen gerade gegeben habe.«

»Schau mal«, sagte er. »Ich weiß, daß es für dich eine schlimme Nacht auf der Polizeistation gewesen ist. Es tut mir leid, daß ich dich extra hierherbitten mußte, nur um dir das Geld für euer Team zu geben. Aber das passiert halt manchmal.«

Bei einer späteren Unterhaltung sagte mir Kauly, daß er froh gewesen sei zu hören, daß ich das Gespräch aufgenommen hatte. »Sonst«, sagte er, »wäre es dir schlecht ergangen, und du wärst wahrscheinlich sogar aus dem Kurs geflogen.«

Von dem Band habe ich nie mehr etwas gehört oder gesehen, aber ich habe meine Lektion begriffen. Das hat in meinem Bild vom Mossad einen Riß gegeben. Hier der große Held. Ich hatte eine Menge über Hararis Heldentaten gehört, allerdings unter seinem Kodenamen »Cobra«. Dann fand ich heraus, wer er war.

Als die Vereinigten Staaten am 20. Dezember 1989 kurz nach Mitternacht Panama überfielen, um General Noriega zu stürzen, war in den ersten Berichten davon die Rede, daß auch Harari gefangengenommen worden sei. Er wurde in Rundfunknachrichten als ein »undurchsichtiger ehemaliger Offizier des Mossad-Geheimdienstes, der zu einem der einflußreichsten Berater Noriegas geworden war«, bezeichnet. Ein Beamter der neuen, von den Amerikanern eingesetzten Regierung, äußerte seine Befriedigung und sagte, daß Harari nach Noriega »die wichtigste Person in Panama« sei. Die Freude war jedoch verfrüht. Sie fingen Noriega, aber Harari verschwand. Er tauchte kurz darauf in Israel wieder auf, wo er hingehörte.

Ich mußte noch meine andere Aufgabe erledigen, nämlich Informationen über den ehemaligen Piloten »Mikey« zu sammeln. Mein Vater Syd Osten (er hat seinen Namen in Ostrovsky verändert), der jetzt in Omaha, Nebraska, lebt, war Kommandant bei der israelischen Luftwaffe gewesen. Ich kannte mich also in ihren glänzenden Aktionen und Heldentaten im Unabhängigkeitskrieg aus. Es waren hauptsächlich Piloten der US-amerikanischen, britischen und kanadischen Luftwaffe im Zweiten Weltkrieg, die später freiwillig für Israel kämpften.

Viele von ihnen waren auf dem Luftwaffenstützpunkt Sede Dov stationiert gewesen, dessen Chef mein Vater gewesen war. Ich fand viele Namen in den Archiven, aber es gab keinen Hinweis auf einen Mann namens Mikey.

Als nächstes rief ich den Sicherheitschef Mousa M. an, um eine Registrierung im Hilton-Hotel zu erhalten. Ich besorgte mir dann etwas Pappe und Schilderständer. Danach rief ich das Verbindungsbüro der Luftwaffe an und sagte, ich sei ein kanadischer Filmemacher, der einen Dokumentarfilm über die Freiwilligen drehen wolle, die zur Errichtung des Staates Israel beigetragen hätten. Ich sagte, ich sei zwei Tage lang im Hilton zu erreichen und würde gerne so viele Leute wie möglich treffen.

Erst einen Monat zuvor hatte es bei der Luftwaffe einen feierlichen Akt mit Ordensverleihungen gegeben, deshalb war ihre Adressenliste auf dem neuesten Stand. Der Verbindungsoffizier teilte mir mit, daß er 23 von ihnen erreicht hätte und daß etwa 15 sich bereit erklärt hätten, mich im Hilton zu treffen. Falls ich sonst noch etwas wünsche, sollte ich anrufen.

Ich nahm die Pappe und malte Schilder, auf denen stand: »Himmel in Flammen: Die Geschichte des Unabhängigkeitskrieges«. Darüber schrieb ich: »Canadian Documentary Film Board«.

Am Freitag früh um 10 Uhr betrat ich in Begleitung von Avigdor das Hilton. Avigdor trug einen amerikanischen Overall und die Schilder. Ich kam in einem teuren Anzug. Avigdor stellte eins der Schilder am Haupteingang auf, auf dem das Zimmer bezeichnet war, wo das Treffen stattfinden sollte, und ein zweites in der Halle. Vom Hotel fragte kein Mensch, was wir da täten.

Ich redete mit den Leuten etwa fünf Stunden lang und hatte ein Aufnahmegerät auf dem Tisch stehen. Einer von ihnen erzählte mir unwissentlich Geschichten über meinen Vater.

Als einmal mehrere durcheinanderredeten, sagte ich: »Mikey? Wer ist Mikey?«, obwohl niemand den Namen erwähnt hatte.

»Oh, das ist Jake Cohen«, sagte einer der Männer. »Er war früher Arzt in Südafrika.«

Sie sprachen dann noch eine Weile über Mikey, der jetzt die Hälfte des Jahres in Israel verbrachte und die andere in den Vereinigten Staaten. Bald darauf bedankte ich mich bei den Männern und sagte, ich müßte gehen.

Ich habe nicht eine Visitenkarte übergeben. Ich habe keinerlei Versprechungen gemacht. Ich erhielt die Namen aller. Sie alle luden mich zum Essen ein. Sie waren wie Pudding in einer Schüssel. Man konnte daraus formen, was man wollte.

Ich ging dann in die Wohnung zurück, schrieb meinen Bericht und sagte zu Kauly: »Wenn etwas auf dem Band ist, was ich nicht schreiben soll, dann sag es mir jetzt.«

Kauly lachte.

Als wir im März 1984 noch dabei waren, diesen Teil des Kurses zu absolvieren, bot Araleh Sherf dem bekannten israelischen Filmproduzenten Amos Etinger unsere freiwillige Mitarbeit an; er sollte im Konzertsaal des Museum of Man in Tel Aviv für den jährlichen Mossad-Kongreß, der eineinhalb Tage dauerte, eine Show inszenieren. Tamar Avidar, Etingers Frau, ist eine bekannte Zeitungskolumnistin, die eine Zeitlang auch israelischer Kulturattaché in Washington gewesen war.

Dieses Ereignis war eine jener seltenen Gelegenheiten, wo der Mossad tatsächlich etwas veranstaltete, bei dem die Öffentlichkeit nicht ausgeschlossen war; obwohl diese Öffentlichkeit wohl mehr aus der erweiterten »Familie« bestand – hauptsächlich Politiker, militärische Geheimdienstler, Ehemalige und verschiedene Zeitungsherausgeber.

Wir waren erschöpft. Wir hatten noch Berichte für Kauly zu schreiben, und wir hatten in der Nacht davor sehr wenig geschlafen, weil wir für die große Show geprobt hatten. Yosy hatte vorgeschlagen, mit ihm in sein Haus zu kommen, weil wir auf jeden Fall zusammenbleiben mußten. Dann fiel Yosy ein, daß auf der Straße eine Frau wartete, mit der er sich verabredet hatte. So kam er gar nicht zum Schlafen.

Ich sagte zu ihm: »Du hast gerade erst geheiratet. Bald habt ihr ein Kind. Warum hast du denn überhaupt geheiratet? Du kommst nie zur Ruhe. Du bist wie ein Fisch im Wasser. Zumindest ein Teil von dir ist immer am Schwimmen.«

Er erklärte mir, daß seine Schwiegereltern einen Laden am Kiker Hamdina Square hatten (inzwischen so etwas wie New Yorks noble Fifth Avenue), weshalb Geld keine Rolle spielte. Auch wäre er orthodox, weshalb seine Eltern ein Enkelkind erwarteten. »Ist das eine Antwort auf deine Frage?« sagte Yosy.

»Teilweise«, erwiderte ich. »Liebst du deine Frau nicht?«

»Mindestens zweimal die Woche«, sagte er.

Der einzige, der auf dem Feld sexueller Abenteuer mit Yosy mithalten konnte, war Heim. Der Kerl war ein Wunder. Yosy war sehr gescheit, Heim allerdings nicht. Ich habe niemals verstanden, warum der Mossad jemand, der so dämlich wie Heim war, rekrutieren konnte. Er hatte einen gewissen ordinären Charme, aber das war alles. Das einzige, was ihn interessierte, war, Yosy beim Vögeln zu übertreffen. Dabei hätte selbst Jimmy Durante bei einem Schönheitswettbewerb Heim ausgestochen. Er hatte diese unglaublich große Gurke im Gesicht. Aber ihm ging es um Quantität, nicht um Qualität.

Viele Leute sind beeindruckt, wenn sie hören, daß man für den Mossad arbeitet. Man gilt als mächtig. Diese Burschen konnten den Frauen nur imponieren, weil sie ihre Verbindungen zum Mossad durchscheinen ließen. Das war gefährlich. Das verstieß gegen alle Regeln. Aber das war ihr Spiel. Sie rühmten sich immer ihrer Eroberungen.

Heim war verheiratet, und er kam häufig gemeinsam mit seiner Frau auf unsere Parties. Seine Frau erzählte Bella, meiner Frau, daß sie mit Heim keinen Kummer hätte, weil er »der treueste Mann der Welt sei«. Ich war ganz schön überrascht, als ich das hörte. Am meisten schockte mich die Eroberung Yosys, die sich im 14. Stock der Zentrale in Tel Aviv, im »stillen Zimmer«, von dem aus die Agenten angerufen wurden, abspielte. Das Telefonsystem hatte eine »Bypass-Anlage«. Mit Hilfe dieser »Umgehungsschaltung« konnte ein Katsa, der zum Beispiel einen Agenten im Libanon anrief, bei jedem, dem es gelang mitzuhören, den Eindruck erwecken, als käme das Gespräch aus London, Paris oder sonst einer Hauptstadt Europas.

Wenn der Raum benutzt wurde, leuchtete draußen eine rote Lampe auf – durchaus angemessen für diese Zwecke –, und niemand durfte eintreten. Yosy nahm eine Sekretärin mit in das Zimmer, ein gravierender Bruch der Vorschriften, und verführte sie, während er mit einem Agenten im Libanon sprach. Um zu beweisen, daß das wirklich passiert war, hatte er Heim gesagt, daß er den Slip der Frau unter dem Monitor verstecken würde. Später ging Heim rein und fand tatsächlich den Slip. Er brachte ihn der Frau und sagte: »Ist das von dir?«

Verwirrt antwortete sie mit Nein, aber Heim warf ihr den Slip auf den Tisch und sagte: »Erkälte dich bloß nicht.«

Jeder im Haus wußte von dieser Sache. Weil ich ehrlich und ziemlich direkt war, ging so manche Verbindung in die Brüche. Zwischen den Männern, die herumvögelten, entwickelte sich eine Art Kumpanei. Ich hatte gedacht, ich würde Israels Olymp betreten, statt dessen war ich in so einer Art von Sodom und Gomorrah gelandet, und das enttäuschte mich. Das durchzog die ganze Arbeit. So gut wie jeder war mit jedem irgendwo durch Sex verbunden. Es war ein ganzes System aus gegenseitigen Gunstbeweisen. Ich schulde dir was. Du schuldest mir was. Du hilfst mir. Ich helfe dir. So kamen die Katsas vorwärts – sie vögelten sich nach oben. Die meisten der Sekretärinnen im Haus waren ziemlich hübsch. Danach wurden sie ausgewählt. Aber es kam so weit, daß sie zur reinen Konsumware wurden; das gehörte einfach zum Job. Allerdings bumste niemand die eigene Sekretärin. Das war nicht gut für die Arbeit. Es gab Spione, die waren zwei, drei, sogar vier Jahre nicht in Israel. Die Katsas, die in Metsada für sie verantwortlich waren, waren das einzige Verbindungsglied zwischen diesen Männern und ihren Familien. Es gab jede Woche Kontakte zwischen ihnen und den Frauen der Spione, und nach einer Weile bestanden die Kontakte aus mehr als nur aus Unterhaltungen, und am Ende schliefen sie mit den Frauen.

So einem Burschen vertraute man sein Leben an; die Frau hätte man ihm allerdings besser nicht anvertraut. Man hielte sich z. B. in einem arabischen Land auf, und er verführt inzwischen die Frau. Das war so was von üblich, daß man auf die Bitte, ob man im Metsada arbeiten könne, gefragt wurde: »Wieso, bist du geil?«

Die oben erwähnte Bühnenshow der Anfänger nannte sich »Die Schatten«. Es war eine Spionage-Story, die sich ausschließlich hinter drei großen Leinwänden abspielte, die so angestrahlt wurden, daß Schattenspiele entstanden. Da wir angehende Katsas waren, durften unsere Gesichter für das große Publikum nicht sichtbar sein.

Das Stück begann mit einer Bauchtänzerin und der dazugehörenden türkischen Musik. Ein Mann mit einem Diplomatenköfferchen ging hinter dem Schirm vorbei. Das spielte auf einen Insiderwitz an. Man sagt, einen Katsa könne man an den drei »S« erkennen: Samsonite-Koffer, Seven Star (ein ledergebundenes Tagebuch) und Seiko-Uhr.

Die nächste Szene zeigte eine Rekrutierung. Danach kam ein szenischer Seitenhieb auf das Öffnen der Diplomatenpostsäcke. Anschließend wechselte die Szene zu einem Appartement in London, in dem ein Mann am Telefon sprach, während im Nebenzimmer (bzw. hinter dem nächsten Schirm) ein zweiter Mann mit Kopfhörern dem Gespräch lauschte.

Dann folgte die Darstellung einer Party in London, wo Araber mit ihren typischen Kopfbedeckungen als Schattenriß auftauchten. Alle tranken und wurden immer vertraulicher. Auf dem nächsten Schirm sah man einen Katsa auf der Straße einen Araber treffen, mit dem er seinen Samsonite-Koffer austauschte.

Am Ende versammelten sich alle hinter den Schirmen, gaben sich die Hände und sangen das hebräische Lied »Warten auf einen anderen Tag«, ein musikalischer Ausdruck der alten Redensart »Nächstes Jahr in Jerusalem«, ein traditioneller Wunsch der Juden aus der Zeit vor der Gründung Israels.

Zwei Tage später fand eine Abschluß-Barbecue-Party im Garten des Innenhofes der Schule statt, direkt neben dem Tischtennisraum. Unsere Frauen, die Instrukteure, alle, mit denen wir zu tun gehabt hatten, waren da.

Wir hatten es endlich geschafft.

Es war März 1984. Wir hatten einen Kurs hinter uns und noch zwei vor uns.

# II

## DRINNEN UND DRAUSSEN

# 6

## DER BELGISCHE TISCH

Im April 1984 waren die Mitglieder meiner Gruppe noch keine Katsas, aber auch keine Kadetten mehr. Eigentlich waren sie Junior-Katsas oder »Trainees«, die im Hauptquartier noch ein weiterer Ausbildungsabschnitt erwartete sowie ein zweiter Geheimdienstkurs, bevor sie sich schließlich Katsas nennen durften.

· Ich wurde in die »Research-«(Forschungs-)Abteilung gesteckt. Am nächsten Morgen nach unserem Antritt erklärte Shai Kauly, daß die Trainees etwa ein Jahr lang alle paar Monate von einer Abteilung in die nächste versetzt würden, um als Vorbereitung für unseren zweiten Kurs den großen Zusammenhang kennenzulernen.

Nach einer langen Diskussion, unterbrochen von den üblichen Scherzen, von Rauchen und Kaffeeschlürfen, kündigte Kauly an, daß Aharon Shahar, Chef der *Komemiute* (früher Metsada genannt), zu uns sprechen wollte. (Die Umbenennung aller Abteilungen fand deshalb statt, weil im Juli 1984 in der Londoner Station ein Kodebuch verlorenging.) Er wählte zwei von uns für seine Abteilung aus: Zwi G., den Psychologen, und Amiram, einen ruhigen, angenehmen Mann, der direkt von der Armee, wo er Oberstleutnant gewesen war, in das Büro gekommen war. Diese beiden Leute sollten interne Agentenführer für die Spione werden.

Komemiute, was übersetzt »Unabhängigkeit mit erhobenem Haupt« bedeutet, funktioniert beinahe wie ein Mossad innerhalb des Mossad. Es ist eine höchst geheime Abteilung, die sich um die Agenten kümmert, die richtigen Spione, Israelis, die perfekt getarnt in arabische Länder geschickt werden. Innerhalb dieser Abteilung gibt es nochmals eine kleine Einheit, die *Kidon* oder »Bayonett« genannt wird und nochmals in drei Teams zu je zwölf Leuten aufgeteilt ist. Das sind die Berufsmörder, freundlich umschrieben »der lange Arm der israelischen Justiz« genannt. Normalerweise halten sich zwei dieser Teams zum Training in Israel auf und eins ist bei einer Operation im Ausland: Sie wissen nichts über den gesamten restlichen Mossad und kennen nicht einmal gegenseitig ihre wirklichen Namen.

Die Spione allerdings arbeiten paarweise eng zusammen. Der eine ist der Zielland-Spion und sein Partner der Basisland-Spion. In Israel freundschaftlich verbundenen Ländern wie England spionieren sie nicht, sondern betreiben dort vielleicht ein Geschäft zusammen. Bei Bedarf geht der Zielland-Spion in ein Zielland, wobei er eine Firma als Tarnung benutzt, während sein Partner, der Basisland-Spion, seine »Nabelschnur« ist und ihm jedwede Unterstützung gibt.

Ihre Rolle hat sich im Lauf der Jahre verändert, wie Israel selbst sich auch verändert hat. Früher einmal hatte der Mossad Leute, die über einen langen Zeitraum hinweg in arabischen Ländern arbeiteten, aber die waren häufig zu lange dort und flogen auf. Man benutzte dafür »Arabisten«, Israelis, die wie Araber sprechen und auftreten konnten. In den frühen Tagen des Landes, als viele Juden aus arabischen Ländern kamen, herrschte kein Mangel an Arabisten. Das ist heute allerdings nicht mehr der Fall, und das Arabisch, das auf der Schule gelernt wird, ist für eine richtige Tarnung nicht ausreichend.

Die meisten Spione allerdings treten als Europäer auf. Ihre Verträge laufen über vier Jahre. Für die Tarnung ist wesentlich, daß sie tatsächlich einen Beruf haben, der es ihnen erlaubt, jederzeit kurzfristig reisen zu können. Der Mossad richtet ihnen zusammen mit einem Partner – dem Basisland-Spion – ein richtiges Geschäft ein. Das ist nicht bloß eine Legende, sondern es existiert wirklich – gewöhnlich in der Import/Export-Branche.

Etwa 70 Prozent dieser Basisland-Unternehmen befinden sich

in Kanada. Der einzige Kontakt der Spione zu ihrem Büro läuft über ihre Führungsoffiziere. Jeder Operateur hat vier oder fünf Spione in seiner Obhut, nicht mehr.

Es gibt eine Abteilung im Komemiute, in der eine Gruppe von etwa 20 Wirtschaftsexperten arbeitet. Sie analysieren jede Firma und jeden Markt, geben ihre Informationen an den Führungsoffizier weiter, der wiederum seine Spione berät, wie sie sich in ihrer Firma zu verhalten haben.

Spione stammen aus der israelischen Bevölkerung. Es sind Leute aus allen Gesellschaftsschichten – Ärzte, Juristen, Ingenieure, Akademiker –, Leute, die bereit sind, vier Jahre ihres Lebens dem Dienst an ihrem Land zu opfern. Ihren Familien wird ein israelisches Durchschnittsgehalt als Ausgleich gezahlt, aber die Spione erhalten für die Arbeit in Übersee einen Bonus auf ein separates Konto. Am Ende der vier Jahre haben sie 20000 bis 30000 Dollar auf ihrem Konto.

Spione sammeln nicht direkt Geheimmaterial – also Daten aus konkreter Observierung von z. B. Waffentransporten oder der Kriegsbereitschaft in Krankenhäusern –, sondern sie sammeln »Fiber«-Material (*fiber* = Faser, Faden, Splitter). Das sind Erkenntnisse aus der Beobachtung von wirtschaftlichen Vorgängen, Gerüchten, Stimmungen, Diskussionen und ähnlichem. Sie können, ohne ein wirkliches Risiko für die eigene Person einzugehen, kommen und gehen, um solche Vorgänge zu beobachten. Sie senden (funken z. B.) ihre Berichte nicht aus dem Zielland, aber manchmal liefern sie dort Dinge direkt aus – Geld, Botschaften. In viele Brücken arabischer Länder wurden während ihrer Erbauung von Spionen Bomben in die Fundamente eingegossen – allen Spionen werden Zerstörungstechniken beigebracht. Im Falle eines Krieges können diese Brücken durch einen israelischen Spion, der den Auftrag dazu erhält, leicht in die Luft gejagt werden.

Zurück zu unserer Ausbildung: Nachdem Zwi und Amiram für den Komemiute bestimmt worden waren, hatte Shai Kauly eine Nachricht für uns. Es hatte mit den Ferien zu tun, die man uns versprochen hatte.

»Wie ihr wißt«, sagte er, »bildet jeder Plan nur die Basis für seine Veränderung. Ich weiß, daß ihr alle unheimlich gern in die Ferien wollt, aber bevor ihr geht, müßt ihr noch etwas anderes tun. Ihr werdet der erste Kurs sein, der eine intensive Schulung in der Benutzung des Büro-Computers erhalten wird. Das wird nicht länger als drei Wochen dauern. Und danach kriegt ihr die Zeit, die von eurem Urlaub noch übrig ist.«

Wir lernten, beim Mossad mit so etwas zu rechnen. Es kam vor, daß die Ferien bevorstanden und uns gesagt wurde, daß wir am Freitag mittag gehen könnten. Der Mittag kam und jemand sagte uns, daß sie uns brauchen würden, aber nur für die nächsten 24 Stunden. Dann bekamen wir 20 Minuten, um zu Hause anzurufen, und jeder rannte zum Telefon.

Für die richtigen Katsas gab es ein Benachrichtigungssystem, das je nach Bedarf genutzt wurde und möglichst kurz sein mußte, wie etwa: »Hallo, ich bin vom Büro. Ihr Mann wird nicht wie geplant nach Hause kommen. Er wird sie kontaktieren, sobald es geht. Falls Sie in der Zwischenzeit irgendwelche Probleme haben sollten, rufen Sie Jakob an.«

Man ging damit sehr großzügig um. Man kann sich nicht vorstellen, welche Rolle Sex im Leben eines Katsa spielt. Die ganze Unsicherheit, die diesen Job ausmacht, bedeutete zugleich völlige Freiheit. Wenn ein Katsa eine Soldatin traf und er mit ihr ein Wochenende verbringen wollte, na gut, seine Frau war es schon gewohnt, daß er vielleicht nicht nach Hause kommt. Diese Form der Freiheit wurde ganz offen gewünscht. Aber der eigentliche Witz war, daß man nicht Katsa werden konnte, solange man nicht verheiratet war. Dann konnte man auch nicht ins Ausland. Sie sagten, daß jemand, der nicht verheiratet sei, herumrennen würde und ein Mädchen treffen könnte, das vielleicht auf ihn angesetzt wäre. Andererseits vögelten alle herum, wodurch die Erpreßbarkeit natürlich stieg, und alle wußten das. Das blieb für mich immer ein Mysterium.

Für den Computerkurs war eins der Zimmer im ersten Stock der Akademie ausgeräumt worden; man hatte Tische in Hufeisenform aufgestellt, und jeder bekam seinen Computer, an

dem er arbeiten konnte. Der Instrukteur projizierte für alle sichtbar Bilder an die Wand: Wir lernten so als erstes, wie man die
spezifischen Daten eines Gegenstandes auf der »Karottenseite«
eingibt, dem orangefarbenen Bildschirm mit verschiedenen Fragen, die beantwortet werden mußten, um überhaupt Zugang zum
Computersystem zu erhalten. Diese Übungscomputer waren
richtig funktionsfähig, denn sie waren direkt mit dem Hauptquartier verbunden, was uns den Zugang zu den realen Dateien eröffnete. So lernten wir, mit dem Programm umzugehen und Dateien je nach Bedarf zu finden und zu laden.

Eine denkwürdige Episode passierte in diesem Kurs mit dem
System, das *Ksharim* (»Knoten«) genannt wurde; es erfaßt die
Aufzeichnungen über die einzelnen Kontakte eines Individuums.
Arik F. setzte sich einmal an den Computer der Instrukteurin, als
sie gerade nicht da war, und gab »Arafat« ein und dann »ksha-
rim«. Weil Arafat zur PLO gehört, hatte er in dem Computer
Priorität. Je höher die Priorität einer Person, die man eingibt, um
so schneller wird die Frage beantwortet.

Eine höhere Priorität als Arafat kann eine Person kaum haben,
aber das eigentliche Problem entstand durch seine unzähligen
Verbindungen bzw. Kontakte. Alle anderen Computer kamen
zum Stillstand, als die endlosen Namenlisten auf dem Bildschirm
erschienen. Der Computer hatte so viele Daten zu verarbeiten,
daß er nichts anderes mehr tun konnte. Arik blockierte auf diese
Weise den Mossad-Computer für acht Stunden; es gab zu diesem
Zeitpunkt in dem System keine Möglichkeit, ihn zu stoppen oder
andere Befehle anzunehmen.

Nach dem Computerkurs und den drei Tagen, die von meinem
Urlaub übriggeblieben waren, war mein erster Auftrag, im saudi-
arabischen Ressort Untersuchungen zu machen, und zwar unter
der Leitung einer Frau mit Namen Aerna; dies Ressort lag gleich
neben dem jordanischen, das von Ganit geführt wurde. Beide
Bereiche wurden nicht als wichtig angesehen. Der Mossad hatte
damals nur eine einzige Quelle in Saudi-Arabien, einen Mann an
der japanischen Botschaft. Alle anderen Informationen aus der

Region entstammten Zeitungen, Magazinen und sonstigen Medien sowie der ausgedehnten Abhörtätigkeit, die von der Einheit 8200 betrieben wurde.

Aerna war gerade damit beschäftigt, Aufzeichnungen über den Stammbaum der saudischen Königsfamilie zusammenzustellen. Sie sammelte auch Informationen über eine geplante zweite Erdölpipeline quer durch das Land, an die sich die Iraker nach der Fertigstellung dranhängen wollten, um durch diese Leitung das Öl pumpen zu können, mit dessen Verkauf sie ihre Kriegsanstrengungen gegen den Iran finanzieren wollten. Wegen des Krieges war es sehr schwierig, das Öl per Schiff durch den Persischen Golf zu transportieren. Wir sahen interessante Berichte über Saudi-Arabien vom britischen Geheimdienst. Sie schrieben außerordentlich gute Berichte, regelrechte politische Analysen einer Situation, allerdings nie richtiges Geheimmaterial im üblichen Sinne. Die Briten waren sehr schlecht, wenn es um die Weitergabe bzw. Kombination von geheimen Informationen ging. In einem ihrer Berichte hieß es, die Saudis gingen davon aus, daß sich die Lage am Ölmarkt verbessern werde; deshalb sollten sie die zweite Pipeline bauen. Aber die Briten sagten, daß es ein Überangebot an Öl geben werde, das würde die saudische Wirtschaft empfindlich treffen, vor allem bei der Finanzierung ihres für die Bürger kostenlosen Krankenversorgungs- und Erziehungswesens.

Wir nahmen die Briten ernst, aber jedermann im Haus pflegte zu sagen, daß sie wahrscheinlich von dem »Luder« in die Irre geführt wurden. So wurde Margaret Thatcher im Mossad immer tituliert. Sie sahen in ihr eine Antisemitin. Wenn irgend etwas passierte, wurde immer nur eine einfache Frage gestellt: »Ist es gut für die Juden oder nicht?« Vergeßt die Politik und alles andere. Das war das einzige, was zählte, und je nach Antwort wurden die Leute als Antisemiten eingestuft, ob das nun berechtigt war oder nicht.

Wir erhielten immer lange Papierstreifen, die an weißes Kohlepapier erinnerten, auf die Gesprächsprotokolle von angezapften Telefonen getippt waren, wie etwa die – bereits übersetzten – Gespräche zwischen dem saudischen König und seinen Verwandten. Da gab es ein Telefonat, bei dem ein Prinz mit einem Verwandten in Europa sprach. Er sagte, er hätte kein Bargeld mehr, und dann kam jemand anderes an den Apparat, um etwas auszutüfteln. Der erklärte, daß ein Schiff nach Amsterdam unterwegs sei mit ein paar Millionen Gallonen Öl, und der Verwandte könne die Registrierung auf den Prinzen umschreiben lassen, um das Geld dann auf sein Schweizer Bankkonto zu überweisen. Es ist unglaublich, welche Summen die Saudis so beiläufig hin- und herschoben.

Bei einem denkwürdigen Gespräch rief Arafat an und suchte beim König um Hilfe nach, weil er nicht zu Assad in Syrien durchdrang. Also rief der König Assad an, schmeichelte ihm mit Namen wie »Vater aller Araber« und »Sohn des heiligen Schwertes«. Assad nahm zwar den Anruf des Königs entgegen, weigerte sich aber, mit Arafat zu sprechen.

Zu jener Zeit begegnete ich einem Mann mit Namen Efraim (kurz Effy), der mal als Verbindungsmann zum CIA gedient hatte, als er für den Mossad in Washington stationiert gewesen war. Efraim rühmte sich immer, daß er derjenige gewesen sei, der Jitzak Rabin 1977 gestürzt habe, nach nur dreijähriger Amtszeit als Premier. Der Mossad mochte Rabin nicht. 1974 hatte er seinen Job als israelischer Botschafter in den Vereinigten Staaten aufgegeben, hatte nach seiner Rückkehr den Vorsitz der Arbeitspartei übernommen und folgte Golda Meir im Amt als Premierminister. Rabin wollte vom Geheimdienst die unbearbeiteten Daten haben und nicht die normalerweise angebotenen gefilterten Versionen. Das machte es dem Mossad sehr viel schwerer, seine Informationen so zu nutzen, daß er die Tagesordnung bestimmte.

Im Dezember 1976 trat Rabin mit seinem Kabinett zurück, nachdem er drei Minister von der Nationalreligiösen Partei aus der Regierung geworfen hatte, weil sie sich bei der Vertrauensfrage in der Knesset der Stimme enthalten hatten. Danach blieb Rabin Premierminister der Interimsregierung bis zu den nationalen Wahlen für die Knesset im Mai 1977, die Menachem Begin gewann, sehr zur Freude des Mossad. Was Rabin jedoch wirklich zu Fall brachte, war ein »Skandal«, der von dem bekannten israelischen Journalisten Dan Margalit kurz vor den Wahlen lanciert worden war.

Einem israelischen Bürger war es verboten, ein Bankkonto im Ausland zu besitzen. Rabins Frau besaß ein Konto in Washington mit weniger als 10000 Dollar drauf; sie benutzte es, wenn das Ehepaar dorthin fuhr, obwohl sie als Frau des Premierministers berechtigt war, alle ihre Ausgaben von der Regierung ersetzt zu bekommen. Nun, der Mossad wußte von diesem Konto, und Rabin wußte, daß sie es wußten, nahm es aber nicht ernst. Hätte er aber sollen.

Als der richtige Zeitpunkt gekommen war, bekam Margalit einen Tip, daß Rabin ein Konto im Ausland unterhielte. Als Margalit nach Washington flog, um das nachzuprüfen, war er laut Efraim von ihm mit allen notwendigen Unterlagen über das Konto versehen worden. Die darauffolgende Veröffentlichung und der Skandal waren Begin beim Sieg über Rabin äußerst nützlich. Rabin war ein ehrlicher Mann, aber der Mossad mochte ihn nicht. Also kriegten sie ihn dran. Efraim rühmte sich ständig als der Mann, der ihn gestürzt habe. Ich habe niemals gehört, daß ihm widersprochen wurde.

Während des ersten Kurses besichtigten die Studenten einmal die Israeli Aircraft Industries (IAI). Im saudischen Ressort erfuhr ich, daß die Israelis Treibstoffreservetanks durch ein drittes Land (ich weiß nicht, welches) an Saudi-Arabien verkauften. Die saudische Luftwaffe stattete ihre Bomber damit aus, so daß die für ausgedehnte Flüge genug Extra-Treibstoff mitführen konnten. Israel hatte auch mit den Vereinigten Staaten einen Vertrag zur Lieferung dieser Reservetanks.

Die Saudis dachten nun, sie würden bei diesem Deal zuviel bezahlen, und wandten sich an die Amerikaner mit der Bitte, die Tanks von ihnen kaufen zu dürfen. Israel stellte sich auf die Hinterbeine und schrie nein! Die ganze jüdische Lobby begann sich zu rühren, weil die saudischen Kampfflugzeuge durch die Tanks die Möglichkeit erhielten, Israel anzugreifen. Aber wir wußten, wie unehrlich das war, weil sie doch unter zivilem Deckmantel für erheblich mehr Geld verkauft worden waren, als die Amerikaner verlangt hätten. Viele Dinge wurden auf diese Weise an die Saudis verkauft. Das ist ein großer Markt.

Die Forschungsabteilung lag im Keller und im ersten Stock der Zentrale. Dort waren der Chef der Abteilung und sein Stellvertreter untergebracht, die Bibliothek, der Computerraum, die Schreibzentrale und die Verbindungsstelle zu anderen Nachforschungsabteilungen. Der größte Teil des Personals arbeitete in den 15 Ressorts: Vereinigte Staaten, Südamerika, allgemeines Ressort (dazu gehörten Westeuropa und Kanada), das Atom-Ressort (scherzhaft das »Kaputt«-Ressort genannt), Ägypten, Syrien, Iran, Irak, Jordanien, Saudi-Arabien und die Vereinigten Arabischen Emirate, Libyen, Marokko/Algerien/Tunesien (als Maghreb bekannt), Afrika, die Sowjetunion und China.

Die »Research«-Abteilung produzierte täglich kurze Berichte, die jedem in der Frühe als erstes auf dem Computer zur Verfügung standen. Dann gab es einen ausführlicheren, vierseitigen Wochenbericht auf hellgrünem Papier mit Schwerpunkten in der arabischen Welt und einen monatlichen Report, 15 bis 20 Seiten stark, ziemlich detailliert und ausgestattet mit Tabellen und Grafiken.

Ich erstellte eine Karte mit der geplanten neuen Pipeline, mit allen Details, und schrieb ein Papier, das die Risiken kalkulierte, einen Öltanker sicher durch den Persischen Golf zu bringen. Ich gab dem damals eine Chance von 30 Prozent. Die Strategie lautete, daß der Mossad, sobald die Chancen auf 48 Prozent stiegen, jeweils beide Seiten über die Position der Schiffe der anderen informieren würde. Wir hatten in London einen Mann, der die iranische und die irakische Botschaft anrief, sich jeweils als arabischer Patriot ausgab und ihnen die Information zuspielte. Sie wollten ihn treffen und bezahlen, weil seine Information so gut war. Aber er sagte immer, daß er es aus Patriotismus täte, nicht des Geldes wegen. Wir erlaubten einer bestimmten Anzahl iranischer und irakischer Schiffe die Durchfahrt, aber wenn es darüber hinausging, sorgten wir dafür, daß die gegnerische Seite davon erfuhr und die Schiffe unter Feuer nahm. Auf diese Weise blieb der Krieg im Gange. Denn so lange sie gegeneinander kämpften, konnten sie nicht uns bekämpfen.

Nach mehreren Monaten beim »Research« wurde ich in die Abteilung versetzt, die für mich die spannendste von allen war: *Kaisarut* oder Liaison (Verbindung). Ich wurde dem Ressort *Dardasim*, auch »Smerfs« genannt, zugeteilt, das für den Fernen Osten und Afrika zuständig war. Ich arbeitete unter Amy Yaar.

Es glich einem Bahnhof, einer Art Mini-Außenministerium für Länder, zu denen Israel keine offiziellen Beziehungen unterhielt. Ehemalige Generäle und die unterschiedlichsten ehemaligen Geheimdienstleute gingen ständig ein und aus, hatten Besucherkarten angeheftet und nutzten ihre früheren Mossad-Kontakte, um Aufträge für ihre privaten Unternehmen zu ergattern – gewöhnlich Waffenverkäufe. Weil diese »Berater« als Israelis gewisse Länder nicht betreten durften, erleichterte ihnen die Verbindungsabteilung die Geschäfte, indem sie ihnen falsche Pässe und sonstiges Material lieferte.

Das war nicht in Ordnung, aber niemand würde jemals etwas dagegen sagen. Jeder dachte wohl, daß er auch mal irgendwann ein Ehemaliger sein und wahrscheinlich ähnliche Geschäfte machen würde.

Für den Fall, daß man irgend etwas Ungewöhnliches von mir wollte, sollte ich nicht nach dem Warum fragen, sondern ihn einfach informieren, sagte mir Amy. Eines Tages kam ein Mann und bat mich, einen Vertrag unterschreiben zu lassen, der vom Premierminister gebilligt werden müßte. In dem Vertrag ging es um den Verkauf von 20 bis 30 amerikanischen Skyhawk-Kampfflugzeugen an Indonesien, und das widersprach dem Waffenhandelsabkommen zwischen Israel und den USA. Es war nicht erlaubt, derlei Waffen ohne amerikanische Zustimmung weiterzuverkaufen.

»Okay«, sagte ich, »wenn Sie nichts dagegen haben, kommen Sie bitte morgen wieder oder hinterlassen Sie mir Ihre Telefonnummer. Ich werde Sie anrufen, sobald es erledigt ist.«

»Nein, ich warte«, sagte er.

Bei meiner Besichtigung der IAI hatte ich etwa 30 dieser Sky-hawks gesehen, die nebeneinander auf einer Landebahn aufge-reiht und, in leuchtend gelbes Plastik verpackt, auf die Verschif-fung warteten. Als wir danach fragten, sagte man uns, daß sie zum Weitertransport nach Übersee bestimmt seien, aber nicht, wohin. Man konnte ziemlich sicher davon ausgehen, daß die Amerikaner dem Verkauf dieser Flugzeuge an Indonesien nicht zustimmen würden. Das würde das politische Gleichgewicht in der betreffenden Region verändern. Aber das war nicht meine Sache. Als er sagte, er würde auf die Zustimmung von Premier-minister Peres warten, zog ich mein Schubfach heraus, schaute hinein und sagte: »Shimon, Shimon.« Ich wandte mich ihm zu und sagte: »Tut mir leid, Herr Peres ist im Moment nicht da.«

Der Kerl drehte richtig durch und sagte mir, ich solle Amy ho-len. Ich hatte nicht einmal gefragt, wer er war. Als ich Amy da-von berichtete, wurde er ganz aufgeregt. »Wo ist er? Wo ist er?«

»Draußen im Flur.«

»Schick ihn mir mit dem Vertrag rein«, sagte Amy.

Etwa 20 Minuten später verließ der Mann Yaars Büro und ging an meinem vorbei. Er hielt den Vertrag hoch, so daß ich ihn se-hen konnte, und sagte zu mir, während er selbstbewußt grinste: »Offenbar war Herr Peres doch da.«

Peres war wahrscheinlich zu diesem Zeitpunkt in Jerusalem und würde gewiß niemals etwas von seiner Unterschrift unter diese Dokumente erfahren. Das Papier, das bei dieser Ge-schichte benutzt worden war, wurde »ass-cover« genannt und war nur zum internen Gebrauch bestimmt. Es diente dazu, dem Spediteur oder wem sonst auch immer von den daran Beteiligten zu belegen, daß man finanziell abgesichert sei, da der Premier-minister mit seiner Unterschrift zugestimmt hatte.

Offiziell arbeiten die Angestellten des Mossad natürlich für das Büro des Regierungschefs. Der Premier würde schon von finan-ziellen Transaktionen erfahren, aber nichts über die wirklich zweifelhaften Geschäfte. Und oft war das für ihn auch gut so. Es war manchmal besser, nichts zu wissen. Wäre er informiert gewesen, dann hätte er Entscheidungen treffen müssen. Hätten die Amerikaner in diesem Fall etwas herausgefunden, hätte er sagen können, er sei nicht informiert gewesen, und das wäre dann das, was die Amerikaner ein »überzeugendes Dementi« nennen.

Das Asia Building, das sich im Besitz des reichen israelischen Industriellen Saul Eisenberg befand, lag direkt neben dem Hauptquartier. Wegen seiner Verbindungen in den Fernen Osten war er der Draht des Mossad zu China. Er und seine Leute machten gewaltige Waffengeschäfte in verschiedenen Regionen der Welt. Bei vielen Verkäufen ging es um überschüssige Ausrüstung, wie z. B. russisches Material, das im Krieg von Ägypten und Syrern erbeutet worden war. Als Israel keine in Rußland produzierten AK-47-Gewehre mehr zu verkaufen hatte, begann es sie selbst herzustellen – eine Kreuzung zwischen AK-47 und dem amerikanischen M-16, Galil genannt. Es wurde in die ganze Welt verkauft.

Ich kam mir vor wie in einem Warenhaus, das nur dazu da war, all diese Privatberater zu bedienen. Eigentlich sollten sie Werkzeuge für uns sein, aber die Werkzeuge entglitten der Kontrolle. Sie hatten mehr Erfahrung als irgend jemand von uns, so daß in Wirklichkeit sie uns benutzten.

Mitte Juli 1984 bestand einer meiner Aufträge darin, eine Gruppe indischer Atomwissenschaftler zu begleiten. Diese Leute fürchteten die Bedrohung durch eine Bombe in islamischen Händen, das heißt die pakistanische Atombombe. Sie waren in geheimer Mission nach Israel gekommen, um israelische Atomexperten zu treffen und Informationen auszutauschen. Es zeigte sich, daß die Israelis gern Informationen von den Indern entgegennahmen, aber nicht geneigt waren, ihnen den gleichen Gefallen zu tun.

Am Tag nach ihrem Abflug, als ich meine Büroarbeit wieder aufnahm, rief Amy mich zu sich, um mir zwei Aufträge zu übertragen. Der erste war, alles Notwendige für eine Gruppe von Israelis vorzubereiten, die nach Südafrika ging, um die dortigen Einheiten der Geheimpolizei zu trainieren. Danach sollte ich zu einer afrikanischen Botschaft gehen und einen Mann abholen, der zurück in sein Heimatland fliegen sollte. Er sollte zuerst in seine Wohnung an der Herzlia Pituah und dann zum Flughafen und durch die Kontrollen gebracht werden.

»Wir werden uns dann am Flughafen treffen«, sagte Amy, »weil wir eine Gruppe von Leuten aus Sri Lanka zum Training bekommen.«

Amy wartete schon auf den Sri-Lanka-Flug aus London, als ich zu ihm stieß. »Wenn diese Kerle ankommen«, sagte er, »verzieh keine Miene. Mach gar nichts.«

»Was meinst du?« fragte ich.

»Nun, diese Burschen sehen aus wie Affen. Sie kommen aus 'ner Gegend, die unterentwickelt ist. Die sind noch nicht lange von den Bäumen runter. Erwarte also nicht zuviel.«

Amy und ich eskortierten die neun Leute aus Sri Lanka durch eine Hintertür des Flughafens zu einem kleinen Bus mit Klimaanlage. Sie waren die ersten einer Gruppe, die am Ende aus beinahe 50 Leuten bestehen sollte. Sie sollten dann in drei kleinere Gruppen aufgeteilt werden:

● eine Anti-Terror-Gruppe, die auf der Militärbasis in der Nähe von Petah Tikvah, genannt Kfar Sirkin, trainiert werden sollte. Sie sollten lernen, wie man gekaperte Busse und Flugzeuge in seine Gewalt bekommt oder mit Geiselnehmern in einem Gebäude fertig wird; wie man aus einem Hubschrauber am Seil aussteigt und weitere Anti-Terror-Taktiken. Und sie würden natürlich Uzis und sonstige israelische Ausrüstung, einschließlich schußsichere Westen, Spezialgranaten u. ä. kaufen.

● ein Einkaufsteam, das in größerem Maße Waffen erwerben würde. Sie kauften zum Beispiel sieben oder acht PT-Boote, *Devora* genannt, die sie an der Nordküste der Insel gegen die Tamilen einsetzen wollten.

● eine Gruppe von hochrangigen Offizieren, die Radaranlagen und sonstige Marineausrüstung kaufen wollte, um mit den Tamilen fertig zu werden, die immer noch von Indien aus durchschlüpften und die Gewässer Sri Lankas verminten.

Ich sollte Penny (siehe Kapitel 3: »Die Anfänger«), die Schwiegertochter von Präsident Jayawardene, zwei Tage lang zu den üblichen Touristenorten begleiten, und danach würde jemand anderes aus dem Büro sich um sie kümmern. Penny war eine angenehme Frau, rein äußerlich eine indische Version von Corazon Aquino. Sie war Buddhistin, weil ihr Mann Buddhist war, aber sie war doch noch irgendwie Christin, weshalb sie alle christlichen Heiligtümer sehen wollte. Am zweiten Tag führte ich sie nach Vered Haglil, der »Rose von Galiläa«, ein Restaurant auf einem Gestüt, das auf einem Berg lag. Dort hatte man einen schönen Ausblick und konnte sehr gut essen. Wir hatten dort ein Konto.

Als nächstes wurde ich den hochrangigen Offizieren zugeteilt, die sich Radarausrüstungen anschauen wollten. Ich sollte sie zu der Herstellerfirma Alta in Ashdod führen, die den Auftrag übernehmen könnte. Aber als der Alta-Repräsentant ihre genauen Angaben las, sagte er: »Das ist für die doch nur eine Pflichtübung. Sie werden unser Radar nicht kaufen.«

»Wieso?« fragte ich.

»Die Spezifikationen wurden nicht von diesen Affen formuliert«, sagte der Mann. »Die stammen von einem britischen Radarhersteller namens Deca. Diese Burschen wissen also schon, was sie kaufen wollen. Gib ihnen eine Banane und schick sie wieder nach Hause. Du verschwendest nur deine Zeit.«

»Okay, aber habt ihr nicht irgendeine Broschüre oder so etwas, um sie zufriedenzustellen?«

Wir unterhielten uns auf hebräisch, während wir beisammensaßen und Kekse knabberten, Tee und Kaffee tranken. Der Vertreter von Alta sagte, er hätte nichts dagegen, ihnen was zu lesen zu geben, damit sie nicht den Eindruck hätten, sie wären abgewiesen worden. »Aber wenn wir das schon tun, dann soll das ein bißchen Spaß bringen.«

Mit diesen Worten führte er uns in einen anderen Raum, in dem große Diapositive hingen, auf denen ein riesiges Absaugsystem zu sehen war, das zur Säuberung von Hafenbecken nach Ölverschmutzungen benutzt wird. Er hatte eine ganze Serie von farbenprächtigen schematischen Darstellungen. Alles war hebrä-isch beschriftet, und er erläuterte diese »Radaranlage von höch-stem technischem Standard« auf englisch. Ich hatte Mühe, mir das Lachen zu verbeißen. Er trug aber auch wirklich dick auf, be-hauptete, daß diese Anlage einen im Wasser schwimmenden Menschen orten und seine Schuhgröße, seinen Namen, seine Adresse und die Blutgruppe bestimmen könne. Als er seinen Vortrag beendet hatte, dankten ihm die Leute aus Sri Lanka und sagten, daß diese technischen Fortschritte sie wirklich überrascht hätten, daß diese Anlage aber nicht in ihre Schiffe passen würde. Und dann begannen sie, von ihren Schiffen zu erzählen. Nun, die kannten wir. Wir hatten sie gebaut!

Nachdem ich im Hotel abgesetzt worden war, erzählte ich Amy, daß die Sri Lanka-Leute das Radar nicht kaufen würden. »Das war uns klar«, entgegnete er.

Dann wies Amy mich an, nach Kfar Sirkin zu gehen, wo die Spezialeinheit aus Sri-Lanka trainierte, um sie mit allem zu ver-sorgen, was sie wünschten, und sie für den Abend nach Tel Aviv mitzubringen. Aber er empfahl mir dringend, alles gründlich mit Yosy abzusprechen, der in jener Woche auch zu dieser Abteilung versetzt worden war.

Yosy betreute ebenfalls eine Gruppe, die von den Israelis trai-niert wurde. Aber die durften keinesfalls meine Leute treffen. Es waren Tamilen, erbitterte Feinde meiner Singhalesen-Gruppe. Die Tamilen, die zum größten Teil Hindus sind, protestieren da-gegen, daß sie in Sri Lanka, seit die Insel 1948 von Großbritan-nien die Unabhängigkeit erhalten hatte (unter der Bezeichnung Ceylon), gegenüber der überwiegend singhalesischen Mehrheit der Insel benachteiligt werden. Von den ca. 16 Millionen Bewoh-nern Sri Lankas sind 74 Prozent Singhalesen und nur 20 Prozent Tamilen, die vor allem im nördlichen Teil des Landes leben. Etwa im Jahr 1983 begann eine Gruppe von Tamilen-Guerilleros, die als »Tiger« bekannt wurden, den bewaffneten Kampf zur Schaf-fung eines unabhängigen Tamilen-Staates mit Namen Eelam – ein immer noch anhaltender Kampf, der schon Tausende von Menschenleben auf beiden Seiten gefordert hat.

Die Tamilen genießen im südindischen Bundesstaat Tamil Nadu sehr viele Sympathien; dort leben etwa 40 Millionen Tamilen. Viele Tamilen aus Sri Lanka entkamen den Massakern durch die Flucht nach Indien. Die Regierung von Sri Lanka hat indische Stellen beschuldigt, die Tamilen zu bewaffnen und zu trainieren. Sie sollte sich lieber an den Mossad halten.

Die Tamilen wurden auf einem Stützpunkt für Marinekommandos ausgebildet; sie lernten Angriffstechniken, das Verminen von Landeplätzen, Kommunikation und die Sabotage an Schiffen vom Typ Devora. Es waren etwa 28 Leute in jeder Gruppe. Es wurde beschlossen, daß Yosy die Tamilen in der Nacht nach Haifa bringen sollte, während ich mit den Singhalesen nach Tel Aviv fahren würde, um ein zufälliges Zusammentreffen zu vermeiden.

Ein echtes Problem gab es nach Ablauf von zwei Wochen des Programms, als sowohl Tamilen als auch Singhalesen – natürlich ohne voneinander zu wissen – in Kfar Sirkin trainierten. Das ist eine ziemlich große Basis, aber trotzdem sind einmal beide Gruppen beim Joggen nur ein paar Meter entfernt aneinander vorbeigerannt. Nach ihrer Grundausbildung in Kfar Sirkin wurden die Singhalesen zur Marinebasis gebracht, wo man ihnen erklärte, wie sie mit eben jenen Techniken fertig würden, die gerade die Tamilen gelernt hatten. Es war ziemlich hektisch. Wir mußten uns Bestrafungen und Nachtübungen einfallen lassen, nur um sie zu beschäftigen, damit bloß nicht beide Gruppen gleichzeitig in Tel Aviv auftauchten. Die Aktionen dieses einen Mannes – Amy – hätten die politische Lage in Israel zugespitzt, wenn sich beide Gruppen begegnet wären. Ich bin sicher, daß Peres in der Nacht kein Auge zugemacht hätte, wenn er gewußt hätte, was da vor sich ging. Aber er wußte natürlich nichts.

Als die drei Wochen beinahe um waren und die Singhalesen sich darauf vorbereiteten, nach Atlit, der streng geheimen Basis für Marinekommandos zu fahren, sagte mir Amy, daß er sie nicht begleiten würde. Ihr Training würde vom *Syaret Matcal* übernommen werden. Das war die Spitzenaufklärungsgruppe des Geheimdienstes, jene, die den berühmten Entebbe-Einsatz durchgeführt hatte. (Die Marinekommandos entsprechen der amerikanischen Seals.)

»Wir haben ein Problem«, sagte Amy. »Wir haben da eine Gruppe von 27 SWAT-Leuten aus Indien im Anmarsch.«

»Mein Gott«, sagte ich. »Was ist das? Wir haben Singhalesen, Tamilen und jetzt Inder. Wen als nächsten?«

Das SWAT-Team sollte auf derselben Basis trainieren, wo schon Yosy mit seinen Tamilen war. Es war eine verzwickte und ziemlich riskante Situation. Neben all dem hatte ich noch meine regelmäßige Büroarbeit zu leisten und meine täglichen Berichte zu schreiben. An den Abenden mußte ich das SWAT-Team zum Essen ausführen, wobei ich wieder darauf achten mußte, daß sich die Gruppen nicht am selben Ort begegneten. Täglich wurde mir ein Umschlag mit etwa 300 Dollar in israelischer Währung gebracht; das konnte ich für sie ausgeben.

Gleichzeitig mußte ich einen taiwanesischen Luftwaffengeneral namens Key treffen, der Vertreter seines Geheimdienstes in Israel war. Er arbeitete in der japanischen Botschaft und wollte Waffen kaufen. Ich sollte ihn herumführen, ihm aber nichts verkaufen, da die Taiwanesen alles, was sie kauften, innerhalb von zwei Tagen nachbauten und dann mit Israel auf dem Markt konkurrieren würden. Ich brachte ihn zur Sultan-Fabrik in Galil, wo Mörser und Mörsergranaten hergestellt wurden. Er war beeindruckt, aber der Hersteller sagte ihm, daß er ihm nichts verkaufen könnte: erstens, weil er aus Taiwan käme, und zweitens, weil alles, was er lieferbar hätte, schon im voraus bestellt sei. Ich sagte ihm, ich hätte gar nicht gewußt, daß wir soviel mit Mörsern üben würden. Er sagte: »Wir nicht, aber die Iraner verbrauchen eine Menge davon.« So hielt man das Geschäft in Gang.

Einmal traf man die Vereinbarung, eine ganze Gruppe Taiwanesen zum Training ins Land zu holen. Es war ein schlechter Kompromiß. Sie hatten den Mossad gebeten, israelische Beamte zu ihnen zu schicken, und das war abgelehnt worden; statt dessen wurde eine Einheit von ihnen nach dem Vorbild des Neviot gedrillt; die sollte in der Lage sein, Informationen aus »stillen« Objekten zu gewinnen.

Zu jener Zeit gingen auch serienweise Afrikaner in unserer Abteilung ein und aus, denen man die unterschiedlichsten Dienstleistungen anbot. Ich blieb zwei Monate länger in der Abteilung, auf Amys spezielle Anforderung – was sowohl ein Kompliment war als auch eine nützliche Ergänzung in meiner Akte.

Ich sah nie wieder soviel Geld so schnell von einer Hand in die nächste wandern, und das zwischen so vielen Leuten wie in meiner Zeit bei Amy. Der Mossad betrachtete all diese Verträge als erste Verbindung mit verschiedenen Ländern, die eines Tages diplomatische Beziehungen einbringen würde – deshalb spielte Geld keine Rolle. Und die Geschäftsleute sahen es natürlich vom Standpunkt des Profits. Sie alle erhielten ihre gesunden Prozente.

Mein letzter Auftrag bei Amy war eine viertägige Reise durch Israel mit einem Mann und einer Frau aus dem kommunistischen China, die elektronische Ausrüstung kaufen wollten.

Sie waren böse, daß ihnen Geräte von geringerer Qualität gezeigt wurden, als sie selbst schon besaßen. Sie beklagten sich und meinten: »Was versuchen die uns anzudrehen, Socken?« Das fand ich wirklich lustig, weil ich immer sagte, wenn wir der chinesischen Armee Socken verkaufen könnten, würden wir wirtschaftlich gesund dastehen. Dann würde jeder stricken.

Aber das Paar aus China wurde mies behandelt, und das nur deshalb, weil Amy dachte, sie wären nicht hochrangig genug. Er traf Entscheidungen von außenpolitischer Bedeutung ausschließlich allein, ohne irgend jemanden zu fragen. Das war erstaunlich. Sein ganzes Leben lang hatte Amy für die Regierung mit einem Regierungsgehalt gearbeitet, lebte aber außerhalb von Tel Aviv auf einem Landsitz in einer riesigen Villa mit einem eigenen kleinen Wald. Wir hielten uns manchmal an den Wochenenden, wenn wir arbeiteten, dort auf, und immer gab es dort Geschäftsleute, die über den Rasen schlenderten, und immer war ein Barbecue in Gang. Ich fragte ihn einmal: »Wie kannst du dir das alles leisten?« Er antwortete: »Du mußt hart arbeiten, sparen und dann geht das.« So wird es wohl sein.

Danach wurde ich zur Tsomet-Abteilung (Rekrutierungsabteilung) in das Benelux-Ressort versetzt, wo es mit zu meinem Job gehörte, dänische Visa-Anträge zu prüfen.

Im Tsomet sind die Ressorts dazu da, die Station zu bedienen, nicht, sie zu instruieren. Beim Tsomet ist der Chef einer Station der Boß und steht im Rang in den meisten Fällen auf gleicher Stufe wie der Chef der Unterabteilung, dem er organisatorisch untersteht. (Ganz im Gegensatz zum Kaisarut, wo ich zuvor gearbeitet hatte. Dort werden die Entscheidungen in den Ressorts und Unterabteilungen getroffen, so daß der Verbindungschef der Londoner Station zum Beispiel direkter Untergebener des London-Ressorts in Tel Aviv ist, das die totale Kontrolle innehat.)

Die Unterabteilung C des Tsomet hatte mehrere Ressorts (siehe Anhang I). Eins wurde das Benelux-Ressort genannt und beschäftigte sich mit Belgien, den Niederlanden, Luxemburg und auch Skandinavien (mit Stationen in Brüssel und Kopenhagen); dann gab es noch die französischen und britischen Ressorts mit Stationen in London, Paris und Marseille.

Die zweite große Unterabteilung B hatte ein italienisches Ressort mit Stationen in Rom und Mailand; das deutsche und österreichische Ressort mit Stationen in Hamburg (später nach Berlin verlegt); und das »Springer-Ressort«, die israelische Station in Tel Aviv, mit den Katsas, die bei Bedarf nach Griechenland, Ägypten, Spanien und in die Türkei »sprangen«.

Der Chef einer Station hatte denselben Rang wie der Chef einer Unterabteilung und konnte sich notfalls sogar über ihn hinwegsetzen und sich direkt an den Abteilungschef wenden. Diese Struktur war ziemlich brüchig, denn wenn er dort kein Glück hatte, konnte er sich immer noch an den Europa-Chef in Brüssel wenden. Als Kommandeur im Außendienst stand er sogar über dem Abteilungschef. Das war ein ständiger Kampf, und bei jeder personellen Veränderung verschob sich das Machtgefüge.

So etwas wie Befehle gab es beim Mossad nicht. Das sieht nicht gut aus. Erstens wollte man niemanden verärgern, und zweitens mußte niemand wirklich tun, was von ihm verlangt wurde. Die meisten Leute hatten ein oder zwei Pferde im Rennen – ein offen sichtbares und ein verstecktes Pferd –, eines, das beim Aufstieg behilflich war, und ein geheimes, das einen aus der Scheiße ziehen konnte. Deshalb gab es ständige Kämpfe, um herauszufinden, wer wen hatte und warum.

Als von einem Agenten, der damals Assistent des Luftwaffen-attachés an der syrischen Botschaft in Paris war, über Computer die Information eintraf, daß der Chef der syrischen Luftwaffe (der auch Chef des Geheimdienstes war) nach Europa kommen würde, um teure Möbel einzukaufen, dachte das Hauptquartier sofort daran, ihm ein Möbelstück unterzuschieben, was »spre-chen« konnte, also speziell präpariert worden war.

Der Computer mußte alle vorhandenen Möbel-Sayanim aus-spucken. Ein Plan wurde entworfen, um für das renovierte Büro im Hauptquartier der syrischen Luftwaffe einen »sprechenden Tisch« herzustellen. Ein Katsa von der Londoner Station wurde nach Paris geschickt, um alles vorzubereiten, obwohl der Mossad wußte, daß der General seine Möbel in Belgien und nicht in Frankreich kaufen würde. (Warum, das wußten sie nicht.)

Vor der Ankunft des Generals etablierte sich der Londoner Katsa in der Branche als ein Händler, bei dem man jedes belie-bige Möbelstück bekommen konnte, nur billiger als anderswo. Wir wußten, daß der General selbst von dem Möbelkauf nicht profitieren wollte. Er war reich und würde das Geld sowieso durch die Botschaft bekommen und in bar bezahlen. Wir wollten nicht an ihn herankommen, sondern an seinen Assistenten, der den Kauf letztlich tätigen würde. Wir hatten weniger als drei Wochen Zeit, um das zu bewerkstelligen.

Wir kontaktierten einen bekannten Möbeldesigner, einen Sayan, und erhielten Fotos seiner Arbeiten. Innerhalb von weni-gen Tagen stellten wir einen Katalog für ein Unternehmen zu-sammen, das Qualitätsmöbel zu vernünftigen Preisen lieferte. Wir hatten einen Drei-Stufen-Plan ausgearbeitet, um an den Assistenten des Generals heranzukommen. Zuerst wollten wir versuchen, ihn direkt zu kontaktieren: ihm die Broschüre geben, sehen, ob er anbeißt und die Möbel direkt beim Mossad kauft. Würde das nicht klappen, wollten wir herausfinden, wo er die

Möbel kaufen würde, um dann die Auslieferung zu übernehmen. Der nächste Schritt, falls alles andere schiefginge, wäre, die Möbel abzufangen.

Wir wußten, in welchem Hotel in Brüssel der General absteigen und daß er mit seinen Leibwächtern in dem Hotel drei Tage vor seinem Weiterflug nach Paris verbringen würde. Wir folgten dem General von Geschäft zu Geschäft und beobachteten den Assistenten, wie er sich Notizen machte. An dem Punkt glaubte der Katsa, die Sache wäre gelaufen. Wir wußten nicht, was tun. Der Tag war vorüber, und der General kehrte in sein Hotel zurück. Unser Typ in der syrischen Botschaft teilte uns mit, daß der General am folgenden Tag nach Paris fliegen würde, daß aber ein Flug storniert worden war. Wir vermuteten, daß es der Flug des Assistenten war, der noch dableiben sollte, um den Kauf zu Ende zu bringen.

So war es. Am nächsten Morgen wurde der Assistent vom Hotel bis in einen sehr exklusiven Laden beschattet. Dort hatte er ein langes Gespräch mit dem Personal, und der Katsa entschied, daß dies der günstigste Augenblick zum Einschreiten wäre. Er ging in den Laden und schaute sich um. Danach kam ein Sayan, ging zu dem Katsa und bedankte sich lautstark und sehr überzeugend bei ihm, daß er ihm genau die Möbel besorgt hätte, die er sich gewünscht habe, und daß er obendrein Tausende Dollar gespart hätte.

Nachdem der Sayan den Laden verlassen hatte, schaute der Assistent des Generals neugierig in Richtung des Katsa.

»Wollen Sie Möbel kaufen?« fragte der ihn.

»Ja.«

»Hier, schauen Sie sich das an«, sagte er und übergab ihm die Spezialbroschüre.

»Arbeiten Sie in diesem Laden?« fragte der Syrer verwundert.

»Nein, nein, ich kaufe für meine Kunden«, erwiderte der Katsa. »Ich kaufe in großen Mengen zu ausgezeichneten Rabatten. Ich übernehme die Auslieferung und gewähre bessere Zahlungsbedingungen als die meisten anderen.«

»Wie meinen Sie das?«

»Ich habe Kunden überall. Sie kommen herein und suchen sich aus, was sie wollen, und ich kaufe es direkt bei der Quelle. Dann liefere ich es ihnen, und sie zahlen nach Lieferung. So brauchen sie sich keine Gedanken über irgendwelche Transportschäden zu machen. Es gibt kein Risiko. Sie brauchen sich nicht darum zu kümmern, daß sie etwas ersetzt bekommen oder nicht.«

»Und wie wollen Sie wissen, daß Sie bezahlt werden?«

»Das ist niemals ein Problem.«

Jetzt ging dem Assistenten ein Licht auf. Er sah eine Chance, zu einer Stange Geld zu kommen. Der Katsa brauchte etwa drei Stunden, dann hatte er eine Liste all der Dinge, die der General benötigte. Der Preis allein für die Möbel betrug 180000 Dollar, Transport und Verpackung nicht gerechnet. Der Katsa »verkaufte« es dem Assistenten für 105000 Dollar, so daß der Syrer 75000 Dollar in die eigene Tasche stecken konnte.

Lustig war, daß der Assistent als Frachtadresse den Hafen Litakia nannte, aber für sich und den General falsche Namen angab. Das einzige, was nicht falsch war, war die Adresse, wo die Ladung abgeholt werden sollte. Er sagte, wenn wir eine Bestätigung brauchten, könnten wir die syrische Botschaft in Paris anrufen. Eine halbe Stunde nachdem er gegangen war, rief der Assistent unseren Mann in der Botschaft an und sagte ihm, falls jemand die Namen und die Adresse bestätigt haben wollte, könne er das tun, weil es eine Operation von höchster Wichtigkeit sei.

Zwei Tage später wurde ein schön verzierter belgischer Tisch nach Israel verfrachtet. Er wurde auseinandergenommen, und Abhör- und Sendematerial für 50000 Dollar wurden installiert, einschließlich einer Spezialbatterie, die drei bis vier Jahre halten würde. Die Abhöranlage wurde so versiegelt eingepaßt, daß niemand sie finden würde, es sei denn, man hätte die Tischplatte abgenommen und in zwei Teile gesägt. Der Tisch wurde dann zurück nach Belgien geschickt und zu der Möbellieferung nach Syrien gestellt.

Der Mossad wartet immer noch darauf, etwas aus dem Tisch zu hören. Spione drückten sich in der Nähe der entsprechenden

Gebäude mit Abhörgeräten herum, aber sie konnten bisher nichts auffangen. Es wäre traumhaft gewesen, wenn es funktioniert hätte. Möglicherweise ist er ja in ein Bunkerbüro in Damaskus gestellt worden. Die Russen haben dort einige gebaut, die abhörsicher sind. Aber wenn sie die Anlage entdeckt hätten, dann hätten sie den Tisch sicher auch genutzt.

Ansonsten war meine Arbeit in der Abteilung ziemlich monoton. Ich legte Akten an, mußte für das Einhalten von Zeitplänen sorgen, und vor allem mußte ich die Bosse decken, wenn ihre Frauen anriefen und fragten, wo ihre Männer blieben – ich mußte sagen, sie hätten einen Auftrag.

Wie alle anderen arbeitete auch ich in einem Hurenhaus.

# 7

## DAS TOUPET

Es war der 27. Oktober 1984. Meine Kollegen und ich hatten gerade unsere Zeit als Junior-Katsas im Hauptquartier beendet. Wir sollten nun zurück in die Akademie, um dort einen Offizierskurs in operativem Geheimdienst zu absolvieren. Dieses Mal arbeiteten wir in einem großen Raum im ersten Stock des Hauptgebäudes. Die ursprüngliche Gruppe von 15 Mann war auf zwölf geschrumpft, wurde aber durch drei Mann aufgestockt, die aus früheren Kursen übriggeblieben waren, für die es sich aber nicht gelohnt hatte, extra Abschlußkurse durchzuführen. Unsere drei neuen Kollegen hießen Oded L., Pinhas M. und Yegal A.

Es gab noch weitere Veränderungen. Araleh Sherf war nicht mehr Direktor der Akademie, sondern hatte die *Tsafririm-* (oder »Morgenbrise«) Abteilung übernommen. An seine Stelle war Dan Arbel getreten, ehemaliger Chef des Pariser Büros und danach einer der Agenten der berüchtigten Lillehammer-Operation – der Mann, der den örtlichen Behörden alles gestanden hatte. Shai Kauly war immer noch da, aber Oren Riff war in das Büro des Mossad-Chefs versetzt worden. Unser neuer Kursleiter war Itzik E. (siehe »Prolog: Operation Sphinx«), der ebenfalls keine sonderlich vorzeigbare Laufbahn hinter sich hatte. Er war einer der beiden Männer, die vom Schwarzen September bei einem auf hebräisch geführten Gespräch belauscht worden waren, als sie am Flughafen Orly einen wichtigen Agenten zu einem Flug nach Rom brachten.

Arbel, ein weißhaariger, kleiner, schüchterner Mann mit Brille strahlte kein Vertrauen aus und flößte auch keines ein. Itzik andererseits spielte sich als der fähige, mit der Feldarbeit vertraute Katsa auf, der gerade mal einen Abstecher nach Paris als zweiter Chef der dortigen Station gemacht hatte. Er sprach fließend Französisch, Englisch und Griechisch und entwickelte sofort Sympathien für den in Frankreich geborenen Michel M. Die beiden Männer unterhielten sich ständig auf französisch und schlossen sich zusammen, was die bereits bestehende Abneigung der anderen gegenüber Michel nur vergrößerte. Michel hatte mal zu meiner Clique gehört, aber wir lebten uns auseinander – hauptsächlich, weil er seine Sprache benutzte, um sich bei Itzik einzuschmeicheln und die anderen und mich anzuschwärzen.

Michel war also nicht mehr in meinem Freundeskreis, wohl aber Heim und Yosy. Wir waren eine verschworene Gemeinschaft. Wir glaubten alle Tricks des Spiels zu kennen. Jetzt, meinten wir, käme es darauf an, die *Essenz* der Geheimdienstarbeit mitzubekommen. Bis jetzt, so glaubten wir, hätten wir Verhalten und Nachrichtenbeschaffung auf niedriger Ebene kennengelernt. Jetzt würden wir die letzten Tricks und Feinheiten erfahren.

Als erstes bekamen wir von den Sicherheitsexperten Nahaman Lavy und Tal wieder einmal eine Mossad-Filmproduktion vorgeführt. Der Film hieß »Nur ein winziger Nagel«. Er beschreibt die in vielen Abwandlungen erzählte Geschichte von der Armee, die einen Krieg verlor, weil am Hufeisen des Pferdes des Oberkommandierenden ein Nagel fehlte. Die Moral von der Geschicht':
Kein Detail ist unwichtig; egal, wie unscheinbar es erscheinen mag, ein nicht überprüftes Detail kann eine ganze Operation zum Platzen bringen. Der Film gehörte zu einem Vier-Stunden-Programm, das auch eine Vorlesung über Absicherung des Auftretens, allgemeine Sicherheit und Zuverlässigkeit enthielt.

Danach verbrachten wir eine Stunde mit Ury Dinure, unserem neuen NAKA-Instrukteur. Als nächstes absolvierten wir einen umfassenden Kurs über internationale Geschäftsbeziehungen – wie ein Unternehmen geführt wird, wie Mailorder-Verkäufe ablaufen, über Management-Strukturen, Beziehungen zwischen

Unternehmensleitung und Aktionären, die Pflichten eines Aufsichtsratsvorsitzenden, wie die Börse funktioniert, das Aufsetzen von Verträgen mit ausländischen Unternehmen, die im Seeverkehr üblichen Lieferbedingungen nach COD oder FOB, alles, was wir brauchten, um die Aktivitäten eines Unternehmens wirklich zu begreifen, wenn wir es als Legende für unsere Operationen benutzten. Dieser Kurs in »Unternehmensführung« zog sich über die gesamte Länge unseres Abschlußkurses hin, mit mindestens zwei Stunden wöchentlich und zahlreichen Tests und schriftlichen Arbeiten.

Unterdessen hatte Itzik eine neue Übung begonnen, bei der wir lernten, wie wir einen Agenten bis ins letzte Detail zu instruieren hatten. In einer gesonderten Übung wurde uns demonstriert, wie wir einen Agenten zu liquidieren, d. h. zu töten hatten, der aus dem Ruder lief, wenn wir uns in einer Situation befänden, in der wir nicht sicher sein konnten, daß Metsada eine Kidon-Einheit für diesen Job schicken würde. Wir wurden in drei Teams mit je fünf Leuten aufgeteilt. Jedes Team erhielt ein anderes »Subjekt« zugeordnet, über das Daten gesammelt und ein Plan zu seiner Eliminierung ausgearbeitet werden mußte.

Mein Team brauchte drei Tage, um die notwendigen Informationen zu sammeln. Die einzige regelmäßige Tätigkeit unseres »Subjektes« war, daß es täglich um 17.30 Uhr zwei Packungen Zigaretten in seinem Laden kaufte. Man konnte die Uhr danach stellen. Das war eindeutig der beste Ort, um ihn abzufangen. Wir hatten einen Fahrer, und ich saß mit einem zweiten Mann auf dem Rücksitz. Als ich den Agenten anrief, erkannte er seinen Katsa und stieg bereitwillig zu uns auf den Rücksitz. Wir fuhren zu einem Punkt außerhalb der Stadt, wo wir ihm eine Äthermaske auf das Gesicht drückten, um ihn kampfunfähig zu machen. Das Ganze war natürlich nur simuliert.

Restlicher Teil der Übung war, den »Hit« wie einen Unfall aussehen zu lassen. Wir würden seinen Wagen in der Nähe einer Klippe verstecken, um dann unseren bewußtlosen Mann hineinzusetzen; dann würden wir ihm mittels einer Rolle Zeitungspapier Wodka (der gut brennt) einflößen, eine Weile warten, bis der Alkohol in die Blutbahn gelangt wäre – falls man das später prüfen würde –, ihn hinters Steuer setzen, den Rest des Wodkas über die Sitze schütten, das Feuerzeug und eine Zigarettenkippe neben ihn legen. Das wären dann Hinweise auf die »Ursache« des Feuers. Dann würden wir das Auto in Brand setzen und es über den Klippenrand rollen.

Eins der beiden anderen Teams fand heraus, daß »ihr« Mann jeden Abend gerne in einen Club ging. Sie erledigten ihre Aufgabe direkter. Sie näherten sich ihm in der Nähe des Clubs, warteten, bis auf der Straße nichts los war, und »feuerten« fünf Schüsse auf ihn ab, stiegen in ihr Auto und fuhren einfach weg.

Wir lernten auch, unsere Tarnung ständig zu verfeinern, sowie auch den Umgang mit den verschiedenen Pässen. Es konnte sein, daß wir die Straße mit einem Paß entlangliefen und verhaftet wurden, im Verhör unsere Story wasserdicht belegten, freigelassen wurden, von einem Bodel mit einem neuen Paß versorgt und zufällig von einem anderen Bullen erneut verhaftet wurden und dann wieder in der Lage sein mußten, unsere neue Identität einwandfrei zu belegen.

Wir lernten auch mehr über Tsafririm und das Netzwerk, das von Juden in der ganzen Welt als Schutzwall aufgebaut wurde. Damit hatten manche von uns Probleme. Ich konnte das Konzept, überall »Bürgerwehren« aufzustellen, einfach nicht akzeptieren. Ich war der Meinung, daß solche Gruppen, in denen bereits Kinder lernen, wie sie »Slicks« (Verstecke) für ihre Waffen herstellen können, um ihre Synagogen zu schützen, der jüdischen Gemeinde in einem Land wie Großbritannien zum Beispiel mehr schaden als nützen können. Ich wandte ein, daß eine Gruppe von Menschen, selbst wenn sie unterdrückt worden ist und man versucht hatte, sie auszulöschen – wie den Juden geschehen –, kein Recht habe, sich in demokratischen Ländern gesetzwidrig zu verhalten. Ich könnte so etwas in Chile oder Argentinien oder vergleichbaren Ländern verstehen, wo Menschen auf offener Straße verschleppt werden, nicht aber in England, Frankreich oder Belgien.

Die Tatsache, daß es antisemitische Gruppen gibt, ob wirklich existierende oder eingebildete, ist keineswegs eine Entschuldigung für solches Verhalten. Denn wenn man in Israels eigenen Hinterhof schaut, wird man antipalästinensische Gruppen finden. Halten wir es deshalb für zulässig, daß die Palästinenser Waffen lagern und Bürgerwehren aufstellen? Oder würden wir sie dann Terroristen nennen?

Natürlich wurden solche Diskussionen innerhalb des Mossad als unangebracht angesehen, insbesondere mit Verweis auf den Holocaust. Ich weiß, daß der Holocaust eins der schlimmsten Ereignisse in der jüdischen Geschichte war: Bellas Vater war vier Jahre in Auschwitz, und der größte Teil ihrer Familie wurde von den Deutschen ausgerottet. Aber man darf nicht vergessen, daß auch an die 50 Millionen andere Menschen starben. Die Deutschen versuchten u. a., die Zigeuner auszurotten, verschiedene religiöse Gruppen, Russen und Polen. Der Holocaust hätte für Israel die Grundlage bilden können, und ich denke sogar: sollen, sich mit anderen Nationen zusammenzuschließen statt sich von ihnen abzutrennen. Aber das war lediglich meine persönliche Meinung, und es nützte nicht viel, sie zum Ausdruck zu bringen.

Auch unsere wöchentlichen »Sport«-Programme änderten sich dramatisch. Es kam eine neue Disziplin dazu, die nicht ungefährlich war. Wir mußten regelmäßig zu einem Gebäude in einem Militärlager in der Nähe von Herzlia fahren, wo wir Leitern hinauf- und hinunterkletterten, während wir mit scharfer Munition schießen mußten und gleichzeitig von einer Maschine, die mit hölzernen Kugeln feuerte, beschossen wurden. Die Kugeln riefen, wenn sie aus geringer Entfernung trafen, sogar Verletzungen hervor. Wir sollten Ducken und Schießen lernen, uns an unsere Waffen gewöhnen und gleichzeitig unseren Körper trainieren.

Wir übten auch das Abseilen wie ein Bergsteiger, zum Beispiel an der Seite eines Gebäudes. Und wir übten, uns vom Hubschrauber am Seil herabzulassen, sowie andere Kampfübungen, wie etwa die »Spring und Schieß«-Technik, mit der ein Entführer in einem Bus unter Feuer genommen wird.

Ein anderer Abschnitt des Kurses nannte sich »Rekrutierung

eines Agenten mit Hilfe eines befreundeten Dienstes«, das heißt, Rekrutierung auf Gegenseitigkeit, zum Beispiel mit dem CIA. Der Dozent begann mit der Aussage, daß dies nun einmal das Thema der Vorlesung sei. »Wie wird's gemacht?« fragte er und antwortete umgehend. »Es wird nicht gemacht. Wir machen das nicht. Wir helfen ihnen, wenn sie eine Zielperson haben, und tun so, als wär es auf Gegenseitigkeit, aber wenn wir es allein tun können, dann tun wir es.«

Er brachte uns bei, wie man bei einem befreundeten Geheimdienst einen Agenten abwirbt. Man beginnt mit einer gemeinsamen Operation, verändert dann das Einsatzland, indem man ihm andere Instruktionen gibt, und benachrichtigt dann den befreundeten Dienst, daß man den Kontakt zu dem gemeinsamen Agenten verloren habe. Es ist eine einfache Prozedur: Ich würde ihn treffen, ihn schnell verschwinden lassen und ihm das Doppelte zahlen. Dann wäre er *unser* Agent, das nannten wir »blau und weiß«, die Farben der israelischen Flagge.

Ein faszinierender Bestandteil des Kurses war ein Film, der sich »Ein Präsident im Fadenkreuz« nannte. Es war eine detaillierte Studie über die Ermordung von John F. Kennedy am 22. November 1963. Die Theorie des Mossad war, daß die Killer – Killer der Mafia und nicht Lee Harvey Oswald – eigentlich den damaligen Gouverneur von Texas John Connally ermorden wollten, der mit Kennedy im selben Wagen saß, aber nur verwundet wurde. In Oswald sah man lediglich ein Opfer der ganzen Geschichte. Connally war nach dieser Auffassung das eigentliche Ziel von Gangstern, die ins Ölgeschäft wollten. Der Mossad glaubt, daß die offizielle Version über den Mord absoluter Blödsinn sei. Um ihre Theorie zu überprüfen, wurde die Fahrt des Autokonvois exakt simuliert, um festzustellen, ob exzellente Scharfschützen mit wesentlich besserer Ausrüstung, als Oswald sie hatte, ein bewegliches Ziel aus der genannten Entfernung von 80 Metern treffen könnten. Konnten sie nicht.

Der Ablauf hätte eine perfekte Tarnung ergeben. Wenn Connally getötet worden wäre, hätte jedermann angenommen, der Schuß habe Kennedy gegolten. Hätten sie Kennedy erwischen wollen, dann wäre das überall möglich gewesen. Eine einzige Kugel soll durch Kennedys Hinterkopf und seine Brust gedrungen sein und Connally getroffen haben. Wenn man sich den Film anschaut, dann sieht man, daß diese Punkte nicht auf einer Linie liegen. Wenn je eine Kugel Zickzack fliegen könnte, dann diese.

Der Mossad besaß alle Filme von dem Mord in Dallas, Fotos von der Umgebung, der Topographie, Luftaufnahmen, alles. Mit Hilfe von Puppen wurde die Wagenkolonne des Präsidenten immer wieder und wieder simuliert. Profis würden es genauso machen. Wenn ich ein großkalibriges Gewehr benutzte, gäbe es nur wenige Plätze, von denen ich schießen würde. Idealerweise würde ich einen Ort wählen, wo ich das Ziel so lange wie möglich im Visier hätte, wo ich ihm so nahe wie möglich käme, aber dennoch ein Minimum an Aufsehen erregen würde. Unter diesen Gesichtspunkten wählten wir ein paar Plätze aus, und wir ließen mehr als einen Mann schießen, und dies auch aus verschiedenen Winkeln.

Oswald hatte ein per Post zugestelltes, manuell nachzuladendes, mit einer Ladestreifenzuführung versehenes Mannlicher-Carcano-Gewehr vom Kaliber 6.5 mit vierfacher Teleskop-Vergrößerung. Er kaufte es per Katalog für 21,45 Dollar. Er hatte auch einen Smith & Wesson-Revolver Kaliber .38. Es konnte nie entschieden werden, ob er zwei oder drei Schüsse abgegeben hatte, aber er verwendete normale Armeemantelpatronen mit einer Mündungsaustrittsgeschwindigkeit von 650 Meter pro Sekunde.

Bei den Simulationen benutzte der Mossad bessere und schwerere Gewehre, die auf Dreifüße gestellt und ausgerichtet wurden, und wenn der Moment kam, wurde über Lautsprecher »Feuer« durchgegeben, und ein Laser-Zielsucher zeigte an, wo die Leute im Auto getroffen worden wären und die Kugeln ausgetreten wären. Nach unseren Erkenntnissen war das Gewehr wahrscheinlich auf den Hinterkopf von Connally gerichtet gewesen, und Kennedy machte im falschen Moment eine Geste oder Bewegung – oder vielleicht hatte der Mörder auch einen Moment gezögert.

Es war nur eine Übung. Aber sie zeigte, daß es unmöglich war, das zu tun, was Oswald angeblich getan haben sollte. Er war nicht einmal ein Profi. Man braucht sich nur die Entfernung anzuschauen, aus dem sechsten Stock eines Gebäudes, und seine Ausrüstung. Der Bursche hatte sein Gewehr gerade eben gekauft. Jeder weiß, daß es Zeit und Geschick braucht, das Zielfernrohr dem neuen Gewehr anzupassen. Die offizielle Version ist einfach nicht glaubhaft.

Allerdings glaubten wir einem Mann, der eines Morgens am Ende des ersten Monats unseres Abschlußkurses auftauchte. Nur etwa 1,65 Meter groß und von quadratischer Statur begann er: »Mein Name spielt keine Rolle. Ich werde euch jetzt etwas erzählen, woran ich zusammen mit einem Mann namens Amikan beteiligt war. Ich gehörte vor einiger Zeit zu einer Kidon-Einheit, und mein Team erhielt den Auftrag, den Chef der PLO-Station in Athen und seinen Assistenten zu eliminieren. Ich erwähne Amikan, weil er ein streng religiöser Mensch war, ein etwa 1,90 Meter großer Mann, kräftig wie ich. Er sah aus wie eine Tür.«

Der da sprach, war Dan Drory, und das Ereignis, das er beschrieb, war die »Operation Passat«, eine erfolgreiche Mossad-Operation Mitte der siebziger Jahre in Athen.

Drory, der seine Arbeit offensichtlich liebte, öffnete einen Diplomatenkoffer und sagte: »Ich mag die hier.« Damit nahm er eine Parabellum heraus, eine deutsche Luger-Pistole, und legte sie auf den Tisch. »Die hier mag ich auch, aber sie lassen sie mich nicht tragen«, und mit diesen Worten legte er eine Eagle auf den Tisch, eine in Israel hergestellte Magnum. »Aber mit der hier kann ich auch umgehen«, sagte er und holte eine Beretta .22 heraus. »Der Vorteil bei dieser ist, daß man keinen Schalldämpfer braucht.«

Er machte eine Pause und sagte dann: »Aber jetzt kommt mein Favorit.« Und er zückte ein Stiletto, einen todbringenden Dolch mit einer schmalen Klinge, die zum Ende hin breiter und an der Spitze wieder sehr schmal wird. »Man kann es hineinstechen und herausziehen, und es gibt keine äußerlich erkennbare Blutung. Wenn man es herauszieht, schließt sich das Fleisch über der

Wunde. Der Vorteil liegt darin, daß man es zwischen die Rippen stechen und, wenn es drinnen ist, einmal herumdrehen kann, so daß alles im Brustkorb auseinandergerissen wird, und dann zieht man es einfach wieder heraus.«

Am Ende nahm er noch eine Kralle, die mit einem Spezial-handschuh verbunden war, heraus, an der parallel zu Daumen und Zeigefinger zwei extrem scharfe Klingen angebracht waren. Er zog den Handschuh an, steckte die Klingen da drauf – die eine konnte wie ein Schweizer Armeemesser zusammengeklappt wer-den, die andere sah aus wie ein Teppichmesser – und befestigte die Kralle. Dann sagte er: »Dies Ding benutzt Amikan besonders gern. Man packt den Kerl an der Kehle und schließt einfach die Hand. Das ist wie 'ne Schere. Alles wird durchtrennt. Und der Kerl bleibt ganz ruhig. Es ist todsicher, aber man stirbt nicht auf der Stelle, was Amikan freut. Es dauert eine Weile, bis der Kerl stirbt. Aber um das zu benutzen, muß man sehr stark sein – wie Amikan.«

Ich wußte sofort, daß ich diesem Amikan nicht begegnen wollte. Es muß wohl ein sehr »handgreiflicher« Typ sein.

Amikan bestand als tiefreligiöser Jude darauf, ständig seine Yarmelke zu tragen. Da er aber seine Arbeit verdeckt tun mußte und normalerweise nicht an freundlich gesinnten Orten, konnte Amikan diese traditionelle jüdische Kopfbedeckung kaum tra-gen, ohne unliebsam Aufmerksamkeit zu erregen. Deshalb rasierte er sich auf seinem Kopf eine kreisrunde Fläche heraus und setzte eine Yarmelke aus Naturhaar ein – ein Toupet, so was wie eine »Tarnkappe«.

Als sie die Order erhielten, die beiden PLO-Männer zu elimi-nieren, flogen Drory, Amikan und das übrige Team nach Athen. Man wußte, wo die beiden »Ziele« sich aufhielten. Beide Männer besaßen Wohnungen in der Stadt und pflegten keinen öffent-lichen Umgang miteinander, obwohl sie regelmäßige Strategie-treffen abhielten.

Weil der Mossad damals noch immer unter den Folgen der unliebsamen Publizität des Lillehammer-Fiaskos litt, in dessen Verlauf der falsche Mann getötet worden war, wollte der neue In-

184

stituts-Chef Jitzak Hofi persönlich die Opfer »verifizieren« und vor Ort das endgültige Okay erteilen. Er wollte die Opfer sehen, bevor sie erschossen werden würden.

Der Einfachheit halber nenne ich den Chef der PLO-Station Abdul und seinen Assistenten Said. Nachdem die Situation analysiert worden war, kam man zu dem Schluß, daß der Job nicht in Abduls Wohnung stattfinden könne. Ihre Treffen hielten die beiden Männer in einem Hotel an einer ziemlich belebten Straße ab – gewöhnlich jeden Dienstag und Donnerstag, zusammen mit einigen anderen PLO-Leuten. Zwei Monate lang wurden die beiden Männer beschattet, bevor eine Entscheidung getroffen wurde.

Beide wurden mehrmals fotografiert, und ihre Akten wurden geprüft und nochmals geprüft, um sicher zu sein, daß kein Fehler passierte. Abdul war als junger Mann in Ost-Jerusalem von der jordanischen Polizei verhaftet worden, und nach der israelischen Besetzung war ihnen seine Akte in die Hände gefallen. Man verschaffte sich sogar ein Glas, das Abdul im Hotel benutzt hatte, um seine Fingerabdrücke mit denen aus der alten Akte zu vergleichen. Er war es wirklich.

Nach den Treffen verließ Abdul stets das Hotel und fuhr zum Haus einer seiner Freundinnen. Said ging seiner Wege. Zu den Treffen kam er in Straßenkleidung, nach der zwanzigminütigen Fahrt zu seiner Wohnung in einer besseren Gegend zog er sich für den Abend etwas eleganter an. Er lebte im zweiten Stock eines Hauses mit vier Wohnungen. Eine Abfahrt führte zu vier Parkplätzen, die seitlich vom Haus in einer Tiefgarage lagen. Er parkte auf dem zweiten Platz vom Ende aus gesehen, ging dann die Einfahrt zurück und betrat das Haus durch den Vordereingang. Direkt gegenüber der Garage stand ein Laternenpfahl, über den Stellplätzen gab es ebenfalls Lampen.

Abdul war eher der Politiker und hatte daher kaum persönlichen Schutz. Said hingegen gehörte zum militärischen Arm. Er teilte seine Wohnung mit drei anderen PLO-Leuten, von denen wenigstens zwei seine bewaffneten Leibwächter waren. Es war so eine Art sicheres Haus der PLO.

Die Straße vor dem Hotel war zweispurig in jeder Richtung und hatte einen Mittelstreifen. Es war keine besonders belebte Gegend, nur wenige Fußgänger. An der Seite befand sich ein Parkplatz für die Besucher des Restaurants – wo auch Abdul und Said immer parkten –, und dann war da noch einer hinter dem Gebäude für Hotelgäste.

Nachdem sie alle Bedingungen erwogen hatten, beschlossen Drory und Amikan, die beiden Männer nach einem Donnerstag-treffen umzulegen.

Auf der anderen Straßenseite, dem Hotel gegenüber, gab es ein öffentliches Telefon und einen halben Block weiter unten an der Straße ebenfalls. Und auch in Sichtweite von Saids Wohnung befand sich ein Fernsprecher. Da Said das Treffen im Hotel im-mer vor Abdul verließ, dachte man daran, Abdul beim Hotel zu töten, danach dem Mann, der am Telefon bei Saids Wohnung wartete, Meldung zu machen, daß der Said dann bei dessen Heimkehr erledigen solle.

Amikan war Chef der Einheit, die sich um Said kümmern sollte. Er hatte die Instruktion erhalten, eine 9-Millimeter-Pistole zu verwenden, und sein Vorgesetzter überprüfte zweimal, daß er keine Dum-Dum-Geschosse benutzte. Der Mossad ist da-für bekannt, daß er sie verwendet, und sie wollten diesen Dop-pelmord lieber einer rivalisierenden PLO-Fraktion anhängen, als selbst die Schuld – oder das Lob – auf sich zu nehmen.

In der festgesetzten Nacht parkte ein kleiner Lieferwagen di-rekt gegenüber vom Hotel auf der anderen Seite des Mittelstrei-fens in Fahrtrichtung. Ein Mann saß in der Lobby. Drory sollte sich, vom Parkplatz kommend, dem Vordereingang nähern, dicht gefolgt von Jitzak Hofi. Drory und Hofi sollten erst mal in ihrem Wagen sitzen bleiben, bis sie durch eine Serie von Klicks über kleine Walkie-talkies das Signal erhielten, sich in Bewegung zu setzen.

Aus irgendeinem Grund jedoch kamen Abdul und Said an je-nem Donnerstag gleichzeitig heraus. Das taten sie sonst nie. Nie-mand rührte sich. Die Mörder auf Abruf beobachteten nur die beiden Männer, wie sie in den Wagen stiegen und verschwanden.

Am folgenden Donnerstag war das Team wieder am Platz. Diesmal verließ Said das Meeting etwa um 21 Uhr und ging zu seinem Wagen. Die Mossad-Leute fuhren mit ihrem Wagen ein Stückchen vor, als wären sie gerade angekommen und wollten einparken. Said startete und fuhr los.

Etwa zwei Minuten später hörten sie das Zeichen von ihrem Mann in der Lobby. Abdul war auf dem Weg nach draußen. Das Hotel hatte eine Drehtür und daneben eine normale Tür. Um sicher zu sein, daß Abdul die Drehtür benutzte, war die andere verkeilt worden.

Der Mossad-Mann in der Lobby folgte Abdul auf dem Fuß durch die Drehtür, blieb draußen stehen und hielt die Drehtür fest, damit niemand nachkommen konnte. Ein weiterer Mann wartete in der Telefonzelle weiter unten an der Straße und hatte seinen Partner in der Nähe von Saids Wohnung an der Strippe.

Abdul ging die Stufen hinunter und wandte sich nach links zum Parkplatz. Da trat Drory zu ihm, Hofi direkt hinter sich. Der sagte: »Abdul?« Als der Mann mit Ja antwortete, feuerte ihm Drory zwei Schüsse in die Brust und einen in den Kopf und ließ ihn auf dem Weg liegen. Hofi war bereits auf dem Weg zu dem Lieferwagen auf der anderen Straßenseite, der sich schon langsam in Bewegung gesetzt hatte, und der Mann am Telefon weiter unten sagte: »Die Sache ist erledigt.« Damit signalisierte er den anderen, daß nun die Said-Phase der Operation begänne.

Drory seinerseits drehte sich einfach um und ging zum Parkplatz an der Seite des Hotels zurück, bestieg seinen Wagen und fuhr weg. Der Mann, der in der Lobby gewesen war, war durch die Drehtür zurückgegangen und durch die Hintertür wieder hinaus, wo auch er einen Wagen stehen hatte. Die ganze Sache hatte nur etwa 10 Sekunden gedauert. Hätte jemand von der Lobby aus zugesehen, hätte er einfach den Eindruck gehabt, ein Mann sei zur Drehtür hinausgegangen, hätte etwas vergessen und sei ins Hotel zurückgekommen. Es dauerte fast zehn Minuten, bevor Abduls Leiche am Parkplatz gefunden wurde.

Als Said bei seiner Garage vorfuhr, wartete Amikan schon in den Büschen zwischen den beiden Mietshäusern. Die Lampe der

Laterne hatte er zerstört, aber durch das Rückfenster des Wagens und durch das Licht über den Stellplätzen konnte Amikan sehen, daß Said auf dem Nachhauseweg jemanden mitgenommen hatte. Sein Problem war jetzt natürlich, daß er nicht erkennen konnte, wer von den beiden Said war; aber er sagte sich einfach, daß auch der Freund seines Feindes sein Feind sein müsse. Er trat von hinten an den Wagen heran und feuerte aus dem erweiterten Magazin seiner 9-Millimeter-Pistole elf Schüsse in ihre Köpfe, immer von einem zum anderen wechselnd.

Dann ging er zur Fahrerseite, um sich zu überzeugen, daß beide tot waren. Weil er von hinten gefeuert hatte, hatten beide Männer keine Gesichter mehr.

Die Schießerei war schnell vorüber, aber es war ziemlich laut gewesen. Obwohl Amikan einen Schalldämpfer benutzt hatte, hatte das Splittern des Glases und das Aufprallen der Geschosse auf der Wand Saids Leibwächter alarmiert. Sie traten auf den Balkon im zweiten Stock hinaus, mit der erleuchteten Wohnung im Rücken, schauten in die Dunkelheit hinunter und riefen Saids Namen. Ein anderer Mann aus Amikans Team, der an der Vorderseite des Hauses als Verstärkung für den Notfall postiert worden war, rief ihnen auf arabisch zu: »Kommt herunter! Kommt herunter!« Und das taten sie auch. In der Zwischenzeit waren er und Amikan über die Straße gerannt, in den Wagen gesprungen, wo der Mann saß, der am Telefon gewesen war, und in der Nacht verschwunden.

Am besten erinnere ich mich an den Stil, in dem Drory die Operation beschrieb. So wie man von einem guten Essen erzählt, in einem schönen Restaurant, wo man sich wohl gefühlt hat. Ich werde nie die Art und Weise vergessen, wie Drory das Töten beschrieb. Er hielt die Hände vor sich hin, als hätte er eine Waffe und wollte schießen. Ich fand es erschreckend. Auf mich ist schon geschossen worden, und ich habe eine Menge Dinge gesehen. Aber das Gesicht von Drory, das er in jenem Moment machte, das werde ich nie vergessen. Er war so erregt, daß er mit den Zähnen knirschte.

In der kurzen Diskussion im Anschluß an die Schilderung

wurde Drory gefragt, wie er sich gefühlt habe, als er jemanden ohne Notwehr erschoß, und das nicht auf dem Schlachtfeld. »Das war nationale Selbstverteidigung«, antwortete er. »Er schoß zwar nicht auf mich, aber im übertragenen Sinne hielt er eine Waffe auf meine Nation gerichtet. Das hat nichts mit Gefühlen zu tun. Übrigens habe ich mich dabei gar nicht so schlecht gefühlt.«

Als jemand fragte, was sein Kollege Amikan wohl gedacht habe, als er in den Büschen lauerte und darauf wartete, daß seine Beute nach Hause käme, erzählte Drory, daß der ihm später gesagt hätte, er hätte ständig auf die Uhr geschaut, weil es spät geworden war und er Hunger bekommen hatte. Er wollte die Sache erledigen, weil er was zwischen die Zähne bekommen wollte – genauso wie sonst irgend jemand, der durch seinen Job vom Essen abgehalten wird.

Danach hatten wir an sich keine Fragen mehr.

Bald begannen wir auch mit einem Intensiv-Kurs in Fotografie. Wir lernten den Umgang mit verschiedenen Kameras, wie man Filme entwickelt, einschließlich einer Methode, bei der mit zwei chemischen Tabletten und lauwarmem Wasser eine Lösung hergestellt wird, in die der Film 90 Sekunden lang gelegt, aber nicht vollständig entwickelt wird – das kann später gemacht werden –, nur um festzustellen, ob das erforderliche Bild vorhanden ist. Wir experimentierten auch mit verschiedenen Linsen und dem Fotografieren mit versteckten Kameras, zum Beispiel in Umhängetaschen.

Pinhas M., einer der drei Neulinge, die zum Abschlußkurs zu uns gestoßen waren, kam auf die Idee, von den Fotostunden auch materiell zu profitieren.

Es gibt ein Gebiet am Strand nördlich von Tel Aviv, Tel Barbach genannt, nicht weit vom Country Club, wo die Huren auf Männer warten, die in ihren Autos vorbeikommen, sie aufgabeln, hinter die Dünen gehen, ihr Ding erledigen und weiterfahren.

Pinhas griff sich seine Nachtfotoausrüstung, baute sie auf einem Hügel in der Nähe der Sanddünen auf und fotografierte

Männer mit den Huren in ihren Autos. So konnte er eine Sammlung eindeutiger Fotos zusammenstellen, dank der ausgezeichneten Ausrüstung und der sehr starken Objektive. Uns war bereits beigebracht worden, wie wir in den Polizeicomputer eindringen konnten – ohne Erlaubnis der Polizei natürlich und ohne, daß sie es merkte –, und M. schickte einfach die Autokennzeichen durch den Computer, um Namen und Adresse der Eigentümer herauszufinden, und begann sie zu erpressen. Er rief sie an, sagte, daß er kompromittierende Fotos hätte, und verlangte Geld.

Er rühmte sich, damit 'ne Menge Kohle zu machen. Wieviel, das sagte er nicht. Aber am Ende beschwerte sich jemand, und er erhielt einen Verweis. Ich dachte, er würde rausfliegen. Aber offenbar hat jemand in seinem Vorgehen ein Zeichen von Initiative gesehen. Ich denke, wenn man sich so tief in der Scheiße wälzt, kann man auch nicht mehr feststellen, ob der andere stinkt.

Natürlich kann, nach den Vorstellungen des Mossad, die Herstellung solcher Fotos im Falle einer Rekrutierung manchmal außerordentlich »überzeugend« wirken – manchmal aber auch nicht. Es gab da eine Geschichte von einem älteren saudi-arabischen Beamten, der mit einer Prostituierten im Bett fotografiert worden war. Der Frau waren vorher Anweisungen gegeben worden, daß sie sich und ihren Bettgenossen so plazierte, daß die Kamera sowohl ihre Gesichter als auch die eigentliche Penetration erfassen konnte. Später konfrontierte der Mossad den Mann dann mit dem Beweis für seine sexuellen Eskapaden, jemand breitete die Fotos auf dem Tisch aus und sagte: »Wollen Sie nicht mit uns zusammenarbeiten?« Aber statt vor Angst und Schrecken stumm zu werden, war der Saudi von den Fotos sehr angetan. »Das da ist wundervoll«, sagte er. »Ich nehme zwei davon und drei von denen.« Er erklärte, er wolle sie allen seinen Freunden zeigen. Wohl überflüssig zu sagen, daß es nicht zu einer Rekrutierung kam.

Der Kurs befaßte sich auch weiterhin mit Geheimdienst-Einheiten in verschiedenen arabischen Ländern. Die Katsa-Trainees verbrachten einige Zeit bei Gesprächen mit Sicherheitsoffizieren von Hotels, in deren Verlauf sie deren Perspektive kennenlernten. Weil wir viel in Hotels zu tun hatten, mußten wir wissen, wie wir vermeiden konnten, die Aufmerksamkeit der Sicherheitsbeamten zu erregen, gerade die *kleinen* Dinge. Wenn zum Beispiel ein Zimmermädchen an die Tür klopft, hereinkommt und alle plötzlich aufhören zu reden, solange das Mädchen im Raum ist, wird es wahrscheinlich dem Sicherheitsdienst melden, daß sich in dem Zimmer etwas abspielt. Aber wenn jeder weiterspricht, als wäre es gar nicht anwesend, wird kein Verdacht entstehen.

Wir hörten auch eine Reihe von Vorlesungen über die europäische Polizei. Wir nahmen sie der Reihe nach durch, analysierten sie, lernten sie verstehen, ihre Stärken und Schwächen. Wir befaßten uns mit der islamischen Atombombe und besuchten verschiedene Militärbasen und auch die Atomanlage des Dimona-Forschungszentrums in der Negev-Wüste, etwa 50 Kilometer nördlich von Beersheba. Anfänglich war sie als Textilfabrik getarnt, dann als »Pumpstation«, bis der CIA im Dezember 1960 durch eine U-2 die fotografischen Beweise in der Hand hielt, daß es sich um einen Atomreaktor handelte. Es existierte auch ein viel kleinerer Reaktor, KAMG (die Abkürzung für *Kure Garny Le Machkar* oder Atomforschungsanlage) genannt, in Nahal Sorek, direkt südlich von Tel Aviv. Ich besichtigte beide Anlagen.

Nachdem 1960 das Geheimnis gelüftet war, verkündete David Ben Gurion öffentlich Israels »friedliches« Atomprogramm, obwohl manches davon alles andere als friedlich ist.

1986 enthüllte ein in Marokko geborener Israeli mit Namen Mordechai Vanunu – er hatte von 1976 bis 1985 in Dimona gearbeitet, bevor er nach Australien gezogen war –, daß er eine Kamera in die Anlage geschmuggelt hatte und 57 Aufnahmen von der streng geheimen Fertigungsanlage gemacht hatte, die mehrere Stockwerke unter der Erde lag und wo zu jener Zeit genug waffenfähiges Plutonium gelagert war, um 150 nukleare und thermonukleare Sprengsätze zu bestücken. Er bestätigte auch, daß die Israelis Südafrika dabei geholfen hatten, im September 1979 im Indischen Ozean über den unbewohnten Prinz-Edward- und Marion-Inseln einen atomaren Sprengsatz zu zünden.

Als Strafe für die von ihm verursachten internationalen Komplikationen wurde Vanunu in einem nichtöffentlichen Prozeß in Jerusalem wegen Spionage zu 18 Jahren Gefängnis verurteilt. Er wurde vom Mossad eingefangen, nachdem er von einer attraktiven Agentin umgarnt und auf eine Yacht im Mittelmeer nicht weit von Rom gelockt worden war. Die Londoner *Sunday Times* hatte die Veröffentlichung seiner Story und der Fotos vorbereitet, aber Vanunu wurde unter Drogen gesetzt, an Bord eines israelischen Schiffs geschmuggelt, schnell abgeurteilt und ins Gefängnis gesteckt.

Die Entführung war ein schmutziger Job. Vanunu war nicht gerade ein Profi oder eine Gefahr, aber durch die Art, wie die Sache durchgeführt wurde, gelangte alles an die Öffentlichkeit. Vanunu wurde zwar zurück nach Israel gebracht, aber der Mossad dürfte darauf nicht besonders stolz sein.

Nach meinen persönlichen Beobachtungen in der Dimona-Anlage ist Vanunus Beschreibung sehr exakt. Nicht nur die Fakten, auch seine Interpretation stimmten. Er sagte, daß sie die Bomben bauten und daß sie sie – wenn erforderlich – einsetzen würden. Das ist richtig. Es war im Büro auch kein Geheimnis, daß wir den Südafrikanern bei ihrem Atomprogramm behilflich waren. Wir lieferten ihnen den größten Teil ihrer militärischen Ausrüstung. Wir trainierten ihre Spezialeinheiten. Wir arbeiteten jahrelang mit ihnen Hand in Hand. Beides sind Länder, die meinen, daß sie die »Maschine des Jüngsten Gerichtes« brauchten, und sie sind bereit, sie auch einzusetzen.

Dimona wurde nicht nur schärfstens von einem Sicherheitsdienst überwacht, sondern es war außerdem mit einem Ring von Hawk- und Chapparal-Boden-Luft-Raketen gesichert. Der Witz war, als wir die Hawk-Installationen besichtigten, da waren sie am Verrotten. Sie hätten gar nichts mehr schützen können. Dennoch wurden sie später an den Iran verkauft. Darüber haben wir viel gelacht.

Die Katsa-Trainees wurden auch mit internationalen Nachrichten-Systemen vertraut gemacht, insbesondere mit dem Mittelmeerkabel, das bei Palermo, Sizilien, aus dem Wasser trat und an Satellitenstationen angeschlossen wurde, die den größten Teil der Kommunikation in der arabischen Welt übermittelten. Israel hatte sich durch die Einheit 8200 dort eingeklinkt und besaß Zugang zu fast allem, was die Araber sendeten.

Ein regelmäßiger Bestandteil unseres Kurses war ein »Sozialprofil«, das alle paar Wochen angefertigt werden mußte. Jeder von uns mußte alle anderen im Kurs nach Präferenzen in verschiedene Kategorien einordnen: Operationen, Vertrauenswürdigkeit, Verläßlichkeit, Freundlichkeit, Herzlichkeit usw. Ich schnitt nicht schlecht ab, aber ehrlich lief das nicht ab. Eigentlich durfte man die Ergebnisse nicht erfahren, aber wir kriegten sie doch raus. Wenn man jemanden nicht mochte, setzte man ihn natürlich ans Ende. Und da wir alle kein rechtes Vertrauen zueinander hatten, kontrollierten Yosy, Heim und ich die Liste des anderen, nur um sicherzugehen.

Nun waren wir für die abschließende Übung bereit. In nur zwei Wochen würden wir fertige Katsas sein.

# 8

## WILLKOMMEN UND LEBEWOHL

Einen Tag vor dem Beginn der abschließenden dreiwöchigen Übung erhielt ich einen Anruf von meinem Kollegen Jerry S. Damals hatte ich keinen blassen Schimmer von der tieferen Bedeutung dieses scheinbar nichtssagenden Anrufs.

Jerry, damals 32 Jahre alt, war amerikanischer Staatsbürger. Er hatte einen Vollbart, graue Haare und war schlank. Er hatte als Anwalt im privaten Anwaltsbüro von Cyrus Vance gearbeitet, dem Außenminister von Jimmy Carter. Damals waren Jerry und ich befreundet, obwohl ich gerüchteweise gehört hatte, er sei homosexuell. Einmal hatte er allen erzählt, daß er eine Freundin hätte, die aus den Staaten rübergekommen sei und bei ihm wohnte, aber sie hätte zurück müssen, weil sie verheiratet sei. Da niemand sie je getroffen hatte, hielt sich das Gerücht. Jerry war oft bei mir zu Hause gewesen und umgekehrt. Abgesehen von einem kleineren Streit kamen wir immer gut miteinander aus. Es war also nichts Ungewöhnliches, daß er mich zu sich in die Wohnung bat. Er sagte, daß er einfach mit mir sprechen und mir etwas zeigen wollte. Ich sagte, okay, warum nicht.

Als ich ankam, mixte er uns sein Lieblingsgetränk aus Wodka, Eis und Erdbeeren. Bevor er sich setzte, legte er eine Videokassette ein.

»Ich habe da etwas bekommen, was ich dir zeigen möchte«, sagte er, »aber vorher will ich dir sagen, daß ich eine Insiderquelle habe, und von jetzt an werde ich vor jeder Übung wissen, ob wir beschattet werden. Ich werde dir sagen können, wann und wo. Darüber brauchen wir uns keine Sorgen mehr zu machen.«

»Ich bin ehrlich, Jerry«, sagte ich ihm, »mir macht es nichts aus, observiert zu werden. Ich mag es sogar. Es ist aufregend.«

»Hör zu«, sagte er. »Ich habe es Ran H. gesagt (ein anderer Klassenkamerad, der große Probleme mit APAM hatte), und der war happy.«

»Das überrascht mich nicht. Aber wem, glaubst du, wirst du damit einen Gefallen tun?«

»Gut, du mußt wohl erst noch herausfinden, *wie* sie dir folgen«, sagte Jerry gereizt.

»Okay, Jerry, mach du dein Ding«, sagte ich ihm. »Das ist mir egal. Wenn du meinst, daß es dir helfen wird, gut. Aber ich bin neugierig. Wie kommst du an die Information heran?«

»Nun, da gibt es doch diese Frau, die Itzik fickt«, sagte er. »Sie ist die berühmte Nummer vier. Ich habe auch eine kleine Affäre mit ihr, und sie gibt mir all diese Daten.«

»Du machst dich wohl über mich lustig?«

»Ich wußte, daß du mir nicht glauben würdest. Dann entspann dich mal und schau dir das Video an.«

Einige Zeit zuvor war Jerry bei Itziks Haus vorbeigegangen und hatte zufällig eine Frau herauskommen sehen. Sie war attraktiv, dunkelhäutig, hatte hellbraunes Haar und einen tollen Körper. Jerry beobachtete sie beim Abfahren, wartete noch eine Weile und ging dann zu Itzik hinein, dessen Frau nicht zu Hause war. Er sagte nichts davon, daß er die Frau gesehen hatte.

Yarid, das für die Sicherheit in Europa verantwortliche Team, setzte seine Techniken natürlich auch in Israel ein. Eine der besten Methoden, ihre Fähigkeiten unter Beweis zu stellen, war das Beschatten von Junior-Katsas. Diese Teams benutzten Nummern, keine Namen, und die Katsas durften nicht wissen, wer sie waren. Dem Yarid-Team wurde am Tag zuvor mitgeteilt, wem sie folgen sollten, Uhrzeit, Startpunkt, und es wurde ihnen ein Foto von der betreffenden Person gezeigt. Diese Frau bzw. ihr Team wurde die Nummer vier genannt.

Jerry hatte sie schon bei einer früheren Übung gesehen, und

obwohl er damals nicht wußte, wer sie war, hatte er sie in seinem Bericht erwähnt. Als er sie dann Itziks Haus verlassen sah, brauchte er nur zwei und zwei zusammenzuzählen. Er beobachtete sie, als sie in den Wagen stieg, schrieb ihr Autokennzeichen auf, das er dann in den Polizeicomputer eingab, wodurch er Name und Adresse erfuhr.

Er wollte sich durch sein Wissen einen Vorteil verschaffen. Zum einen wußte er, was die Leute über seine sexuellen Kontakte erzählten, und er wollte die Gerüchte zum Verstummen bringen. Zum andern wollte er auch erfahren, wer an den einzelnen »Übungstagen« observiert wurde, so daß er sich nicht ständig wegen APAM Sorgen zu machen brauchte. Er war nicht gut in dem Fach; da es jedoch wichtig für den Kurs war, wollte er sich verläßliche Informationen verschaffen. Ein Katsa kann ohne bestandenes APAM nicht ins Ausland gehen.

In seinem Appartement, in dem jede nur denkbare elektronische Ausrüstung vorhanden war, befand sich auch ein großes Turngerät, Soloflex genannt, mit einer Bank und einer Art Reckstange. Eine der Übungen, die man daran machen kann, besteht darin, Gummischlaufen um die Fußgelenke zu legen und diese dann an der Stange zu befestigen, so daß man kopfüber herunterhängt. Dann muß man sich auf- und niederbewegen, um die Bauchmuskeln zu stärken. Ein weiterer wichtiger Bestandteil seiner Ausrüstung war eine kleine Tonbild-Kamera, eingebaut in einem Diplomaten-Köfferchen – eine Kamera, wie sie bei vielen Übungen verwendet wurde. Man konnte sie bei Bedarf auch in der Akademie ausleihen. Die Darsteller dieser Filme waren sich ihrer Rolle nicht bewußt, obwohl die Qualität dank der hochmodernen Ausrüstung sendereif war.

Der Film begann mit einer Weitwinkelaufnahme des Zimmers. Die Vorhänge waren zugezogen, aber der Raum war gut ausgeleuchtet. An der Wand standen ein Schrank aus Naturholz und ein Eßtisch, das Turngerät erschien in der Mitte des Raums.

Zuerst sprachen Jerry und die Nummer vier miteinander. Dann begannen sie sich zu küssen und zu streicheln. »Laß uns Gymnastik machen«, sagte er und legte ihr die Gummischlaufen um die Fesseln, nachdem sie ihre Trainingshose ausgezogen hatte. Dann befestigte er sie kopfüber an der Stange.

Ich konnt's nicht glauben. Ich dachte, mein Gott, das darf nicht wahr sein. War es aber.

Als sie so hing, trat Jerry einen Schritt zurück, breitete die Arme wie für die Kamera aus und sagte: »Ta-da!«

Natürlich war ihr das Hemd über den Kopf gerutscht und ihre Brüste schaukelten im Freien. Jerry zog ihr das Hemd ganz aus, beugte sich über sie, zog sie zu sich heran, und sie küßten einander. Dann schob er seine Hand in ihren Slip und begann sie zu streicheln. Nach einer Weile zog sich auch Jerry aus, und die letzten Minuten des Films zeigten, wie sie ihm, immer noch kopfüber an der Stange, einen blies, während er nackt auf der Bank saß.

»Jerry, du warst doch nicht gezwungen, diesen Film zu machen, um sie zur Mitarbeit zu bewegen«, sagte ich zu ihm, als der Film zu Ende war.

»Vielleicht nicht. Aber erst dachte ich, daß sie nicht mitmachen würde. Dann hätte ich ihr den Film gezeigt, und dann hätte sie es getan. Das Ding ist aufregend, nicht?«

»Ja, in gewisser Weise«, sagte ich vorsichtig.

»Du weißt, was sie über mich im Büro sagen?«

»Was, daß du ein Homo bist?«

»Ja.«

»Das ist dein Problem, nicht meins. Ich bin nicht hier, um die zu verurteilen.«

Plötzlich setzte er sich neben mich. Ganz dicht. »Nun, jetzt hast du gesehen, daß ich kein Homo bin.«

»Jerry, warum erzählst du mir das?« fragte ich ihn und wurde etwas nervös.

»Schau, ich mag nun einmal beides«, sagte er. »Ich denke, wir könnten sehr viel mehr Spaß miteinander haben, als du dir vorstellen kannst.«

»Jerry, verstehe ich richtig?«

»Ich hoffe es.«

Ich war verwirrt, und ich wurde sauer. Ich stand vom Sofa auf und ging zur Tür. Jerry legte seine Hand auf meine Schulter, um

197

mich zurückzuhalten. Und da sah ich rot. Ich schüttelte seine Hand ab und schlug ihn. Ich habe niemals zuvor jemanden so hart in den Magen geschlagen. Ich rannte die Treppe hinunter, um frische Luft zu bekommen. Ich rannte 40 Minuten lang den ganzen Weg bis zur Akademie – etwa fünf oder sechs Kilometer. Ich war nicht besonders in Form. Ich keuchte, aber ich rannte weiter.

In der Akademie lief ich zu Itzik. »Itzik, ich muß dir was erzählen«, sagte ich. »Das muß aufhören.«

»Komm in mein Büro.«

Ich erzählte ihm die ganze Geschichte. Ich kann nicht sagen, daß es eine klare Version war, weil ich stotterte. Aber eindeutig genug war sie mit Sicherheit. Ich sagte ihm, daß Jerry ein Video gemacht habe, wie er seine Freundin fickte, und daß er mir sexuelle Avancen gemacht hätte.

»Beruhig' dich, beruhig' dich«, sagte Itzik. »Ich bring' dich jetzt nach Hause.«

Ich lehnte dankend ab und sagte ihm, daß ich das Fahrrad unten hätte und gerne nach Hause radeln würde.

»Hör zu«, sagte Itzik, »du hast es mir erzählt, und jetzt vergißt du es.«

»Was meinst du, ›vergiß es‹?«

»Ich meine ›vergiß es‹. Ich will darüber kein Wort mehr hören.«

»Was hat er denn für ein Pferd [einen internen Fürsprecher] hier?« fragte ich. »Das trojanische Pferd?«

»*Vergiß* es!«

Da blieb mir nicht mehr viel zu tun. Daß Itzik mir unumwunden sagte, ich solle es vergessen, ohne die Story überhaupt zu überprüfen, fand ich unglaublich. Und er fügte hinzu: »Und ich möchte diese Geschichte von niemandem anderen wiederholt hören. Du erzählst weder Heim noch Yosy noch sonst jemandem etwas, verstanden?«

»Okay. Ich vergesse es. Aber ich werde es dir schriftlich geben, und ich möchte eine Aktenkopie haben.«

»Prima, mach das.«

Eine Aktenkopie bedeutete, daß eine Kopie von einem Brief, der nur für eine bestimmte Person gedacht ist, in einen versiegelten Umschlag gesteckt werden konnte, der vom Computer registriert wurde, aber versiegelt blieb. Der Empfänger mußte allerdings bestätigen, daß er den Brief gelesen hatte, und auch das Datum wurde festgehalten. Angenommen, ein Katsa hat seinen Vorgesetzten einen Tip über einen bevorstehenden syrischen Angriff in der folgenden Woche gegeben, aber seine Warnung wurde ignoriert. Wenn dann der Angriff tatsächlich käme, würde man fragen, wieso man nicht gewarnt worden sei. Wenn der Katsa dann eine Aktenkopie hatte, konnte er damit beweisen, daß er *gewarnt* hatte.

Auf dem Rückweg fuhr ich beim Sicherheitschef Mousa M. zu Hause vorbei und erzählte ihm die ganze Geschichte. »Du solltest das Programm ändern und das Mädchen abziehen«, sagte ich.

»Hast du es Itzik erzählt?«

»Ja.«

»Was hat er gesagt?«

»Er sagte, ich solle es vergessen.«

»Dann glaube ich, daß ich das Mädchen nicht abziehen kann«, sagte Mousa, »weil Itzik dann merken würde, daß du es mir erzählt hast.«


Der erste Tagesordnungspunkt am nächsten Tag – es war Mitte Oktober 1985 und die abschließende dreiwöchige Übung begann – war die Anweisung an die drei Teams zu je fünf Leuten, sich in ihre Appartements zu begeben. Ein Team war in Haifa, ein zweites in Jerusalem und meins im dritten Stock eines Wohnhauses nahe dem Mugraby-Kino in der Nähe der Allenby und Ben Yehuda Street, am Südrand des Zentrums von Tel Aviv stationiert – eine ziemlich finstere Gegend, wo überall Huren herumstanden.

Außer Jerry bestand mein Team aus Arik, Oded L. und Michel. Nachdem wir unseren »Slick« in einem Geschirrschrank angefertigt hatten und alle übrigen Sicherheitsmaßnahmen für unser sicheres Haus bzw. die Station erledigt hatten, erhielten wir

Pässe und wurden dann zum Flughafen gefahren, wo wir durch den Zoll und die Paßkontrolle gehen mußten, als ob wir gerade in Israel angekommen wären. Ich hatte einen kanadischen Paß.

Danach nahm ich ein Taxi vom Flughafen zu unserer Wohnung, erkundete die Gegend und wußte dann, wo z. B. öffentliche Telefonzellen waren usw. Dann blieb mir noch genug Zeit bis zur »Instruktion« um 13 Uhr. (Von Zeit zu Zeit wurde uns erlaubt, nach einem Auftrag nach Hause zu gehen, aber abwechselnd mußte immer einer über Nacht in der Wohnung bleiben.) Als ich in die Wohnung zurückkam, war es, als ob zwischen Jerry und mir nichts vorgefallen wäre, außer daß ich jetzt wußte, daß ich ihn nicht »anfassen« durfte und mich auch nicht vor ihm schützen konnte, weil sein »Pferd« zu mächtig war.

Für die erste Feldübung mußten wir in das Grand Beach-Hotel gehen, an der Ecke Hayarkon und Nordau Street, gegenüber dem früheren Sheraton-Hotel. Das alte Sheraton war den Amerikanern überlassen worden, die im Zuge des Camp David-Abkommens in der Negev-Wüste Flughäfen bauten, da Israel seine Flughäfen auf dem Sinai aufgeben mußte. Ich bestellte telefonisch ein Zimmer im Grand Beach, während Jerry einen Kontaktmann in der Lobby des Hotels treffen sollte. Der Kontaktmann hatte Dokumente in einem Diplomatenkoffer im Kofferraum seines Wagens. Wir mußten den Koffer herausholen, die Dokumente fotografieren und den Koffer zurückstellen, ohne daß es bemerkt würde.

Wir hatten schon einen Wagenschlüssel, und das Fahrzeug sollte auf dem sechsten Stellplatz vom Haupteingang des Sheraton entfernt stehen. Wir fanden schnell heraus, daß es nur drei Plätze entfernt stand und daß der Portier des Sheraton es gut im Blick hatte.

Jerrys Aufgabe war es, mit dem Kontaktmann in der oberen Lobby des Grand Beach zu sprechen und dabei so zu sitzen, daß er sehen konnte, wie ich mit dem Diplomatenkoffer hereinkam, die Lobby durchquerte und zum Fahrstuhl ging. Sobald die Fotos im Hotelzimmer gemacht worden waren, sollte ich mögliche Fingerabdrücke am Koffer beseitigen und ihn wieder in den Kofferraum stellen. Sobald der Koffer wieder an seinem Platz war, sollte ich Arik ein Zeichen geben, der dann seinerseits Jerry bedeuten würde, daß er den Kontaktmann laufenlassen konnte. Das mußte natürlich alles ohne das Wissen des Kontaktmannes vor sich gehen.

Der einzige Haken an der Geschichte war, daß der Wagen für den Portier sichtbar war. Ich sagte Arik, er solle seine Brieftasche bis auf ein paar Münzen leeren, dann zu dem Portier gehen und ihm erzählen, daß er sie gefunden hätte und möchte, daß sie im Fundbüro abgegeben würde. Auf diese Weise würde der Portier für eine Weile von seinem Posten verschwinden, und ich könnte den Koffer holen.

Als ich wieder herunterkam, hatte Arik allerdings inzwischen den Namen des Portiers rausbekommen und ließ ihn in einer dringenden Angelegenheit ans Telefon rufen. Während der Mann zum Telefon ins Hotel ging, konnte ich den Koffer in den Wagen legen.

Zwei Stunden später trafen wir uns alle in der Wohnung wieder. Keiner sagte etwas, aber es schien kein Problem zu geben. Bald kamen Itzik und Shai Kauly. Wir gaben ihnen eine genaue Beschreibung von allem, was vorgefallen war. Als alle fertig waren, wandte sich Jerry an Itzik und sagte: »Ich möchte mich über Vics Verhalten beschweren.«

Ich war wie vor den Kopf geschlagen. Ich hatte mehr als nötig erreicht, und jetzt wollte dieser lächerliche Kerl sich beschweren.

Jerry fuhr fort. »Als Victor für den Smerfs in Kaisarut arbeitete, hat er in diesem Hotel einige Afrikaner bewirtet. Er hat unsere ganze Operation gefährdet, weil er diese Übung in einem Hotel gemacht hat, wo er bekannt ist.«

»Moment mal«, sagte ich. »Wir haben schon Übungen in jedem verdammten Hotel in der Stadt gemacht. Und diese Übung sollte sich ja fiktiv in Paris abspielen, und in Paris bin ich in *keinem* Hotel bekannt.«

Es half nichts, Itzik hörte auf ihn und schrieb in sein Buch: »Gut beobachtet.«

Ich wandte mich an Kauly. »Shai –«

»Komm«, erwiderte Kauly, »zieh mich nicht in diese Geschichte rein.«

Am nächsten Tag bat ich darum, meinen zweiten Auftrag gleich erledigen zu dürfen. Das würde mir die Gelegenheit geben, dem sicheren Haus für eine paar Tage fernbleiben zu können. Ich war es schon leid, mit Jerry an einem Ort zu sein.

Ich mußte einen Kontakt zu einem britischen Diplomaten herstellen, der für die Instandhaltung aller Soldatenfriedhöfe (hauptsächlich aus dem Ersten Weltkrieg) in Israel verantwortlich war. Er hatte ein Büro in Ramlah, gleich östlich von Tel Aviv, wo ein großer Friedhof liegt, und ein Büro in der britischen Botschaft in Tel Aviv. Der Mann war vom Shaback mehrmals dabei beobachtet worden, wie er seinen Wagen auf der Straße anhielt, militärische Anlagen fotografierte und dann davonfuhr. Es wurde vermutet, daß er entweder selbst beim Geheimdienst sei oder für jemanden anderen arbeite. Daraufhin hatte der Shaback darum nachgesucht, daß der Mann überprüft werde.

Meine erste Aufgabe bestand darin, mir einen Grund für ein Treffen mit dem Mann auszudenken. Warum nicht wieder einen Film? Nachdem ich ein Zimmer im Carleton-Hotel gebucht hatte, direkt gegenüber vom Marina in der Hayarkon Street in Tel Aviv, fuhr ich zu einem Denkmal in der Nähe jenes Ortes, wo die Truppen des britischen Generals Allenby im Ersten Weltkrieg den Yarkon-Fluß überquert und damit die 400jährige Herrschaft der Ottomanen über das Heilige Land beendet hatten. Ich prägte mir die Daten der Schlachten ein sowie die Namen der Brigaden, die mitgekämpft hatten, und besuchte dann einen anderen großen britischen Friedhof außerhalb von Haifa, wo ich die Gräber ablief, bis ich eins mit dem Namen McPhee gefunden hatte, das eines Soldaten, der damals gekämpft hatte und gefallen war.

Ich würde mich als Kanadier aus Toronto ausgeben, natürlich mit Visitenkarte, und sagen, daß ich einen Film über eine Familie drehen wollte, die von London nach Kanada gezogen sei und die einen Angehörigen habe, der im Kampf um das Heilige Land gefallen sei. Zuerst rief ich das Büro in Ramlah an und erzählte der dortigen christlichen Araberin die Geschichte. Sie gab mir die Telefonnummer der Zielperson in der Botschaft. Ich rief ihn an, erzählte ihm meine Geschichte, nannte ihm den Namen McPhee (sagte, daß ich nicht wüßte, wo er begraben liege), erklärte ihm, daß ich im Carleton-Hotel abgestiegen sei und ihn treffen wolle. Kein Problem.

Natürlich tauchte der Brite mit einem zweiten Mann auf, und wir drei sprachen zweieinhalb Stunden miteinander. Der Diplomat war von Beruf Landschaftsmaler und sehr bemüht, mir zu helfen. Er hatte den Namen und die genauen Angaben, wo das Grab zu finden sei. Er dachte natürlich, alles ginge mit rechten Dingen zu, und deshalb unterhielten wir uns sogar darüber, ob ich ihn nicht einstellen könne, um die großen Schlachtenszenen nachzustellen, die ich doch sicherlich aufnehmen wolle. Ich sagte ihm, daß ich sehr bald abreisen müsse, ihn aber innerhalb eines Monats kontaktieren würde. Meine Instruktionen lauteten, daß ich nur den ersten Kontakt herstellen sollte, der dann auszubauen sei.

Meine nächste Aufgabe war, Kontakt zu einem Mann in Ost-Jerusalem aufzunehmen, der in der Salaha Adin Street einen Souvenirladen besaß. Ich erkundete die Gegend, machte mit einer versteckten Kamera Aufnahmen und freundete mich mit ihm an; es war ein PLO-Mann, deshalb wollte man mehr über ihn wissen.

Bei einer anderen Übung brachte mich Itzik zu einem Wohnhaus in Tel Aviv und sagte, daß im dritten Stock ein Mann wohne, der einen Gast bei sich hätte. Ich hätte 20 Minuten Zeit, mit dem Gast ein Gespräch anzuknüpfen.

»Das ist Chuzpe«, sagte ich.

»Was meinst du damit?« sagte Itzik.

»Wenn du jemandem vor die Tür scheißt, dann klingelst und ihn um Toilettenpapier bittest. Das ist Chuzpe.«

Ich ging in ein nahegelegenes Geschäft und kaufte zwei Flaschen Mouton Cadet claret. Ich ging dann in das Haus und sah mir die Namen auf dem Klingelbrett an. Ich drückte eine Klingel und sagte, ich hätte ein Paket für eine Frau abzugeben.

»Oh, Sie suchen wahrscheinlich Dina«, sagte die Stimme.

»Ist Dina verheiratet?« fragte ich.

»Nein«, kam die Antwort.

Ich klingelte an Dinas Wohnungstür, aber sie war glücklicherweise nicht zu Hause. Ich ging die Treppen hinauf. Es war ein Gebäude, wo man auf dem Weg nach oben an jeder Tür vorbeikommt. Als ich im dritten Stock war, wo meine Zielpersonen wohnten, nahm ich eine der beiden Flaschen, hielt sie hoch, und ließ sie direkt vor der angegebenen Wohnungstür fallen. Ich klopfte an die Tür.

»Es tut mir furchtbar leid«, sagte ich, als die Tür geöffnet wurde. »Ich war oben, um Dina zu treffen, aber sie war nicht zu Hause. Dummerweise ist mir eine Flasche heruntergefallen. Haben Sie etwas zum Aufwischen?«

Der Mann und sein Gast halfen mir beide. Ich schlug vor, daß wir uns ja die andere Flasche teilen könnten. Ich blieb zwei Stunden bei ihnen und erfuhr von beiden eine Menge über ihr Leben. Die Mission war erfolgreich.

In der Zwischenzeit hatte sich das Team in Haifa in seinen Aktivitäten auf die UN-Friedenstruppen konzentriert, insbesondere die Kanadier. Die Kanadier waren ein großartiges Ziel. Sie waren freundlich und im allgemeinen nette Leute. Für sie war Israel wie irgendein anderes westliches Land. Deshalb fühlten sie sich sehr wohl – wohler als in einem arabischen Land.

Es gab mehrere kanadische *Duvshanim* (wörtlich »Honigkuchen«), die von den kanadischen UN-Friedenstruppen bezahlt wurden, um Botschaften und Päckchen zu transportieren. Sie schmuggelten jedoch auch für den Mossad Päckchen über die Grenze hin und her. Bei zwei Übungen mußte in Polizeistationen eingebrochen werden, einmal im Polizeihauptquartier Mador in der Dizengoff Street in Tel Aviv, beim anderen Mal im Jerusalemer Hauptquartier der Kriminalpolizei. Ein Mann namens Zigel war dort Chef einer großen Spezialeinheit für Betrugsfälle. Einer der Fälle, an denen er gerade arbeitete, wurde die »Pfirsich-Akte« genannt (*Tik Afarsek* auf hebräisch).

Als wir in das Hauptquartier einbrachen, brachten wir einen zivilen »Experten« mit, der uns sagte, welche Akte wir mitnehmen sollten. Die »Pfirsich-Akte« entpuppte sich als eine Untersuchung, in die Josef Burg verwickelt war, ein uralter orthodox-religiöser Minister im Kabinett und eines der ältesten Mitglieder des israelischen Parlaments.

Ich weiß nicht, was in der Akte stand oder worum es in der Untersuchung ging, aber ich weiß, daß die »Pfirsich-Akte« auf Anforderung des Büros des Premierministers entfernt wurde und dadurch die ganze Untersuchung aus Mangel an Beweisen zusammenbrach. Ob es Begin, Peres oder Shamir war, das spielt keine Rolle. Wenn man ein Instrument in die Hand bekam, das benutzt werden konnte, dann benutzte man es. Und insbesondere der Mossad tat das.

Während die Katsa-Trainees nur wenige Übungen dieser Art zu machen hatten, mußten sie von den Leuten, die für Neviot trainierten, ständig absolviert werden. Wenn man eine Übung an einem gesicherten Haus machen will, dann sucht man eines. Und eine Polizeistation ist so eins.

Ich war empört über diese Praxis und fragte, warum wir solche Sachen machten und damit gegen unsere eigenen Gesetze verstießen. Wir sollten doch außerhalb unseres Landes arbeiten und nicht innerhalb.

Oren Riff, von dem ich dachte, er wäre mein Freund, antwortete: »Wenn du nach etwas suchst, dann suchst du es dort, wo du es verloren hast, und guckst nicht bloß unter der Laterne nach, wo du gut sehen kannst« und spielte damit auf die Geschichte von dem Mann an, der etwas im Dunklen verloren hat, aber lediglich unter der Straßenlaterne danach sucht. Als man ihn fragt, warum er dort suche statt an der Stelle, wo er es verloren habe, sagt er, daß er im Dunklen nichts sehen könne, wohl aber im Licht.

»Am besten hältst du den Mund und machst deine Arbeit«, sagte Riff, »weil es dich nichts angeht.«

Dann fügte er hinzu: »Jetzt hör' mir mal gut zu. Hör' auf zu meckern. Du kannst meckern, wenn du größer bist als die Typen, über die du meckerst.«

Wütend erwiderte ich: »Leck mich am Arsch!«, und stürmte

205

aus dem Büro. Ich fühlte mich im Recht. Wenn ich mit den anderen Burschen im Büro sprach, kleine Würstchen wie ich, dann waren alle meiner Meinung. Aber niemand wollte sein Maul aufreißen, weil jeder unbedingt ins Ausland wollte, und das war das einzige, woran alle dachten. Mit einer Einstellung, wie ich sie habe, kann das kein gutes Ende nehmen. Das funktioniert einfach nicht.

Als wir Mitte November 1985 den Kurs beendeten und endlich Katsas wurden – es hatte alles in allem drei Jahre gedauert –, war die Stimmung so schlecht, daß es nicht einmal eine Abschiedsparty gab. Oded schaffte es nicht, wurde aber Kommunikationsexperte für das Büro in Europa. Avigdor schaffte es auch nicht. Er wurde durch Vermittlung von Mike Harari als »Killer« an einige Leute in Südamerika ausgeliehen. Michel ging nach Belgien, und Agasy Y. wurde Verbindungsmann in Kairo. Jerry wurde von Tsafririm übernommen, um mit Araleh Sherf zu arbeiten. Das letzte, was ich von ihm hörte, war, daß er im Jemen eine Operation startete, mit der ein paar Juden nach Israel gebracht werden sollten. Heim, Yosy und ich wurden der Station in Israel zugewiesen.

Ich hatte den Kurs gut bestanden, hatte mir aber ein paar mächtige Feinde geschaffen. Efraim Halevy zum Beispiel, der Chef des Verbindungsbüros, nannte mich eine »echte Plage«.

Allerdings sollte ich irgendwann nach Belgien kommen; für einen Anfänger war es eine große Ehre, in die Kidon-Gruppe der Katsas aufgenommen zu werden. Das paßte Itzik gar nicht. Schließlich gab es nicht allzu viele Möglichkeiten. Wenn ich wegginge, dann würde ich für drei bis fünf Jahre kaltgestellt sein.

In der Zwischenzeit arbeitete ich bei der »Springer-Gruppe« unter Ran, bis er in einer Rekrutierungsangelegenheit nach Ägypten mußte. Das ägyptische Fernsehen hatte einen Mossadkritischen Film gezeigt, der »Der Mann mit den spöttischen Augen« hieß und sehr viel Insider-Informationen enthielt. Aber statt bei den Leuten Empörung hervorzurufen, war eine Flut von

Freiwilligen zur israelischen Botschaft geströmt, die alle für den Mossad arbeiten wollten.

Zwei Wochen nachdem ich in die Station in Israel eingetreten war, mußte ich ein Paket, das mit einem El-Al-Flug aus dem Fernen Osten angekommen war, an eine von Mike Harari gelieferte Adresse in Panama aufgeben. Ich fuhr mit einem Subaru-Pkw hinüber, aber am Flughafen war ich erstaunt, ein 2 mal 3 mal 1,5 Meter großes Paket vorzufinden, das, ganz in Plastik gewickelt, lauter kleine Päckchen enthielt und viel zu groß für den Wagen war. Deshalb rief ich nach einem Lieferwagen, um es abzuholen, in das Büro zu bringen, neu zu verpacken und dann nach Panama abzuschicken.

Ich fragte Amy Yaar, was in den Päckchen sei.

»Das geht dich nichts an«, sagte Yaar. »Mach, daß du fertig wirst.«

Am Flughafen wurde das Paket nicht in ein panamesisches Flugzeug verladen, wie es mir gesagt worden war, sondern in ein Flugzeug der israelischen Luftwaffe. Ich sagte, das müsse ein Mißverständnis sein. Aber sie sagten: »Nein, nein. Das Flugzeug ist an Panama ausgeliehen.«

Es war eine Hercules-Transportmaschine. Als ich zurück im Büro war, beschwerte ich mich. Ich wußte, was wir dorthin schickten. So blöde war ich nicht. Wir waren keine Zwischenhändler für Waffen aus dem Fernen Osten. Das konnten nur Drogen sein. Deshalb fragte ich, weshalb dafür ein israelisches Flugzeug benutzt werde. Mir wurde gesagt, daß der Typ, der die panamesische Luftwaffe befehligte, Harari sei. Wo läge also das Problem?

Ich sprach beim Essen und im Büro darüber und beklagte mich, daß wir Harari bei solchen Aktivitäten unterstützten. Im Büro gab es einen Beschwerdebriefkasten, wo man seine Kritik über Computer eingeben konnte; das wurde dann an die Abteilung für interne Sicherheit weitergereicht. Ich beschwerte mich formell. Das Problem bei diesem System war, daß die Beschwerde, die man machte, von hochrangigen Offizieren eingesehen werden konnte; Harari würde also davon erfahren.

Es war der Strohhalm, der dem Kamel das Kreuz brach. Mein

Vorgehen traf Harari an einer empfindlichen Stelle. Er konnte mich ja schon wegen der früheren Geschichte nicht leiden.

Zu jener Zeit bahnte sich eine Operation an, in deren Verlauf ich nach Zypern geschickt wurde. Eigentlich sollte nicht ich gehen, aber Itzik wollte es. Ich war überrascht, daß er mich schicken wollte, und ich war aufgeregt.

Meine Aufgabe bestand darin, als Mittelsmann in einer Operation aufzutreten, die bereits lief. Ich wußte wenig über die Details, sollte aber einen Mann treffen und ein System aufbauen, mit dessen Hilfe ihm diverse Sprengstoffausrüstungen nach Europa geliefert werden konnten. Ich wußte nicht einmal den Namen meines Kontaktmannes. Er war Europäer und in Zypern Verbindungsmann zur PLO; gleichzeitig machte er Waffengeschäfte. Der Hintergedanke war, alle Fliegen mit einer Klappe zu schlagen. Der Mann verkaufte an Waffendealer, und wir dachten uns, wenn wir sie drankriegen würden, dächten sie, daß die militante PLO-Fraktion sie hätte hochgehen lassen.

Ich mußte sicherstellen, daß die beteiligten Männer zu einem festgelegten Treffpunkt in Brüssel kommen würden, um die Waren in Empfang zu nehmen. Das Geschäft wurde deshalb nach Brüssel verlegt, weil die Sprengsätze und Sprengzünder vom Mossad-Hauptquartier in Tel Aviv mit der Diplomatenpost zum europäischen Hauptquartier in Brüssel geschickt worden waren. Durch die politische Bedeutung von Brüssel war die Diplomatenpost in diese Stadt häufig sehr umfangreich.

Die Käufer waren belgische und holländische Rüstungshändler. Unsere Vorstellung war, sie hineinzuziehen, bei der Polizei der jeweiligen Länder eine Untersuchung in Gang zu bringen und sie dort packen zu lassen. Natürlich wollte die Polizei Beweise. Der Mossad würde die Beweise liefern, ohne daß die Polizei die Quelle erführe.

Zu dem Plan gehörte, daß Michel in seinem perfekten Französisch der Polizei von Zeit zu Zeit telefonisch Tips durchgeben würde, bis zu dem Zeitpunkt, an dem die Auslieferung stattfinden würde.

Ich hatte in Zypern ein Zimmer im Sun Hall-Hotel mit Blick auf den Hafen von Larnaca. Das Material sollte in einen Wagen geladen und nach Belgien gebracht werden. Ich hatte einen Schlüsselbund, den ich einem der Männer in Zypern übergeben sollte. Dann sollte ihnen der exakte Zeitpunkt und der Ort, wo sie den Wagen abholen konnten, mitgeteilt werden. Sie wollten mich am Butterfly Hill treffen, aber ich bestand darauf, ihnen im Hotel die Schlüssel zu übergeben.

Die Männer wurden von der belgischen Polizei auf frischer Tat ertappt, als sie sich dem Wagen näherten; unter ihnen war auch jener Mann, dem ich am 2. Februar 1986 die Schlüssel übergeben hatte. Mehr als 100 Kilo Plastiksprengstoff und Sprengzünder wurden beschlagnahmt.

Danach bereitete ich mich auf meinen Heimflug vor. Aber ich wußte nicht, daß ich aus einem ganz anderen Grund nach Zypern geschickt worden war, und zwar als Teil einer Operation, mit der ich schon von meiner Arbeit am Computer des Büros einigermaßen vertraut war.

Der neue Befehl lautete, mich nicht aus meinem Hotel zu rühren und auf einen Anruf von einem Metsada-Beamten zu warten, der den Flughafen von Tripolis in Libyen beobachtete. Die geheimnisvolle Botschaft lautete: »Die Küken sind aus dem Korb geflogen.« Sobald ich den Anruf erhalten hätte, sollte ich einen Pieper anstellen, der alle 15 Sekunden wiederholte: »Die Küken sind aus dem Korb geflogen.« Das Signal würde von einem Raketenboot in der Nähe aufgefangen und an die israelische Luftwaffe weitergegeben werden, die schon mit Maschinen in der Luft darauf warten würde, ein libysches Gulfstream-11-Regierungsflugzeug zur Landung in Israel zu zwingen.

Die »Küken« waren einige der härtesten, meistgesuchten PLO-Terroristen der Welt, vor allem Abu Khaled Amli, Abu Ali Mustafa, Abul Fatah Ghamen und Abu el-Abbas von der PFLP-Führung. El-Abbas hatte die »Achille Lauro«-Entführung geleitet und war derjenige, der den US-Oberst Oliver North so in Schrecken versetzte, daß der sich ein teures Sicherheitssystem für sein Haus kaufte.

Der libysche Diktator Muammar al-Gaddafi hatte zu einem dreitägigen Treffen nach Tripolis eingeladen. Daran nahm die von ihm so genannte Gemeinsame Führung der Revolutionären Kräfte der Arabischen Nation teil, mit Vertretern von 22 palästinensischen und anderen arabischen Organisationen. Es fand in seiner Festung, der Bab al Azizia-Kaserne, statt. Es war Gaddafis Reaktion auf die amerikanischen Marinemanöver vor der libyschen Küste. Die Delegierten billigten die Schaffung von Kamikaze-Gruppen für Kommando-Angriffe gegen US-Ziele in Amerika und sonstwo, falls die USA es wagen sollten, eine Aggression gegen Libyen oder ein anderes arabisches Land zu unternehmen.

Selbstverständlich hörte der Mossad bei diesem Ereignis mit. Beinahe ebenso selbstverständlich nahmen die Palästinenser an, daß er es täte. Und so wurde das Gerücht verbreitet, daß die PLO-Führer planten, mit ihrem Jet am frühen Morgen abzufliegen, die südöstliche Küste von Zypern entlang nach Damaskus. Der Mossad hatte zwei Spione eingesetzt, die einander nicht kannten – was völlig normal ist – und die beide auf einen Anruf warteten. Der eine beobachtete den Flughafen. Er sollte die Männer beim Einsteigen ins Flugzeug und das Abheben der Maschine beobachten, dann den zweiten Mann benachrichtigen, der seinerseits mich anrufen würde. Dann sollte ich mit dem Pieper die Nachricht an das Raketenboot weitergeben.

Ich war unter dem Namen Jason Burton nach Zypern eingereist. Die Hälfte der Strecke hatte mich ein israelisches PT-Boot gebracht, dann wurde ich von einer Privatyacht aus dem Hafen übernommen. Mein Paß trug einen Stempel, als wäre ich mit einem Flugzeug ins Land gekommen.

Es war kalt und windig, und es waren nicht viele Touristen da. In meinem Hotel wohnte allerdings eine ganze Reihe von Palästinensern. Nachdem ich meinen ersten Auftrag erfüllt hatte und nur auf den Anruf warten mußte, hatte ich nicht viel zu tun. Ich konnte mein Zimmer verlassen, aber nicht das Hotel. Ich mußte am Empfang einfach Bescheid sagen, daß sie einen Anruf dorthin durchstellen sollten, wo ich mich befände.

Es war am Abend des 3. Februar 1986, als ich den Mann in der Lobby sah. Er war sehr gut gekleidet, trug eine goldgeränderte Brille und drei große Ringe an der rechten Hand. Er hatte einen kleinen Spitzbart und einen Schnurrbart. Er mochte etwa 45 Jahre alt sein. Sein schwarzes Haar begann sich weiß zu färben. Er trug teure Lederschuhe und einen maßgeschneiderten Anzug aus Schurwolle bester Qualität.

Er saß in der Lobby und blätterte in einem arabischen Magazin, aber ich konnte sehen, daß er in der Mitte einen *Playboy* liegen hatte. Ich wußte, daß er Araber war, und auch, daß er sich sehr bedeutend fühlte. Ich dachte, zum Teufel, ich habe nichts anderes zu tun, also mache ich einen Kontakt.

Der Kontakt lief direkt. Ich ging einfach zu ihm hin und sagte auf englisch: »Darf ich mal das Mittelblatt sehen?«

»Wie bitte?« antwortete der Mann. Sein Englisch hatte einen starken Akzent.

»Sie wissen schon, das Playmate. Das Mädchen in der Mitte.«

Er lachte und zeigte es mir. Ich stellte mich als britischer Geschäftsmann vor, der fast sein ganzes Leben in Kanada verbracht hatte. Wir hatten ein angenehmes Gespräch, und nach einer Weile beschlossen wir, gemeinsam zum Abendessen zu gehen. Der Mann war Palästinenser, lebte in Amman und war wie ich mit meiner Legende im Import/Export-Geschäft tätig. Er trank offenbar sehr gern, deshalb gingen wir nach dem Essen noch in die Bar, wo er sich nach und nach vollaufen ließ.

Ich hatte unterdessen große Sympathie für die palästinensische Sache geäußert. Ich hatte sogar erwähnt, daß ich bei einer Lieferung nach Beirut wegen des Krieges eine Menge Geld verloren hätte. »Diese verdammten Israelis«, sagte ich.

Der Mann sprach über seine Geschäfte in Libyen, und am Ende, bestärkt durch meine offensichtliche Sympathie, sagte er: »Morgen werden die Israelis Scheiße fressen.«

»Großartig. Wie wollt ihr das anstellen?«

»Wir haben aus einer bestimmten Quelle erfahren, daß die Israelis das PLO-Treffen mit Gaddafi abhören. Wir werden am Flughafen einen kleinen Trick machen. Die Israelis glauben, daß die PLO-Spitzenleute in einem Flugzeug zusammen reisen werden. Werden sie aber nicht.«

Ich bemühte mich, ruhig zu bleiben. Ich hatte nicht den Auftrag, von mir aus Kontakt aufzunehmen, aber ich mußte aktiv werden. Endlich, gegen 1 Uhr nachts verließ ich meinen »Freund«, ging in mein Zimmer und rief eine Notrufnummer an. Ich fragte nach Itzik.

»Er ist nicht zu erreichen. Er hat zu tun.«

»Ich muß mit ihm sprechen. Es ist dringend. Ich will mit dem Tsomet-Chef sprechen.«

»Tut mir leid, der hat auch zu tun.«

Ich hatte mich durch meinen Kode-Namen bereits als Katsa identifiziert, aber unglaublicherweise stellten sie mich nicht durch. Also rief ich Araleh Sherf zu Hause an, aber er war nicht da. Dann rief ich einen Freund im Marine-Geheimdienst an und bat ihn, dorthin durchgestellt zu werden, wo sich seine Vorgesetzten aufhielten, ein Stabsraum der Einheit 8200 auf der Luftwaffenbasis in Galil.

Und natürlich kam Itzik an den Apparat. »Warum rufst du mich an?«

»Hör zu, die ganze Sache ist ein Trick. Die Kerle werden nicht in dem Flugzeug sein.«

»Wie willst du das wissen?«

Ich erzählte ihm die Story, aber Itzik sagte: »Das klingt nach psychologischer Kriegführung. Außerdem warst du nicht autorisiert, von dir aus Kontakte zu machen.«

»Darüber hast du nicht zu bestimmen«, sagte ich. Mittlerweile brüllten wir uns an. »Das ist lachhaft!«

»Hör zu, wir wissen, was zu tun ist. Mach du einfach deine Arbeit. Weißt du noch, was du zu tun hast?«

»Ja, das weiß ich. Aber für den Bericht will ich, daß du weißt, was ich gesagt habe.«

»Okay. Jetzt mach deine Arbeit.«

Ich schlief die ganze Nacht nicht. Gegen Mittag des nächsten Tages kam endlich die Botschaft: »Die Küken sind aus dem Korb geflogen.«

Unglücklicherweise für den Mossad waren sie es nicht. Aber ich gab die Botschaft weiter, verließ sofort darauf das Hotel, lief zum Hafen hinunter, bestieg die Privatyacht und wurde zu einem wartenden PT-Boot geschippert, das mich zurück nach Israel brachte.

An jenem Tag, dem 4. Februar, zwangen die Israelis den Privatjet zur Landung auf der Luftwaffenbasis Ramat David in der Nähe von Haifa. Aber statt der hohen PLO-Tiere waren nur neun unbedeutendere syrische und libanesische Beamte an Bord. Eine ziemlich große internationale Blamage für den Mossad und Israel. Vier Stunden später ließen sie sie laufen. Aber vorher hatte el-Abbas, den sie u. a. hatten greifen wollen, eine Pressekonferenz gegeben, auf der er sagte: »Sagt der ganzen Welt, sie soll keine amerikanischen oder israelischen Flugzeuge mehr benutzen. Von diesem Tag an werden wir keine Zivilisten mehr schonen, die solche Flugzeuge benutzen.«

In Damaskus hatte der syrische Außenminister Farouk al Shara'a eine Dringlichkeitssitzung des UN-Sicherheitsrates verlangt. Sie fand noch in derselben Woche statt, aber die Vereinigten Staaten legten ihr Veto gegen eine Resolution zur Verurteilung Israels ein. In Syrien sagte Generalmajor Hikmat Shehabi, Generalstabschef der Armee: »Wir werden dieses Verbrechen beantworten, indem wir denen, die es begangen haben, eine Lektion erteilen werden, die sie nicht vergessen werden. Die Methode, die Zeit und den Ort werden wir wählen.« Gaddafi kündigte an, daß er seiner Luftwaffe befohlen habe, israelische Zivilflugzeuge über dem Mittelmeer abzufangen, sie in Libyen zur Landung zu zwingen, um sie nach »israelischen Terroristen« zu durchsuchen. Libyen beschuldigte auch die US-amerikanische Sechste Flotte, an der Operation beteiligt gewesen zu sein.

Ein ziemlich verwirrter Premierminister Shimon Peres sagte vor dem Knesset-Ausschuß für Verteidigung und Auswärtiges, daß es die Information gegeben habe, ein hochrangiger Palästinenser sei an Bord, und deshalb »beschlossen wir zu kontrollieren, ob er in dem Flugzeug saß. Die Art der Information bot uns eine solide Basis für die Entscheidung zum Abfangen der Maschinen. Sie stellte sich als falsch heraus.«

Verteidigungsminister Jitzak Rabin sagte: »Wir haben nicht gefunden, was wir zu finden hofften.«

Während all dieser Ereignisse war ich immer noch auf dem PT-Boot auf dem Weg nach Israel. Bald erfuhr ich, daß die Mossad-Oberen mich für das Fiasko verantwortlich machten, und um sicherzugehen, daß ich nicht da sei, um mich verteidigen zu können, wurde dem Kapitän des PT-Bootes, den ich noch aus meiner Zeit bei der Marine kannte, befohlen, etwa 15 Kilometer vor Haifa einen Maschinenschaden vorzutäuschen.

Als das Boot stoppte, trank ich gerade Kaffee. Ich fragte den Kapitän, was los sei.

»Maschinenschaden«, sagte er.

Wir lagen dort zwei Tage. Ich durfte den Funk nicht benutzen. Der Kapitän war eigentlich der Kommandant einer kleinen Flottille von 11 PT-Booten, war aber speziell mit diesem Job betraut worden. Wahrscheinlich meinten sie, ich hätte mich gegenüber einem jungen Kapitän durchsetzen können.

Dieser Kapitän war nicht leicht einzuschüchtern. Er hatte sich vor einigen Jahren einen Namen gemacht, als er in einer nebligen Nacht auf seinem Radarschirm ein »Stinktier« sah. Es hatte den Anschein, als funktioniere die Funkanlage nicht richtig. Er konnte senden, aber nicht empfangen. Als der Schatten immer näher und näher kam, schickte er über sein PA-System die Warnung: »Stoppen oder ich schieße«. Als er gerade seine kleine Flak-Kanone im Heck seines Bootes abfeuern wollte, tauchte ein gigantischer Flugzeugträger der Nimitz-Klasse aus dem Nebel auf und richtete seine Flutlichter auf ihn. Allein der Anker der Nimitz war größer als sein PT-Boot. Die Leute haben herzhaft darüber gelacht.

Über das Abfang-Fiasko lachte allerdings niemand – außer den Arabern und Palästinensern. Als ich endlich an Land gehen durfte, empfing mich Oren Riff mit den Worten: »Diesmal bist du erledigt.«

Ich begann ihm zu erklären, was passiert war, aber er sagte: »Ich will nichts davon hören.«

Ich versuchte mehrfach, mit Nahum Admony, dem Mossad-Chef, zu sprechen, aber er wollte mich nicht empfangen. Dann wurde mir von dem Personalchef Amiram Arnon gesagt, daß man mich gehen lassen werde. Er empfahl mir, meinen Dienst zu quittieren. Ich sagte, daß ich nicht gehen wolle, worauf Arnon sagte: »Okay, dann erhältst du eben nur deinen Lohn ausgezahlt.«

Ich ging zu Riff und sagte, ich wolle unbedingt mit Admony sprechen. Riff sagte: »Er will nicht nur nicht mit dir reden, er möchte auch nicht, daß du ihn im Korridor oder im Fahrstuhl ansprichst. Und wenn du versuchen solltest, ihn außerhalb des Hauses anzuhalten, wird er das als persönlichen Angriff auffassen.«

Was bedeutete, daß seine Bodyguards schießen würden. Ich sprach mit Sherf, und er sagte, daß er da auch nichts tun könne.

»Aber das ist ein abgekartetes Spiel«, sagte ich.

»Das spielt keine Rolle«, antwortete Sherf. »Da kannst du nichts dran ändern.«

Also quittierte ich meinen Dienst. Das war in der letzten Woche im März 1986.

Am folgenden Tag rief mich ein Freund aus der Marine an, um mich zu fragen, warum meine Akte aus einer speziellen Ablage verschwunden sei. Dort wurden die Unterlagen über Mossad-Offiziere aufbewahrt, damit sie nicht zu Reserveübungen einberufen werden. (Die meisten Leute in Israel müssen 30, 60 oder 90 Tage lange Reservedienst leisten. Auch unverheiratete Frauen und Männer bis zum Alter von 55 Jahren. Je höher der Rang, um so länger der Dienst.)

Normalerweise, wenn man den Mossad verließ, wurde die Akte wieder in den Reservistenschrank gestellt, aber mit dem Befehl versehen, daß diese Person nicht in vorderster Front eingesetzt wird. Und zwar deshalb, weil sie zuviel weiß. Und deshalb hatte sich mein Freund, glücklicherweise ohne eine Ahnung von meinen internen Problemen zu haben, gefragt, weshalb meine Akte wieder im normalen Schrank stünde. Er nahm an, ich hätte das selbst verlangt, weil es normalerweise nach Verlassen des Mossad fünf bis sechs Monate dauert, bis die Akte überstellt wird. Hier war es innerhalb eines Tages passiert. Schlimmer noch, die Akte enthielt den Vermerk, mich als Verbindungsmann zur christlich-südlibanesischen Armee einzusetzen, was für einen Ex-Mossad-Mann soviel wie ein Todesurteil bedeutete.

Das ging mir nun wirklich zu weit. Ich besprach mich mit Bella, packte meine Sachen, nahm einen Tower Air-Charterflug nach London, dann eine TWA nach New York. Nach einigen Tagen Aufenthalt flog ich nach Omaha, um meinen Vater zu besuchen.

Am Tag nach meinem Abflug wurde ein Einberufungsbefehl von einem Boten in meinem Haus in Tel Aviv abgegeben. Normalerweise dauert so etwas 60 Tage, mit einer Frist von 30 Tagen.

Bella nahm den Bescheid entgegen. Aber am nächsten Tag klingelte das Telefon, und die Vorgesetzten wollten wissen, wo ich sei. Warum ich noch nicht angetreten sei. Bella sagte, daß ich nicht mehr im Lande sei.

»Wie kann das sein?« sagte der Beamte. »Er hat keine Entlassungsurkunde von der Armee erhalten.«

Hatte ich sehr wohl. Nun, nicht gerade von der Armee. Ich habe mir meine eigene Entlassung geschrieben, gestempelt und bin dann aus dem Korb geflogen.

Für ein paar Tage ging ich nach Washington, wo ich versuchte, die Mossad-Verbindungsleute zu erreichen. Aber damit hatte ich keinen Erfolg. Niemand wollte mit mir sprechen, und ich wollte nicht sagen, wer ich war. Dann flog Bella nach Washington, während unsere beiden kleinen Töchter per Flugzeug nach Montreal gebracht wurden. Am Ende zogen wir erst einmal nach Omaha.

Ich bin mir nicht sicher, ob das Problem allein meine Kritik war. Sie hätten mich auf jeden Fall als Sündenbock benutzt und im Regen stehenlassen. Das ist nun mal so.

Erinnern Sie sich noch an jenen Palästinenser in Zypern, der mir von dem Trick erzählte? Er sagte mir etwas, was noch schockierender war. Er sagte, er habe zwei Freunde, die hebräisch wie Israelis sprächen, Araber, die in Israel aufgewachsen seien, die in

Europa einen Sicherheitsdienst aufbauten, als wären sie vom israelischen Geheimdienst, und Israelis rekrutierten, um bei der Abfassung von Handbüchern zu helfen, wie man geheime Gruppen aufbaue. Alles Betrug. Sie wollten allein Informationen erhalten – Israelis dazu bringen, offen zu sprechen, wie sie es tun, wenn sie unter sich sind. Als ich dies einigen Leuten gegenüber im Büro erwähnte, sagten sie mir, ich sei verrückt, daß das nicht sein könne und daß das nicht funktionieren würde, weil es eine Katastrophe auslösen würde. Ich fragte, wovon sie denn sprächen. Wir müßten die Leute einfach warnen, meinte ich. Aber sie beharrten auf ihrem Standpunkt.

Der Palästinenser war wohl deshalb so offen zu mir, weil er wußte, daß es schon spät am Abend vor der Operation war; wir waren in einer Hotelbar in Larnaca. Was hätte ich da schon tun können? Nebenbei erwähnt: Der Metsada-Beamte in Tripolis hat die PLO-Führung tatsächlich in den Privatjet einsteigen sehen. Was er nicht sah, war, wie sie hinter einem Hangar, wo der Jet auf seinem Weg zum Take-off anhielt, wieder ausgestiegen sind.

Sie hätten mich mit jenem Araber eine ganze Operation durchziehen lassen sollen. Offenbar wußte er über einiges Bescheid. Aber ich habe die Chance nicht bekommen. Da ich Katsa war, hätten im Normalfall nach meinem Anruf keine von persönlichen Aversionen diktierten Meinungen mehr einfließen dürfen. Wir hätten uns die internationalen Verwicklungen sparen und hätten die Gegenseite sogar doppelt austricksen können.

Irgendwie war es absehbar gewesen. Da waren diese Leute, die wahnsinnige Angst vor uns hatten. Dennoch glaubten wir, daß gleich fünf zusammen in dasselbe Flugzeug steigen würden. Das waren Männer, die sich normalerweise unter Felsen versteckten. Sie waren raffiniert, erfahren. Wir hätten wissen müssen, daß es ein Trick war. Der Mossad brauchte auch gar keinen Mittelsmann auf Zypern, um die Botschaft weiterzugeben. Was er brauchte, das war ein Sündenbock. Und das bin am Ende ich gewesen.

Meine Probleme hatten schon zu meiner Zeit als Kadett begonnen, aber die Instrukteure hofften offenbar, daß sich das geben würde und ich mich dem System besser anpassen würde. Ich war gut in meinem Job, und sie hatten eine Menge in mich investiert. Es waren auch nicht alle gegen mich gewesen, deshalb brauchte es seine Zeit, bis man sich einig war, daß ich mehr Ärger verursachte, als ich wert sei. Meine Probleme mit Jerry haben wahrscheinlich das Faß zum Überlaufen gebracht. Offensichtlich hatte er ein mächtiges Pferd für sich laufen. Und gegen mich.

Der Mossad schätzt ganz eindeutig Leute nicht, die das System oder die Personen, die es in Gang halten, in Frage stellen. Er bevorzugt Leute, die es blind akzeptieren, so wie es ist, und es ruhig zu ihrem Vorteil nutzen. Solange sie das Schiff nicht ins Schlingern bringen, scheint sich niemand darum zu kümmern.

Gleichwohl lernte ich genug in meiner langen Ausbildungszeit und der kurzen Karriere als Katsa, um ein Tagebuch zu führen und eine Menge Informationen über zahlreiche Mossad-Operationen sammeln zu können.

Viele Kurse wurden von jenen abgehalten, die verschiedene Mossad-Operationen durchgeführt hatten. Die Kadetten studierten diese Operationen bis in die kleinsten Bestandteile und spielten sie durch, wobei jedes Detail erklärt wurde. Zusätzlich konnte ich mir durch den offenen Zugang zum Mossad-Computer ein umfangreiches Wissen über die Organisation und ihre Aktivitäten aneignen, von denen Sie im III. Teil dieses Buches vieles – und so manches zum erstenmal – erfahren werden.

# III

# DIE WEGE DER TÄUSCHUNG

# 9

## STRELLA

Am 28. November 1971 ermordeten vier Terroristen den jordanischen Premier Wasfi Tell, als er das Kairoer Sheraton-Hotel betrat. Tell, ein pro-westlicher Araber, steuerte Verhandlungen mit Israel an und wurde deshalb das erste Ziel einer mörderischen Bande von Palästinensern, die sich Schwarzer September nannte (*Ailul al Aswad* auf arabisch). Ihren Namen wählte sie nach jenem Monat des Jahres 1970, in dem der jordanische König Hussein die palästinensische Guerilla-Bewegung in seinem Land zerschlug.

Als blutigste und extremste aller *Fedayin*-Gruppen – ein arabisches Wort für Guerillero – ließ der Schwarze September der Ermordung Tells bald die Morde an fünf Jordaniern folgen, die in Westdeutschland lebten und die er der Spionage für Israel verdächtigt hatte. Er versuchte den jordanischen Botschafter in London zu ermorden, und er ließ Bomben in einer Hamburger Fabrik hochgehen, die elektronische Bausteine für den Verkauf an Israel herstellte, sowie in einer Raffinerie in Triest, die nach Behauptung der Terroristen Öl für »pro-zionistische« Interessen in Deutschland und Österreich verarbeitete.

Am 8. Mai 1972 kaperte eine Gruppe von zwei Männern und zwei Frauen ein Sabena-Flugzeug mit 90 Passagieren und zehn Besatzungsmitgliedern auf dem internationalen Flughafen Lod in Tel Aviv. Sie versuchte die Freilassung von 117 Fedayin aus israelischen Gefängnissen zu erzwingen. Am folgenden Tag wurden die beiden männlichen Terroristen von israelischen Kommandos erschossen, die Frauen gefangengenommen und zu lebenslänglichem Gefängnis verurteilt. Am 30. Mai brachten drei mit Maschinenpistolen bewaffnete japanische Radikale im Sold der Fedayin auf dem Flughafen Lod 26 Touristen um und verwundeten 85 weitere.

Dann, am 5. September 1972, auf dem Höhepunkt der olympischen Sommerspiele in München, stürmte ein Kommando des Schwarzen September in das olympische Dorf und ermordete elf israelische Sportler und Trainer. Die anschließende dramatische Konfrontation mit der deutschen Polizei wurde live im Fernsehen in der ganzen Welt gezeigt. Mitglieder der Gruppe waren schon vorher in Deutschland aktiv gewesen. Und in der Woche bevor die Olympiade begann, reisten mehrere Mitglieder des Schwarzen September getrennt nach München und brachten ein ganzes Arsenal an russischen Kalaschnikows, Pistolen und Handgranaten mit.

Auf diese Grausamkeiten reagierte drei Tage später Israel mit dem Befehl an 75 Bomber, Guerillastellungen – so behauptete man – in Syrien und Libanon zu bombardieren. Es waren die schwersten Luftangriffe seit 1967, und sie forderten 66 Tote und unzählige Verwundete. Israelische Flugzeuge schossen über den Golan-Höhen sogar drei syrische Flugzeuge ab, während Syrien zwei israelische Jets eliminierte. Israel schickte Bodentruppen in den Libanon, um gegen die palästinensischen Terroristen zu kämpfen, die Straßen in Israel vermint hatten, und Truppen der syrischen Armee wurden an den Grenzen zum Libanon zusammengezogen, um auf eine kriegerische Auseinandersetzung vorbereitet zu sein.

Die Israelis, die bereits durch die von außen gegen sie gerichteten Aktionen beunruhigt waren, wurden völlig geschockt, als am 7. Dezember der Shin Beth, der inländische Geheimdienst Israels, 46 Leute verhaftete, die entweder für Syriens »Deuxième Bureau« (G-2) spioniert hatten oder die von diesem Spionagering gewußt und es nicht gemeldet hatten. Wirklich schockierend war die Tatsache, daß vier der Verhafteten Juden und zwei von ihnen, einschließlich des Anführers, *Sabras* waren, d. h. im Land geborene Israelis.

Direkt nach den Münchner Ereignissen befahl Premierministerin Golda Meir Vergeltung. Die damals bereits 74jährige kündigte öffentlich einen Rachefeldzug an, in dem Israel »mit Beharrlichkeit und Geschick an einer weit entfernten, gefährlichen und wichtigen Front« kämpfen werde. In anderen Worten hieß das, daß der Mossad die Terroristen erwischen würde, entsprechend dem Grundsatz: »Niemand wird dem langen Arm der israelischen Gerechtigkeit entkommen.« Meir unterschrieb die Todesurteile von etwa 35 bekannten Terroristen des Schwarzen September, einschließlich des Führers in Beirut, Yusif Najjar, unter dem Namen Abu Yusuf bekannt, ein ehemaliger hoher Geheimdienstoffizier in Yassir Arafats Al Fatah. Zu diesen Leuten zählte auch der schillernde, aber brutale Ali Hassan Salimeh, den der Mossad »den roten Prinzen« nannte und der das Massaker in München geplant hatte und damals von Ost-Deutschland aus operierte. Sein Schicksal ereilte ihn schließlich 1979 in Beirut bei einem Autobombenattentat.

Weil Meir dem Mossad den Befehl gegeben hatte, die Killer vom Schwarzen September aufzuspüren und sie dort zu töten, wo man sie fand, wurde sie selbst zum wichtigsten Ziel der Terroristen. Für den Mossad hieß das, die Mörder-Einheit der Metsada (Kidon) in Marsch zu setzen.

Der erste Besuch nach München wurde dem PLO-Vertreter in Rom, Abdel Wadal Zwaiter, 38, abgestattet. Er wartete am 16. Oktober 1972 auf den Aufzug zu seiner Wohnung, als er aus nächster Nähe mit zwölf Schüssen getötet wurde.

Am 8. Dezember beantwortete Mahmoud Hamshari, 34, Chefvertreter der PLO in Frankreich, einen Telefonanruf in seinem Pariser Appartement.

»Hallo.«

»Ist dort Hamshari?«

»Ja.«

Rums! Das Mossad-Team hatte eine Bombe in seinem Telefon installiert; als er den Hörer ans Ohr hob und seinen Namen nannte, wurde die Bombe durch Fernsteuerung gezündet. Hamshari wurde schwer verwundet und starb einen Monat nach der Explosion.

Ende Januar 1973 ging Hussein al Bashir, 33, der als Chef des »Palmyra«-Unternehmens galt und mit einem syrischen Paß reiste, im zweiten Stock des Olympic-Hotel in Nikosia zu Bett. Sekunden später vernichtete eine Explosion sowohl das Zimmer als auch Bashir, Al Fatahs Vertreter in Zypern. Der Killer hatte einfach auf der Lauer gelegen, bis Bashir das Licht in seinem Zimmer gelöscht hatte, und hatte dann durch Fernzündung die Bombe, die er unter dem Bett angebracht hatte, hochgehen lassen.

In der Trauerrede für seinen toten Kameraden schwor Arafat Rache, aber »nicht in Zypern, nicht in Israel und nicht in den besetzten Gebieten«. Eine klare Warnung, daß er eine internationale Eskalation in der Schlacht der Terroristen plante. Insgesamt tötete der Mossad im Verlauf von Meirs Rachefeldzug ein Dutzend Mitglieder des Schwarzen September.

Um zu demonstrieren, wie bedingungslos ernst es ihm war, ließ der Mossad in lokalen arabischen Blättern Todesanzeigen von verdächtigen Terroristen erscheinen, die noch am Leben waren. Andere erhielten anonyme Briefe, die genaueste Details über ihr Privatleben, insbesondere ihre sexuellen Aktivitäten enthielten und in denen ihnen geraten wurde, die Stadt zu verlassen. Außerdem wurden viele Araber in Europa und im Nahen Osten durch Briefbomben verletzt, die der Mossad abgeschickt hatte. Obwohl vom Mossad nicht beabsichtigt, wurden auch viele Unschuldige in diesem Rachefeldzug getroffen.

Aber die PLO hatte ebenfalls Briefbomben – abgestempelt in Amsterdam – abgeschickt: an israelische Beamte in der ganzen Welt und an prominente jüdische Persönlichkeiten. Am 19. September 1972 starb Ami Shachori, 44, ein landwirtschaftlicher Berater an der israelischen Botschaft in London, unmittelbar nach Öffnen eines Briefes. Eine Anzahl damals weithin veröffentlichter Morde an Mossad-Leuten war in Wirklichkeit das, was man »weißes Rauschen« nennt: Dummes Gequatsche, das in die Zeitungen gelangt, vieles davon vom Mossad selbst in die Welt gesetzt, um die öffentliche Meinung zu verwirren. Ein klassisches Beispiel passierte am 26. Januar 1973, als der Mossad-Spion

Yshai (der in späteren Berichten als 37jähriger Katsa mit dem Namen Baruch Cohen bezeichnet wurde) in Madrids belebtester Straße, der Gran Via, von einem Terroristen des Schwarzen September erschossen wurde, den er angeblich verfolgte. Er hatte natürlich niemanden verfolgt. Das wollte der Mossad die Leute bloß glauben machen.

Ein anderes Beispiel war der Tod des syrischen 36jährigen Journalisten Khodr Kanou im November 1972, von dem es hieß, er sei ein Doppelagent. Er war an der Tür seiner Wohnung in Paris erschossen worden, weil der Schwarze September gemeint hatte, er würde Informationen über die Aktivitäten der Gruppe an den Mossad weitergeben. Hatte er aber nicht. Aber so wurde der Mord in den Medien dargestellt. Obwohl viel über Doppelagenten geschrieben wird, gibt es in Wirklichkeit sehr wenige. Wirkliche Doppelagenten müssen sich in einem stabilen, möglichst verwaltungstechnischen Umfeld bewegen, um erfolgreich »zweiseitig« arbeiten zu können.

In jenem Herbst 1972 suchte Meir nach einem Weg, um innenpolitisch von den Schrecken des internationalen Terrorismus und der zunehmenden Isolation des Landes seit dem Sechs-Tage-Krieg abzulenken. Seit langem hatte Israel angestrebt, daß sein Premierminister eine Audienz bei Papst Paul VI. in Rom gewährt bekam. Im November schließlich, als der Vatikan sein Einverständnis mit dem Besuch erklärte, wies Meir ihre Beamten an, Vorbereitungen dafür zu treffen. Sie sagte ihnen jedoch: »Ich werde keinen Gang nach Canossa machen«; der Besuch sollte nicht zu einem Symbol der Unterwerfung werden.

Man beschloß, daß Golda Meir zuvor Paris besuchen sollte, um am 13. und 14. Januar an einer inoffiziellen internationalen Konferenz der sozialistischen Parteien teilzunehmen – eine Konferenz, die der französische Präsident Georges Pompidou heftig kritisierte. Dann sollte sie am 15. Januar im Vatikan sein und anschließend zwei Tage mit dem Präsidenten der Elfenbeinküste, Felix Houphouet-Boigny, zusammentreffen, um dann nach Israel zurückzukehren.

Eine Woche nach ihrer Weisung war die Audienz beim Papst vereinbart, aber sie wurde der Öffentlichkeit nicht bekanntgegeben.

Weil etwa drei Prozent der israelischen Bevölkerung, zirka 100000 Menschen, christliche Araber sind, hat die PLO sehr gute Beziehungen zum Vatikan, sogar Zugang zu vertraulichen internen Diskussionen. So erfuhr Abu Yusuf sehr schnell von Golda Meirs Plan, den Papst zu besuchen. Er schickte sofort eine Nachricht an Ali Hassan Salimeh in Ost-Deutschland, in der es hieß: »Laß uns die erwischen, die unser Blut in ganz Europa vergießt.« (Diese Botschaft und vieles von dem Material, das in diesem Kapitel auftaucht, war den Israelis unbekannt, bis sie im Libanon-Krieg von 1982 eine große Menge von PLO-Dokumenten erbeuteten.)

Wie Meir getötet würde und wann genau, das überließ man dem »Roten Prinzen«, aber die Entscheidung zuzuschlagen war getroffen, und er war entschlossen, die Aktion durchzuführen. Abgesehen von der Tatsache, daß Golda Meir der sichtbarste Feind der Terroristen war, sah Yusuf in so einem Schlag eine spektakuläre Gelegenheit, der Welt zu zeigen, daß der Schwarze September immer noch eine Kraft war, mit der man zu rechnen hatte.

Ende November 1972 erhielt die Londoner Station des Mossad einen unerwarteten Anruf von einem Mann namens Akbar, einem palästinensischen Studenten, der sich immer ein paar Mark verdiente, indem er dem Mossad Informationen verkaufte. Aber er hatte schon lange nichts mehr von sich hören lassen.

Auch wenn er ein »schlafender Agent« war, so hatte Akbar doch Verbindungen zur PLO, und er signalisierte, daß er ein Treffen wünsche. Weil er so lange nicht mehr aktiv gewesen war, unterhielt er keine direkte Verbindung mehr zu einem bestimmten Katsa. Obwohl er durch seinen Namen identifiziert werden konnte, mußte er dennoch erst eine Telefonnummer hinterlassen, wo man ihn erreichen konnte. Seine Nachricht sollte etwa lauten: »Sag Robert, daß Isaac angerufen hat.« Außerdem sollte er seine Telefonnummer und die Stadt angeben, denn es könnte jemand sein, der normalerweise in Paris arbeitete, aber jetzt von London aus anriefe. Die Botschaft wurde von dem diensthabenden Offizier sofort in den Computer eingegeben, und in diesem Fall ergab sich, daß Akbar ein ehemals »schwarzer« (oder arabischer) Agent gewesen war, der allerdings nach England zum Studium gekommen war, in der Hoffnung, sich aus der Geheimdiensttätigkeit auszuklinken. Seine Datei wies aus, wann er zuletzt mit dem Mossad Kontakt gehabt hatte. Außerdem war auf dem Bildschirm oben ein großes Foto von ihm zu sehen und unten drei kleinere, die ihn von beiden Seiten im Profil sowie mit und ohne Bart zeigten.

Wenn man mit der PLO zu tun hatte, egal wie weit »entfernt«, wurden immer besondere Vorsichtsmaßnahmen ergriffen: deshalb wurden die sehr strengen APAM-Regeln befolgt, bevor der Katsa und Akbar sich dann treffen konnten.

Akbar erwies sich als sauber und erzählte ihnen, daß er von seinem Kontaktmann vom Schwarzen September die Anweisung erhalten habe, zu einem Treffen in Paris zu kommen. Er hatte den Verdacht, daß es sich um eine größere Operation handle – sonst wäre jemand von so niedrigem Rang wie er nicht einberufen worden –, aber bislang besaß er noch keine genaueren Informationen.

Und er wollte Geld. Er war angespannt und aufgeregt. Er wollte wirklich nicht mehr in all das verwickelt werden, aber er glaubte, keine großen Chancen zu haben, da der Schwarze September wußte, wo er war. Der Katsa gab Akbar sofort Geld und eine Telefonnummer, die er in Paris anrufen konnte.

Weil es schwierig ist, vor allem kurzfristig, Kommandos aus arabischen Ländern herbeizuholen – die Leute sind nicht an das europäische Leben gewöhnt und können in einer europäischen Umgebung leicht entdeckt werden –, greift der Schwarze September auf die Studenten und Arbeiter zurück, die bereits in Europa wohnen und, ohne Verdacht zu erwecken, frei herumreisen können und keine Tarnstory brauchen. Aus demselben Grund arbeitet er oft mit europäischen revolutionären Gruppen zusammen, obwohl der Schwarze September ihnen weder traut noch sie respektiert.

Jetzt war Akbar an der Reihe. Er flog nach Paris zu einem Treffen an der Metrostation Les Pyramides mit anderen Leuten vom Schwarzen September. Die Pariser Station des Mossad sollte Akbar auf dem Weg zu seinem Treffen beschatten, hatte aber den Zeitpunkt irgendwie falsch verstanden. Als sie dort ankamen, waren Akbar und seine Gastgeber schon weg. Hätten sie das Rendezvous beobachten und Bilder machen können, wäre es leichter gewesen, das komplizierte Intrigennetz zu entwirren, das der Schwarze September eifrig knüpfte, um Meir zu ermorden.

Aus Sicherheitsgründen bewegten sich die Terroristen des Schwarzen September, sobald sie ihre Instruktionen erhalten hatten, immer zu zweit. Akbar war es jedoch gelungen, rasch die Pariser Nummer anzurufen, als sein Partner einmal zur Toilette ging. Er sagte, daß ein weiteres Treffen geplant sei. »Das Ziel?« fragte der Mossad-Katsa. »Einer von euch«, antwortete er. »Ich kann jetzt nicht sprechen.« Er legte auf.

Alle gerieten in Panik. Alle israelischen Einrichtungen in der ganzen Welt wurden benachrichtigt, daß der Schwarze September einen Anschlag auf ein israelisches Ziel plane. In allen Stationen gab es Tag und Nacht wilde Spekulationen darüber, wer das Ziel sein könnte. An Golda Meir dachte kein Mensch, da ihre Reise erst in zwei Monaten stattfinden sollte und nicht einmal öffentlich angekündigt worden war.

Am nächsten Tag rief Akbar wieder an und sagte, daß er am Nachmittag nach Rom fliegen würde. Er brauchte Geld und wollte jemanden treffen, hatte aber nicht viel Zeit, weil er zum Flughafen mußte. Er hielt sich in der Nähe der Roosevelt-Metrostation auf. Er wurde daher aufgefordert, die nächste Metro bis zum Place de la Concorde zu nehmen und in eine bestimmte Richtung zu laufen; dabei sollte er die bereits durchgespielten Sicherheitsvorkehrungen variiert wiederholen.

Sie wollten ihn in einem Hotelzimmer treffen, aber auch das scheinbar simple Vorhaben, ein Zimmer zu mieten, ist im Spionagegeschäft keineswegs einfach. Erst einmal braucht man zwei nebeneinanderliegende Zimmer mit einer Kamera, mit der das Treffen aufgenommen werden kann, dann zwei bewaffnete Sicherheitsleute, die im Nebenzimmer sitzen und zum Eingreifen bereit sind, falls der Agent dem Katsa etwas antun will. Dem Katsa ist auch im voraus ein Zimmerschlüssel auszuhändigen, damit er keine Zeit an der Rezeption verliert.

Weil Akbar das Flugzeug nach Rom bekommen mußte, hatte er nicht viel Zeit. Deshalb ließ man das Treffen im Hotel fallen, und er wurde statt dessen aufgelesen, als er die Straße entlanglief. Er sagte, worum es auch immer bei der Operation ginge, irgend etwas an Technik, irgendeine Ausrüstung sei im Spiel, und die müsse nach Italien geschmuggelt werden. Dieses scheinbar harmlose Stückchen Information sollte sich als Schlüsselelement beim Zusammensetzen des Puzzles erweisen. Da für diese Operation die Pariser Station zuständig war, wurde beschlossen, einen Katsa nach Rom zu schicken, um als Kontaktmann für Akbar zu dienen.

Zwei Sicherheitsleute übernahmen dann die Aufgabe, Akbar zum Flughafen zu bringen. Beide waren zufälligerweise Katsas, weil damals Sicherheitsleute gerade knapp waren. Einer von ihnen, Itzik, wurde später einer meiner Lehrer an der Mossad-Akademie. Aber sein Verhalten an jenem Tag gab für Katsas kein nachahmenswertes Beispiel ab. Eher das Gegenteil (siehe Kapitel 7: »Das Toupet«).

Weil sie von einem abgesicherten Treffen in einem sicheren Wagen kamen, dachten Itzik und sein Partner, daß sie sauber wären. Dennoch besagen die Vorschriften, daß Katsas nicht an den Flughäfen herumhängen sollen, um zu vermeiden, daß sie gesehen und vielleicht später bei anderen Operationen auf anderen Flughäfen oder sonstwo wiedererkannt werden könnten. Noch dürfen sie jemals ihre Tarnung aufgeben, bevor sie sich nicht sicher sind, daß ihre Umgebung wirklich sauber ist.

Bei der Ankunft am Flughafen Orly ging ein Katsa zu einer Cafeteria, um Kaffee zu holen, während der andere Akbar zum Schalter brachte und dann zum Einchecken des Gepäcks. Er stand lange genug bei ihm, um sicherzugehen, daß Akbar für diesen Flug gebucht war. Sie hatten sich vielleicht gedacht, daß Akbar der einzige Palästinenser auf dem Weg nach Rom wäre, aber so war es nicht.

Jahre später entdeckte der Mossad in den Dokumenten, die ihm im Libanon-Krieg in die Hände fielen, daß ein anderer Mann, ein Mitglied des Schwarzen September, Akbar mit dem Fremden auf dem Flughafen gesehen hatte, dem Katsa vorsichtig gefolgt war und gesehen hatte, wie er seinen Partner in der Cafeteria traf. Unglaublicherweise unterhielten sich die beiden, die nach den Regeln den Flughafen schon längst hätten verlassen haben sollen, auf hebräisch. Daraufhin ging der Mann sofort zum Telefon, rief Rom an, um zu berichten, daß Akbar nicht sauber sei.

Akbar und der Mossad mußten für die Nachlässigkeit von Itzik und seinem Partner teuer bezahlen.

Abu Hassan, vom Mossad der »Rote Prinz« genannt, war ein verwegener, abenteuerlustiger Charakter, dessen zweite Frau die libanesische Schönheit Georgina Rizak, Miss Universum von 1971, war. Brutal und intelligent zugleich, war er Vordenker für das Münchner Massaker gewesen. Jetzt hatte er beschlossen, die russischen Strella-Raketen zu benutzen – von den Sowjets SA-7 genannt und von der NATO mit dem Kodenamen »Grail« versehen –, um Golda Meirs Flugzeug bei der Landung auf Roms Flughafen Fiumicino in die Luft zu jagen.

Die Raketen, die auf dem US-amerikanischen Redeye-Raketen-System basieren, werden mit Hilfe eines 10,6 Kilogramm schweren, von Hand gehaltenen, über die Schulter gelegten Werfers auf ihr Ziel abgefeuert. Die 9,2 Kilogramm schwere Rakete selbst hat einen Drei-Stufen-Raketen-Antrieb, ein passives Infrarot-Leitsystem und eine maximale Reichweite von 3,5 Kilometer. Als Rakete ist sie technisch nicht besonders hoch entwickelt, aber sie kann tödlich sein, weil ihre Zielsteuerung durch die Abgase von heißen Motoren funktioniert. Wenn sie auf sehr wendige, schnell fliegende Jets abgefeuert wird, dann ist sie durch ihre mangelnde Flexibilität meistens wirkungslos. Aber wenn sie auf langsame und große Ziele wie ein Passagierflugzeug gerichtet wird, dann ist sie todsicher.

Einen Vorrat an Strellas zu bekommen, war kein Problem. Der Schwarze September hatte sie in seinen Trainingslagern in Jugoslawien. Sie brauchten also nur über die Adria nach Italien geschmuggelt zu werden. Damals besaß der Schwarze September auch eine bescheidene Yacht mit Schlafkabinen, die in der Nähe von Bari an der italienischen Ostküste des Mittelmeers ankerte, direkt gegenüber vom jugoslawischen Dubrovnik.

Salimeh durchstreifte einige dunkle Bars in Hamburg, bis er einen Deutschen fand, der etwas von Navigation verstand und für Geld alles zu tun bereit war. Er heuerte dann noch zwei Frauen in einer anderen Bar an, die auch an dem Angebot von Geld, Sex, Drogen und einer bequemen Kreuzfahrt in der Adria interessiert waren.

Die Deutschen wurden nach Rom und dann nach Bari geflogen, wo sie an Bord des Schiffes gingen, das mit Nahrungsmitteln, Drogen und Getränken ausgerüstet worden war. Der einzige Befehl lautete, eine kleine Insel vor Dubrovnik anzulaufen. Dort sollten sie warten, bis einige Leute ein paar Holzkisten im Laderaum verstaut hätten, und dann zu einem Punkt nördlich von Bari zurückkehren, wo ein paar andere Männer auf sie warten, und jedem von ihnen ein paar tausend Dollar zahlen würden. Ihnen wurde auch gesagt, daß sie sich amüsieren sollten, sich drei oder vier Tage Zeit nehmen sollten, und allen irdischen Genüssen frönen könnten – Empfehlungen, denen sie sicher gern folgten.

Salimeh hatte die Deutschen ausgewählt, weil die Behörden, sollten sie sie schnappen, wohl eher denken würden, daß sie zur RAF oder einer anderen Terror-Organisation, nicht aber zum Schwarzen September Verbindung hätten. Es war das Pech der Bootsbesatzung, daß Salimeh nicht die Gewohnheit hatte, am Ende einer Mission, an der fremde Leute beteiligt waren, ein Risiko einzugehen. Als die Deutschen mit den verpackten Raketen zurück waren, fuhr ihnen der Schwarze September mit einem kleinen Boot entgegen, um die Ladung in Empfang zu nehmen, nahm sie mit und schlitzte ihnen die Kehlen auf, bohrte die Yacht an und versenkte sie ein paar hundert Meter vor der Küste.

Die Strellas wurden in einen Fiat-Lieferwagen geladen, den der Schwarze September von Bari nach Avelino, von dort nach Terracina, Anzio, Ostia und schließlich nach Rom fuhr, und zwar auf Nebenstraßen und nur am Tage, um keinen Verdacht zu erregen. Am Ende wurden die Kisten mit den Raketen in einer Wohnung in Rom gelagert, bis sie gebraucht werden würden.

Der Führer des Schwarzen September, Abu Yusuf in Beirut, wurde sofort unterrichtet, daß mit Akbar in der Organisation ein »Maulwurf« war. Aber statt ihn sofort zu töten und vielleicht die ganze Operation zu gefährden, beschloß Yusuf, seine Information zu nutzen und die Israelis auf eine falsche Fährte zu setzen. Er wußte, daß ihnen klargeworden war, daß sie das Ziel bildeten, daß sie aber nicht wußten, wie und wo die Aktion steigen sollte, weil Akbar nur begrenzt eingeweiht war.

»Wir müssen etwas tun, was die Israelis denken läßt ›Ja klar, das war's‹«, sagte er zu seinen Leuten.

Deswegen führte der Schwarze September am 28. Dezember 1972, knapp drei Wochen vor Golda Meirs geplantem Besuch in Rom am 15. Januar, einen damals als unbegreiflich angesehenen Überfall auf die israelische Botschaft in Bangkok durch. Es war ganz deutlich eine mies geplante Aktion. Sie wählten den Tag, an dem Prinz Vajiralongkorn im Parlament zum Thronfolger bestimmt wurde. Der israelische Botschafter Rehevam Amir wohnte gemeinsam mit den meisten ausländischen Diplomaten der Zeremonie bei.

Das *Time*-Magazin beschrieb die Besetzung der Botschaft am Soi Lang Suan (»der Rasen hinter dem Obstgarten«) folgendermaßen: »In der heißen tropischen Mittagssonne kletterten zwei Männer in Lederjacken über die das Grundstück umgebende Mauer, während zwei andere, in dunkle Anzüge gekleidete Männer, durch den Vordereingang schlenderten. Bevor die Wache Alarm schlagen konnte, blickte sie in die Mündungen von Maschinenpistolen. Die arabische Terroristengruppe Schwarzer September, die das Münchner Massaker begangen hat, hat wieder zugeschlagen.«

Das hatte sie in der Tat. Aber es war nur ein Ablenkungsmanöver. Sie besetzten die Botschaft und hängten die grün-weiße Flagge der Palästinenser zum Fenster hinaus. Der Wache und allen thailändischen Angestellten erlaubten sie, sich davonzumachen, behielten aber sechs Israelis als Geiseln, einschließlich Shimon Avimor, den Botschafter in Kambodscha. Bald darauf umstellten 500 Polizisten und Soldaten das Gebäude. Die Terroristen warfen Zettel hinaus, auf denen sie von Israel die Freilassung von 36 Palästinensern aus dem Gefängnis verlangten; andernfalls würden sie innerhalb von 20 Stunden die Botschaft samt aller Leute, eingeschlossen sie selbst, in die Luft jagen.

Schließlich gestatteten sie Thailands stellvertretendem Außenminister Chartichai Choonhaven und dem Luftwaffenmarschall Dawee Chullasapya zusammen mit dem ägyptischen Botschafter in Thailand, Moustafa el Essaway, die Botschaft zu betreten, um Verhandlungen aufzunehmen. Der israelische Botschafter Amir blieb außerhalb des Gebäudes und ließ in einem nahegelegenen Büro einen Telexapparat installieren, um direkten Kontakt zu Golda Meir und ihrem Kabinett in Jerusalem zu halten.

Nach einem nur einstündigen Gespräch waren die Terroristen damit einverstanden, das Angebot zur ungehinderten Ausreise bei vorheriger Freilassung der Geiseln anzunehmen. Ihnen wurde dann eine Mahlzeit mit Curryhühnchen und Whisky serviert, eine höfliche Geste der thailändischen Regierung, und gegen Abend flogen sie in einem thailändischen Sonderflugzeug nach Kairo, begleitet von Essaway und zwei hohen thailändischen Unterhändlern.

Im Bericht des *Time*-Magazins über dieses Ereignis wurde zu Essaways Rolle angemerkt, daß »es ein seltenes Beispiel arabisch-israelischer Zusammenarbeit ist... Noch seltener war die Tatsache, daß die Terroristen vernünftigen Argumenten zugänglich waren. Bei diesem Zwischenfall hat der Schwarze September zum erstenmal nachgegeben.«

Die Journalisten wußten natürlich nicht, daß diese Absicht von vornherein bestanden hatte. Auch die Israelis nicht, mit einer wichtigen Ausnahme – Shai Kauly, damals Chef der Mossad-Station in Mailand. Die Israelis glaubten, daß dies die Operation sei, vor der Akbar sie gewarnt hatte.

Um sicherzugehen, daß der Mossad auf die Ablenkung hereinfiel, wurde Akbar vor der Aktion in Bangkok von seinen Leuten angewiesen, für eine Weile in Rom zu bleiben. Zugleich wurde ihm aber gesagt, daß die Operation in einem Land vorgesehen sei, das weit weg vom üblichen Terroristen-Schlachtfeld in Europa oder dem Nahen Osten sei. Natürlich gab Akbar diese Information an den Mossad weiter. Die Zentrale in Tel Aviv war dann auch, als der Angriff in Thailand passierte, davon überzeugt, daß dies die fragliche Operation gewesen sei. Man war überaus erfreut, daß keine Israelis ums Leben gekommen waren, ja nicht einmal einer verwundet worden war. Innerhalb des Mossad herrschte Empörung angesichts der Tatsache, daß es zwar eine Warnung vor solch einem Angriff gegeben hatte, es aber nicht gelungen war, Ort und genauen Zeitpunkt herauszufinden. Und eine noch viel größere Aufregung gab es im Shaback, der für die Sicherheit der israelischen Botschaften und Einrichtungen im Ausland verantwortlich ist.

Akbar war sicherlich davon überzeugt, Bangkok sei die ganze Zeit über das Ziel gewesen, weshalb er seinen Katsa in Rom um ein zweites Meeting bat. Da die Mossad-Überwachung so streng ist, riskierten es die Palästinenser nicht, Akbar zu einem seiner Treffen zu folgen, aus Furcht, gesehen zu werden und dem Mossad dadurch einen Tip zu geben, daß sie ihn durchschaut hätten. Sie bemühten sich vor allem darum, ihn mit Informationen zu versorgen, die er dem Mossad weiterreichen konnte.

Jetzt, da er glaubte, die Operation sei beendet, wollte Akbar Geld. Da er bald zurück nach London fliegen würde, wurde er von dem in London stationierten Katsa angewiesen, soviel Informationen wie möglich über das sichere Haus des Schwarzen September mitzubringen. Das Treffen zwischen Akbar und dem Katsa sollte in einem kleinen Dorf südlich von Rom stattfinden. Aber zuerst wurden die normalen Sicherheitsregeln abgespult:

Akbar wurde zuerst in eine römische Trattoria geschickt, und von dort aus wurden die üblichen APAM-Prozeduren eingehalten.

Nicht üblich jedoch war das Ergebnis des Treffens.

Als Akbar in den Wagen des Katsas geschoben und seine Aktentasche wie gewöhnlich auf den Vordersitz geworfen wurde, öffnete sie der Sicherheitsagent. Der Wagen flog sofort in die Luft, Akbar, der Katsa und die beiden Sicherheitsleute starben. Der Fahrer überlebte, aber er wurde so schwer verwundet, daß er nur noch dahinvegetierte.

Drei weitere Mossad-Leute waren in einem anderen Wagen gefolgt, und der eine schwor später, daß er über ihr Kommunikationssystem gehört hätte, wie Akbar in panischer Angst gerufen hätte: »Nicht öffnen!« – als hätte er gewußt, daß die Mappe einen Sprengsatz enthielt. Der Mossad konnte jedoch nie endgültig klären, ob Akbar wußte, daß seine Aktentasche eine Sprengfalle war.

Auf jeden Fall riefen die Männer im zweiten Wagen ein zweites Team herbei, das aus einer diensthabenden Ambulanz, einem Arzt und einer Schwester bestand – alles Sayanim. Die Überreste ihrer drei Kollegen wurden zusammen mit dem schwer verwundeten Fahrer schleunigst vom Schauplatz entfernt und später nach Israel gebracht. Akbars stark verkohlten Leichnam beließ man in dem Autowrack, das dann von der italienischen Polizei gefunden wurde.

Wie sich später herausstellte, beging der Schwarze September einen Fehler, als er Akbar vor der Meir-Operation tötete. Er hätte damit ohne weiteres warten können, bis er nach London zurückgekehrt wäre. Auch wenn der Mossad dann herausbekommen hätte, wer ihn getötet hatte, hätte es den Terroristen zu dem Zeitpunkt dann egal sein können.

In der Zwischenzeit war Golda Meir bereits in Frankreich eingetroffen, der ersten Station auf ihrer Reise nach Rom. Der Mossad amüsierte sich, daß Golda Meir nicht Israel Galili mitgenommen hatte, einen Minister ohne Geschäftsbereich, mit dem sie seit langem eine Affäre hatte. Die beiden verabredeten sich oft

235

privat in der Mossad-Akademie. So bot die Romanze im Institut ständigen Anlaß zur Erheiterung.

Mark Hessner (siehe Kapitel 4: »Die Fortgeschrittenen«), Chef der Station in Rom, war der Bangkok-List des Schwarzen September völlig auf den Leim gegangen. Aber Shai Kauly in Mailand war überzeugt, daß an dem Szenario etwas nicht stimmte. Kauly war ein entschlossener, gewissenhafter Mann mit dem wohlverdienten Ruf, detailbesessen zu sein. Manchmal war das ein Nachteil. Einmal hielt er zum Beispiel eine dringende Botschaft zurück, damit im Text ein Grammatikfehler verbessert werden konnte. Aber meist war seine Präzision von Vorteil. In diesem Fall hat Kaulys Hartnäckigkeit Golda Meir das Leben gerettet.

Er ging immer wieder die Berichte durch, die Akbar und die Aktivitäten des Schwarzen September betrafen. Es machte für ihn keinen Sinn, daß Akbar das Kommandounternehmen in Bangkok gemeint haben sollte. Was hatte diese Aktion damit zu tun, daß technisches Material nach Italien geschmuggelt werden sollte? Als Akbar dann umgebracht wurde, wurde Kauly noch mißtrauischer. Warum sollten sie ihn töten – außer sie wüßten, daß er ein israelischer Agent war? Aber wenn sie das wußten, dann war die Bangkok-Affäre eine Finte gewesen.

Aber er hatte nichts in der Hand, dem er nachgehen konnte. Das Büro machte den Katsa aus London für den Überfall verantwortlich, weil er Akbar gebeten hatte, Dokumente mitzubringen, ohne ihn zu instruieren, wie er sich schützen könnte, damit er nicht geschnappt würde.

Was Hessner anging, so wurde seine persönliche Aversion gegenüber Kauly zu einem belastenden Faktor in den sich anbahnenden Ereignissen. Als Hessner noch Kadett in der Akademie gewesen war, wurde er mehrmals dabei erwischt, wie er falsche Angaben über seine Aufenthaltsorte machte – einmal auch von Kauly, seinem damaligen Instrukteur; ihm war nicht klargewesen, daß man ihn beschattete. Statt seinen Auftrag zu erfüllen, war er direkt nach Hause gegangen. Als Kauly von ihm einen Bericht verlangte, gab er ihm einen, der nichts mit dem wirklich Geschehenen zu tun hatte. Da er nicht hinausgeworfen wurde, mußte er ein gutes, starkes »Pferd« im Mossad haben, aber er verzieh Kauly niemals, daß er ihn erwischt hatte; Kauly andererseits sah in ihm niemals einen Profi.

Da Golda Meirs Besuch unmittelbar bevorstand, wurden die Sicherheitsmaßnahmen besonders verstärkt. Und Kauly las die Berichte immer wieder und wieder und versuchte, die fehlenden Teile im Puzzle zu finden.

Wie so oft in solchen Situationen kam Kaulys »Erleuchtung« aus einer völlig unerwarteten Quelle. Eine vielsprachige und mit zahlreichen Talenten ausgestattete Frau in Brüssel stellte den Kämpfern des Schwarzen September, die eine Erholungspause im Kampf gegen Israel nötig hatten, ihre Wohnung zur ständigen Verfügung. Sie war eine hochbezahlte Hure und eine einfallsreiche Gespielin. Weil der Mossad sowohl ihr Telefon als auch ihre Räume mit Wanzen bestückt hatte, waren die erotischen Protokolle, die von ihr und ihren jeweiligen Liebhabern in den verschiedenen Stadien der Ekstase aufgenommen wurden, eine beliebte Ablenkung für Mossad-Beamte in der ganzen Welt. Man sagte, sie könne mindestens in sechs Sprachen stöhnen.

Nur wenige Tage vor Golda Meirs Ankunft in Rom sagte jemand im bewußten Brüsseler Appartement zu der Frau – Kauly glaubte, es sei Salimeh, obwohl er sich nie ganz sicher war –, daß er Rom anrufen müsse. Er befahl dem Teilnehmer in Rom, »das Appartement zu räumen und alle 14 Kuchen mitzunehmen«. Normalerweise hätte der Anruf keinen Verdacht erregt, aber aufgrund von Golda Meirs Reise und da Kauly ohnehin mißtrauisch war, fehlte ihm genau so etwas, um aktiv zu werden.

Der in Deutschland geborene Kauly war nur etwa 1,65 Meter groß, mit scharfgeschnittenen Gesichtszügen, hellbraunem Haar und einem hellen Teint. Er war ein eher zurückhaltender Typ, einer, der es nicht darauf anlegte, bei seinen Vorgesetzten Eindruck zu machen. So kam es, daß er in Mailand saß, einer kleinen Station, und Hessner in Rom.

Als Kauly das Brüssel-Band abhörte, rief er sofort einen Freund an, einen Verbindungsmann, der Kontakt zu seinem Freund Vito Michele beim italienischen Geheimdienst aufnahm und dem sagte, daß er sofort die Adresse zu einer Telefonnummer brauche. (Weil Kauly zum Tsomet [Rekrutierung] gehörte, war er am Konsulat als Attaché registriert. Deshalb gab er sich dem italienischen Geheimdienst nicht als Katsa zu erkennen. Er hätte Michele nie direkt angerufen.)

Michele sagte, daß er das nicht ohne Erlaubnis seines Bosses Amburgo Vivani tun könne. Der Verbindungsoffizier sagte, er würde ihn anrufen, was er auch tat. Über welche Kanäle der italienische Geheimdienst an seine Informationen herankam, das interessierte Kauly nicht. Er wußte nur, daß dem Mann in Rom gesagt worden war, am nächsten Tag zu verschwinden, und so war nur wenig Zeit, die Adresse herauszufinden und zu entscheiden, ob sie etwas mit einer Operation des Schwarzen September zu tun hatte.

Vivani bekam die Adresse, aber merkwürdigerweise schickte sie der Verbindungsmann in Rom nicht an Kauly in Mailand, sondern an die Station in Rom, wo man nichts von ihrer Bedeutung ahnte – wie auch nichts von der Kauly-Hessner-Feindschaft – und wo sie bis zum nächsten Tag liegenblieb. Schließlich fand Kauly die Adresse selbst heraus und rief die Station in Rom an. Er sagte ihnen, sie sollten sofort zu jenem Appartement gehen, weil es etwas mit dem Meir-Besuch zu tun haben könnte. Kauly rätselte immer noch, aber er war davon überzeugt, daß etwas Gefährliches geschehen würde.

Als der Mossad die Wohnung endlich gefunden hatte, war sie jedoch schon leer. Aber eine Durchsuchung förderte ein wichtiges Beweisstück ans Licht: ein zerrissenes Stück Papier, auf dem das Endstück einer Strella-Rakete sowie einige russische Worte zu sehen waren, die offenbar den Mechanismus erklärten.

Jetzt geriet Kauly außer sich. Weniger als zwei Tage vor der Ankunft der Premierministerin wußte er, daß sich zahlreiche Aktivisten des Schwarzen September in Rom aufhielten, daß eine Operation des Schwarzen September angelaufen war und daß sie Raketen besaßen. Eins wußte er vor allem – daß Golda Meir demnächst landen würde.

Golda Meir wurde von der Gefahr für ihre Sicherheit in Kenntnis gesetzt, aber ihre Antwort an den Mossad-Chef lautete einfach: »Ich werde den Papst treffen. Du und deine Jungs, ihr habt dafür zu sorgen, daß ich sicher lande.«

Daraufhin fuhr Kauly zu Hessner, um mit ihm zu diskutieren, ob sie die italienischen Sicherheitsbehörden einschalten sollten. Hessner wollte seine Macht ausspielen. Er dankte Kauly für seine Hilfe und fügte hinzu: »Deine Station ist in Mailand. Dies hier ist Rom.« Er sagte ihm, er solle verschwinden. Als Chef der Tsomet-Station in Rom war Hessner automatisch verantwortlich. Wenn jemand seiner Vorgesetzten in Israel die Verantwortung übernehmen wollte, müßte er dafür nach Rom kommen. Damals war das nicht üblich. Heute wäre es wahrscheinlich so.

Kauly lag allerdings mehr die Sicherheit der Premierministerin am Herzen als ein Streit um Zuständigkeiten. Er sagte Hessner, er solle das für sich behalten, und er würde dableiben. Hessner rief wütend das Hauptquartier an, um sich zu beklagen, daß Kauly Verwirrung in die Befehlsabläufe brächte. Die Zentrale in Tel Aviv befahl Kauly, die Finger von dem Fall zu lassen und nach Mailand zurückzukehren.

Aber Kauly verließ Rom nicht. Er hatte zwei Katsas aus Mailand dabei, und er sagte Hessner, sie würden nur herumschnüffeln und niemandem in die Quere kommen. Hessner war darüber nicht sonderlich erfreut, aber er hatte immerhin die Rangordnung deutlich gemacht. Er befahl alle seine Leute zum Flughafen und in dessen Umgebung, um zu sehen, ob sie eine Spur von den Terroristen finden könnten. Der Schwarze September jedoch, in der Annahme, der Mossad wüßte mehr über seine Pläne, als es tatsächlich der Fall war, hatte sich als zusätzliche Vorsichtsmaßnahme entschieden, in seinen Fahrzeugen am Strand zu übernachten. Deshalb ergab eine Mossad-Überprüfung jedes Hotels und Gasthauses in und um den Strand von Ostia sowie aller bekannten Treffpunkte des Schwarzen September in der Nacht vor Meirs Ankunft am 15. Januar absolut nichts.

Da der Mossad jedoch die Reichweite der Raketen kannte, konnte man zumindest das Gebiet eingrenzen, in dem man vor der Landung der Maschine mit der Premierministerin zu suchen hatte; es war 6 Kilometer breit und 15 Kilometer lang. Das Problem wurde verschärft durch Hessners dumme Entscheidung, die örtliche Polizei nicht von der potentiellen Gefahr in Kenntnis zu setzen. Die Strella kann von fern aktiviert werden. Die Rakete besitzt einen elektrischen Impuls, der einen Pieper aktiviert, sobald das Ziel in Reichweite kommt; ist sie erst einmal abgefeuert, sucht sie ihr Ziel selbsttätig. Die Terroristen würden die genaue Ankunftszeit von Meirs Flugzeug kennen, sie würden durch ihre Agenten genau wissen, wann es Paris verließe und wann es landen würde. Und es würde ein El-Al-Jet sein, der einzige, der um die Zeit eintreffen sollte.

Roms Flughafen Fiumicino wurde damals von den Angestellten der Alitalia als »der schlimmste Flughafen der Welt« bezeichnet. Er war überfüllt, es herrschte ein ständiges Durcheinander, und die Flugzeuge waren fast immer verspätet, manchmal bis zu drei Stunden, weil der Flughafen nur zwei Landebahnen hatte, über die in der Hauptsaison 500 Flugzeuge täglich abgefertigt werden mußten.

Natürlich würde Golda Meirs Flugzeug allerersten Vorrang für die Landung erhalten, aber das ständige Durcheinander auf dem Flughafen erschwerte den Mossad-Beamten ihre Suche nach einer Gruppe von Terroristen und ihren Raketen. Sie konnten überall sein – im Flughafen selbst, in den nahegelegenen Hangars oder in den Feldern der Umgebung.

Kauly, der ebenfalls am Flughafen auf und ab patrouillierte, traf dort einen in Rom stationierten Katsa und fragte ihn, wo die Mossad-Verbindungsbeamten seien. (Diese würden nämlich im Notfall die römische Polizei benachrichtigen, nicht die Katsas selbst.)

»Welche Verbindungsleute?« fragte der Katsa.

»Heißt das, sie sind gar nicht hier?« fragte Kauly ungläubig.

»Genau das«, sagte der Katsa.

Kauly rief sofort den Verbindungsmann in Rom an und sagte

ihm, er solle wiederum Vivani anrufen und ihm sagen, was los sei. »Setz alle Hebel in Bewegung. Wir müssen hier draußen Verstärkung bekommen.«

Die Wahrscheinlichkeit war jedoch größer, daß die Terroristen außerhalb des Flughafens waren, allerdings innerhalb der Reichweite ihrer Raketen, da es auf dem Flughafen selbst, das stellte sich bald heraus, wenig gute Verstecke gab. Dennoch suchte man überall, wobei die Mossad-Agenten bald von Adaglio Malti vom italienischen Geheimdienst unterstützt wurden.

Malti wußte nicht, daß er überall von Mossad-Offizieren umgeben war. Er war aufgrund eines Tips da, den er vom römischen Verbindungsoffizier erhalten hatte. Der lautete, daß aufgrund verläßlicher Informationen davon auszugehen sei, daß der Schwarze September den Italienern Schwierigkeiten machen wolle, und zwar durch den Abschuß von Golda Meirs Flugzeug über dem Flughafen mit russischen Raketen. (Diese Benachrichtigung mußte zuerst vom Liaison-Hauptquartier in Tel Aviv gebilligt werden, bevor sie an die Italiener weitergegeben werden konnte.)

Unterdessen hatten sich die Terroristen in zwei Gruppen aufgeteilt. Eine ging, ausgerüstet mit vier Raketen, zum Südende des Flughafens, und die zweite mit acht Raketen zum Nordende. Die Tatsache, daß zwei der 14 »Kuchen« nach der Operation verschwunden blieben, erwies sich später als wichtig. Zu diesem Zeitpunkt hatte die nördliche Gruppe zwei ihrer Raketen neben ihrem Fiat-Lieferwagen in einem Feld aufgestellt.

Es dauerte allerdings nicht lange, bis ein Mossad-Sicherheits-Offizier, der das Gebiet durchkämmte, sie ausfindig gemacht hatte. Er rief sie an. Sie schossen sofort. Dann folgte ein großes Durcheinander. Die italienische Polizei kam dazu, und daraufhin rannte der Mossad-Mann weg. Er hatte nicht mit italienischen Beamten gerechnet, da Kauly es gewesen war, der sie gerufen hatte; er wollte auch von den Italienern nicht gesehen werden. In dem Chaos versuchte einer der Terroristen zu entwischen, aber Mossad-Offiziere, die das Ganze beobachteten, ergriffen ihn bald darauf, knebelten ihn, warfen ihn in einen Wagen und brachten ihn schnell in einen Lagerschuppen des Flughafens.

Sie prügelten ihn brutal durch, und der Terrorist gestand dann, daß sie geplant hätten, Golda Meir zu töten, und er rühmte sich: »Und daran könnt ihr nichts mehr ändern.«

»Was meinst du damit, daß wir nichts mehr ändern können? Wir haben dich!« antwortete ein Offizier und schlug weiter auf ihn ein.

Kauly hatte unterdessen über sein Walkie-talkie erfahren, daß ein Gefangener gemacht worden war; deshalb eilte er sofort zu dem Lagerschuppen. Die Offiziere sagten Kauly, daß sie nur den hier gefangen hätten, aber daß die Italiener auch welche ge-schnappt hätten, zusammen mit neun oder zehn Raketen.

Aber Kauly erinnerte sich des Telefongesprächs von Brüssel, in dem die Rede von »allen 14 Kuchen« war. Es blieben nur noch 30 Minuten bis zur Landung des Flugzeugs, und der Mossad hatte immer noch ein Problem: Wo waren die anderen Raketen?

Inzwischen war der Gefangene bewußtlos. Kauly schüttete Wasser über ihn.

»Für dich ist es aus«, sagte ihm Kauly. »Und ihr habt versagt. Sie wird in vier Minuten landen. Daran könnt ihr nichts mehr ändern.«

»Euer Premier ist tot«, verhöhnte der Gefangene seine Wäch-ter. »Ihr habt nicht alle von uns bekommen.«

Kaulys schlimmste Befürchtungen wurden bestätigt. Irgendwo da draußen stand eine sowjetische Rakete mit dem Namen Golda Meirs drauf.

Daraufhin schlug ein Sicherheitsoffizier den Terroristen erneut bewußtlos. Als sie ihn gefangennahmen, hatte er einen Sprengsatz dabei gehabt, der »bouncing Betty« (hüpfende Betty) genannt und häufig von Terroristen benutzt wird. Der Sprengsatz wird wie eine Landmine in den Boden gesteckt, ist aber mit einem kurzen Pflock und einer Schnur verbunden, die an der Zündung befestigt ist. Sie legten den Sprengsatz neben ihn, brachten eine längere Schnur an, gingen raus, zogen an der Schnur, und der Mann wurde mitsamt der Hütte in die Luft gejagt.

Die Anspannung war enorm. Kauly rief Hessner über sein Walkie-talkie und sagte ihm, er solle Golda Meirs Piloten über Funk mitteilen, die Landung zu verschieben. Es ist nicht klar, ob der das getan hat oder nicht. Klar ist nur, daß ein Mossad-Sicherheitsoffizier, der mit seinem Wagen auf einer Straße am Rand des Flughafens entlangfuhr, etwas Merkwürdiges an einem Imbißkarren bemerkte, der an der Straße stand. Er war bereits zweimal daran vorbeigefahren, aber erst beim dritten Mal merkte er es: Aus dem Dach ragten drei Rohre, aber nur aus einem kam Qualm. Die Terroristen hatten sich des Besitzers entledigt, dann zwei Löcher in das Dach gebohrt und die Strella-Raketen da durchgesteckt. Die Raketen würden zu piepen beginnen, sobald das Flugzeug nahe genug wäre, und dann hätten sie nur noch den Abzug zu betätigen brauchen, und 15 Sekunden später wäre von dem Flugzeug nichts mehr übrig gewesen.

Ohne eine Sekunde Zeit zu verlieren, wendete der Mossad-Mann auf der Stelle und raste mit seinem Wagen direkt in den Karren, der daraufhin umkippte und die beiden Terroristen unter sich begrub. Der Mossad-Mann stieg aus und stellte fest, daß die beiden Raketen da waren und die Terroristen festsaßen. Als er Polizeifahrzeuge auf sich zukommen sah, sprang er in seinen Wagen, setzte zurück und brauste in Richtung Rom davon. Sobald er seine Kollegen benachrichtigt hatte, verschwanden alle Mossad-Leute von der Bildfläche, als wären sie niemals dagewesen.

Die italienische Polizei verhaftete fünf Leute vom Schwarzen September. Obwohl sie auf frischer Tat dabei ertappt worden waren, wie sie mit Raketen versucht hatten, Golda Meir zu ermorden, wurden sie erstaunlicherweise nach wenigen Monaten freigelassen und nach Libyen geflogen.

# CARLOS

A m 21. Februar 1973 schickten die Israelis zwei Phantom-Jä-
ger gegen eine unbewaffnete Boeing 727 der Libyan Arab
Airlines aus, die nach Kairo unterwegs war, aber ihren Kurs ver-
fehlt hatte. Sie schossen sie ab, wobei 105 der 111 Leute an Bord
getötet wurden. Dies geschah zwölf Stunden nachdem israelische
Kommandos einen waghalsigen Angriff in Beirut unternommen
hatten, bei dem sie verschiedene Einrichtungen der PLO in die
Luft gesprengt, eine Menge Dokumente erbeutet, mehrere PLO-
Führer ermordet und den Chef des Schwarzen September Abu
Yusuf mitsamt seiner Frau umgebracht hatten.

Der Abschuß eines zivilen Flugzeugs war ein tragischer Fehler.
In Israel waren Drohungen eingetroffen, daß ein Flugzeug, beladen mit Bomben, nach Tel Aviv fliegen würde. Die Boeing flog
direkt über eine der größten Militärbasen auf dem Sinai, und als
der Luftwaffenchef nicht aufzutreiben war, wurde die Entscheidung für den Abschuß von einem Hauptmann getroffen.

Es sollte noch weitere sechs Jahre dauern, bis der Mossad endlich den »Roten Prinzen« erwischte; mittlerweile hatte Golda
Meirs unbeugsamer persönlicher Rachefeldzug gegen den
Schwarzen September die Rolle des Instituts drastisch verändert.
Die PLO wurde zum wichtigsten Bestandteil der Mossad-Arbeit
– keine gute Situation, weil dadurch anderen Feinden weniger
Aufmerksamkeit gewidmet wurde, wie z.B. Ägypten und Syrien, die immer wieder Krieg forderten. Diese Länder bereiteten
sich tatsächlich auch auf den Krieg vor; Anwar Sadat hatte im

ganzen Land »Kriegskomitees« bilden lassen. Aber der Mossad steckte den größten Teil seiner Zeit und seiner Gelder in die Jagd nach den Terroristen des Schwarzen September.

Am 6. Oktober 1973, nur wenige Monate nach dem Strella-Zwischenfall in Rom, äußerte General Eliahu Zeira, Chef des israelischen Militär-Geheimdienstes, auf einer Pressekonferenz in Tel Aviv: »Es wird keinen Krieg geben.« Noch während der Pressekonferenz betrat ein israelischer Major den Raum und übergab dem General ein Telegramm. Zeira las es und ging ohne ein weiteres Wort hinaus.

Die Ägypter und Syrer hatten angegriffen. Der Yom Kippur-Krieg hatte begonnen, bei dem Israel am ersten Tag 500 Tote und mehr als 1000 Verwundete zu beklagen hatte. Ein paar Tage später hatten die israelischen Truppen den überraschenden Angriff verkraftet und begannen, die Invasoren zurückzudrängen. Dieser Krieg hatte jedoch das Bild Israels als unbesiegbare Macht für immer verändert – innen- wie außenpolitisch.

Golda Meir lebte, dank der Hilfe des Mossad, noch, aber eine Folge des Krieges war ihr Rücktritt als Premierministerin am 10. April 1974.

Shai Kauly hatte nicht vergessen, daß immer noch zwei Strella-Raketen von dem fehlgeschlagenen Attentat auf Meir fehlten. Die unmittelbare Bedrohung war jedoch vorbei. Er war wieder in Mailand, und die Sorgen um den Krieg überschatteten bald alle anderen Probleme.

Durch den Zwischenfall auf dem Flughafen war die italienische Polizei erheblich verunsichert worden. Schließlich hatte es einen versuchten Mordanschlag auf eine wichtige politische Persönlichkeit direkt vor ihrer Nase gegeben, und sie hatten nichts anderes gemacht, als verspätet am Tatort einzutreffen und einzusammeln, was der Mossad ihnen übriggelassen hatte. Der italienische Geheimdienst hatte nicht die geringste Ahnung von dem Attentatsplan gehabt. Während die Öffentlichkeit von der Episode nichts erfuhr, hatte die Geheimdienstgemeinde sehr wohl Wind davon bekommen. Deshalb baten die Italiener die Israelis, die Details nicht bekanntzugeben.

Nach Auffassung des Mossad konnte es ihm nur Vorteile bringen, wenn er einer anderen Partei half, etwas zu vertuschen. Insofern war er immer bereit, jemandem zu helfen, das Gesicht zu wahren – solange er nur wußte, daß der, in den Augen des Mossad, ein Idiot war.

Und so wurde die LAP, die Abteilung des Mossad für psychologische Kriegsführung, angewiesen, eine Tarngeschichte zu erfinden. Zu jener Zeit war die Lage zwischen Ägypten und Israel äußerst gespannt, aber weil der Mossad so sehr damit beschäftigt war, die Schwarze-September-Gang zu jagen, merkte er nichts von den eindeutigen Anzeichen für Kriegsvorbereitungen.

Auf jeden Fall erfand LAP eine Story für die Italiener, die veröffentlicht werden konnte, während gleichzeitig den Briten, Franzosen und dem US-amerikanischen Geheimdienst erzählt wurde, was wirklich geschehen war. Es gibt eine Regel beim Geheimdienst, die »third party rule« heißt (ungefähr: »Regel betreffs einer dritten, unbeteiligten Partei): Wenn zum Beispiel der Mossad dem CIA eine Information gibt, weil die beiden gut zusammenarbeiten, kann der CIA diese Information nicht an Dritte weitergeben, weil sie von einem befreundeten Geheimdienst stammt. Natürlich kann die Regel umgangen werden, indem man einfach an der Information etwas abändert, bevor man sie weiterleitet.

Zum Zeitpunkt des Zwischenfalls auf dem römischen Flughafen und der folgenden Vertuschung lieferte der Mossad dem CIA häufig Listen von sowjetischer Militärausrüstung, die nach Ägypten und Syrien geschickt wurde, mitsamt den Seriennummern der Waffen und den Einzelnummern. Damit verfolgte man einen doppelten Zweck: Dem Mossad ein gutes Ansehen zu verschaffen, weil es ihm gelungen war, diese Information zu beschaffen, und mittelbar die weitere Aufrüstung zu fördern. Darüber hinaus würde das Material die US-Regierung dazu bewegen, ihre Unterstützung für Israel zu verstärken. Der CIA konnte dem Kongreß nicht erzählen, woher er die Informationen hatte, allerdings konnte er ebendiese Information, die dem Kongreß zugleich von einflußreichen jüdischen Gruppen zuging, bestätigen.

Die Amerikaner sahen in Libyens Führer Muammar al-Gad-dafi bereits damals einen gefährlichen Verrückten, und Mitte der siebziger Jahre schien die ganze Welt durcheinander zu sein, als terroristische revolutionäre Splittergruppen überall Aktionen starteten. Da gab es die Action Directe in Frankreich, die Baa-der-Meinhof-Gruppe in Deutschland, die japanische Rote Ar-mee, die italienischen Roten Brigaden (die 1978 Premierminister Aldo Moro ermordeten), die baskische ETA in Spanien (die für sich in Anspruch nahm, 1974 den spanischen Premier Carrero Blanco ermordet zu haben) und etwa 15 verschiedene palästinen-sische Organisationen. Selbst in den Vereinigten Staaten gab es die Weathermen und die Symbionese Liberation Army – die 1974 die Millionenerbin Patricia Hearst entführte und »umdrehte«.

Viele Synagogen und andere jüdische Institutionen in Europa waren in diesen Zeiten das Ziel von Bombenanschlägen. So fand es der Mossad passend, für den Flughafenanschlag in Rom die Ägypter und Libyer verantwortlich zu machen, obwohl die nichts damit zu tun hatten.

Der Mossad erhielt die Liste der Strella-Raketen, die von den Italienern beschlagnahmt worden waren. Es waren immer noch nur zwölf, aber um die fehlenden zwei sorgten sie sich erst später. Die Seriennummern dieser Raketen wurden auf die Waffenlisten gesetzt, die sie dem CIA schickten und auf denen angeblich Waf-fen verzeichnet waren, die von den Russen an Ägypten geliefert wurden. Der Mossad wußte durch Verhöre von Terroristen genau, daß speziell diese Raketen aus Jugoslawien gekommen waren.

Nach der vom LAP für die italienische Öffentlichkeit fabrizier-ten Story war es so gewesen: Die Terroristen hatten ihre Waffen aus Libyen erhalten und waren Ende Dezember 1972 aus Beirut mit ihren Strellas aufgebrochen. Zuerst mit Autos, dann mit der Fähre waren sie nach Italien gekommen und nach Rom weiterge-reist, vermutlich mit der Absicht, ein jüdisches Objekt in Wien anzugreifen. Der Grund für ihren Umweg, so wurde erklärt, sei gewesen, daß es leichter sei, ein westeuropäisches Land von einem anderen aus zu betreten, als wenn man durch den Zoll aus einem kommunistischen Land, z. B. damals Jugoslawien oder die

ČSSR, käme. Die Terroristen wurden am 26. Januar 1973 von der italienischen Polizei »offiziell« verhaftet, weil sie Sprengstoff bei sich gehabt hatten. Sie waren nach ihrem fehlgeschlagenen Angriff auf den Flughafen unter Verschluß gehalten worden, während der LAP an der Tarnstory gebastelt hatte. Unglaublicherweise entließ die italienische Polizei dann die Terroristen, zuerst zwei und später die drei anderen.

In der Zwischenzeit fütterten die Amerikaner alle vom Mossad gelieferten Daten in ihr militärisches Computer-System. Als die Italiener schließlich am 26. Januar bekanntgaben, daß sie die Terroristen verhaftet und ihre Waffen konfisziert hätten, gaben auch sie die Seriennummern der Strellas an den CIA weiter, der seinerseits die Daten an den militärischen Geheimdienst übermittelte. Als dann diese Seriennummern mit jenen verglichen wurden, die der Mossad seinen Listen hinzugefügt hatte, die angeblich von Rußland nach Ägypten und Libyen gelieferte Ausrüstung enthielten, zeigte der US-Computer die doppelt vorhandenen Nummern an. Jetzt glaubten die Amerikaner wirklich, daß die Russen die Ägypter beliefert hatten, diese ihrerseits die Raketen an Gaddafi weitergegeben hatten, der damit die Terroristen ausgestattet hatte – ein weiterer »Beweis« für das Bild, das die US-Amerikaner vom libyschen Revolutionsführer besaßen. Nur der Mossad kannte die Wahrheit.

Es scheint, der Hauptgrund für die Italiener, die Terroristen freizulassen, lag darin, daß sie ein Aufrollen der Vorgänge vor Gericht fürchteten, weil dann die Wahrheit herausgekommen wäre: Der italienische Geheimdienst hatte nicht verhindert, daß Terroristen um Haaresbreite einen führenden Politiker ermordeten. Welch ein Skandal.

Der Mossad war immer noch beunruhigt, daß zwei der Raketen nicht gefunden worden waren. Aber die Italiener waren glücklich, weil ihr Versagen verschleiert worden war, und die Amerikaner glaubten, Gaddafi hätte dahintergesteckt.

Als die Terroristen noch in Italien einsaßen, wurden sie von Sicherheitsleuten des Shaback verhört. Die fanden heraus, daß

Ali Hassan Salimeh, der »Rote Prinz«, auch hier wirklich der Drahtzieher gewesen war. Der Mossad wollte ihn nun unbedingt erwischen.

Die italienische Polizei hatte dem Shaback erlaubt, die Palästinenser in Rom zu verhören. Das hat sich aller Wahrscheinlichkeit nach so abgespielt: Ein Team von zwei Shaback-Männern ist in das Zimmer gekommen, wo ein Gefangener auf einem Stuhl saß, die Hände auf dem Rücken gefesselt; die Füße ebenfalls mit einer Kette gefesselt, die an den Handschellen befestigt war. Als erstes wird der Shaback von der italienischen Polizei verlangt haben, den Raum zu verlassen. »Dies ist jetzt ein israelisches Zimmer. Wir sind für den Gefangenen verantwortlich.« Der Gefangene vom Schwarzen September wird mit Sicherheit sehr erschrocken gewesen sein. Schließlich war er ja nach Europa gegangen, um nie den Israelis in die Hände zu fallen.

Nachdem die Tür geschlossen worden war, werden die Shaback-Offiziere auf arabisch etwa folgendes gesagt haben: »Wir sind deine Freunde vom *Muchbarat*.« (Muchbarat ist ein von den Arabern benutzter Oberbegriff, um jede Art Geheimdienst zu bezeichnen. Viele arabische Geheimdienste bezeichnen sich sogar selbst so.)

Sie hätten gewiß sicherstellen wollen, daß der Gefangene genau wußte, mit wem er es zu tun hatte und in welcher Lage er war. Als nächstes werden sie ihm seine Handschellen abgenommen haben und sie mit den härteren vertauscht haben, die sie bevorzugen. Die sind aus Plastik und erinnern an die Plastikringe, die zum Befestigen von Namensschildern an Gepäckstücken verwendet werden. Diese Handfesseln sind jedoch viel stärker und besitzen zum Fixieren kleine Rasierklingen. Sie erlauben den Händen nicht den geringsten Spielraum wie normale Handschellen, sondern werden sehr stramm gezogen, so daß sie das Blut abschnüren und ziemliche Schmerzen verursachen.

Nachdem sie ihm Arme und Beine auf diese Weise gefesselt hatten und ihm gleichzeitig ununterbrochen seine miserable Lage vor Augen geführt hatten, werden die Shaback-Offiziere ihm wahrscheinlich einen Jutesack über den Kopf gestülpt haben. Als nächstes werden sie ihm den Hosenschlitz geöffnet und seinen Penis herausgezogen haben. So saß er dann da, gefesselt, blind mit dem Sack über dem Kopf und heraushängendem Schwanz. »Jetzt fühlst du dich wohl, nicht?« werden sie sich lustig gemacht haben. »Nun können wir anfangen zu reden.«

Es wird nicht lange gedauert haben, bis der Redefluß einsetzte. In diesem Fall wußte der Shaback unglücklicherweise nicht, daß die Gefangenen bald freigelassen werden würden, sonst hätten sie ihnen wahrscheinlich nicht so viele Fragen über Salimeh gestellt. Es waren so viele, daß sich gleich nach Freilassung der Terroristen bis zum »Roten Prinzen« herumsprach, daß er für den Mossad Ziel Nummer eins war.

Damals war der Schwarze September sehr aktiv. Immer noch wurden Briefbomben abgeschickt, Bomben- und Raketenüberfälle wurden überall in Europa regelmäßig unternommen. Da der Mossad Salimeh unbedingt fangen wollte, wollten die Führer des Schwarzen September in Beirut ihn unter allen Umständen schützen. Er war ihr Lieblingssohn. Deshalb drängten sie ihn, erst einmal für eine Weile zu verschwinden.

So beschloß der Führer des Schwarzen September Abu Yusuf – der wenige Wochen später, am 20. Februar 1973, von israelischen Kommandos bei einem Überfall auf das Hauptquartier in Beirut getötet wurde –, daß die Organisation zumindest zeitweilig Ersatz für Salimeh, vor allem für die europäischen Operationen finden müsse. Also setzten sie auf den in Algerien geborenen Mohammed Boudia, eine bekannte Persönlichkeit in der vornehmen Pariser Gesellschaft. Er baute seine eigene Zelle auf und gab ihr seinen Namen: die »Boudia-Zelle«.

Boudia hatte vor, alle terroristischen Gruppen, die in Europa operierten, zu einer schlagkräftigen Untergrundarmee zusammenzufassen. Er ließ Mitglieder der verschiedenen Gruppen im Libanon trainieren und schuf beinahe über Nacht eine größere Terroristenorganisation, eine Art Zentrale für alle Fraktionen. In der Theorie war das eine gute Idee, aber das Hauptproblem bestand darin, daß die palästinensischen Organisationen extrem nationalistisch eingestellt sind, während in den meisten anderen Gruppen radikale Marxisten waren und Islam und Marxismus sich einfach nicht vermischen lassen.

Boudia beschäftigte einen speziellen Verbindungsmann, der zwischen Paris und Beirut hin und her reiste, den Palästinenser Moukharbel. Bei dem israelischen Kommandounternehmen gegen das Hauptquartier des Schwarzen September war Moukharbels Akte mitsamt einem Foto unter den Dokumenten, die nach Israel gebracht wurden.

Da betrat Oren Riff die Bühne. Alles war am Kochen. Es blieb keine Zeit für das normale vorsichtige Einfädeln. Riff, der Arabisch konnte, wurde im Juni 1973 angewiesen, bei Moukharbel einen frontalen Rekrutierungsversuch zu unternehmen, das heißt, direkt auf ihn zuzugehen und ihm ein Geschäft vorzuschlagen. (Mit dieser Methode ist viel zu gewinnen: Manchmal bekommt man auf diese Weise Rekruten; wenn es schiefgeht, kann es einem Mann genug Schrecken einjagen, um aufzuhören, für die andere Seite zu arbeiten – oder er wird wie der ägyptische Physiker Meshad zum Schweigen gebracht.) (Siehe »Prolog: Operation Sphinx«)

Moukharbel wohnte in einem Londoner Luxushotel. Er wurde eineinhalb Tage lang beschattet, und das Hotel wurde präpariert. Riff wollte an seine Zimmertür gehen, sobald Moukharbel von einem Spaziergang zurückkäme. Sein Zimmer war bereits auf versteckte Waffen untersucht worden; es gab keine, und es war auch sonst niemand da. Als Moukharbel mit dem Fahrstuhl nach oben fuhr, wurde er »aus Versehen« von einem Mann angerempelt, der ihn blitzartig nach versteckten Waffen absuchte. Da Moukharbel zum Schwarzen September gehörte, wurde er als sehr gefährlich angesehen. Nachdem aber alle Vorsichtsmaßnahmen getroffen worden waren, die den Umständen nach möglich waren, wartete Riff, bis er in seinem Zimmer war, und ging dann zu seiner Tür.

Als er öffnete, achtete Riff darauf, daß er keine Waffe zog, und »referierte« dann schnell Moukharbels Akte beim Schwarzen September: Name, Adresse, Alter – alles, was drinstand.

Dann sagte er: »Ich bin vom israelischen Geheimdienst, und

wir sind bereit, Ihnen eine hübsche Summe zu zahlen. Wir möchten, daß Sie für uns arbeiten.«

Moukharbel, ein gutaussehender, kluger und teuer gekleideter Mann, schaute Riff direkt in die Augen, grinste über das ganze Gesicht und fragte: »Wieso habt ihr so lange gebraucht?«

Die beiden Männer hatten ein Fünf-Minuten-Gespräch und verabredeten sich für ein weiteres Treffen, das förmlicher und entsprechend gesichert verlaufen sollte. Bei Moukharbel spielte das Geld keine so große Rolle, obwohl er auch das gut gebrauchen konnte. Er wollte vor allem doppelt abgesichert sein: Falls auf der einen Seite etwas schiefginge, wäre er auf der anderen Seite sicher. Es war eine Frage seines eigenen Überlebens, und wenn beide Seiten bereit waren, ihn zu bezahlen, dann um so besser.

Er ließ Riff sofort die meisten Örtlichkeiten wissen, an denen Boudia sich aufhielt. Boudia liebte die Frauen und hatte eine ganze Anzahl von Mätressen in Paris. Er wußte, daß er eine Zielperson war, und benutzte deshalb die Appartements der Frauen als sichere Häuser; jede Nacht verbrachte er in einem anderen Appartement. Da aber Moukharbel stets Kontakt zu ihm haben mußte, kannte er die verschiedenen Adressen. Nachdem Riff sie an den Metsada weitergegeben hatte, wurde Boudia von der Abteilung auf seinen Runden beschattet. Sie fanden bald heraus, daß er eifrig Gelder für eine geplante Operation an einen Venezolaner namens Iljitsch Ramirez-Sanchez überwies, der aus einer reichen Familie stammte, in London und Moskau studiert hatte, jetzt in Paris lebte und dem Schwarzen September einige Dienste leistete.

Metsada fand bald heraus, daß Boudia ein vorsichtiger Mann war. Etwas, wonach der Geheimdienst immer als erstes Ausschau hält, ist eine Konstante – etwas, was die Zielperson regelmäßig macht. Diese Art von Job kann man nicht mal eben so mit der linken Hand machen, nach dem Motto: »Da ist er: töten wir ihn!« So läuft das nicht. Es muß geplant werden, um jede Komplikation zu vermeiden. Die einzige Konstante bei Boudia war, daß er, wo immer er hinfuhr, seinen blauen Renault 16 benutzte.

Er hatte auch einen Ort in der Rue des Fosses-St.-Bernard, den er häufiger als die anderen besuchte.

Zusätzlich öffnete Boudia, bevor er in seinen Wagen stieg, stets die Motorhaube, schaute unter den Wagen und prüfte auch Kofferraum und Auspuff auf mögliche Sprengsätze. Deshalb beschlossen die Metsada-Leute, in seinen Sitz eine Druckmine einzubauen. Aber weil sie vermeiden wollten, daß die Franzosen den Mossad verdächtigten, wurde die Bombe so gebaut, als sei sie selbstgemacht, und mit scharfen Eisensplittern und Muttern gefüllt. Unter der Bombe wurde eine schwere Metallplatte befestigt, damit sie bei Druckausübung nach oben explodierte und nicht nach unten.

Am 28. Juni 1973 verließ Boudia sein Appartement, prüfte sein Auto wie immer, öffnete dann die Wagentür und schwang sich auf den Sitz. Als er die Wagentür schloß, flog das Auto in die Luft. Er war sofort tot. Die Sprengkraft war so groß, daß viele der Muttern und Bolzen durch seinen Körper hindurchgingen und noch das Wagendach durchschlugen.

Die französische Polizei, die von seiner Verbindung zu terroristischen Gruppen wußte, glaubte, daß er durch die unbeabsichtigte Explosion von Sprengsätzen, die er selbst transportiert hatte, umkam – eine Schlußfolgerung, wie sie oft von der Polizei in Ermangelung anderer Erklärungen veröffentlicht wird.

Obwohl der Schwarze September keinen direkten Beweis dafür hatte, daß der Mossad Boudia getötet hatte, wußte er, daß es so war. Als Rache sollte sofort ein Israeli getötet werden. Einem palästinensischen Studenten an der UCLA in Südkalifornien wurde befohlen, sich ein Gewehr zu besorgen und zur israelischen Botschaft in Washington zu gehen. Man glaubte, daß ein völlig Unbekannter viel leichter einen Überfall machen und unentdeckt entkommen konnte als jemand, der im Zusammenhang mit einer Terrorgruppe stand und möglicherweise vom US-Geheimdienst überwacht wurde. Und so trat am 1. Juli 1973 ein nicht identifizierter junger Mann auf Oberst Yosef Alon zu, den wichtigsten Mitarbeiter des Luftwaffenattachés an der Botschaft, erschoß ihn auf der Straße und floh. Der Schütze wurde nie gefaßt. Der Mossad erfuhr von diesem Zusammenhang mit der Boudia-Operation erst viel später aus den Dokumenten, die ihm im Yom Kippur-Krieg in die Hände fielen.

Nach Boudias Ermordung benachrichtigte Moukharbel Riff, daß der Schwarze September den Venezolaner Sanchez nach Paris geschickt habe, um die Operationen in Europa zu leiten. Der Mossad wußte sehr wenig über ihn, aber er fand schnell heraus, daß sein beliebtester Deckname Carlos Ramirez war – später einfach Carlos. Er sollte bald zu einem der berühmtesten und gefürchtetsten Männer in der Welt werden.

Ali Hassan Salimeh, keineswegs ein dummer Mann, war damit beschäftigt, seinen eigenen Sicherheitsdienst aufzubauen. Er wollte dem Mossad aus dem Weg gehen und gleichzeitig Israel schlecht aussehen lassen. Er brachte einige Freiwillige zusammen, die sich vom Mossad über zwei verschiedene Botschaften im Ausland anheuern ließen. Ihre Aufgabe war es, den Israelis Daten und Örtlichkeiten zu nennen, die seine Aktivitäten erkennen ließen. Nicht seine wirklichen Bewegungen natürlich, sondern solche, die er dem Mossad unterjubeln wollte. Das führte den Mossad schließlich in ein kleines Städtchen in Norwegen, nach Lillehammer, etwa 110 Kilometer nördlich von Oslo, wo ein Kellner in einem Restaurant eine sehr große – für ihn am Ende tödliche – Ähnlichkeit mit dem »Roten Prinzen« besaß.

Der Metsada-Chef Mike Harari war für die Operation, Salimeh zu erwischen, verantwortlich. Salimeh sorgte dafür, daß einer seiner Leute zu dem ahnungslosen Kellner ging und mit ihm sprach, während der Mossad ihn überwachte. Das wäre eine Bestätigung für die Annahme des Mossad, es handele sich um den »Roten Prinzen«. Aber er war es nicht, und am 21. Juli 1973 tötete der Mossad den unschuldigen Kellner. Drei Leute kamen ins Gefängnis. Einer von ihnen, Dan Arbel (siehe Kapitel 7: »Das Toupet«; Kapitel 14: »Operation Moses«), redete sehr viel, und die »Lillehammer-Affäre« wurde so zum vielleicht größten Skandal in der Geschichte des Mossad.

In Paris hatte Carlos das Heft in die Hand genommen. Die

europäischen Geheimdienste wußten nichts von ihm. Er sprach nicht arabisch; er mochte die Araber nicht einmal. (Carlos sagte von den Palästinensern: »Wenn diese Kerle nur halb so gut sind, wie sie sagen, wie ist es möglich, daß die Israelis immer noch in Palästina sitzen?«) Aber Moukharbel, erst kürzlich von Oren Riff als Mossad-Agent geworben, blieb Verbindungsmann auch für Carlos.

Mit dem Wiederaufbau der Pariser Station verschaffte sich Carlos die Kontrolle über alle Waffenlager des Schwarzen September in ganz Europa. Unter anderen Gegenständen erbte er auch die beiden »fehlenden« Strella-Raketen.

Moukharbel war nicht nur der Verbindungsmann zum Schwarzen September, er machte den gleichen Job auch für zwei weitere palästinensische Gruppen, die Volksfront zur Befreiung Palästinas (PFLP) und die Palästinensische Jugendorganisation. Er lieferte beeindruckend umfangreiche Informationen an den Mossad. Nachdem man alles gesichtet und sich das rausgesucht hatte, was man für sich haben wollte, begann der Mossad die europäischen Geheimdienste und den CIA mit so vielen Informationen zu füttern, daß die gar nicht mehr wußten, was sie damit anfangen sollten. Unter anderen Geheimdienstoffizieren zirkulierte die nicht ernstgemeinte Frage: »Oh, haben wir heute schon das Mossad-Buch bekommen?« Und die Verbindung zum CIA war damals so eng, daß die Amerikaner über das »Mossad-Ressort in Langley« (dem Hauptquartier des CIA in Virginia) witzelten. Diese Informationsüberflutung des Geheimdienstmarktes war vielleicht nicht überall sehr nützlich, aber zumindest konnte keiner sagen, er habe nichts gewußt. Und es war ein Vorgehen, das vom Mossad auch später erfolgreich angewendet wurde.

Carlos hatte natürlich großes Interesse an den beiden in Rom übriggebliebenen Raketen. Offenbar hatten die beiden Teams bei der Aufteilung zwei in einem sicheren Haus, das der Mossad nicht kannte, zurückgelassen. Hätte man den damals auf dem Flughafen gefangenen Terroristen nicht gleich getötet, hätte man es vielleicht herausgefunden.

Obwohl Carlos noch nichts gegen ein jüdisches Ziel unternommen hatte, wurde dem Mossad allmählich klar, daß er ein gefährlicher Mann war. Sie erfuhren von den Raketen durch Moukharbel, aber es gab noch keine Möglichkeit, sie anzurühren. Man konnte noch nicht in das Haus eindringen, ohne Moukharbel auffliegen zu lassen, der alle zwei oder drei Tage per Telefon Nachrichten durchgab. Zeitweise war ein Mann rund um die Uhr allein für ihn zuständig.

Carlos wollte, daß die Raketen bei einer Aktion gegen ein israelisches Flugzeug eingesetzt würden. Aber er wollte nicht persönlich in eine Operation verwickelt werden, die eine sorgfältige Planung erforderte. Das war sein Prinzip – und einer der Gründe, daß er nie gefaßt wurde. Er plante eine Operation, sah zu, daß sie durchgeführt wurde, aber nahm fast nie daran teil.

Für den Mossad bedeuteten die Raketen ein Problem. Moukharbel war als Informant eindeutig zu wertvoll, um ihn wegen dieser einen Operation auffliegen zu lassen, aber falls sie die Palästinenser mit den Waffen zu einem Flughafen gelangen ließen, könnten sie damit ein israelisches Flugzeug abschießen.

Oren Riff, Moukharbels Katsa, nahm sich der Sache an. Riff war ein geradliniger, keineswegs dummer Kerl. Ende 1975 gehörte er zu den elf berüchtigten Spitzen-Katsas, die ein Schreiben an den Mossad-Chef schickten, in dem es hieß, daß die Organisation stagniere, verschwenderisch mit ihren Mitteln umginge und ein problematisches Verhältnis zur Demokratie besäße. Im Mossad ist er einfach als »der Brief der 11« bekannt, und Riff ist der einzige von den elf Offizieren, der überlebt hat. Alle anderen wurden rausgeworfen. Ihn überging man jedoch zweimal bei Beförderungen, und als er 1984 Einsicht in seine Akte verlangte, weil er nicht befördert worden war, antwortete man ihm, daß sie verlegt worden sei – eine wenig glaubwürdige Story, da die Organisation zusammen nur 1200 Leute umfaßte, einschließlich der Sekretärinnen und Fahrer.

Als ein Ergebnis des Schreibens wurden allerdings die NAKA-Vorschriften geändert, so daß künftig im Mossad nicht mehr als zwei Personen einen Brief unterschreiben durften.

Zurück zu dieser Geschichte: Riff rief den Verbindungsmann

in Rom an und sagte ihm, er solle Amburgo Vivani, ihren Freund beim italienischen Geheimdienst anrufen und ihm die Adresse des sicheren Hauses geben, in dem sich die beiden Raketen befanden. »Sag ihm, daß du ihn anrufen wirst, wenn alle Beteiligten dort sind und er nur zu dem angegebenen Zeitpunkt in die Wohnung kommen darf«, sagte Riff. »Auf die Weise kann er alle fangen.«

Eine Neviot-Einheit hatte die Örtlichkeit schon genauestens für den Mossad inspiziert, und am 5. September 1973, als man alle Terroristen in das Gebäude gehen sah, riefen sie den italienischen Geheimdienst. Die Mossad-Leute beobachteten die Italiener bei ihrer Aktion, ohne daß sie von ihnen gesehen wurden. Die Italiener drangen in das Haus ein und verhafteten fünf Männer aus dem Libanon, aus Libyen, Algerien, dem Irak und Syrien und beschlagnahmten die beiden Raketen.

Der Presse wurde mitgeteilt, die fünf Männer hätten geplant, vom Dach ihres Appartements aus ein ziviles Flugzeug abzuschießen. Das war eine lächerliche Geschichte, weil die Flugzeuge jenes Haus gar nicht überflogen. Aber es war egal, die Leute glaubten dran.

Zur damaligen Zeit war die Spitze des italienischen Geheimdienstes eng mit dem Mossad verbunden. Die Italiener reisten sogar mit versteckter Kamera in arabische Länder, um dort für den Mossad militärische Einrichtungen zu fotografieren.

Obwohl die Italiener die Terroristen auf frischer Tat mit zwei Raketen erwischt hatten, ließen sie zwei von ihnen sofort gegen Kaution frei. Natürlich verließen die Rom. Die anderen drei wurden nach Libyen geschickt, aber am 1. März 1974, nachdem man sie hinuntergeflogen hatte, explodierte die Dakota-Maschine auf dem Rückweg nach Rom, wobei der Pilot und die Besatzung getötet wurden. Die Untersuchung über diesen Anschlag ist noch nicht abgeschlossen.

Die Italiener behaupten, der Mossad sei dafür verantwortlich. Aber er war es nicht. Wahrscheinlich war es der Schwarze September. Möglicherweise dachten sie, die Flugzeugbesatzung habe etwas in Libyen gesehen, als man sie dort hineinließ, oder

sie würde die Terroristen bei einer anderen Operation wieder-
erkennen. Wenn der Mossad die Maschine gesprengt hätte, dann
wohl, solange die Terroristen noch drin gewesen waren.

Am 20. Dezember 1973 war Carlos in Paris. Er hatte in den
Vororten der Stadt einen Lagerraum für Munition palästinensischer Terrorgruppen angelegt. Der Mossad suchte nach einem
Anlaß, wie er den Franzosen die Adresse geben konnte, ohne
seinen wertvollen Agenten Moukharbel zu gefährden.

An jenem Morgen führte Carlos in der für ihn typischen Ma-
nier eines seiner berüchtigten Terrorkommandos durch. Hit and
run. Er verließ sein Appartement mit einer Granate, sprang in
seinen Wagen, fuhr eine Straße entlang und schleuderte die Granate gegen einen jüdischen Buchladen, wobei eine Frau getötet
und sechs andere Menschen verwundet wurden. Das war Grund
genug für den Mossad, die Adresse des Munitionsdepots an die
französische Polizei weiterzugeben, aber als Beamte es durch-
suchten, fanden sie zwar Gewehre, Granaten, Dynamitstangen,
Flugblätter und etwa ein Dutzend Leute, aber nicht Carlos. Er
hatte Frankreich noch am selben Tag verlassen.

Am nächsten Tag rief er Moukharbel von London aus an und
wollte ihn dort treffen. Moukharbel sagte, daß er nicht kommen
könne, weil ihn die britische Polizei suche. Der Mossad versuchte, ihn zum Flug nach London zu überreden, aber er wollte
nicht; so verlor man eine Zeitlang den Kontakt zu Carlos.

Am 22. Januar 1974 rief Carlos dann Moukharbel erneut an.
»Hier ist Iljitsch«, sagte er. »Ich komme wieder nach Paris. Ich muß
nur noch morgen oder übermorgen ein Geschäft abwickeln.«

Alle israelischen Einrichtungen in England wurden sofort in
Alarmzustand versetzt. Aber es durfte kein sichtbarer Alarm
sein, falls der Anruf einfach nur eine Finte war, um Moukharbels
Verschwiegenheit zu testen. Sie wußten, daß Carlos den anderen
immer um eine Nasenlänge voraus war.

Zwei Tage später, am 24. Januar, fuhr ein Auto an einer israelischen Bank in London vorbei, und der Mann, der alleine im
Wagen saß, warf eine Handgranate in die Bank, wobei eine Frau
verwundet wurde.

Am nächsten Tag hatte Carlos mit Moukharbel in Paris ein Treffen. Er sagte ihm, daß vorläufig israelische Ziele unbehelligt bleiben müßten, weil es zu riskant sei. Er hätte bei japanischen und deutschen Gruppen einige Schulden zu begleichen, und das müsse erst erledigt werden, bevor er etwas für die Palästinenser tun könne.

Das beruhigte den Mossad einigermaßen und paßte auch zu anderen Informationen, die man bekommen hatte. Aber bei Carlos konnte man nie lange beruhigt sein. Am 3. August desselben Jahres gingen in Paris drei Autobomben hoch, zwei vor Zeitungsbüros und eine (die vor der Explosion entdeckt wurde) vor einem Radiosender. Die französische Polizei glaubte, es sei die Arbeit der Action Directe. War es auch, aber Carlos hatte ihr geholfen, die Bomben herzurichten und zu plazieren. Dann war er in einen anderen Teil von Paris gefahren, um möglichst weit entfernt von der eigentlichen Operation zu sein.

Der Mossad erfuhr in der Folge, daß Carlos eine Ladung von russischen RPG-7, panzerbrechenden Granatwerfern, erhalten hatte. Die RPG-7 ist eine kompakte, leicht zu transportierende Waffe, die nur 10 Kilogramm wiegt und eine maximale effektive Reichweite von 500 Meter bei festem Ziel und 300 Meter bei einem beweglichen hat. Sie kann 30 Millimeter starke Panzerplatten durchschlagen.

Am 13. Januar 1975 fuhren Carlos und ein Kumpan, der Deutsche Johannes Weinrich (Mitglied der »Revolutionären Zellen«, »RZ«), auf der Suche nach einem Ziel zum Flughafen Orly. Die beiden Männer sahen von der Straße aus das Heck eines israelischen Flugzeugs.

Carlos fuhr nochmals vorbei, um einen weiteren Blick auf das Flugzeug zu werfen, und kippte dann eine kleine Flasche Milch auf die Straße, um die Stelle zu kennzeichnen, von der aus man das israelische Flugzeug am besten sehen konnte. Weinrich setzte ein Stück zurück und fuhr dann mit etwa 15 km/h wieder vorwärts. Als sie den Milchfleck erreichten, erhob sich Carlos bei zurückgeschlagenem Verdeck aus dem Citroën 2 CV und feuerte. Er traf nicht das israelische Flugzeug, sondern beschädigte eine jugoslawische Maschine und ein Flughafengebäude. Ein Stück weiter hielten sie, Carlos setzte sich auf den Beifahrersitz, und weg waren sie.

Als er in seine Wohnung zurückgekehrt war, erzählte er Moukharbel, was er getan hatte. Moukharbel sagte, er hätte es schon im Rundfunk gehört, auch, daß sie das israelische Flugzeug nicht getroffen hätten.

Carlos antwortete: »Ja, wir haben es verfehlt, aber am 19. gehen wir noch mal hin und versuchen es wieder.«

Natürlich gab Moukharbel diesen Leckerbissen an Oren Riff weiter. Wieder wollte man diesen wertvollen Agenten nicht auffliegen lassen. Deshalb ordnete Riff doppelte Sicherheitsvorkehrungen an, und man dirigierte die israelischen Flugzeuge zur Nordseite des Flughafens, wo sie nur von einem Punkt aus erreicht werden konnten, falls Carlos seine Drohung wahr machen sollte.

Tatsächlich kam Carlos am 19. Januar mit drei Leuten in einem Wagen wieder. Die französische Polizei war darüber informiert worden, daß es vielleicht einen Terroristenüberfall geben könnte. Dreimal fuhr Carlos mit seinen Leuten vorbei, dann stoppte er. Die französische Polizei raste jedoch mit heulenden Sirenen herbei, deshalb feuerten die Terroristen nicht, sondern warfen ihre Waffen weg, ließen den Wagen zurück und liefen davon. Carlos griff sich eine Passantin und hielt ihr eine Pistole an den Kopf. Einer seiner Kollegen folgte seinem Beispiel. In den nächsten 30 Minuten standen sie sich bei den Verhandlungen in größter Anspannung gegenüber.

Obwohl kein Schuß fiel, kamen sie irgendwie davon. Ihre Ausrüstung ließen sie zurück, und Carlos verschwand. Nicht einmal Moukharbel wußte, wo er war.


In den nächsten fünf Monaten blieb alles ruhig. Moukharbel lieferte immer noch wertvolle Informationen, aber von Carlos hatte er nichts gehört. Schließlich wurde er nervös: Freunde hatten Moukharbel erzählt, daß einige Leute in Beirut wegen seiner Aktivitäten Verdacht geschöpft hätten und ihn sprechen wollten. Zu dem Zeitpunkt hatte der Mossad beschlossen, Carlos zu beseitigen, aber Moukharbel wollte nur noch eine neue Identität und dann das Feld so schnell wie möglich räumen. Er begann zu fürchten, daß Carlos hinter ihm her sei.

Das Hauptquartier wollte nicht, daß Riff selbst Carlos erledigte, und sie wollten es auch nicht Leute aus der Metsada-Abteilung tun lassen. Deshalb wurde beschlossen, die Angelegenheit der französischen Polizei zu überlassen. Man wollte ihr lediglich mit einigen Informationen aushelfen.

Am 10. Juni 1975 rief Carlos Moukharbel an, der in Panik geriet und Carlos sagte, daß er Paris verlassen müsse. Aber Carlos lud ihn in sein Appartement ein, das er in einem Haus in der Rue Toullier im Fünften Arrondissement besaß. Es war eines jener Häuser, die hinter einem Vorderhaus liegen und entweder durch das Vorderhaus und durch den Garten betreten werden können oder über ein paar Treppen und einen Durchgang. Da es nur einen Eingang und folglich auch nur einen wirklichen Ausgang hatte, war das für Carlos wohl kein sonderlich günstiger Ort.

Durch einen Wohnungs-Sayan war es Riff gelungen, ein Appartement im Vorderhaus mit Blick auf den Hof und die Wohnung von Carlos zu mieten. Es war eine kleine Wohnung, wie sie von Touristen für einen Tag oder eine Woche gebucht wird. Sie lag im obersten Stock, von wo Riff alles beobachten konnte.

Die französische Polizei wurde darüber informiert, daß sich in dem Appartement ein Mann befände, der mit einem bekannten Waffenschieber zu tun hätte, und ein zweiter (Moukharbel), der aus einer heiklen Situation aussteigen und reden wolle. Der Polizei war nicht gesagt worden, daß es Carlos war, und auch nicht, daß Moukharbel ein Agent war.

Moukharbel wurde von Riff angewiesen, der französischen Polizei zu sagen, daß sie ihn kontaktieren solle. »Du sagst ihnen, daß du aussteigen und nach Tunis gehen möchtest. Wir werden dafür sorgen, daß sie nichts gegen dich vorliegen haben. Du weißt, daß du nicht sicher bist, solange Carlos frei herumläuft. Sie werden dir ein Bild von dir mit Carlos zeigen und dich fragen, wer der andere ist. Versuch dich herauszuwinden, sag, daß es jemand Unwichtiges sei. Sie werden ihn dennoch sehen wollen, also bringst du sie zu ihm. Sie werden ihn zum Verhör mitnehmen, und dann werden sie dafür sorgen, daß sie alle Informationen über ihn bekommen, und er wird für immer hinter Gitter wandern, während du frei sein und in Tunis leben wirst.«

Der Plan hatte einige Riesenlöcher, aber wenn er zu Carlos' Verhaftung führte, sollte das den Mossad nicht stören.

Riff verlangte von der Zentrale in Tel Aviv die Erlaubnis, den größten Teil der Akte Carlos der französischen Polizei übergeben zu dürfen, damit sie wüßten, mit wem sie es zu tun hätten. Er begründete das damit, daß der Mossad den Franzosen einen Agenten auslieferte, und wenn die nicht wüßten, wer Carlos war, dann wäre ihr Agent, nämlich Moukharbel in großer Gefahr. Obendrein befürchtete er, daß die Franzosen in große Gefahr geraten könnten, wenn sie sich auf Carlos nicht richtig vorbereiteten. Schließlich wußten sie nur sehr wenig über ihn.

Riff erhielt zur Antwort, daß die Verbindungsleute in Paris bei Bedarf die Übergabe von Informationen übernehmen würden, nachdem Carlos verhaftet worden wäre, und daß es verschiedene Punkte gäbe, die mit den Franzosen erst noch ausgehandelt werden müßten. Mit anderen Worten, wenn die Franzosen Informationen wünschten, dann müßten sie dafür etwas bezahlen.

Daß man den Franzosen nichts über Carlos sagen wollte, hatte schlicht damit zu tun, daß es zwischen zwei Abteilungen im Mossad Rivalitäten und Eifersüchteleien gab: zwischen dem Tsomet (später Melucha), der für die 35 aktiven Katsas verantwortlich war und hauptsächlich feindliche Agenten rekrutierte, und dem Tevel (oder Kaisarut), der Verbindungsabteilung.

Die Leute vom Tevel rauften sich ständig mit denen vom Tsomet wegen der Herausgabe von Informationen. Der Tevel vertrat die Auffassung, daß eine großzügige Weitergabe von Informationen an andere Geheimdienste sich in einer steigenden Kooperationsbereitschaft der anderen auszahlen würde. Aber im Tsomet widersetzte man sich dem immer wieder und plädierte dafür, Informationen nicht leichtfertig herauszugeben, sondern sie sich immer gleich bezahlen zu lassen.

Als sich die Abteilungschefs in diesem Fall trafen, um die Forderung von Oren Riff (damals beim Tsomet), die Akte von Carlos an die Franzosen zu geben, zu diskutieren, war die normale Situation umgekehrt. Tsomet wollte die Details freigeben, aber der Tevel wollte nicht. Der Tevel-Chef nutzte die Gelegenheit für einen Punktgewinn im internen Kompetenzgerangel und sagte: »Was ist denn das? Ihr wollt den Franzosen die Informationen geben? Wenn wir Informationen herausgeben wollen, laßt ihr uns nicht. Diesmal werden wir euch nicht lassen.« Sie konnten sich das erlauben, weil niemand es später kontrollieren würde. Weil es niemanden gab, dem sie verantwortlich waren. Sie waren ihr eigenes Gesetz.

An dem festgesetzten Tag beobachtete Riff, wie Carlos seine Wohnung betrat. Die Verbindungsoffiziere hatten mit den Franzosen gesprochen und ihnen gesagt, wo sie Moukharbel abholen sollten, was sie auch taten. In der Wohnung von Carlos hielt sich eine ganze Gruppe von Südamerikanern auf. Sie feierten eine Party.

Moukharbel kam in einem Zivilfahrzeug der Polizei zusammen mit den Polizisten an. Zwei von ihnen blieben mit ihm an der Treppe stehen, während der dritte an die Tür klopfte. Carlos öffnete, der Kriminalbeamte in Zivil stellte sich vor, und Carlos bat ihn herein. Sie redeten etwa 20 Minuten miteinander. Carlos machte offenbar einen netten Eindruck, keine Probleme. Sie hatten ihn nie zuvor gesehen oder von ihm gehört. Die Beamten glaubten, sie würden nur irgendeinem Tip nachgehen. Keine große Sache.

Riff sagte später, daß er vom Zuschauen bereits so nervös wurde, daß er kurz davor war, alles stehen- und liegenzulassen, um hinüberzulaufen und die Polizei zu warnen. Aber er tat es nicht.

Schließlich muß der Bulle Carlos gesagt haben, daß er jemanden dabei hätte, den er vielleicht kenne. »Ich hätte gerne, daß Sie mit ihm sprechen. Haben Sie etwas dagegen, einen Moment mitzukommen?«

Daraufhin gab der Bulle seinen Kollegen an der Treppe unten ein Zeichen, mit Moukharbel hochzukommen. Als Carlos ihn sah, nahm er an, daß er verpfiffen worden sei. Aber Moukharbel hatte vor, ihm einfach zu sagen, daß er sich keine Gedanken machen solle, daß die Bullen nichts über ihn hätten. Carlos sagte zu dem Bullen. »Klar, ich komme mit.«

Carlos hielt immer noch die Gitarre in der Hand, auf der er gespielt hatte, als der Polizist an die Tür geklopft hatte. Die anderen im Raum hatten keine Ahnung, was los war, und feierten weiter. Carlos fragte, ob er die Gitarre mal eben wegstellen und eine Jacke holen könne. Der Polizist hatte nichts dagegen. In der Zwischenzeit näherten sich die anderen drei Männer der Tür.

Carlos ging in den Nebenraum, warf die Gitarre weg, griff seine Jacke, öffnete den Gitarrenkoffer und nahm eine Maschinenpistole Kaliber .38 raus. Er kam zur Tür und eröffnete sofort das Feuer, wobei der erste Bulle durch eine Kugel in den Nacken schwer verletzt wurde. Dann tötete er die beiden anderen auf der Stelle, traf dann Moukharbel mit drei Schüssen in die Brust und einem in den Kopf – der letzte Schuß aus nächster Nähe, um sicher zu sein, daß Moukharbel tot war.

Riff drehte nahezu durch, als er das alles von seinem Appartement aus mit ansehen mußte. Er hatte keine Waffen. Hilflos schaute er zu, wie Carlos Moukharbel erledigte und anschließend ruhig den Schauplatz verließ.

Eins aber war Riff klar: Die französische Polizei wußte, wer *er* war. Sie wußten, daß er ihre Leute hierhergelotst hatte, und soweit es die Beamten betraf, mußte es wie eine Falle aussehen. Zweieinhalb Stunden später bestieg Riff in der Uniform eines Bordstewards ein El-Al-Flugzeug nach Israel.

Dem verwundeten Polizisten wurde von den übrigen Leuten aus der Wohnung geholfen; die riefen auch einen Krankenwagen. Sie hatten keine Ahnung, wer Carlos war. Der Polizist überlebte und sagte später, daß Carlos, als er feuerte, immer wieder geschrien habe: »Ich bin Carlos! Ich bin Carlos!«

An jenem Tag wurde Carlos berühmt.

Am 21. Dezember 1975 glaubte man, daß Carlos hinter einer Operation im OPEC-Hauptquartier in Wien steckte, bei der sechs pro-palästinensische Guerilleros in eine OPEC-Konferenz platzten, drei Leute erschossen, sieben weitere verwundeten und 81 Geiseln nahmen. In den folgenden Jahren wurden ihm zahlreiche Bombenanschläge und sonstige Terrorakte angelastet. Allein von 1979 bis 1980 waren 16 Bombenattentate, die der Action Directe zugeschrieben wurden, im Stil von Carlos unternommen worden.

Eines der Hauptprobleme mit den Geheimdiensten ist, daß sie Dinge hinter verschlossenen Türen tun, von denen Menschen vieler Länder betroffen werden. Aber da sie hinter verschlossenen Türen handeln, müssen sie auch nicht zwangsläufig die Verantwortung für ihre Taten übernehmen. Ein Geheimdienst ohne Kontrollinstanz ist wie eine unbeaufsichtigte Kanone, nur mit einem Unterschied: Der Dienst ist eine unbeaufsichtigte Kanone, die vorsätzlich bösartig ist. Sie wird durch interne Streitigkeiten blind für das, was draußen geschehen könnte.

Die Männer, die bei dem Zwischenfall in der Pariser Wohnung von Carlos ermordet wurden, starben grundlos und unnötig. Der Terrorist hätte längst nicht mehr frei rumlaufen müssen. Da der Mossad niemandem Rechenschaft schuldig ist, schaden seine Handlanger nicht nur dem Institut selbst, sondern dem ganzen Staat Israel.

Kooperation kann nicht auf der Basis eines unmittelbaren Gebens und Nehmens aufbauen. Mit der Zeit werden die Verbindungsleute der Geheimdienste anderer Länder dem Mossad nicht mehr vertrauen. Er wird dann seine Glaubwürdigkeit in der Gemeinschaft der Geheimdienste verlieren. Und das passiert im Augenblick. Israel könnte das großartigste Land in der Welt sein, aber der Mossad zerstört es, indem er die Macht manipuliert, nicht im besten Interesse Israels, sondern zu seinem eigenen Vorteil.

# EXOCET

Am 21. September 1976, an einem regnerischen Morgen, verließ Orlando Letelier, 44 Jahre alt, seine Wohnung in der eleganten Embassy Row in Washington und setzte sich wie immer hinter das Steuer seiner blauen Chevelle. Letelier, ehemaliger Minister im Kabinett von Chiles tragisch gescheitertem marxistischen Präsidenten Salvador Allende, wurde von seinem amerikanischen Forscherkollegen Ronni Moffit, 25 Jahre, begleitet.

Sekunden später detonierte eine ferngezündete Bombe, die den Wagen in Stücke riß und beide Männer auf der Stelle tötete.

Wie oft bei solchen Gelegenheiten machten viele Leute den CIA dafür verantwortlich. Schließlich war dem CIA bei Allendes Sturz im Jahre 1973 eine viel größere Rolle zugeordnet worden, als er tatsächlich gespielt hatte. Darüber hinaus gab er seit langem einen beliebten internationalen Prügelknaben ab, um alle möglichen Gewaltakte zu erklären. Andere verwiesen im Zusammenhang mit Leteliers Tod auf die chilenische Geheimpolizei DINA, die dann ein Jahr später, nach einigem Druck von seiten der USA, vom neuen Staatschef des Landes, General Augusto Pinochet, aufgelöst wurde (mit einer anderen Leitung entstand diese Truppe allerdings neu).

Niemand verwies auf den Mossad.

Auch wenn der Mossad nicht direkt an dem Anschlag beteiligt war, der vom Chef der chilenischen DINA Manuel Contreras Sepulveda befohlen wurde, so spielte er doch eine wichtige indirekte Rolle bei der Ausführung, und zwar durch einen geheimen

Deal mit Contreras, bei dem man Chile eine französische Exocet-Boden-Boden-Rakete abkaufen wollte.

Die Todesschwadron hatte kein Mossad-Personal beim Mordanschlag auf Letelier dabei, aber sie benutzte das Know-how des Mossad, das ihr im Rahmen des Geschäfts mit Contreras vermittelt worden war.

Im August 1978 stellte ein US-amerikanisches großes Geschworenengericht Contreras sowie den Direktor für DINA-Operationen Pedro Espinoza Bravo, den DINA-Agenten Armando Fernandez Larios und vier Exil-Kubaner, die Mitglieder einer radikalen Anti-Castro-Organisation in den USA waren, unter Anklage. Allen sieben wurde Mord vorgeworfen.

Den wichtigsten Beweis in der 15seitigen Anklageschrift lieferte der in den USA geborene Michael Vernon Townley, der zusammen mit seinen Eltern im Alter von 15 Jahren nach Chile gezogen war, dort als Automechaniker arbeitete und von der DINA angeworben wurde. Er wurde als nicht angeklagter Mitverschwörer bezeichnet und arbeitete mit der Staatsanwaltschaft zusammen; deshalb kam er mit einer Strafe von drei Jahren und vier Monaten davon. Das Pinochet-Regime lieferte die Chilenen an die US-Gerichte aus – die Exil-Kubaner entkamen, einer wurde allerdings am 11. April 1990 in St. Petersburg, Florida verhaftet. Chile weigerte sich jedoch standhaft, Contreras auszuliefern, den Mann, der die Ermordung von Letelier angeordnet hatte. Contreras wurde niemals für das Verbrechen verurteilt, auch wenn er 1977 von Pinochet, der Chiles international angeschlagenes Image aufpolieren wollte, gezwungen wurde, von seinem Posten zurückzutreten.

Einmal im Jahr treffen sich alle militärischen Geheimdienst-Organisationen in Israel, um künftige Ereignisse vorzubereiten. Dazu gehört auch das Jahrestreffen aller Geheimdienst-Organisationen des Landes, der zivilen und der militärischen, das *Tsorech Yediot Hasuvot* genannt wird, abgekürzt *Tsiach*, was soviel wie »notwendige Information« heißt. Auf diesem Treffen bewerten die Informationsempfänger – zum Beispiel AMAN, das Büro des Premierministers, und die Einheiten des militärischen Geheimdienstes – die Qualität der im vergangenen Jahr gelieferten Informationen und bestimmen, was für das nächste Jahr, nach Wichtigkeit geordnet, gebraucht wird. Das Dokument, das die Ergebnisse dieses Treffens festhält, heißt ebenfalls Tsiach und ist so etwas wie ein Bestellkatalog für geheime Nachrichten, die im nächsten Jahr vom Mossad und anderen Lieferanten – zum Beispiel den militärischen Geheimdiensten – gewünscht werden.

Es gibt im wesentlichen drei Arten von Nachrichtenlieferanten: *Humant* – das sind Nachrichtensammlungen, von Einzelpersonen zusammengestellt, wie es die Mossad-Katsas tun, die mit ihren Agenten arbeiten; *Elint*, das heißt Signale, eine Aufgabe, die von der Einheit 8200 des israelischen Militärgeheimdienstes erledigt wird; und *Signt*, was soviel bedeutet wie Nachrichten sammeln aus normalen Medien, eine Arbeit, mit der Hunderte von Leuten in einer anderen speziellen militärischen Einheit beschäftigt sind.

Beim Tsiach bestimmen die Kunden nicht nur, was sie nachrichtendienstlich brauchen, sondern sie verteilen auch Noten für die Arbeit der einzelnen Agenten im voraufgegangenen Jahr. Jeder Agent hat zwei Kode-Namen, einen Operations-Namen und einen Informations-Namen. Die operativen Berichte, die von den Mossad-Katsas gesammelt werden, können die Kunden nicht einsehen. Sie wissen nicht einmal, daß es sie gibt. Der Informationsbericht, in verschiedene Kategorien aufgeteilt, wird getrennt verschickt.

Aufgrund dieser Berichte vergeben dann die Nachrichten-Kunden an die Agenten Noten von A bis E. Agenten können es niemals auf A bringen, nur Spione. Aber Note B bedeutet eine verläßliche Quelle; C ist »so einigermaßen«; die Angaben eines »D« sind mit Vorsicht zu genießen; und ein E heißt: »nicht mit ihm zusammenarbeiten«. Jeder Katsa kennt die Note seines Agenten und wird versuchen, sie zu verbessern. Die Einstufung behält ein ganzes Jahr lang Gültigkeit, und entsprechend werden die Agenten bezahlt. Wenn jemand ein Jahr lang ein C hatte, dann aber zu B aufgestiegen ist, erhält er einen Bonus.

Wenn Katsas diese Info-Berichte anfertigen, dann füllen sie erst mal am Kopf des Blattes ein kleines Kästchen mit zwei Feldern aus. Links steht die Note des Agenten, rechts eine Nummer, die mit 1 beginnt, was bedeutet, daß der Agent die fragliche Angelegenheit selbst gehört oder gesehen hat; 2 bedeutet, daß er sie aus zuverlässiger Quelle gehört, aber nicht selbst gesehen hat; und 3, daß er sie aus dritter Hand als Gerücht erfahren hat. Folglich heißt ein Bericht mit einer B-1 oben rechts, daß er Informationen von einem guten Agenten enthält, die er selbst gehört oder gesehen hat.

Der Chef des militärischen Geheimdienstes ist gleichzeitig Ranghöchster aller militärischen Geheimdienste, wobei jeder Zweig der bewaffneten israelischen Streitkräfte seine eigene Einheit besitzt. Es gibt also den Infanterie-Geheimdienst, den Geheimdienst der Panzerwaffe, den Luftwaffen-Geheimdienst und den Marine-Geheimdienst. (Die beiden ersten sind jetzt zum Geheimdienst der Bodenstreitkräfte zusammengefaßt worden.) Der Chef der Armee, formell Israelische Verteidigungskräfte oder IDF (Zahal) genannt, ist ein Generalleutnant, dessen Schulterstücke als Symbole ein gekreuztes Schwert über einem Olivenzweig und zwei Feigenblätter zeigen.

Die IDF ist, anders als die der USA mit ihren getrennten Streitkräften, im Grunde eine einzige Armee mit verschiedenen Zweigen, wie z. B. der Marine und der Luftwaffe. Die Chefs dieser Zweige, Generalmajore, tragen Schwert und Olivensymbol, aber nur ein Feigenblatt. Unter ihnen, einen Rang tiefer, stehen die Brigadegenerale, die Chefs der verschiedenen militärischen Geheimdienstzweige. Dann folgt der Oberst – das war mein Rang, als ich dem Mossad beitrat und befördert wurde.

Welche Bedeutung der Geheimdienst für die Israelis hat, wird daran sichtbar, daß der Chef des Geheimdienstkorps der Armee denselben Rang – nämlich Generalmajor – innehat wie die Kommandierenden von Marine, Luftwaffe, Bodenstreitkräften, Panzerwaffe und der Militärgerichtsbarkeit. Der Chef des Marine-Geheimdienstes steht einen Rang tiefer.

Der AMAN-(militärischer Geheimdienst)Chef hat denselben

Rang wie die Chefs der anderen Dienste, steht in der Praxis aber über allen anderen Offizieren der militärischen Geheimdienste, weil er in der Kommandostruktur dem Premierminister direkt verantwortlich ist. Der Unterschied zwischen AMAN und dem Geheimdienstkorps besteht darin, daß AMAN der Empfänger des Geheimmaterials ist, während das Korps die Aufgabe hat, taktische Informationen bei der Feldarbeit zu sammeln.

Ende 1975 trug der Marine-Geheimdienst auf dem Jahrestreffen der militärischen Geheimdienste die Forderung nach einer Exocet-Rakete vor. Die Rakete, von Aerospatiale in Frankreich hergestellt, wird vom Schiff aus abgefeuert, steigt auf, um mittels eines Suchgeräts ihr Ziel zu finden, und senkt sich wieder bis direkt oberhalb der Wasserlinie; so ist es sehr schwer, die Rakete durch Radar zu entdecken oder sie abzuwehren. Die einzige Möglichkeit, eine Abwehrwaffe dagegen zu entwickeln, besteht darin, sie zu testen.

Israel befürchtete sehr, daß einige arabische Länder, vor allem Ägypten, Exocets erwerben würden. Für diesen Fall wollte die Marine vorbereitet sein. Man benötigte für den Test keine vollständige Rakete, sondern nur den Kopf, in dem die ganzen elektronischen Systeme stecken.

Der Verkäufer der Rakete würde dem Käufer nicht alle Informationen über die Waffe liefern. Er würde sie auch nicht hinsichtlich ihrer Abwehr-, sondern ihrer Angriffskapazität testen lassen. Und selbst wenn man von einer Firma wie Aerospatiale die technischen Details erhielte, dann wären die sicher in Richtung maximale Leistung geschönt. Denn sie wollen sie ja schließlich verkaufen!

Aus diesen Gründen wollte Israel selbst eine Rakete testen. Aber man konnte sie nicht offen von den Franzosen kaufen. In Frankreich galt für Israel ein Waffenembargo. Ähnlich wie in vielen anderen Ländern auch, weil die Staaten wissen, daß Israel in dem Moment, wo es die Waffen besitzt, sie nachbauen wird.

Die Aufgabe, einen Exocet-Kopf zu beschaffen, wurde dem Mossad-Chef übertragen, der seinerseits den Tevel beauftragte, sich um die »Anforderung« der Marine zu kümmern.

Der Mossad besaß schon eine Menge Informationen über die Exocet, zum Teil durch Mithilfe eines Sayan, der bei Aerospatiale arbeitete und Details weitergegeben hatte. Außerdem war eine kleine Operation durchgeführt worden, bei der ein Team in die Anlage eingebrochen war, zusammen mit einem extra aus Israel eingeflogenen Experten. Er wurde in die entsprechenden Räume gebracht, wo man ihm die verschiedenen Materialien vorlegte, und er entschied, was fotografiert werden sollte und was nicht. Das Team hielt sich viereinhalb Stunden in dem Gebäude auf, bevor es spurlos wieder verschwand.

Aber trotz der nun vorhandenen Fotos von der Rakete und der vollständigen Pläne war ein funktionierendes Modell vonnöten. Die Briten besaßen die Rakete, aber sie waren nicht bereit, eine an Israel zu geben.

Ein europäisches Land kam als Partner in diesem illegalen Vorgehen nicht in Frage, aber der Mossad wußte, daß mehrere südamerikanische Länder Exocets besaßen. Normalerweise wäre Argentinien eine gute Quelle gewesen, aber damals lief gerade ein großes Geschäft mit Israel, bei dem in Israel hergestellte Düsenmaschinen geliefert wurden, und der Mossad wollte diesen einträglichen Handel durch nichts gefährden.

Als beste Alternative blieb nur Chile. Wie der Zufall es wollte, hatte dieses Land in Israel gerade um die Ausbildung einer innenpolitisch opererierende Geheimpolizei nachgesucht – und in diesem Bereich werden Israels spezielle Erfahrungen sehr geschätzt. Israel rühmt sich dessen vielleicht nicht in der Öffentlichkeit, aber es hat unterschiedlichen Ländern Hilfe beim Aufbau und der Ausbildung solcher Polizeitruppen geleistet, so z. B. bei Irans gefürchtetem Savak, den Sicherheitskräften in Kolumbien, Argentinien, Westdeutschland, Südafrika und in verschiedenen anderen afrikanischen Ländern, einschließlich der Geheimpolizei des ehemaligen Diktators Idi Amin von Uganda. Israel trainierte auch die Geheimpolizei des kürzlich gestürzten Diktators von Panama, Manuel Noriega (siehe Kapitel 5: »Erste Praxis«). Noriega wurde sogar persönlich in Israel ausgebildet und trug immer auf der rechten Seite seiner Militäruniform die Flügel der israelischen Fallschirm-

271

jäger (die normalerweise links befestigt sind). Wie im Falle der einander bekämpfenden Parteien auf Sri-Lanka verfahren wurde, ist schon beschrieben worden.

Pinochet wollte den schlechten internationalen Ruf von Chiles DINA verbessern und befahl ihrem Chef, General Manuel Contreras, sich um die Einzelheiten zu kümmern.

Da Contreras bereits von sich aus mit seiner Anfrage an Israel herangetreten war, beauftragte der damalige Chef der Verbindungsabteilung, Nahum Admony, das MALAT-Ressort in der Abteilung, den Wunsch der Marine nach einer Exocet vorzutragen. MALAT, ein kleines Ressort, das für Lateinamerika zuständig war, bestand nur aus drei Offizieren und ihrem Chef. Zwei der Offiziere waren damit beschäftigt, durch Südamerika zu reisen, um vor allem geschäftliche Verbindungen zwischen Israel und dortigen Ländern anzuknüpfen. Einer von ihnen namens Amir war gerade in Bolivien, wo er sich um eine Fabrik kümmerte, die von dem israelischen Industriellen Saul Eisenberg gebaut wurde (siehe Kapitel 6: »Der belgische Tisch«). Eisenberg war wirtschaftlich so mächtig, daß die israelische Regierung ein spezielles Gesetz verabschiedete, das ihn von vielen hohen Steuern befreite, damit er den Hauptsitz seiner Firmen nach Tel Aviv verlegte. Eisenberg spezialisierte sich auf die Erstellung schlüsselfertiger Projekte – Fabrikbauten, die dem Besitzer in produktionsbereitem Zustand übergeben werden.

1976 war Eisenberg die zentrale Figur in einem politischen Skandal und einer polizeilichen Untersuchung in Kanada, wo die Finanzaufsichtsbehörde nach dem Verbleib von mindestens 20 Millionen Dollar forschte, die an ihn und seine verschiedenen Gesellschaften für ihre Rolle als Mittler zwischen der Atomic Energy of Canada Limited (AECL) und Argentinien und Südkorea beim geplanten Verkauf des *Candu*-Kernreaktors gezahlt wurden. AECL-Präsident L. Lorne Grey gab damals zu, daß »niemand in Kanada weiß, wo das Geld geblieben ist«.

Bevor Amir Bolivien verließ, wurden alle bedeutsamen Hintergrundinformationen über die dortige Botschaft an ihn geliefert. Sie enthielten alles irgendwie Erreichbare, und zwar wen er treffen müsse, die Stärken und Schwächen jener Personen – alles, wovon das Hauptquartier glaubte, daß es ihm hilfreich sein könnte. Seine Flüge, sein Hotelzimmer und alle notwendigen Details wurden von Tel Aviv aus arrangiert – sogar eine Flasche von Contreras französischem Lieblingswein wurde besorgt; die Sorte war im Mossad-Computer gespeichert.

Amir wurde angewiesen, an einem Treffen in Santiago teilzunehmen, aber keinerlei Verpflichtungen einzugehen.

Das Hauptquartier in Tel Aviv hatte das chilenische Ersuchen nach Ausbildung der Geheimpolizei dahingehend beantwortet, daß man Amir, einen Verwaltungsbeamten, schicken würde, um das Projekt zu diskutieren, allerdings ohne sich auf irgend etwas festzulegen.

Am Flughafen von Santiago wurde Amir von einem Beamten der israelischen Botschaft abgeholt und zu seinem Hotel gebracht. Am folgenden Tag sollte er Contreras und einige seiner Leute treffen. Contreras erklärte, daß sie zwar vom CIA einige Hilfe bekämen, er aber nicht glaube, daß der CIA ihnen bei gewissen Dingen, die notwendig seien, beistehen würde. Im wesentlichen wollten sie eine Einheit für die innere Sicherheit ausbilden, die mit dem Terrorismus im Lande – vor allem Entführungen und Bombenanschlägen – fertig werden und hohe ausländische Gäste schützen könnte.

Nach dem Treffen flog Amir nach New York, um den MALAT-Chef dort in einem Haus zu treffen, das der Mossad besorgt hatte. (In Wirklichkeit wurde es dem MALAT von einer anderen Abteilung zur Verfügung gestellt, der »Al«, die ausschließlich in den USA arbeitet und dort auch sichere Häuser besitzt. Es war sicherer, sich dort zu treffen, als jemanden nach Chile zu einem Treffen zu schicken.)

Nachdem sich Amirs Boß seine ausführliche Beschreibung des Treffens angehört hatte, sagte er: »Wir wollen etwas von den Jungens. Zuerst müssen wir sie einwickeln. Wir fangen mal an, und dann werden wir unsere Forderung stellen. Wir werden ihnen das Ende des Seils zu fassen geben, und dann holen wir es ein.«

Es wurde festgelegt, daß Amir Contreras erneut treffen sollte, um mit ihm den Deal zur Ausbildung der Polizeieinheit abzuschließen. Damals wurden solche Ausbildungskurse nur in Israel angeboten. In der Folge hat Israel bei manchen Gelegenheiten Instrukteure ins Ausland geschickt, nach Südafrika und Sri-Lanka zum Beispiel. Aber 1975/1976 war es gängige Praxis, die Auszubildenden nach Israel zu holen.

Die Ausbildung findet immer noch auf einer früheren britischen Luftwaffenbasis östlich von Tel Aviv in Kfar Sirkin statt. Israel hat diese Basis zeitweilig als Ausbildungsstätte für Offiziere benutzt, bevor sie zu einem Lager für Sonderdienste wurde, wo insbesondere ausländische Spezialeinheiten trainiert werden.

Die Kurse dauern in der Regel zwischen sechs Wochen und drei Monaten, je nach Art der erforderlichen Ausbildung. Und sie sind sehr teuer. Damals verlangte Israel zwischen 50 und 75 Dollar pro Tag und Auszubildendem, plus 100 Dollar täglich für die Instrukteure. (Die Instrukteure haben natürlich nichts von dem Geld gesehen. Sie mußten mit ihrem normalen Armeesold auskommen.) Außerdem wurden am Tag 30 bis 40 Dollar für Essen verlangt, plus 50 Dollar täglich für Munition, Waffen und sonstiges. Eine Einheit mit 60 Auszubildenden zum Beispiel kostete 300 Dollar pro Mann am Tag, also 18000 Dollar insgesamt. Für einen Drei-Monats-Kurs waren dann zirka 1,6 Millionen fällig.

Darüber hinaus wurden 5000 bis 6000 Dollar pro Stunde als Miete für einen Hubschrauber berechnet, und manchmal brauchte man für eine Übung bis zu 15 Helikopter. Dazu kann man die Kosten für Spezialmunition rechnen: eine Bazuka-Granate zum Beispiel kostete 220, Munition für schwere Granatwerfer 1000 Dollar das Stück; Flakgeschütze mit acht Rohren können während weniger Sekunden ein paar tausend Schüsse abfeuern – pro Schuß 30 bis 40 Dollar.

Das ist reiner Gewinn. Mit diesen Ausbildungskursen wird eine Menge Geld verdient, noch bevor irgendwelche Waffen verkauft werden. Und da diese Leute an israelischen Waffen ausgebildet werden und sich an sie gewöhnt haben, wollen sie natürlich, wenn sie zurückgehen, diese Waffen und diese Munition auch gleich kaufen, um sie mitzunehmen.

Amir sagte Contreras, er solle 60 seiner besten Leute für das Ausbildungsprogramm auswählen. Sie würden in drei Gruppen eingeteilt werden: Soldaten, Feldwebel und Zugführer, mit speziellen Ausbildungsmethoden für jede Gruppe. Drei Gruppen zu je zwanzig sollten für den Grundkurs angemeldet werden. Davon sollten die besten zwanzig für die Führungsausbildung ausgesucht werden. Aus dieser Gruppe sollten dann die Feldwebel und höheren Ränge aussortiert werden.

Als Amir Contreras den gesamten Vorschlag unterbreitet hatte, sagte der ohne Zögern: »Das nehmen wir.« Er wollte auch die ganze Ausrüstung kaufen, an der seine Leute ausgebildet werden würden. Dann erkundigte er sich noch, ob wir nicht eine kleine Fabrik bauen könnten oder ein Lager errichten mit Vorräten an Munition und Ersatzteilen für einen Zeitraum von sechs Jahren.

Nachdem er sich zum Kauf des ganzen Pakets entschlossen hatte, wollte er über den Preis verhandeln, und bot Amir sogar bei einer Gelegenheit ein Bestechungsgeld von ein paar tausend Dollar an, um den Preis zu drücken. Aber Amir weigerte sich, und schließlich schlug Contreras ein.

Kurz vor dem Ende des Programms zur Grundausbildung flog Amir wieder nach Santiago, um sich mit Contreras zu treffen.

»Die Ausbildung ist sehr gut gelaufen«, sagte ihm Amir. »Wir sind gerade dabei, die Leute für den Feldwebelkurs auszusuchen. Sie waren sehr gut. Nur zwei mußten wir abservieren.«

Contreras, der die Leute für den Kurs handverlesen hatte, war hocherfreut.

Nachdem sie eine Weile über das Trainingsprogramm gesprochen hatten, sagte Amir schließlich: »Hören Sie mal, Sie haben etwas, das wir von Ihnen brauchen.«

»Was denn?« fragte Contreras.

»Den Kopf einer Exocet-Rakete.«

»Das dürfte kein Problem sein«, sagte Contreras. »Bleiben Sie

275

für ein oder zwei Tage in Ihrem Hotel, während ich ein paar Nachforschungen anstelle. Ich melde mich.«

Zwei Tage später verabredeten sie sich erneut.

»Die Militärs wollen Ihnen keine geben«, sagte er. »Ich hab' sie drum gebeten, aber sie wollen nicht.«

»Aber wir brauchen das Ding«, sagte Amir. »Wir haben Ihnen mit der Ausbildung einen Gefallen getan. Wir haben gehofft, Sie wären ebenfalls in der Lage, uns zu helfen, wenn wir etwas brauchten.«

»Hören Sie«, antwortete Contreras. »Ich werde es Ihnen persönlich besorgen. Vergessen wir die offiziellen Kanäle. Zahlen Sie 1 Million Dollar in bar, und das Raketenteil gehört Ihnen.«

»Das muß ich mir erst genehmigen lassen«, sagte Amir.

»Tun Sie das, Sie wissen, wo Sie mich finden«, sagte Contreras.

Amir rief seinen Boß in New York an und berichtete ihm von Contreras' Vorschlag. Sie waren sicher, daß der General seine Zusage einhalten konnte, aber auch der Vorgesetzte aus New York konnte nicht eigenmächtig vorgehen. Er mußte Admony in Tel Aviv anrufen, und der Mossad mußte seinerseits wieder den Marine-Geheimdienst fragen, ob er bereit sei, 1 Million Dollar für die Rakete auszugeben. Das war er.

»Wir machen das Geschäft«, sagte Amir zu Contreras.

»Prima. Bringen Sie mir einen Mann, der weiß, was Sie wollen, und wir gehen zusammen zu einer Marinebasis. Er kann mir dann genau zeigen, was er braucht. Und dann holen wir es uns.«

Ein israelischer Raketenexperte von Bamtam, Israels Raketenhersteller in Atlit, einer Stadt südlich von Haifa, wo die Gabriel-Rakete produziert wird, wurde nach Santiago geflogen. Weil man eine wirklich funktionsfähige Rakete wollte, nahmen sie direkt eine von einem Schiff. So war gesichert, daß sie nicht mit einer Attrappe hereingelegt wurden oder einen Kopf kauften, der erst repariert werden mußte.

Auf Befehl von Contreras wurde die Raketenspitze von Bord des Schiffes auf einen Hänger gehievt. Die Israelis hatten die 1 Million Dollar schon im voraus bezahlt.

»War's das, was Sie wollten?« fragte Contreras.

Nachdem der israelische Marineoffizier die Rakete inspiziert hatte, sagte Amir: »Ja. Das ist es.«

»Gut«, sagte der General. »Jetzt werden wir die Rakete in eine Kiste packen, sie gut sichern und dann in einem Raum in Santiago deponieren. Sie können sie bewachen, wenn Sie wollen. Aber bevor Sie sie mitnehmen, wollen wir noch etwas von Ihnen.«

»Was?« sagte Amir betroffen. »Es gibt eine Abmachung. Wir haben unseren Teil erfüllt.«

»Das werde ich auch«, sagte Contreras. »Aber zuerst müssen Sie Ihren Boß anrufen und ihm sagen, daß ich mit ihm sprechen will.«

»Das ist nicht nötig. Ich kann ebenfalls verhandeln«, sagte Amir.

»Nein, sagen Sie Ihrem Boß, daß ich ihn hierhaben möchte. Ich möchte mit ihm unter vier Augen sprechen.«

Amir blieb keine Wahl. Contreras hatte erkannt, daß Amir im Mossad nicht sehr hoch angesiedelt war, und außerdem wollte er seinen Vorteil nutzen. Von seinem Hotelzimmer aus rief Amir seinen Boß in New York an, der seinerseits mit Admony in Tel Aviv telefonierte und ihm die Lage erläuterte. Noch am selben Tag nahm Admony einen Flug nach Santiago, um sich mit dem chilenischen General zu treffen.

»Ich möchte, daß Sie mir helfen, einen persönlichen Sicherheitsdienst aufzubauen«, sagte ihm Contreras.

»Aber das tun wir doch schon«, sagte Admony. »Und Ihre Leute machen sich sehr gut.«

»Nein, nein. Sie verstehen mich nicht. Ich will eine Truppe, die dazu dienen soll, unsere Feinde zu beseitigen, wo immer sie sich aufhalten. Wie ihr es mit der PLO macht. Nicht alle unsere Feinde leben in Chile. Wir wollen in der Lage sein, Leute zu liquidieren, die eine direkte Bedrohung für uns darstellen. Da gibt es terroristische Gruppen, die uns bedrohen, wie euch auch. Wir wollen in der Lage sein, die zu eliminieren.

Wir wissen, daß Sie solche Wünsche auf zwei Arten beantworten. Sie könnten bereit sein, wenn irgendwo ein Problem auftaucht, Ihre Leute den Job erledigen zu lassen. Wir wissen zum Beispiel, daß Sie von Taiwan gebeten wurden, in dieser Form tätig zu werden, und daß Sie es abgelehnt haben.

Wir wollen lieber unsere eigenen Leute verwenden.

Sie sollen also eine Gruppe von unseren Leuten darin ausbilden, wie man mit terroristischen Bedrohungen von außen fertig wird. Wenn ihr das macht, gehört die Rakete euch.«

Admony und Amir waren schockiert. Angesichts dieser Forderung konnte auch Admony Contreras nur erklären, daß er vor irgendeiner Zusage die Erlaubnis seiner Vorgesetzten benötige.

Admony mußte dafür nach Tel Aviv zurückkehren und an einem Treffen auf höchster Ebene im Mossad-Hauptquartier teilnehmen. Der Mossad war nicht erfreut, daß Contreras völlig überraschend bei diesem Handel noch eins draufgepackt hatte. Man kam zu dem Schluß, daß hier eine politische und keine geheimdienstliche Entscheidung notwendig sei: daß die Regierung entscheiden müsse, ob Contreras bekäme, was er wolle, oder ob das ganze Projekt ins Wasser fallen müsse.

Die Regierung hatte große Bedenken, in Geschäfte dieser Art verwickelt zu werden. Deshalb lautete ihre Entscheidung: »Wir wollen von solchen Dingen nichts wissen.«

Es sollte ein Privatmann verpflichtet werden, der den Job erledigen sollte. Ausgewählt wurde der Chef einer größeren israelischen Versicherungsgesellschaft, Mike Harari, der jüngst als Mossad-Abteilungschef pensioniert worden und für das Lillehammer-Fiasko verantwortlich gewesen war. Als einer der einflußreichsten Berater des Diktators Manuel Noriega half Harari auch beim Aufbau der panamesischen Anti-Terror-Eliteeinheit K-7.

Außer seinen Eigenschaften, die ihn für das Geschäft mit einem chilenischen General prädestinierten, war Harari damals auch Teilhaber in einer großen Transportgesellschaft, eine wunderbare Tarnung, um still und leise den Raketenkopf nach Israel zu schaffen.

Harari war Chef von Metsada gewesen, der Abteilung für die Agenten, und ihrer Unterabteilung, der Kidon-Gruppen. Er wurde angewiesen, Contreras zu sagen, daß er dessen Anti-Terror-Einheit alles beibringen würde, was er wüßte. Vielleicht hat er sich an diese Zusage nicht strikt gehalten – er brauchte nämlich die Zustimmung des Mossad für den »Unterrichtsstoff«, und dort wollte man einige Techniken lieber für sich behalten –, aber mit Sicherheit hat er ihnen genug beigebracht, um einen Schlag gegen ihre Feinde im Ausland, wirkliche oder eingebildete, vorbereiten und durchführen zu können. Das Geld für die Ausbildung wurde aus einem Geheimfonds der DINA direkt an Harari überwiesen.

Diese Spezialeinheit waren Contreras' Leute. Es war keine offiziell bekannte Gruppe. Er wählte die Männer aus. Er bezahlte sie. Sie erledigten seine Arbeit. Vielleicht gingen ihre Verhörmethoden auch über das hinaus, was man ihnen beigebracht hatte, aber es gibt keinen Zweifel: Er bekam seine Spezialtruppe und Israel seine Exocet. Harari unterrichtete sie sicher in verschiedenen Foltertechniken wie z. B. Elektroschockbehandlung, Ausnutzen von Schmerz- und Druckpunkten und »Zeitfolter«. Das zentrale Ziel eines Verhörs ist es, Informationen zu bekommen. Aber die Chilenen kamen auf einen besonderen Dreh. Sie schienen die Verhöre um der Sache selbst willen zu lieben. Häufig waren sie gar nicht einmal hinter Informationen her. Ihnen machte es einfach Spaß, Schmerz zuzufügen.

An jenem feuchten Septembertag 1976 in Washington jedoch, als Letelier seine letzte Fahrt antrat, hatte niemand die leiseste Idee, daß der Killer vom Mossad trainiert worden war. Diese Verbindung stellte niemand her. Und ebenso wußte niemand, daß Israel die Exocet hatte.

Die Israelis testeten den Raketenkopf, indem sie ihn unter einem Phantom-Düsenjäger befestigten und alle Systeme an Sensoren anschlossen, die unter den verschiedensten Bedingungen abgelesen werden konnten. Sie führten Vorbeiflüge durch und simulierten Raketenflüge. Sie erprobten, wie die Rakete vom

Radar erfaßt wurde, wie sie von Schiffen aufgespürt werden konnte und wie ihre Telemetrie arbeitete. Der Testvorgang dauerte vier Monate und wurde von Düsenjägern durchgeführt, die auf der Hatsrim-Luftwaffenbasis bei Beersheba stationiert waren.

# 12

# SCHACHMATT

Magid, der seine Jugend in Syrien verbracht hatte, träumte davon, eines Tages ein weltbekannter Schachgroßmeister zu sein. Er lebte für das Schachspiel, studierte seine Geschichte und prägte sich die Partien der Großmeister ein.

Magid, ein sunnitischer Moslem, lebte seit Ende der fünfziger Jahre in Ägypten, zu den ereignisreichen Zeiten Gamal Abdel Nassers, dessen Ziel eine von Ägypten geführte Union der arabischen Staaten war und der von 1958 bis 1961 an der Spitze der Vereinigten Arabischen Republik, einem Staatenbund zwischen Ägypten und Syrien, stand.

Es war der Sommer des Jahres 1985. Magid war gerade in Kopenhagen eingetroffen und wollte sich als Bankier für private Anlagen etablieren. Schon am ersten Tag hatte er in der Hotellobby einen gut gekleideten Herrn gesehen, der, ein Schachbuch in der Hand, über einem Brett saß. Magid war für seine Verabredung schon spät dran und hatte keine Zeit stehenzubleiben. Aber am nächsten Tag war der Mann wieder da. Das Brett zog Magid magnetisch an. Er ging zu dem Mann hinüber, tippte ihm auf die Schulter und sagte in bemerkenswert gutem Englisch: »Entschuldigen Sie.«

»Jetzt nicht. Jetzt nicht«, fauchte der Mann.

Erschrocken trat Magid einen Schritt zurück, beobachtete eine Weile still das Spiel und schlug dann einen sehr sinnvollen Verteidigungszug vor.

Jetzt war der Fremde interessiert. »Können Sie gut Schach spielen?« fragte er.

Die beiden Männer kamen ins Gespräch. Magid war immer dabei, wenn es um Schach ging, und die nächsten zweieinhalb Stunden sprachen er und sein neuer Freund, der sich als Mark vorgestellt hatte, kanadischer Unternehmer und im Libanon geborener Christ, über das Spiel, das sie liebten.

Mark hieß in Wirklichkeit Yehuda Gil und war einer der Katsas, die in Brüssel stationiert sind. Er hatte den Auftrag, einen Erstkontakt mit Magid herzustellen. Aber es war nicht Magid, an den sie heranwollten, sondern an seinen Bruder Jadid, einen hohen Verwaltungsbeamten beim syrischen Militär, den sie gerne rekrutieren wollten. Sie hatten es schon einmal zuvor in Frankreich versucht, aber die Zeit war zu knapp gewesen und es hatte nicht geklappt. Aber wie bei den meisten derartigen Operationen hatte Jadid nicht einmal etwas von dem Versuch gemerkt – und bestimmt ahnte er nicht, daß er vom Mossad den Kodenamen »Korkenzieher« erhalten hatte.

Diese Geschichte begann eigentlich am 13. Juni 1985, als ein Katsa namens Ami, der im dänischen Ressort im sechsten Stock des Mossad-Hauptquartiers in Tel Aviv (damals im Hadar-Dafna-Gebäude in der King Saul Street) Dienst hatte, eine Routinenachricht vom Mossad-Verbindungsoffizier in Dänemark erhielt. Der leitete ein Ersuchen von »Purple A«, dem Kodenamen für den Dänischen Zivilen Sicherheitsdienst (DCSS) weiter, mit der Bitte, eine Liste von etwa 40 Leuten mit arabischen Namen und/oder Hintergrund zu überprüfen, die Visa ausgestellt bekommen wollten, um Dänemark zu besuchen oder sich dort niederzulassen.

Die dänische Öffentlichkeit weiß nicht – und nur wenige dänische Regierungsbeamte wissen es –, daß der Mossad routinemäßig alle diese Anträge für Dänemark prüft und dann ein Prüfzeichen auf eine Kopie des dänischen Visumformulars neben den Namen setzt, wenn es keine Probleme mit dem Antragsteller gibt. Gibt es welche, werden die Dänen entweder informiert, oder, wenn es für Israel von Vorteil ist, der Antrag wird für weitere Nachforschungen zurückgehalten.

Die Beziehung zwischen dem Mossad und dem dänischen Geheimdienst ist so eng, daß es schon fast unanständig ist. Aber es ist nicht die Tugend des Mossad, die durch diese Beziehung kompromittiert wird, sondern die Dänemarks. Und zwar deshalb, weil die Dänen den falschen Eindruck haben, die Israelis wären ihnen dankbar dafür, daß das Land im Zweiten Weltkrieg eine Menge Juden gerettet hat, und sie dem Mossad deshalb vertrauen könnten.

Beispielsweise sitzt ein Mossad-Mann, ein Marats (Abhörer), direkt im DCSS-Hauptquartier und fängt alle arabischen und auf Palästina bezogenen Nachrichten, die von ihrem Abhördienst hereinkommen, ab. Ein wahrlich ungewöhnliches Arrangement für einen ausländischen Nachrichtendienst. Als einziger arabisch sprechender Mensch dort versteht er die Nachrichten, schickt aber die Bänder zur Übersetzung nach Israel (alles läuft über eine Verbindung mit dem Kodenamen »Hombre« in der offenen Station des Mossad in Kopenhagen.). Die aufgenommenen Informationen werden Dänemark nicht immer in vollem Umfang mitgeteilt, da die Übersetzungen oft stark zensiert zurückgeschickt werden. Und die Originalbänder behält der Mossad ein.

Es ist klar, daß der Mossad die Dänen nicht sonderlich hoch einschätzt. Man nennt sie beim Mossad *Fertsalach*, der hebräische Ausdruck für Furz. Sie sagen dem Mossad alles, was sie tun. Aber sich selbst läßt der Mossad von niemandem in die Karten schauen.

Normalerweise würde das Überprüfen von 40 Namen durch den Mossad-Computer etwa eine Stunde dauern. Aber zufällig war es das erste Mal, daß Ami mit den Dänen zu tun hatte, weshalb er sich die DCSS-Information auf seinen Computer-Terminal holte. Es erschien ein Brief mit der Nummer 4647, als »geheim« eingestuft, mit der exakten Beschreibung der Funktionen, des Personals und einiger Operationen des Dänischen Geheimdienstes.

Alle drei Jahre fliegen Beamte des Dänischen Sicherheitsdienstes nach Israel zu einem vom Mossad durchgeführten Seminar, bei dem die neuesten Entwicklungen der terroristischen Aktivitäten und Anti-Terror-Techniken diskutiert werden. Durch diesen Kontakt erhält Israel einen vollständigen Überblick über die 500 Personen umfassende palästinensische Gemeinde in Dänemark und kann auf »lückenlose Zusammenarbeit beim Tanz (Beschatten von Leuten) rechnen, was bei Bedarf mit Purple koordiniert wird« (siehe Anhang II).

In dem Überblick wurde Henning Fode, damals 38 Jahre alt, als Chef des DCSS aufgeführt; er war im November 1984 ernannt worden und sollte Israel voraussichtlich im Herbst 1985 besuchen. Michael Lyngbo war sein Stellvertreter, und obwohl er keine Geheimdiensterfahrung besaß, war er für den sowjetischen Teil der Organisation verantwortlich. Paul Moza Hanson war juristischer Berater von Fode und der Kontaktmann zum Mossad, der zum damaligen Zeitpunkt seinen Posten bald aufgeben sollte. Halburt Winter Hinagay war Chef der Abteilung für die Bekämpfung von Terrorismus und Subversion. Er hatte ebenfalls bereits an einem Seminar in Israel über Terrorismus teilgenommen.

(Der Mossad hält viele solcher Seminare ab, zu denen jeweils ein fremder Geheimdienst eingeladen wird. Dadurch entstehen wertvolle Kontakte, und gleichzeitig wird der Eindruck verstärkt, daß keine Organisation besser mit dem Terrorismus fertig wird als der Mossad.)

Ein weiteres Dokument auf Amis Computer wies den vollständigen Namen von Dänemarks Dachorganisation für Geheimdienstaktivitäten, *Politiets Efterretningsjtneste Politistatonen* (PEP), sowie zahlreiche seiner Abteilungen aus.

Das Telefon-Anzapfen obliegt der Abteilung S: In einem Dokument vom 25. August 1982 teilten die Dänen »Hombre« mit, daß sie ein neues Computersystem zu installieren beabsichtigten und in der Lage seien, dem Mossad 60 »listenings« (= Horchpunkte, das heißt Örtlichkeiten, an denen für den Mossad Abhöranlagen eingebaut wurden) zu überlassen. Sie hatten auch verschiedene öffentliche Telefonzellen mit Abhöranlagen ausgestattet, »auf unseren (des Mossad) Vorschlag hin in Stadtvierteln, die für ihre subversiven Aktivitäten bekannt sind«.

Der Geheimdienstchef hatte den Rang eines, wie sie es nannten, Detektivinspektors – was dem Rang eines Bezirksstaatsanwaltes in Israel entspricht. In dem Mossad-Bericht beklagte man sich, daß ihre Beschattungseinheit nicht besonders gut arbeitete: »Ihre Leute sind leicht zu entdecken. Sie können nicht wirklich untertauchen, wahrscheinlich wegen des häufigen Personalwechsels in jener Einheit..., zirka alle zwei Jahre, dann machen sie etwas anderes.«

Für die Rekrutierung der Geheimdienstleute war die Polizei verantwortlich, aber gerade das war schwierig, weil es nur wenig Aufstiegschancen gab. Am 25. Juli 1982 fragte »Hombre« nach einer nordkoreanischen Geheimoperation in Dänemark, erhielt jedoch als Antwort, daß man das für die Amerikaner mache und deshalb »keine weiteren Anfragen wünsche«.

Ami versuchte noch mehr Informationen aus seinem Computer herauszuholen und bekam ein Dokument auf den Bildschirm, das »Purple B« hieß und detaillierte Informationen über den Dänischen Verteidigungsgeheimdienst (DDIS = militärischer Abschirmdienst) enthielt, der direkt dem Armeechef und Verteidigungsminister unterstand. Dieser Dienst ist in vier Einheiten gegliedert: Management, Abhörtätigkeit, Dokumentation und das Sammeln von Informationen durch Agenten.

Im Rahmen der NATO beschäftigte er sich mit Polen und der ehemaligen DDR und den Bewegungen sowjetischer Schiffe in der Ostsee. Verwendet werden dafür hochempfindliche elektronische Geräte, die ihnen die Amerikaner geliefert haben.

Innenpolitisch ist der Dienst verantwortlich für militärische und politische Aufklärung und Dokumentation, das heißt das »positive« Nachrichtensammeln innerhalb der Landesgrenzen (also direkte Informationen von dänischen Bürgern), im Gegensatz zum »negativen« Sammeln von Informationen im Ausland. Er ist auch für die internationalen Verbindungen zuständig und gibt der Regierung eine jeweilige Einschätzung der nationalen Lage. Damals plante man die Einrichtung einer Einheit, die sich mit dem Nahen Osten befassen sollte (man begann mit einem Mann, der einen Tag pro Woche daran arbeitete).

Der Geheimdienst ist berühmt für seine präzisen Fotos von Aktivitäten der Sowjetunion in der Luft, zur See und am Boden. Es war der erste Geheimdienst, der Israel Bilder des sowjetischen SSC-3-Systems lieferte (Boden-Boden-Raketen). Purple B wurde seit 1976 von Mogens Telling geleitet. 1980 hatte er Israel besucht. Ib Bangsbore war Chef für die Abteilung Personenobservation und wurde 1986 in den Ruhestand versetzt. Der Mossad verfügte über gute Quellen im DDIS und auch in der Forschungseinrichtung der Dänischen Verteidigungskräfte (DDRE). Der dänische Geheimdienst arbeitete enger mit dem schwedischen Geheimdienst (Kodename »Burgundy«) zusammen als mit dem NATO-Partner Norwegen. Bei Gelegenheit traf sich Purple B auch mit »Carousel«, das ist der Kodename für den britischen Geheimdienst, mit dem er je nach Gelegenheit von Fall zu Fall zusammenarbeitete, so bei verschiedenen Operationen gegen den russischen Geheimdienst.

Ami lud seinen Computer mit all diesen Informationen, um sie zu lesen, bevor er ein Frageformular aufrief, mit dem man vorhandene Informationen in den Computer eingeben konnte: einen Namen, eine Zahl, was immer zur Verfügung stand, um den Computer in seinem Datenspeicher suchen zu lassen. Falls die in Frage stehende Person Palästinenser wäre und auf dem Bildschirm keine Information auftauchte, würde Ami das Formular an das Palästina-Ressort des Mossad weiterleiten. Sie würden vielleicht weitere Nachforschungen anstellen wollen oder den Namen einfach im Mossad-Computer speichern wollen. Alle Abteilungen des Mossad sind an einen gigantischen Computer im Hauptquartier in Tel Aviv angeschlossen. Jeden Abend wird eine Harddiskkopie (Sicherungskopie) der Informationen vom ganzen Tag gemacht und an einem sicheren Ort aufbewahrt.

Ami war gerade beim viertletzten Namen einer Akte, die er überprüfte, als Magids Name auftauchte. Bei diesem Familiennamen klingelte etwas bei ihm. Ami hatte zuvor mit einem Freund in der Research-Abteilung gesprochen und ein Foto von einem Mann mit diesem Namen gesehen, der neben dem syrischen Präsidenten Hafis Assad stand. Viele arabische Namen sind sich sehr ähnlich, deshalb lohnt es sich immer, sie zu überprüfen. Über Magid wußte der Computer nichts, weshalb Ami den Research anrief und seinen Freund im syrischen Ressort bat, eine Kopie des Fotos zum Mittagessen in die Kantine im neunten Stock mitzubringen, damit er es mit dem von Magid auf dem dänischen Visumsantrag vergleichen könne.

Nach dem Essen suchte Ami, der inzwischen das Foto besaß, über Computer nach weiteren Details, überprüfte, ob Jadid irgendwelche Verwandte besaß, wobei er entdeckte, daß er einen Bruder hatte, dessen Beschreibung und Lebenslauf mit Magid übereinstimmte.

Dies eröffnete die Möglichkeit für ein »lead« (ungefähr: Leittier): eine Person zu rekrutieren, um über sie an eine andere heranzukommen. Ami schrieb seinen Bericht und legte ihn zur täglichen Hauspost. Unterdessen wurde das dänische Visumformular der Akte ohne Vermerk beigelegt. Die Dänen würden also davon ausgehen, daß es in diesem Fall kein Problem gäbe.

Im Tsiach, dem Jahrbuch des Mossad über »zu beschaffende Informationen«, haben Daten zu den syrischen Streitkräften seit vielen Jahren höchste Wichtigkeit. Deshalb wurde AMAN – der israelische Militärgeheimdienst – vom Mossad angewiesen, eine Liste all dessen aufzustellen, was sie über den Zustand des syrischen Militärs wissen müßten, nach Dringlichkeiten geordnet. Auf dem elfseitigen Fragebogen von AMAN (siehe Anhang III mit dem vollständigen Fragebogen) standen u. a. Fragen nach der Zahl der zur Verfügung stehenden syrischen Bataillone; dem Zustand der Panzerbrigaden 60 und 67 und der motorisierten Brigade 87; der Zahl der Brigaden in der Division 14 (Spezialeinheiten). Dann enthielt die Liste noch zahllose andere mit militärischen Dingen zusammenhängende Fragen wie etwa zum Gerücht über eine Ablösung von Ahmad Diab, Chef für nationale Sicherheit, durch Fefat Assad, den Bruder von Präsident Assad.

Der Mossad hatte in Syrien schon einige Quellen vor Ort – das nannten sie ihr Frühwarnsystem –, in Krankenhäusern und auf Bauplätzen zum Beispiel, oder wo immer Leute Bruchstücke von Informationen sammeln konnten, die, zusammengenommen,

Israel rechtzeitig über Kriegsvorbereitungen informieren könnten. Die Syrer haben jahrelang auf den Golan-Höhen in Angriffsposition gelegen, so daß aktuelles und verläßliches militärisches Nachrichtenmaterial immer als lebenswichtig angesehen wurde. Da wäre die Rekrutierung einer hochrangigen syrischen Quelle schon ein Ereignis.

Der Mossad betrachtet Syrien als ein »launisches« Land. Damit ist folgendes gemeint: Da Syrien von einem Mann allein regiert wird, könnte der, Assad, eines Morgens aufwachen und sagen: »Ich will in den Krieg ziehen.« Die einzige Möglichkeit, schnell herauszufinden, ob so etwas wirklich passiert, wäre eine Quelle so dicht an der Spitze wie möglich. Damals wußte der Mossad, daß Assad die Golan-Höhen zurückerobern wollte. Assad war klar, daß er mit einem schnellen Schlag Geländegewinne erzielen konnte, daß er aber die Israelis nicht lange würde zurückhalten können. Deshalb versuchte er in den achtziger Jahren von den Russen eine Garantie zu erhalten, daß sie, durch die Vereinten Nationen oder sonstwie, diplomatisch intervenieren würden, um einen solchen Krieg zu einem schnellen Ende zu bringen. Die Russen waren aber dazu nicht bereit, und deshalb ließ Assad seine Panzer zu Hause.

Vor dem Hintergrund dieser Gesamtlage war die Rekrutierung von Magids Bruder eine sehr wichtige Angelegenheit. Innerhalb von Stunden war Yehuda Gil (für Magid: Mark) auf dem Weg nach Kopenhagen, um die Ankunft seines Mannes zu erwarten. Ein anderes Team wurde beauftragt, in Magids Hotelzimmer die notwendigen Abhör- und Fotogerätschaften zu installieren – alles, was notwendig war, um erst ihn und durch ihn dann seinen Bruder zu rekrutieren.

Die Idee, ein Schachspiel als Lockmittel für den Eingangskontakt zu benutzen, stammte von Gil; sie entstand auf einer langen, spannungsgeladenen Sitzung in einem sicheren Haus in Kopenhagen.

Bei der ersten ausführlichen Unterhaltung mit Mark mußte Magid das Gefühl gehabt haben, einen Freund gefunden zu haben, dem er trauen könne. Er erzählte Mark fast alle wichtigen Ereignisse aus seinem Leben und schlug ein gemeinsames Abendessen vor. Mark war einverstanden und kehrte dann in das sichere Haus zurück, um das Dinner mit seinen Kollegen zu diskutieren.

Beim Essen sollte Mark herausbekommen, was Magid zu bieten hatte, wieviel er wußte. Mark selbst sollte sich als wohlhabender Unternehmer ausgeben (eine stets beliebte Legende), der die verschiedensten Ankauf- und Wiederverkaufsgeschäfte abwickele.

Magid erzählte, daß seine Familie in Ägypten wohne und er sie gerne nach Dänemark holen wolle, allerdings nicht sofort; zuerst einmal wollte er es sich gutgehen lassen. Er wollte sich erst einmal ein Appartement mieten; später, wenn seine Frau bei ihm wäre und sie sich besser etabliert hätten, würde er es kaufen. Mark bot seine Hilfe an. Er versprach, ihm am nächsten Tag einen Hausmakler in sein Hotel zu schicken. Innerhalb einer Woche hatte Magid sein Appartement. Und der Mossad hatte es gründlich präpariert. Es wurden sogar Kameras über winzigen Löchern in der Decke angebracht.

Auf der folgenden Sitzung im sicheren Haus wurde beschlossen, daß Mark Magid sagen solle, daß er für einen Monat nach Kanada zurückkehren müsse. So hätte der Mossad Zeit, die Überwachungsausrüstung vorteilhaft zu nutzen. Sie bekamen heraus, daß Magid keine Drogen nahm, aber normalen Sex liebte, und zwar jede Menge. Sein luxuriöses Appartement war auch mit den neuesten elektronischen Spielereien ausgerüstet, wie Video, Tonbandgeräten u. ä.

Der Mossad hatte Glück: Magid rief seinen Bruder zweimal in der Woche an. Bald wurde deutlich, daß Jadid auch kein Unschuldsengel war, sondern mit Magid irgendwelche dunklen Geldgeschäfte abwickelte. Jadid hatte zum Beispiel in Dänemark große Mengen pornographisches Material gekauft, das er mit riesigem Profit in Syrien verkaufte. Bei einem Gespräch teilte er Magid mit, daß er ihn in sechs Wochen in Kopenhagen besuchen würde.

Mit dieser Information ausgestattet, hatte Mark mit Magid ein erneutes Zusammentreffen. In der Rolle eines hohen Angestellten einer kanadischen Firma (niemals der Boß, weil man dann keine Zeit schinden konnte, um dem »Boß« einen Vorschlag zu unterbreiten – in Wirklichkeit der Gruppe im sicheren Haus) begann er ihn stärker in Richtung »gemeinsame Geschäfte« zu drängen.

»Normalerweise machen wir unseren Kunden Investitionsvorschläge«, sagte Mark. »Wir beraten sie, ob sie in einem Land investieren sollen oder nicht, folglich müssen wir auch Informationen über das betreffende Land erhalten. Wir sind schon fast so was wie ein privater CIA.«

Die Erwähnung des CIA hinterließ bei Magid keinen sichtbaren Eindruck, ein Punkt, der den Israelis zuerst Sorgen bereitete. Sobald Arabern gegenüber der CIA erwähnt wird, gibt es gewöhnlich eine scharfe ablehnende Reaktion. Deshalb fürchtete der Mossad, daß Magid vielleicht schon von jemand anderem rekrutiert worden sei. War er aber nicht. Er war nur ein cooler Kunde.

»Natürlich«, fuhr Mark fort, »sind wir bereit, für Informationen zu bezahlen, mit deren Hilfe wir herausfinden können, ob sich Investitionen lohnen, ob in den verschiedenen Ländern der Erde sichere Anlagen möglich sind. Wir haben es mit großen Spielern und hohen Einsätzen zu tun, deshalb brauchen wir detaillierte und verläßliche Informationen, nicht einfach so 'n Zeug, was man an jeder Ecke erhalten kann.«

Als Beispiel nannte Mark den Irak, der weltweit Datteln exportiert. »Aber würden Sie Datteln ordern, solange der Krieg zwischen Iran und Irak noch im Gange ist? Nur wenn man wüßte, daß eine Schiffsladung garantiert werden könnte. Dann könnte man kaufen. Aber um das zu wissen, muß man politische und militärische Erkenntnisse mit den Markterfordernissen zusammenbringen. Und das tun wir.«

Magids Interesse wuchs. »Passen Sie mal auf, das ist zwar nicht mein eigentliches Metier«, sagte er, »aber ich kenne jemanden, der Sie interessieren könnte. Ich kann eine Verbindung herstellen. Aber was liegt für mich drin?«

»Na ja, wir geben gewöhnlich eine Vermittlungsgebühr plus einen bestimmten Prozentsatz auf alles, was wir bekommen. Das hängt vom Wert der Information ab, von den Ländern, um die es geht. Das kann sich um ein paar tausend Dollar handeln oder auch um Hunderttausende. Das kommt drauf an.«

»An welchen Ländern sind Sie denn interessiert?« fragte Magid.

»Im Augenblick müssen wir mehr über Jordanien, Israel, Zypern und Thailand erfahren.«

»Wie steht es mit Syrien?«

»Möglich. Muß ich erst herausfinden. Ich gebe Ihnen Bescheid. Aber wie gesagt, alles hängt von den Bedürfnissen unserer Kunden ab und von der Ebene, aus der die Information stammt.«

»Okay, finden Sie es heraus«, sagte Magid, »aber mein Typ in Syrien sitzt sehr weit oben.«

Die beiden Männer kamen überein, sich in zwei Tagen wieder zu treffen. Mark, der immer noch den Coolen spielte, sagte Magid, daß auch Syrien nicht uninteressant sei. »Es steht nicht ganz oben auf unserer Liste«, sagte er dem Araber, »aber es könnte sich auszahlen, wenn die Information wirklich was taugt.«

Einen Tag zuvor hatte Magid jedoch bereits seinen Bruder angerufen, um ihm zu sagen, daß er etwas Wichtiges für ihn hätte und daß er doch früher nach Kopenhagen kommen solle. Jadid willigte gern ein.

Am Tag nach Jadids Ankunft traf sich Mark mit den beiden Brüdern in Magids Appartement. Er gab nicht zu erkennen, daß er über Jadids Position Bescheid wußte, sondern fragte ihn nach der Art von Informationen, die der Syrer liefern könnte. Er begründete das damit, daß er erst dann ein entsprechendes Honorarangebot machen könnte. Mark redete von militärischen Dingen, streute aber genügend Fragen zu zivilen Einrichtungen ein, um von seinem Hauptziel abzulenken. Nach einigen Verhandlungsrunden – die danach jeweils bei einem Treffen im sicheren Haus ausgewertet wurden – bot Mark 30000 Dollar Vermittlungsgebühr für Magid, 20000 Dollar für Jadid plus 10 Prozent bzw. 2000 Dollar monatlich für Magid. Die ersten sechs Monate würden im voraus auf ein Konto bei einer Kopenhagener Bank, das Magid für Jadid einrichten würde, bezahlt. Wenn Jadid danach mit weiteren Informationen aus Syrien käme, würde er für die nächsten sechs Monate bezahlt werden usw.

Der nächste Schritt bestand darin, Jadid beizubringen, wie er geheime Botschaften mit einem chemisch behandelten Spezialstift abfassen konnte. Er sollte die Informationen auf die Rückseite seiner Briefe an Magid schreiben.

Sie boten Jadid an, das Arbeitsmaterial mit nach Syrien zu nehmen, aber das wollte er nicht. Sie kamen überein, daß sie es ihm nach Damaskus schicken würden. »Ihr arbeitet ja wirklich wie ein Geheimdienst«, meinte der Syrer einmal.

»Genau«, antwortete Mark. »Wir stellen sogar Ex-Geheimdienstler ein. Der Unterschied ist, daß wir Geld machen wollen. Wir geben unsere Informationen nur an Leute weiter, die dafür bezahlen wollen und sie für Investitionen verwenden.«

In den Fragenkatalog, den Mark dann mit Jadid durchging, waren eine ganze Reihe harmloser Themen gemischt: Grundstückspreise, Veränderungen in den Ministerien u. dgl.; die Fragen zu militärischen Vorgängen sollten nicht hervorstechen. Nach mehreren Versuchen mit dem Spezialstift und der Zusicherung, daß er kontaktiert werden würde, um zu erfahren, wo er die Fragebögen in Damaskus abholen könne, schien Jadid mit allem zufrieden zu sein.

Während der ganzen Zeit hegte der Mossad den Verdacht, daß beide Brüder wüßten, daß sie für den Mossad arbeiteten, aber das Spiel wurde jedenfalls durchgezogen. Aufgrund dieses Verdachts wurden die Sicherheitsmaßnahmen für den Katsa allerdings verstärkt.

Das Versprechen, Jadid sein »Handwerkszeug« in Syrien zu überbringen, scheint einfach zu erfüllen; es erforderte jedoch eine ganze Serie von komplizierten Manövern, um jede Möglichkeit einer Entdeckung auszuschließen.

Der Mossad benutzte dabei einen weißen, das heißt nicht-arabischen, Agenten: in diesem Fall einen ihrer bevorzugten Boten, einen kanadischen UN-Offizier, der in Naharia stationiert war, einem Badeort im Norden Israels nahe der neutralen Zone, die es von Syrien trennt. Der Kanadier erhielt die normalen 500 Dollar für das Hinterlegen eines ausgehöhlten Steins mit den Papieren an einem bestimmten Punkt an der Straße nach Damaskus, und zwar genau fünf Schritte neben einer Telegrafenstange mit einer bestimmten Kilometerbezeichnung.

Sobald der Kanadier die Grenze wieder sicher in Richtung Israel überquert hatte, holte ein Mossad-Spion den Stein ab, fuhr damit zu seinem Hotelzimmer, löste dort die eine Seite und entnahm den Fragebogen, den Stift und die Anzahlung für Jadid. Auf der Paketpost gab er ein Päckchen auf, steckte den Verrechnungsscheck ein und flog damit nach Italien. Von dort schickte er den Scheck mit Extrapost zum Mossad-Hauptquartier in Tel Aviv. Dort wiederum steckte man ihn in ein Kuvert, schickte ihn an Magid, der ihn seinerseits wieder an seinen Bruder aufgab.

Der erhielt dann mit normaler Post einen Brief von seinem Bruder, der keinen Verdacht erregte. Bald trudelten dann von Jadid Briefe ein, in denen er gewissenhaft die vielen Einzelfragen beantwortete und den Israelis alles erzählte, was sie über die Vorbereitungen und die Kampfbereitschaft des syrischen Militärs wissen wollten.

Diese Methode funktionierte fünf Monate lang sehr gut. Der Mossad glaubte, daß er nun für lange Zeit einen ahnungslosen Komplizen an höchster Stelle haben würde. Dann änderte sich, wie das so oft im Geheimdienstbereich passiert, schlagartig alles.

Zwar hatten die Syrer keine Ahnung, daß Jadid für die Israelis spionierte, doch die Verdachtsmomente verstärkten sich, daß er in Pornographie- und Drogengeschichten verwickelt war. Um sicherzugehen, wollten sie ihm eine Falle stellen: Jadid sollte mit einer Ladung Heroin aus dem Libanon von der syrischen Polizei verhaftet werden, wenn er das Land für eine Reise in verschiedene europäische Hauptstädte verließ. Er war als Teilnehmer an einer Gruppe vorgesehen, die Berichtsbücher über die militärischen Operationen verschiedener syrischer Botschaften prüfen sollte.

Ironischerweise entging Jadid der Verhaftung durch die Geldgier eines anderen Syrers mit Namen Haled, der Assistent des Militärattachés seines Landes in London war. Haled war bei einer früheren Operation vom Mossad rekrutiert worden und verkaufte dem Institut den Kode der Botschaft, der jeden Monat gewechselt wurde. Auf diese Weise konnte der Mossad alle Nachrichten von den und an die syrischen Botschaften in der ganzen Welt entschlüsseln.

In einer dieser Nachrichten stand, daß Jadid der erwähnten Revisionskommission angehören sollte. Aber in einer anderen Nachricht, die von Damaskus nach Beirut geschickt wurde, hieß es, daß Jadid beim Versuch, Heroin außer Landes zu schmuggeln, verhaftet werden würde. Diese Nachrichten konnten sowohl für Haled als auch für Jadid ernste Folgen haben.

Der Mossad mußte Jadid eine Warnung zukommen lassen. Da nur drei Tage bis zu dem Coup blieben, schickte man einen Spion, als englischer Tourist getarnt, nach Syrien. Von seinem Hotelzimmer aus rief er Jadid an und sagte ihm einfach, daß Komplikationen entstanden seien und er nicht zu dem geplanten Treffen mit den Rauschgifthändlern gehen solle, bei dem die Ladung übernommen werden sollte. Er würde den Stoff erhalten, sobald er am vorgesehenen Bestimmungsort in Holland angekommen sei.

Als die Dealer zu dem Treffpunkt kamen, war die Polizei nicht weit. Mehrere Männer wurden verhaftet. Jetzt waren die Drogendealer hinter Jadid her: Sie nahmen natürlich an, daß er sie verpfiffen hatte.

Zu der Zeit wußte Jadid noch nichts von all diesen Hintergründen. Als er in Holland eintraf und niemand wegen der Drogen Kontakt zu ihm aufnahm, rief er in Syrien an, um zu erfahren, was los sei. Erst jetzt hörte er, daß er sowohl von Regierungsstellen als auch von den Rauschgifthändlern verdächtigt wurde und am besten daran täte, nicht zurückzukehren. Nachdem ihn dann der Mossad nach allen Informationen, die er sonst noch besaß –

und das waren nicht wenige –, ausgequetscht hatte, verschaffte er ihm eine neue Identität und einen Wohnort in Dänemark, wo er heute noch lebt.

Das mit Haled in London war eine andere Geschichte. Wenn Revisoren kommen, dann wird über die Botschaft eine Informationsblockade verhängt, das heißt, bis zu ihrer Aufhebung darf keinerlei Kommunikation mit anderen Botschaften stattfinden. Wie bei den meisten Botschaften ist die militärische Abteilung von der diplomatischen Abteilung getrennt. Als zweiter Militärattaché hatte Haled freien Zugang zum Safe in seiner Abteilung. Diesen Zugang nutzte er, um sich 15000 Dollar für den Kauf eines neuen Wagens zu »leihen«. Er hatte zwar geplant, das »Darlehen« mit seinem monatlichen Mossad-Salär zurückzuzahlen, aber er hatte nicht mit einer überraschenden Prüfung gerechnet.

Zum Glück für Haled wußte der Mossad von der Revision. Um sicherzugehen, rief Haleds Katsa ihn unter seiner Privatnummer in der Botschaft an, benutzte dabei seinen üblichen Kode-Namen und die verschlüsselte Nachricht, mit der eine Zusammenkunft vereinbart wurde. So wußte Haled, daß das Signal ein Treffen in einem bestimmten Restaurant bedeutete – das regelmäßig gewechselt wurde, um nicht entdeckt zu werden –, zu einer im voraus bestimmten Zeit. Er wußte auch, daß er dort 15 Minuten warten mußte; wenn sein Katsa nicht auftauchte, hatte er eine bestimmte Nummer anzurufen. Wenn dort niemand antwortete, bedeutete das, daß er zu einem anderen im voraus bestimmten Treffpunkt gehen mußte – fast immer ein Restaurant. Würde Haled beschattet, oder gäbe es sonst einen Grund, aus dem man keinen der Treffpunkte benutzen könnte, hätte der Katsa den Anruf beantwortet und ihm weitere Instruktionen erteilt.

In diesem Fall gab es mit dem ersten Restaurant kein Problem. Der Katsa traf Haled, informierte ihn, daß die Revisoren am folgenden Tag kämen, und ging wieder, als Haled ihm versicherte, daß man sich darüber keine weiteren Gedanken machen brauche. Meinte er wenigstens...

Eine Stunde später, der Katsa war schon wieder in dem sicheren Haus und schrieb seinen Bericht, rief Haled unter einer besonderen Nummer an. Ohne es zu wissen, wählte er eine Nummer in der israelischen Botschaft (jede Botschaft hat mehrere »nicht registrierte« Nummern). Seine kodierte Botschaft konnte z. B. lauten: »Michael ruft Albert.« Als der Mann, der den Anruf entgegengenommen hatte, ihn in den Computer eingab, entschlüsselte der die Bitte um ein Dringlichkeitstreffen. Haled, im Rang eines Obersten, hatte in den drei Jahren, die er auf der Gehaltsliste des Mossad stand, niemals diese Nummer gewählt. Nach den psychologischen Einschätzungen, die über ihn angefertigt worden waren, galt er als außerordentlich stabil. Irgend etwas stimmte offenbar nicht.

Weil man wußte, daß Haleds Katsa noch in dem sicheren Haus war, schickte man einen Bodel zu ihm. Nachdem er sich vergewissert hatte, daß er nicht beschattet wurde, rief der Bodel das sichere Haus an: »Ich treffe dich in 15 Minuten bei Jack.« Jack kann z. B. eine bestimmte Telefonzelle sein, die im voraus festgelegt wird.

Der Katsa verließ sofort das sichere Haus, legte eine Route, um sicher zu sein, nicht beschattet zu werden, ging zum verabredeten Telefon, um den Bodel anzurufen, der ihm seinerseits wieder verschlüsselt sagte, daß Haled ihn in einem bestimmten Restaurant treffen wolle.

Zur selben Zeit verließen die beiden anderen diensthabenden Katsas die Botschaft, legten ihre Route, und gingen zu dem Restaurant, um zu prüfen, ob es sauber sei. Einer ging hinein und der zweite zu einem vorher bestimmten Platz, wo Haleds Katsa ihn treffen konnte, um zu erfahren, was los war. Weil Haled Syrer war und der Mossad noch nicht wußte, was schiefgelaufen war, wurde dieses Treffen als gefährlich eingestuft. Schließlich war bei dem Treffen vor einer Stunde noch alles in Ordnung gewesen.

Nachdem Haleds Katsa mit dem draußen postierten Mann gesprochen hatte, rief er das Restaurant an, ließ Haled unter Angabe seines Kode-Namens an den Apparat rufen und sagte ihm, daß er ihn in einem anderen Restaurant treffen wolle. Der Katsa im Restaurant hatte darauf geachtet, daß Haled niemanden mehr anrief, bevor er zu dem anderen Lokal aufbrach.

Normalerweise würde eine solche Operation nicht von den diensthabenden Katsas durchgeführt werden, aber weil es sich um einen Notfall handelte, wurde der »Stationseinsatz« für das Arrangieren dieses Treffens angewendet.

Als sich die beiden Männer trafen, war Haled blaß und zitterte. Vor Angst hatte er sich in die Hosen gemacht.

»Was ist denn los?« fragte der Katsa. »Wir haben uns doch eben erst getroffen, und alles war in Ordnung.«

»Ich weiß nicht, was ich machen soll. Ich weiß nicht, was ich machen soll!« stieß Haled immer wieder hervor.

»Immer mit der Ruhe. Wo liegt das Problem?«

»Sie werden mich umbringen«, sagte er. »Ich bin ein toter Mann.«

»Wer denn? Warum denn?«

»Ich habe mein Leben für euch eingesetzt. Ihr müßt mir helfen.«

»Wir werden dir helfen. Aber was ist los?«

»Es ist mein Auto. Es geht um das Geld für mein Auto.«

»Bist du verrückt? Du rufst mich mitten in der Nacht an, weil du dir ein Auto kaufen willst?«

»Nein, nein. Ich habe doch das Auto.«

»Na gut, und was stimmt nicht mit dem Auto?«

»Nichts. Aber ich habe das Geld für den Wagen aus dem Safe in der Botschaft genommen. Und du hast mir gesagt, daß die Prüfer kommen. Morgen früh muß ich zur Arbeit, und sie werden mich umbringen.«

Anfangs war Haled nicht besorgt gewesen, weil er einen wohlhabenden Freund hatte, der ihm immer aus der Klemme helfen konnte. Er hatte vorgehabt, sich von diesem Freund für ein paar Tage, solange die Revisoren da waren, das Geld zu leihen. Sobald sie wieder weg waren, konnte er die Summe erneut aus dem Safe nehmen, seinen Freund bezahlen und dann allmählich sein »Darlehen« mit dem Mossad-Lohn begleichen. Aber Haled mußte feststellen, daß sein Freund nicht in der Stadt war. Jetzt sah er keine Möglichkeit mehr, über Nacht irgendwoher Geld zu bekommen und es in den Safe zurückzulegen. Er bat seinen Katsa um einen Vorschuß. »Ich werde ihn über sechs Monate zurückzahlen. Mehr will ich nicht.«

»Hör mal zu. Das kriegen wir hin. Mach dir keine Gedanken. Aber ich muß zuerst mit jemandem sprechen.«

Der Katsa rief seinen Kollegen, der an der Telefonzelle stand, an, und teilte ihm verschlüsselt mit, daß er sofort in ein nahegelegenes Hotel gehen müsse, um ein Zimmer unter einem vorab festgelegten Namen zu reservieren. Sobald er mit Haled dann im Hotel war, schickte der Katsa Haled erst einmal ins Bad, um sich zu säubern.

Inzwischen war wegen dieser dringenden Angelegenheit die Station auf »Tageslicht« umgestellt worden, und Haleds Katsa rief den Chef der Station an. Er schilderte ihm das Problem in großen Zügen und forderte 15000 Dollar in bar an. Üblicherweise mußte alles, was 10000 Dollar überstieg, von der Zentrale in Tel Aviv genehmigt werden, aber in dieser Ausnahmesituation wurde das Geld von der Station bewilligt. Dem Katsa sagte man, daß man ihn in 90 Minuten treffen wolle. »Wenn es nicht klappt, geht es um deinen Kopf«, fügte man hinzu.

Der Stationschef kannte einen Sayan, der ein Casino betrieb und immer große Mengen Bargeld zur Verfügung hatte (man hatte schon öfters auf ihn zurückgegriffen und ihm gewöhnlich am nächsten Tag das Geld zurückbezahlt), und der stellte die Summe leihweise zur Verfügung. Der Sayan gab ihm noch 3000 Dollar extra. »Vielleicht braucht ihr es.«

Unterdessen traf der stellvertretende Stationschef zufällig Barda, einen Katsa von der operativen Truppe, der wegen eines anderen Auftrags in London war. Barda hatte unter dem Deckmantel eines Offiziers von Scotland Yard die zwei Wachleute an der syrischen Botschaft rekrutiert, die nachts Dienst taten. Bei diesem Unternehmen war es um einen Einbruch in die Botschaft gegangen.

Als man das Geld nun aufgetrieben hatte, war das Problem, es vor dem nächsten Morgen wieder im Safe zu deponieren. Haled, der die Zahlenkombination kannte und seine Anwesenheit in der Botschaft auch erklären konnte, falls ihn dort jemand anträfe, wurde mit dieser Aufgabe betraut.

Barda wiederum verabredete zuerst mit dem einen Wächter, dann mit dem anderen in verschiedenen Restaurants (beide glaubten, der jeweils andere täte Dienst) ein Treffen; so konnte Haled ungesehen in die Botschaft gehen und das Geld zurücklegen.

Hinterher im Hotelzimmer erklärte der Katsa Haled, das Geld sei kein Vorschuß (man war der Meinung, wenn man ihm einen Vorschuß zahlte, könnte seine Motivation zur Zusammenarbeit schwinden), sondern man würde ihm in den nächsten 15 Monaten monatlich 1 000 Dollar von seinem Honorar abziehen.

»Wenn du etwas Besonderes hast, dann werden wir den Bonus verdoppeln, damit du es schneller zurückzahlen kannst«, sagte ihm der Katsa. »Aber wenn du in der Botschaft wieder etwas Illegales machst, bringe ich dich um.«

Offenbar glaubte ihm Haled, und das war gut so. Allem Anschein nach hat er seither keinen Pfennig mehr »entliehen«.

# 13

## NUR IN AMERIKA

Der 31jährige Jonathan J. Pollard und seine Frau Anne Henderson-Pollard, 25 Jahre alt, versuchten Ende November 1985 vergeblich, in der israelischen Botschaft in Washington Asyl zu erhalten. Sie wurden verhaftet, und in der Folge der Ereignisse beschäftigte eine höchst unangenehme und explosive Frage zeitweise die Öffentlichkeit: Ist der Mossad in den Vereinigten Staaten aktiv?

Offiziell beteuert der Mossad: nein, nein und tausendmal nein. Absolut nicht. Mossad-Katsas ist es sogar untersagt, gefälschte US-Pässe oder US-Tarnungen bei ihrer Arbeit zu benutzen, weil die Beziehung zwischen Israel und seiner größten und einflußreichsten Schutzmacht so heikel ist.

Wie ist der Fall Pollard dann zu erklären? Ganz einfach. Pollard war nicht der Mossad. Vielmehr hat er seit Anfang 1984 monatlich 2500 Dollar von einer Organisation mit Namen *Lishka le Kishrei Mada* (abgekürzt LAKAM) erhalten, das hebräische Kurzwort für »Verbindungsbüro für wissenschaftliche Angelegenheiten« des Verteidigungsministeriums. Und Pollard zauberte geheime Dokumente in das Haus von Irit Erb, Sekretär an der israelischen Botschaft. Der Chef von LAKAM war damals Rafael Eitan, der öffentlich jede Verbindung leugnete, der aber ehemaliger Katsa des Mossad war und an der Entführung von Adolf Eichmann aus Argentinien im Jahr 1960 beteiligt gewesen ist.

Pollard, der jüdischer Abstammung war, arbeitete in der Forschungsabteilung des Geheimdienst-Unterstützungszentrums in

Suitland, Maryland, in der Nähe von Washington, das Bestand-teil des Marinenachrichtendienstes (NISC) ist. 1984 wurde er zum Anti-Terror-Zentrum in die Abteilung »Analyse von Bedro-hungen« des NISC versetzt. Das war merkwürdig, da ihn Sicher-heitsbeamte kurz zuvor verwarnt hatten, da man vermutete, er habe Informationen an den südafrikanischen Militärattaché wei-tergegeben, sein neuer Job ihm jedoch Zugang zu einer Menge als geheim eingestuftem Material gab.

Man brauchte nicht lange, um festzustellen, daß Pollard seine Informationen an die Israelis weitergab, und als er vom FBI mit den Untersuchungsergebnissen konfrontiert wurde, erklärte er sich bereit, mit der Bundespolizei zusammenzuarbeiten, die so an seine israelischen Kontakte herankommen wollte. Er wurde vom FBI rund um die Uhr observiert, geriet aber in Panik und suchte um Asyl nach. Man verhaftete ihn und seine Frau als Komplizin, als sie die Botschaft verließen.

Natürlich verlangten die Amerikaner eine Erklärung. Nach einem Telefongespräch zwischen Außenminister George Shultz und dem israelischen Premierminister Shimon Peres am 1. De-zember um 3.30 Uhr früh Jerusalem-Zeit, entschuldigte sich Peres, der im Jahr 1960 selbst als Verteidigungsminister die LAKAM-Abteilung gegründet hatte, in aller Form: »Spionage in den Vereinigten Staaten steht in völligem Widerspruch zu unse-rer Politik. Eine solche Aktivität war in dem Ausmaß, wie sie stattgefunden hat, verkehrt, und die Regierung Israels entschul-digt sich dafür.«

Peres sagte weiter, falls Regierungsbeamte in die Angelegen-heit verwickelt wären, »werden die Verantwortlichen zur Re-chenschaft gezogen werden, die betreffende Einheit... wird voll-ständig und dauerhaft aufgelöst werden, und wir werden organi-satorische Schritte einleiten, damit derlei Aktivitäten sich nicht wiederholen«. (Es wurde lediglich die Postadresse geändert und LAKAM wurde dem Außenministerium unterstellt.)

Aber auch wenn Peres gar nicht meinte, was er sagte, so schien seine Erklärung die US-Administration doch zufriedenzustellen. Der frühere CIA-Direktor Richard Helms sagte, es sei nicht ungewöhnlich, daß befreundete Nationen sich gegenseitig ausspionierten. »Man tut, was man kann. Aber erwischt zu werden, das ist eine Sünde«, sagte er.

Und während die Pollards wegen Spionage ins Gefängnis gesteckt wurden – der Mossad betrachtet die LAKAM-Leute als blutige Amateure auf dem Gebiet –, sagte Shultz zu Reportern: »Die israelische Entschuldigung und Erklärung hat uns zufriedengestellt.« Nach einem kurzem Aufwallen einer für Israel ungünstigen Publizität legte sich die Kontroverse wieder.

Natürlich blieb ein Mißtrauen hinsichtlich des wirklichen Status von Pollard bestehen, aber selbst der CIA scheint zu glauben, daß, abgesehen von ein paar seltsamen, ungeklärten Geschichten, der Mossad, die Verbindungsleute an der Botschaft ausgenommen, in den Vereinigten Staaten selbst nicht aktiv tätig sei.

Da täuschen sie sich gewaltig.

Pollard war nicht der Mossad, aber viele andere, die aktiv spionieren, rekrutieren, organisieren und verdeckte Operationen durchführen – vor allem in New York und Washington, was sie als ihre »Spielwiese« bezeichnen –, gehören zu einer speziellen, supergeheimen Einheit des Mossad, die einfach *Al*, hebräisch für »oben« oder »an der Spitze«, heißt.

Diese Einheit ist so geheim, so abgetrennt von der übrigen Organisation, daß die Mehrheit der Mossad-Angestellten nicht einmal weiß, was sie macht, und keinen Zugang zu ihren Dateien im Computer hat.

Aber es gibt sie, und sie beschäftigt zwischen 24 und 27 altgediente Leuten, drei von ihnen als aktive Katsas. Der größte Teil ihrer Aktivitäten, wenn auch nicht alle, findet innerhalb der Grenzen der USA statt. Ihre vornehmste Aufgabe ist es, Informationen über die arabische Welt und die PLO zu sammeln, nicht so sehr Fakten über amerikanische Aktivitäten. Aber wir werden sehen, daß die Trennungslinie oft unscharf ist, und im Zweifelsfall zögert die Al nicht, sie zu übertreten.

Da gibt es zum Beispiel einen Senator im Waffenbeschaffungsausschuß, an dem der Mossad interessiert ist. Al verwendet selten Sayanim, aber die Papiere dieses Senators, die täglichen Abläufe in seinem Büro könnten wichtige Informationen sein, und so könnte sein Sekretär zu einer Zielperson werden. Wäre dieser Sekretär Jude, dann würde man ihn als Sayan zu gewinnen versuchen. Wenn nicht, würde man ihn als Agenten werben, oder einfach als einen Freund, mit dem man sich träfe und den man aushorchte.

Die Washingtoner Cocktail-Runde ist dafür sehr wichtig. Gewisse Botschaftsattachés sind ständig dabei. Es stellt kein Problem dar, in diesem Kreis eine neue Person unter einem ganz legitimen Vorwand einzuführen.

Angenommen, McDonnell Douglas will amerikanische Flugzeuge an Saudi-Arabien verkaufen. Ist das eine rein amerikanische Angelegenheit, oder geht das auch Israel etwas an? Nun, im Institut ist man der Meinung, daß es eine israelische Angelegenheit sei. Wenn man auf derlei Dinge mit der Nase stößt, dann ist es schwierig, nicht zuzugreifen. Also tun sie es.

Eine der berühmteren Al-Aktivitäten betraf den Diebstahl von Forschungsergebnissen eines größeren US-Flugzeugherstellers. Damit wollte Israel seine Chancen verbessern, im Januar 1986 den Zuschlag für einen Fünf-Jahres-Vertrag über 25,8 Millionen Dollar zu erhalten, in dessen Rahmen der US-Marine (für die Schiffe) und dem Marinekorps 21 Drohnen von 5 Meter Länge (unbemannte Mazlat-Pioneer-1-Flugkörper) mitsamt den dazugehörigen Bodenkontrollsystemen, Startrampen und der Bergungsausrüstung geliefert werden sollten. Die Drohnen, an deren Unterseite ein Fernsehmonitor installiert ist, werden zur militärischen Aufklärung verwendet. Mazlat, eine Tochterfirma der staatlichen Israeli Aeronautical Industries und Tadiran, »gewann« die Ausschreibung des Jahres 1985 durch Unterbieten der US-amerikanischen Firmen.

In Wirklichkeit hat Al die Forschungsergebnisse gestohlen. Israel hatte zwar schon an einer Drohne gearbeitet, war aber noch lange nicht soweit, um in einen Wettbewerb treten zu können. Aber wenn man bei seinem Angebot die Forschungsinvestitionen nicht zu berücksichtigen braucht, dann bedeutet das einen großen Preisunterschied.

Nachdem man die Ausschreibung gewonnen hatte, tat Mazlat sich mit der AAI Corporation aus Baltimore zusammen, um den Vertrag zu erfüllen.

Al ähnelt dem Tsomet, fällt aber nicht in den Aufgabenbereich des Tsomet-Chefs. Vielmehr ist die Abteilung dem Mossad-Chef direkt verantwortlich. Sie operiert auch nicht wie die sonstigen Mossad-Stationen innerhalb der israelischen Botschaft, sondern ihre Stationen liegen in sicheren Häusern oder Wohnungen.

Die drei Al-Teams bilden eine Station oder Einheit. Nehmen wir mal an, daß aus irgendeinem Grund die Beziehungen zwischen Großbritannien und Israel morgen in die Brüche gingen und der Mossad seine Zelte im Vereinigten Königreich abbrechen müßte. Dann könnten sie ein Al-Team nach London schicken und hätten innerhalb von 24 Stunden eine vollständige, geheimdienstlich arbeitende Organisation. Die Al-Katsas zählen zu den erfahrensten im ganzen Institut.

Die Vereinigten Staaten sind ein Land, wo Fehltritte ganz erhebliche Konsequenzen haben. Aber wenn man nicht über die Botschaft arbeitet, entstehen Schwierigkeiten, besonders im Bereich der Kommunikation. Wenn Al-Leute in den Vereinigten Staaten verhaftet werden, dann werden sie als Spione ins Gefängnis gesteckt. Sie genießen keine diplomatische Immunität. Das Schlimmste, was einem Katsa normalerweise passieren kann, ist die Ausweisung. Offiziell hat der Mossad in Washington eine Verbindungsstation und sonst nichts.

Ein weiterer Grund, der das Operieren aus der israelischen Botschaft in Washington heraus verhindert, ist ihre Lage. Sie liegt hinter einem Einkaufszentrum auf halber Höhe eines Hügels am International Drive. Es gibt dort nicht viel mehr als die jordanische Botschaft ein Stück weiter oben, von wo aus die israelische Botschaft eingesehen werden kann. Wohl kaum eine gute Ausgangsposition für geheime Tätigkeiten.

Trotz gegenteiliger Gerüchte besitzt der Mossad allerdings keine Station in der Sowjetunion. Nahezu alle Informationen, die er über den Ostblock sammelt, stammen aus »positiven Verhören«, das heißt aus der Befragung jüdischer Emigranten aus Osteuropa bzw. der UdSSR, deren Informationen analysiert und verarbeitet werden. So kann man ein ziemlich gutes Bild der Vorgänge in der UdSSR gewinnen und kann das dann wiederum als Arbeit eines anderen Geheimdienstes, der dort aktiv Nachrichten sammelt, ausgeben. Aber es war zu gefährlich, dort zu arbeiten. Die einzige Aktivität bestand darin, Leuten herauszuhelfen – Fluchtwege herauszufinden und zu organisieren und dergleichen. Das fällt in den Aufgabenbereich einer besonderen Organisation unter der Schirmherrschaft des Mossad; sie nennt sich auf hebräisch *Nativ*, was soviel wie »Pfad« oder »Übergang« bedeutet. Diese Informationen aus dem Ostblock besitzen einen hohen Marktwert. Wenn sie mit Daten verknüpft werden, die von anderen Ländern gesammelt wurden – wie etwa Daten, die Dänemark per Radar gewinnt, ergibt das einen recht guten Wissensstand.

Die Amerikaner ahnen gar nicht, wie viele Informationen wir aus der NATO erhalten, Informationen, die so manipuliert werden können, daß sie ein sehr lebendiges Bild ergeben. In der Ära vor Gorbatschow war der Informationswert offizieller sowjetischer Medien nicht sehr groß, aber Angaben oder Fakten konnte man immer auch durch Gerüchte und mündliche Berichte bekommen, selbst über militärische Bewegungen. Irgend jemand beklagte sich, daß sein Vetter irgendwohin verlegt worden sei und er nichts mehr von ihm gehört hätte. Selbst wenn nur zehn Leute pro Tag aus dem sowjetischen Machtbereich in Israel eintrafen, konnte man aus ihnen doch eine erstaunliche Menge an Informationen herausholen.

Die AI-Stationen, auch wenn sie außerhalb der Botschaft liegen, arbeiten trotzdem in vielen Bereichen wie andere Stationen auch. Sie haben direkte Verbindung mit dem Hauptquartier in Tel Aviv über Telefon, Telex oder Computer-Modem. Es werden keine Burst-Kommunikationssysteme (Zerhacker) verwendet, weil die Amerikaner, auch wenn sie die Kurz-Botschaften nicht entschlüsseln könnten, doch wüßten, daß in der Nachbarschaft geheimdienstliche Aktivitäten abliefen, und das will der Mossad vermeiden. Auch die Entfernung spielt eine Rolle.

Al-Katsas sind die einzigen Leute in der ganzen Organisation, die amerikanische Pässe benutzen. Und sie verstoßen damit gegen zwei fundamentale Regeln: Sie operieren in einem Zielland, und sie arbeiten mit Pässen des Ziellandes. Die Regel lautet, daß man niemals als Engländer in England auftritt, nie als Franzose in Frankreich. Das erleichtert es den örtlichen Behörden enorm, die Dokumente zu überprüfen. Wenn man einem Pariser Polizisten beispielsweise seinen Führerschein gibt, dann kann er sofort überprüfen, ob er gültig ist oder nicht.

Al-Leute können sich das leisten, weil ihre Dokumente erstklassig sind. Müssen sie sein. In *Feindes*land möchte man nicht erwischt werden, weil man sonst selbst erschossen wird. In den *Vereinigten Staaten*, dem Land des größten Freundes, will man nicht erwischt werden, weil die dein ganzes Land abschießen können. Das FBI hat sicherlich von Zeit zu Zeit einen Verdacht gehegt, aber etwas Genaues wußte man nicht.

Die folgende Geschichte hat mir Ury Dinure erzählt, in einer Phase meiner Ausbildung mein NAKA-Instrukteur und damals für die Al-Station in New York verantwortlich. Dinure hatte aktiv an einer Operation teilgenommen, die die Außenpolitik der USA tangierte, für den damaligen Präsidenten Jimmy Carter ein großes innenpolitisches Problem darstellte und einen schmutzigen Rassenkonflikt zwischen US-amerikanischen Juden und den Führern der schwarzen Gemeinde in den USA hervorrief. Hätten die Amerikaner gewußt, wie und in welchem Ausmaß der Mossad in die Sache verwickelt war, hätte das die traditionell guten Beziehungen zwischen den beiden Ländern gefährden, vielleicht sogar zerstören können.

Zuerst ein Rückblick auf das Jahr 1979.

Das herausragende Ereignis dieses Jahres war der Abschluß des im September 1978 vereinbarten Camp-David-Abkommens über die »Rahmenbedingungen einer Friedensordnung«, das von Carter, dem ägyptischen Präsidenten Anwar Sadat und dem israelischen Premierminister Menachem Begin unterzeichnet wurde. Der größte Teil der arabischen Welt hatte auf Sadats Politik schockiert und wütend reagiert. Und Begin begann die ganze Angelegenheit schon unmittelbar nach Verlassen von Camp David zu bereuen.

Außenminister Cyrus Vance hatte 1978 in letzter Minute durch eine hektische Reisediplomatie versucht, vor der in Camp David festgelegten Deadline zur Unterzeichnung des Abkommens am 17. Dezember 1978 eine Lösung zu finden. Das scheiterte letztlich an Begins Weigerung, ernsthaft zu verhandeln, und das hatte beträchtliches Mißtrauen zwischen Washington und Jerusalem zur Folge. Anfang 1979 schickte Begin seinen Außenminister Moshe Dayan nach Brüssel, der sich dort mit Vance und Ägyptens Premierminister Moustafa Khalil treffen wollte, um eine Möglichkeit zur Wiederaufnahme der festgefahrenen Gespräche zu finden. Begin verkündete jedoch barsch, Dayan dürfe nur darüber sprechen, »wie, wann und wo« die Verhandlungen wiederaufgenommen werden könnten, und nicht über den eigentlichen Inhalt des Camp-David-Abkommens.

Ende Dezember 1978 stimmte Israels normalerweise gespaltene Knesset mit 66 zu 6 Stimmen für Begins harte Haltung gegenüber Washington und Kairo. Als Bekräftigung seiner Auffassung stoppte Israel den Abzug militärischen Geräts, der dabei helfen sollte, den Rückzug vom Sinai im Anschluß an die Unterzeichnung eines Friedensabkommen zu beschleunigen. Israel verstärkte auch seine Angriffe auf Palästinenserlager im Libanon, woraufhin der demokratische Senator des Staates Florida, Richard Stone, Vorsitzender des Senatsunterausschusses für Nahost und Südostasien, meinte, daß sich die Israelis wohl »in ihre Wagenburg zurückgezogen hätten«.

Nach der Abstimmung in der Knesset telefonierte Begin mit jüdischen Führern in den USA und drängte darauf, daß proisraelische Gruppen eine Brief- und Telegrammkampagne in Richtung Weißes Haus und Kongreß starten sollten. Eine Gruppe von 33 jüdischen Intellektuellen, darunter die Autoren Saul Bellow und Irving Howe, die zuvor Begins starre Haltung kritisiert hatten, schickten Carter einen Brief, in dem sie Washingtons Unterstützung für Kairos Haltung »unakzeptabel« nannten.

Im Februar 1979 wollten die USA die Gespräche voranbringen und forderten sowohl Israel als auch Ägypten auf, sich mit Cyrus Vance in Camp David zu treffen. Dem stimmten beide Seiten zu, obwohl Israel über einen Bericht zum Thema Menschenrechte empört war, der dem Kongreß aus dem Ministerium von Vance zuging und in dem von »systematischen« Mißhandlungen der Araber in den besetzten Gebieten und im Gaza-Streifen die Rede war.

Zwei Wochen bevor die *Washington Post* diesen Report veröffentlichte, waren israelische Panzer abends in Dörfer der Westbank eingedrungen und hatten vier arabische Häuser niedergewalzt. Die Regierung hatte außerdem einen neuen Vorposten bei Nueima, nordöstlich von Jericho installiert, als Vorläufer für eine neue Siedlung – dadurch stieg die Zahl der Siedlungen auf dem Westufer auf 51, und es lebten insgesamt 5000 Juden unter 692000 Palästinensern.

In dieser angespannten und verworrenen Lage, begann Carter im März seine eigene 6-Tage-Mission nach Kairo und Jerusalem. Trotz der ungünstigen Vorzeichen gelang es ihm, die beiden Seiten zu einem von den USA formulierten Kompromiß zu überreden, durch den die verfeindeten Nationen einem Frieden so nahe gebracht wurden wie noch nie in den voraufgegangenen dreißig Jahren. Der Preis, den Carter dafür bezahlen mußte, betrug 5 Milliarden Dollar zusätzliche Hilfe für Israel und Ägypten in den folgenden drei Jahren. Große Probleme waren durch die Bedenken Israels entstanden, Ägypten die Ölfelder auf dem Sinai zurückzugeben, und natürlich auch durch die ungelöste Frage einer palästinensischen Autonomie in den besetzten Gebieten.

Im Mai ernannte Carter den 60jährigen Texaner Robert S. Strauss, den ehemaligen Vorsitzenden des Demokratischen Nationalkonvents, zum »Sonder-Botschafter« für die zweite Stufe der Friedensverhandlungen. Während Israel mit dem Fortgang und dem Inhalt der Gespräche formell einverstanden war, setzte es seine Angriffe auf PLO-Lager im Libanon fort. Begins Kabinett stimmte mit acht zu fünf Stimmen für die Errichtung einer weiteren jüdischen Siedlung in Elon Moreh auf dem Westufer. Daraufhin schrieben 59 prominente jüdische US-Bürger Begin einen offenen Brief, in dem sie Israels Siedlungspolitik kritisierten.

Die Dinge wurden noch zusätzlich durch einen leichten Herzanfall Begins kompliziert, und Moshe Dayan erfuhr, daß er Krebs hatte. Die Inflationsrate in Israel stieg auf 100 Prozent. Das Defizit in der Handelsbilanz näherte sich der 4-Milliarden-Dollar-Grenze, und die gesamte Auslandsverschuldung hatte sich in fünf Jahren auf 13 Milliarden Dollar verdoppelt, was eine innenpolitische Krise hervorrief. Als dann Carter noch die Situation der Palästinenser mit der der Schwarzen in den USA zu Zeiten der Bürgerrechtsbewegung verglich, ging ein Aufschrei der Empörung durch Israel.

Sowohl Sadat als auch Carter begannen auf Israel Druck auszuüben, einem Plan für eine palästinensische Autonomie zuzustimmen. Die arabischen Länder favorisierten einen unabhängigen souveränen Staat in der Westbank und im Gazastreifen als neue Heimat der dort bereits ansässigen Palästinenser und der Millionen in der Diaspora. Die Israelis wandten sich entschieden gegen die Gründung eines feindlichen Staates – vor allem eines Staates, der von PLO-Chef Yassir Arafat geführt würde – direkt an ihren Grenzen. Israel hegte den Verdacht, daß die US-amerikanische Abhängigkeit vom arabischen Öl die politischen Prioritäten in Richtung der arabischen Interessen verschiebe.

In Abwesenheit von Begin, der sich noch von der Herzattacke erholte, übernahm Dayan die Führung der Regierungsgeschäfte. Im August warnte er die Vereinigten Staaten vor einer diplomatischen Anerkennung der PLO bzw. davor, die Bestrebungen zur Bildung eines unabhängigen Palästinenser-Staats auf dem Westufer des Jordans und im Gazastreifen zu fördern. Am Ende einer stürmischen, fünfstündigen Kabinettssitzung wurde dafür gestimmt, die Vereinigten Staaten aufzufordern, ihre früheren Verpflichtungen einzuhalten, insbesondere ihr Versprechen, gegen jeden Versuch der arabischen Staaten ihr Veto einzulegen, die UNO-Resolution 242 aus dem Jahr 1967, die das Existenzrecht des Staats Israel anerkannte, zu ändern. Israel drohte, sich von den festgefahrenen Verhandlungen über die »Autonomie« der

Palästinenser zurückzuziehen, falls die Amerikaner hartnäckig auf der Herstellung von Beziehungen zur PLO bestünden.

Die Israelis waren besonders empört über eine gut abgestimmte Initiative im Frühsommer 1979, mit der Saudi-Arabien, Kuwait und die PLO versuchten, den Ablauf der Dinge in ihrem Sinne zu beeinflussen. Es begann damit, daß die Saudis im Juli für ein Vierteljahr ihre Ölproduktion um 1 Million Barrel pro Tag erhöhten, um die Ölknappheit auf dem US-Markt zu beseitigen. Außerdem hatte die PLO eine versöhnliche Haltung eingenommen, zumindest öffentlich, in der Hoffnung, ihr ziemlich schlechtes Image im Westen zu verbessern. Und Kuwaits Diplomaten schlugen in der UNO einen Resolutionsentwurf vor, der Israels Existenzrecht (Resolution 242) an die internationale Anerkennung des palästinensischen Rechts auf Selbstbestimmung binden sollte.

Dieser Plan war auf einem Treffen im Juni entstanden, als Saudi-Arabiens Kronprinz Fahd Arafat nach Riad eingeladen und ihn dazu überredet hatte, die Beziehungen zu den USA zumindest für die nächste Zeit zu verbessern, indem die PLO ihre terroristischen Aktivitäten reduziere. Kuwait wurde in diese Initiative eingebunden, da sein Botschafter Abdalla Yaccoub Bishara, der damals im UNO-Sicherheitsrat saß, weithin respektiert wurde.

Um Israel zu beschwichtigen, weigerten sich die Amerikaner ganz klar, irgendeiner Resolution für einen unabhängigen palästinensischen Staat zuzustimmen. Eine etwas milder formulierte Resolution schlossen sie allerdings nicht aus; in dieser sollten die legitimen politischen Rechte der Palästinenser anerkannt und so die Resolution 242 in Übereinstimmung mit dem Camp-David-Abkommen gebracht werden.

Als der ägyptische Premier Moustafa Khalil während der Autonomieverhandlungen, die im Hotel Mount Carmel oberhalb des Hafens von Haifa stattfanden, ankündigte, daß sein Land eine UNO-Resolution für die Rechte der Palästinenser unterstützen würde, beschuldigte der israelische Justizminister Shmuel Tamir Ägypten, »den ganzen laufenden Friedensprozeß zu gefährden«.

Selbstverständlich war auch der Mossad über die Entwicklung besorgt, besonders über die zunehmende innenpolitische Bedeutung des israelischen Verteidigungsministers Ezer Weizman. Der Mossad traute Weizman nicht, dem ehemaligen Piloten und Stellvertretenden Oberkommandierenden im Sechs-Tage-Krieg, der ein mutiger Befehlshaber und »Vater« der israelischen Luftwaffe war. Man sah in ihm einen Araber-Freund und stufte ihn sogar als Verräter ein. Die Feindseligkeit des Mossad ihm gegenüber war lächerlich. Obwohl er Verteidigungsminister war, erhielt er keinen Zugang zu topgeheimen Informationen. Weizman war ein unabhängiger Geist, der in einem Punkt mit dir übereinstimmen konnte, aber im nächsten ganz anderer Meinung war. Er hielt sich niemals an die Parteilinie. Er tat, was er für richtig hielt. Männer wie er sind gefährlich, weil sie unberechenbar sind.

Aber Weizman hatte sich bewährt. In einem Land, wo so ziemlich jeder in der Armee dient, ist der Militärdienst sehr wichtig. So kommt es am Ende zu einer Regierung, in der sehr viele Generäle sitzen. Die Leute scheinen gar nicht zu begreifen, was daran falsch sein könnte – an Leuten, deren Nasenflügel beben, sobald sie Pulverdampf riechen.

Aber zwischen Begin und Dayan gab es Meinungsverschiedenheiten. Dayan, ursprünglich Mitglied der Arbeitspartei, war aus ihr ausgetreten und hatte sich dem charismatischen, rechten Begin angeschlossen. Aber ihre Auffassungen bezüglich der Palästinenser waren total verschieden. Dayan, wie die meisten Leute der Arbeitspartei, sahen in ihnen zwar Gegner, aber doch Menschen. Begin und seine Partei sahen keine Menschen, sondern nur ein Problem. Dayan konnte sagen: »Ich würde mit den Leuten lieber in Frieden leben, und ich erinnere mich an Zeiten, wo das so war.« Begin sagte: »Ich wünschte, es gäbe sie hier nicht, aber leider kann ich nichts daran ändern.«

In dieser Zeit hatte der Mossad seinen ersten Kontakt zu Mohnpflanzern in Thailand hergestellt. Die Amerikaner versuchten, die Bauern zu zwingen, die Produktion von Opium einzustellen und statt dessen Kaffee anzubauen. Der Mossad beabsichtigte, sich dort einzunisten, sie beim Kaffeeanbau zu unterstützen, ihnen aber gleichzeitig beim Opiumexport zu helfen, um damit Gelder für Mossad-Operationen zu beschaffen.

Eine dieser Operationen waren die beständigen Versuche seitens der Al in New York und Washington, die arabischen Bemühungen zu stören, mit Hilfe der USA eine Aufwertung der PLO – und der Palästinenser im allgemeinen – durch die UNO zu erreichen.

Die Israelis waren darüber verständlicherweise nicht besonders glücklich. Es hatte immer wieder Angriffe auf israelische Dörfer gegeben, Massaker und einen Zustand beständiger aktueller Gefährdung. Selbst wenn der Beschuß für eine Weile unterbrochen wurde, fühlte man sich nicht sicher. Vor dem Betreten von Kaufhäusern und Kinos wurden Taschenkontrollen vorgenommen. Wenn jemand in einem Bus eine Tasche sah, die offenbar zu keinem Fahrgast gehörte, sagte man sofort dem Busfahrer Bescheid, der stoppte, und alle verließen den Bus. Wenn jemand zufällig sein Diplomatenköfferchen irgendwo liegenließ, konnte er sicher sein, daß es konfisziert und in die Luft gejagt wurde.

Es gab eine große Zahl von Palästinensern, die täglich vom Westufer nach Israel zum Arbeiten kam. Viele Israelis waren auf dem Westufer während ihres Militärdienst Streife gegangen und wußten, daß die Palästinenser sie haßten. Selbst wenn man links eingestellt war und glaubte, daß sie ein Recht hätten, einen zu hassen, wollte man nicht gern massakriert werden.

Es war normal, daß rechte Leute ihr prinzipielles Mißtrauen den Palästinensern gegenüber äußerten; sie meinten, wenn man sich mit ihnen abgebe, geriete man in einen Teufelskreis. Ein israelischer Linker würde sagen: »Laß sie doch wählen.« Ein Rechter hingegen: »Vergiß es. Sie werden jemanden wählen, mit dem ich nicht reden möchte.« Der Linke würde entgegnen: »Aber sie haben doch einen Waffenstillstand verkündet.« Der Rechte würde antworten: »Was für einen Waffenstillstand? Wir erkennen die Palästinenser nicht als Gruppe an, die einen Waffenstillstand verkünden kann.« Am nächsten Tag würde dann jemand durch eine Bombe ums Leben kommen, und der Rechte würde sagen: »Siehst du? Ich habe dir doch gesagt, daß sie sich an keinen Waffenstillstand halten.«

Die AI war seit etwa 1978 in New York damit beschäftigt, einen direkten Zugang zu den Aktivitäten der arabischen Staaten im Zusammenhang mit den von Carter eifrig betriebenen Friedensgesprächen zu erhalten. Im September 1975 hatte der damalige Außenminister Henry Kissinger offiziell dafür plädiert, daß die Vereinigten Staaten die PLO so lange nicht anerkennen oder mit ihr verhandeln sollten, bis sie Israels Existenzrecht anerkannt habe. Danach hatten der frühere Präsident Gerald Ford und dann Carter verkündet, daß sie an dieser Forderung festhielten. Dennoch glaubten die Israelis nicht so recht daran.

Im November 1978, nach den Camp-David-Gesprächen, überbrachte Paul Findley, Kongreßabgeordneter der Republikaner aus Illinois und Mitglied des Ausschusses für Auswärtige Angelegenheiten, Arafat anläßlich eines Treffens in Damaskus eine Botschaft Carters. Bei diesem Gespräch erklärte Arafat, daß die PLO auf Gewalt verzichten würde, wenn im Gebiet der Westbank und im Gazastreifen, durch einen Korridor verbunden, ein unabhängiger palästinensischer Staat geschaffen würde.

Carter hatte schon Anfang 1977 eine »Heimat« für die Palästinenser gefordert; im Frühjahr 1979 traf sich Milton Wolf, US-Botschafter in Österreich und prominenter jüdischer Führer, mit Issam Sartawi, dem dortigen PLO-Vertreter, zuerst auf einem Empfang der österreichischen Regierung und danach auf einer Cocktailparty in einer arabischen Botschaft. Wolf hatte aus Washington die Anweisung erhalten, sich mit Sartawi zu treffen, aber nicht über grundsätzliche Dinge zu diskutieren. Mitte Juli, als Arafat nach Wien reiste, um Österreichs Bundeskanzler Bruno Kreisky und Willy Brandt zu treffen, sprachen Wolf und Sartawi bei einer erneuten Begegnung ernsthaft über Verhandlungen. Als Nachrichten darüber an die Öffentlichkeit gelangten, sagte das US-Außenministerium, daß man Wolf offiziell an die amerikanische Linie »erinnert« habe, nach der nicht mit der PLO verhandelt werde. Der Mossad wußte aber, daß

Wolf die Gespräche auf direkte Anweisungen aus Washington hin geführt hatte.

In den Vereinigten Staaten wuchs die Neigung, eine gewisse friedliche Übereinkunft zustande zu bringen. Selbst die Araber sahen allmählich die Vorteile einer solchen Regelung, und der Mossad erfuhr durch sein Abhörnetz in den Privathäusern und Büros verschiedener arabischer Botschafter und Führer in New York und Washington, daß die PLO dahin tendierte, Kissingers Position von 1975 zuzustimmen und das Existenzrecht des Staates Israels anzuerkennen.

Damals war Andrew Young US-Botschafter bei der UNO, ein schwarzer liberaler Politiker aus dem Süden der USA und enger Freund von Carter, einer der ersten Anhänger des Präsidenten. Er wurde allgemein als die wichtigste Verbindung zwischen dem Weißen Haus und der schwarzen Gemeinde in den USA angesehen.

Young, ein sehr offener und oft Widerspruch erregender Botschafter, war ein Vertreter der Bürgerrechtsbewegung in den USA, der eine Schwäche für die sozial Benachteiligten hatte. Darin sah man in Israel eher eine anti-israelische, denn pro-palästinensische Haltung. Young glaubte, daß Carter eine Lösung anstrebte, durch die die Palästinenser aus der schlimmen Situation, in der sie sich befanden, befreit würden, und gleichzeitig eine Befriedung der Region eintreten würde.

Young war gegen neue Siedlungen auf dem Westufer, aber er wollte den geplanten Vorschlag der Araber für eine Resolution zur Anerkennung der PLO durch die UNO zurückstellen. Young hielt den Arabern entgegen, daß sie keine Chancen hätten, ihre Resolution durchzusetzen. Daher wäre es besser, einen milderen Vorschlag zu formulieren, der am Ende auch zum Ziel führen würde, jedoch größere Chancen für eine Annahme hätte.

Bishara, der UNO-Botschafter Kuwaits, war die treibende Kraft hinter der arabischen Resolution und stand natürlich in ständigem Kontakt mit Zehdi Labib Terzi, dem inoffiziellen PLO-Vertreter bei der UNO. Da die AI überall in New York und Washington Wohnungen gemietet und Abhöranlagen installiert hatte, hörten sie am 15. Juli ein Gespräch zwischen Young und

Bishara ab. Im Verlauf dieses Dialogs erklärte Bishara, daß die Araber die Debatte des Sicherheitsrates über die Resolution nicht mehr aufschieben könnten, sie aber vorschlügen, daß Young darüber vorab mit einem Vertreter der PLO diskutiere.

Young erklärte Bishara, daß er »keinen Vertreter der PLO treffen könne«, fügte aber hinzu: »Ich könnte jedoch die Einladung eines Mitglieds des Sicherheitsrates nicht ablehnen, in sein Haus zu kommen, um über Geschäftliches zu sprechen.« Bishara saß bekanntlich im Sicherheitsrat, und Young fügte hinzu, daß er nicht nur nicht eine Einladung abschlagen könne, sondern »ihm auch nicht vorschreiben könne, wer sich in seinem Haus aufhielte«.

Am 25. Juli 1979 traf im Mossad-Hauptquartier in Tel Aviv ein Telegramm aus New York ein, in dem es hieß: »US-Botschafter bei der UNO trifft PLO-Vertreter bei der UNO.« Das Telegramm war gekennzeichnet mit: »Dringend. Tiger. Schwarz.« Das bedeutete, daß es nur für den Premierminister und einige seiner höchsten Beamten bestimmt war – vielleicht insgesamt nicht mehr als fünf Leute.

Es wurde kodiert dem Mossad-Chef Jitzak Hofi ausgehändigt. Hofi überbrachte Begin persönlich die entschlüsselte Meldung. Die Israelis waren entsetzt, daß Young Terzi treffen wollte. Die Quelle der Information befand sich im UN-Gebäude. Es waren Mitschnitte von Gesprächen, die über Bisharas Privatleitung in seinem UNO-Büro geführt wurden. Aus den Protokollen ging auch hervor, daß Young in sein Haus eingeladen worden war und die Einladung angenommen hatte.

Man diskutierte die Frage, ob man das Treffen verhindern oder stattfinden lassen solle. Man wollte es zustande kommen lassen, denn so würden die Befürchtungen Israels eine Bestätigung erfahren, daß sich in der Haltung der USA gegenüber Israel eine Wende vollzogen habe. Dies würde auch einflußreichen Freunden Israels unter den Amerikanern den Beweis erleichtern, daß diese Administration eine gefährliche Politik befördere, und es könnte ihnen dabei behilflich sein, eine israelfreundlichere Politik herbeizuführen.

Außerdem wäre dies ein Weg, Young loszuwerden, den man wegen seiner Aufgeschlossenheit gegenüber der PLO als ausgesprochene Bedrohung ansah. Er paßte nicht zu Israels Bedürfnissen.

Am 26. Juli besuchte Young zusammen mit seinem sechsjährigen Sohn Andrew Bisharas Stadthaus am Beekman Place. Young wurde von Bishara und dem syrischen Botschafter begrüßt, und über die Al-Mikrofone wurde jedes Wort festgehalten. Fünf Minuten später traf auch Terzi ein, und während das Kind eine Viertelstunde allein spielte, besprachen die drei Diplomaten eine Verschiebung des Zusammentretens des Sicherheitsrates vom 27. Juli auf den 23. August. (Es wurde dann auch wirklich verlegt.)

Kurz darauf verließ Young mit seinem Sohn das Haus. Innerhalb einer Stunde hatte der Al-Katsa Ury Dinure einen vollständigen Bericht über das Treffen angefertigt und nahm eine El-Al-Maschine von New York nach Tel Aviv. Am Flughafen wurde er von Jitzak Hofi abgeholt, nachdem der zuvor das Telegramm erhalten hatte: »Die Spinne hat die Fliege geschluckt.« Die beiden Männer gingen mit dem Schriftstück direkt zu Begin. Hofi las es auf dem Weg dorthin.

Dinure blieb nur sechs Stunden in Israel, bevor er mit einer Kopie des Schriftstücks nach New York zurückkehrte. Diese Kopie übergab er Israels Botschafter bei der UNO, Yehuda Blum.

Hofi wollte nicht, daß Informationen über das Treffen in die Medien gelangten. Er wollte vor allem nicht, daß die geheimdienstliche Tätigkeit des Mossad in New York herauskam. Er vertrat die Auffassung, Begin könne mehr erreichen, wenn er direkten Kontakt zum Weißen Haus aufnehme und mit den Leuten spräche – nach dieser Methode war man auch nach dem Treffen Milton Wolfs mit PLO-Vertretern in Wien verfahren. Hofi sagte, es wäre nicht klug, Young, der bei den Schwarzen beliebt sei, in den USA einen Schlag zu versetzen. Auf jeden Fall könne man von den Amerikanern größere Zugeständnisse erhalten, wenn man hinter den Kulissen handeln würde.

Aber Begin war an Diplomatie nicht interessiert. Er wollte

Blut fließen sehen. »Ich will es an die Öffentlichkeit bringen«, sagte er. Man stimmte darin überein, daß man nicht die gesamte Information lancieren dürfe, weil dadurch die Quelle gefährdet würde. So wurde einfach das Magazin *Newsweek* darüber informiert, daß Young sich mit Terzi getroffen habe. Das führte natürlich zu einer Anfrage beim US-Außenministerium, und Young wurde um eine Erklärung gebeten. Seine erste Version lautete, er sei mit seinem Sohn auf einem Spaziergang gewesen und habe Bishara unangemeldet einen Besuch abgestattet. Bei dieser Gelegenheit habe er überraschend Terzi getroffen. Er sagte, daß sie beide »15 oder 20 Minuten lang Höflichkeiten ausgetauscht hätten«, aber sonst nichts.

Cyrus Vance, der sich auf dem Rückflug von einem Besuch in Ecuador befand, wurde Youngs Erklärung telegrafiert. Erleichtert, daß es sich offenbar nur um ein zufälliges Zusammentreffen gehandelt hatte, autorisierte Vance den Sprecher des Außenministeriums James Reston, am Montag, dem 13. August, Youngs Version zu veröffentlichen.

Als die Sache soweit gediehen war, streute der Mossad gezielt Gerüchte, von denen auch Young hören sollte, die besagten, er solle nur nicht glauben, daß Israel sich mit seiner Erklärung zufriedengeben werde.

Der beunruhigte Young bat um ein Treffen mit Yehuda Blum, das dann auch stattfand und zwei Stunden dauerte. Er wußte nicht, daß Blum die Abschrift der Berichte über sein Treffen mit Bishara und Terzi in der Tasche hatte. So gelang es Blum, Young dazu zu verleiten, weit mehr zuzugeben, als er dem Außenministerium gesagt hatte.

Blum mochte Young nicht besonders. In den meisten seiner Berichte kam er nicht gut weg. Aber Blum war ein erfahrener Diplomat, und da er genau wußte, was vorgefallen war, konnte er die Geschichte aus ihm herausholen. Nun konnten sie plötzlich Young als »Quelle« bezeichnen und mußten nicht zugeben, daß sie schon vor dem Gespräch alles gewußt hatten.

Young, der immer noch glaubte, Israels Hauptabsicht bestünde darin, die Verhandlungen in Gang zu bringen, wußte nicht, daß ihm eine Falle gestellt worden war. Nach dem Treffen mit Blum und nach Youngs Eingeständnis wurde der amerikanische Botschafter in Israel zu Begin bestellt, wo ihm eine formelle Beschwerde überreicht wurde. Sie wurde gleichzeitig den Medien übergeben, um sicherzugehen, daß sie im folgenden Trubel nicht unterging.

Am 14. August, 7 Uhr früh, lag ein Eiltelegramm der amerikanischen Botschaft in Tel Aviv auf Vance' Tisch, das in großen Zügen schilderte, was Young nach israelischer Darstellung zu Blum gesagt hatte. Dies stand in deutlichem Widerspruch zu Youngs Äußerung gegenüber dem Außenministerium und damit zur Erklärung, die wiederum von dort an die Medien gegangen war. Vance fuhr ins Weiße Haus und erklärte Carter, Young müsse zurücktreten. Carter stimmte zögernd zu, sagte aber, daß er erst »darüber schlafen müsse«.

Am 15. August 1979 traf Young um 10 Uhr früh in Carters Wohnung im Weißen Haus ein und trug das Rücktrittsschreiben bei sich. Nach einem eineinhalbstündigen Gespräch verließ er den Raum und kehrte dann nach einer Weile zu Carter zurück. Sie gingen zusammen in Hamilton Jordans Büro, wo sich hohe Beamte des Weißen Hauses versammelt hatten. Young, dem Carter den Arm um die Schultern gelegt hatte, sagte seinen Freunden, daß er zurücktrete. Zwei Stunden später gab Pressesekretär Jody Powell, der seine Betroffenheit kaum verbergen konnte, bekannt, daß Young bedauerlicherweise zurücktrete.

Der amerikanische Friedensunterhändler Strauss, der sich in einem Flugzeug auf dem Weg in den Nahen Osten befand, sagte: »Die Young-Affäre verstärkt... den unbegründeten Verdacht, daß die Vereinigten Staaten insgeheim mit der PLO verhandeln.«

Young versuchte später, sein Handeln zu rechtfertigen, und sagte: »Ich habe nicht gelogen, ich habe nur nicht die ganze Wahrheit gesagt. Meinen Bemerkungen (dem Außenministerium gegenüber) hatte ich vorausgeschickt: ›Ich werde euch eine offizielle Version sagen.‹ Und diese offizielle Version habe ich geliefert, und die war keineswegs gelogen.«

Aber der Schaden war da, Young war draußen, und es würde

eine Weile dauern, bevor wieder ein Amerikaner versuchen würde, irgendwie mit der PLO zu verhandeln. Auf diese Weise war es der AI durch ihr ausgedehntes Netz geheimer Aktivitäten gelungen, die Karriere eines der engsten Freunde von Carter zu beenden – in dem man allerdings keinen Freund Israels sah.

Diese Geschichte bestimmte nach wenigen Tagen die Schlagzeilen. Ury Dinure signalisierte dem Mossad, daß der Boden für ihn mittlerweile zu heiß geworden sei und er eine Versetzung wünsche. Alle sicheren Häuser des Mossad waren geschlossen worden, und der ganze New Yorker Stab wurde in neue Appartements verlegt. Der Mossad war sich sicher, daß man ihn entlarven würde, aber es geschah nicht. Es war wie das Lauschen auf das sausende Geräusch einer Bombe, die herabfällt. Man wartet darauf, daß sie einschlägt und explodiert, aber dann passiert gar nichts.

Diese Affäre hatte jedoch politische Auswirkungen, die zu einem der scheußlichsten Kapitel in den Beziehungen zwischen Juden und Schwarzen in den Vereinigten Staaten führten.

Die schwarzen Führer Amerikas waren über Youngs Abgang entsetzt. Bürgermeister Richard Hatcher aus Gary, Indiana, äußerte gegenüber *Time*, daß es ein »erzwungener Rücktritt« gewesen sei und »eine Beleidigung der Schwarzen«. Benjamin Hooks, Direktor der Nationalen Vereinigung zur Förderung Farbiger Menschen (NAACP), sagte, daß Young »zum Opfer von Umständen gemacht worden sei, die außerhalb seiner Kontrolle« gelegen hätten. Er sagte, Young »hätte einen Orden des Präsidenten für seinen brillanten diplomatischen Coup verdient gehabt«, statt seinen Job deswegen zu verlieren.

Jesse Jackson, der spätere US-Präsidentschaftskandidat, sagte: »Im ganzen Land liegt wegen des erzwungenen Rücktritts eine ungeheure Spannung in der Luft.« Er beschrieb die Beziehungen zwischen Schwarzen und Juden als »gespannter, als sie in den vergangenen 25 Jahren jemals gewesen« seien.

Young selbst sagte, daß es zwischen jüdischen und schwarzen Führern zu keiner Konfrontation kommen würde, sagte aber voraus, daß man »so etwas wie Unstimmigkeiten zwischen Freunden erleben« würde.

Er sagte, daß das zunehmende Verständnis der Schwarzen in den USA für die Lage im Nahen Osten »keineswegs als anti-jüdisch gesehen werden dürfe. Es mag pro-palästinensisch sein in einer Weise, wie es sie bisher nicht gegeben hat. In dieser Lage hat die jüdische Gemeinde die Verantwortung, Wege zu finden, sich damit abzufinden, ohne ›anti-schwarz‹ zu werden«.

Andere schwarze Führer wollten wissen, wieso Young wegen des Treffens mit der PLO hinausgeworfen werde, während US-Botschafter Wolf, ein prominenter jüdischer Führer, nicht gefeuert wurde, obwohl er mehrere Treffen mit PLO-Vertretern gehabt hatte. Der Hauptunterschied lag natürlich darin, daß man Wolf nicht beim Lügen erwischt hatte.

Tatsächlich schien die PLO Hauptgewinner in diesem Intrigenspiel zu sein, nicht Israel. Denn immer mehr schwarze Organisationen unterstützten Young und die Sache der PLO, die vorher von den Medien weithin ignoriert worden war und sich plötzlich einer wohlwollenderen Beachtung erfreute. Ende August formulierte Reverend Joseph Lowery, Präsident der Southern Christian Leadership Conference, an der Spitze einer Delegation in New York gegenüber Terzi die bedingungslose Unterstützung der »Menschenrechte aller Palästinenser, einschließlich des Rechts auf Selbstbestimmung in ihrer Heimat«. Als die Delegation am nächsten Tag UN-Botschafter Blum traf, wurde erklärt, man wolle »keine Entschuldigung für die Unterstützung der Menschenrechte der Palästinenser vorbringen, genausowenig wie wir uns bei der PLO für unsere Unterstützung des Staates Israel entschuldigen«. Blum wurde mit den Worten zitiert: »Es ist lächerlich, uns mit der PLO zu vergleichen. Es ist, als würde man Kriminelle mit der Polizei vergleichen.«

Eine Woche später trafen sich 200 schwarze Führer im NAACP-Hauptquartier in New York und erklärten: »Einige jüdische Organisationen und Intellektuelle, die früher Sympathien für die Wünsche der schwarzen Amerikaner äußerten..., sind zu Befürwortern des rassischen Status quo geworden... Juden sollen größere Sensibilität beweisen und mehr Gesprächsbereitschaft zeigen, bevor sie Positionen einnehmen, die den Interessen der schwarzen Gemeinde zuwiderlaufen.«

Eine Gruppe von elf jüdischen Organisationen antwortete darauf, man verfolge »diese Erklärungen mit Sorge und Zorn. Wir können nicht mit jenen zusammenarbeiten, die auf Halbwahrheiten, Lügen, blinden Eifer in irgendeiner Verkleidung oder aus irgendwelchen Quellen zurückgreifen... Wir können nicht mit jenen zusammenarbeiten, die sich zu Opfern arabischer Erpressung machen«.

Jesse Jackson wurde im *Time*-Magazin vom 8. Oktober abgebildet, als er Yassir Arafat umarmte, den er auf einer eigenmächtigen Mission in den Nahen Osten traf, nachdem sich Begin geweigert hatte, ihn wegen seiner Sympathien für die PLO zu empfangen. Jackson nannte seine Weigerung »die Zurückweisung der Schwarzen Amerikas, ihrer Unterstützung und ihres Geldes«. Auf derselben Reise sang Joseph Lowery, der Jesse Jackson begleitete, gemeinsam mit Arafat »We shall overcome«.

Später in jenem Monat versuchte Vernon E. Jordan jr., der Vorsitzende der National Urban League, die Wogen zu glätten, indem er sagte: »Die Beziehungen zwischen den Schwarzen und den Juden sollten nicht durch unüberlegte Flirts mit Terrorgruppen, die die Auslöschung Israels zum Ziel haben, gefährdet werden. Die schwarze Bürgerrechtsbewegung hat nichts gemein mit Gruppen, deren Forderung nach Anerkennung durch den kaltblütigen Mord an unschuldigen Bürgern und Schulkindern kompromittiert wird.«

Jackson, der die PLO »eine Regierung im Exil« nennt, traf Jordan in Chicago, und Jordan erklärte danach: »Wir stimmten überein, daß wir nicht übereinstimmen, ohne daß wir uns gestritten hätten.«

Das war nicht Moshe Dayans Ansicht. Im Oktober 1979 trat Dayan zurück, der Begins harte Linie in der Politik gegenüber den Palästinensern satt hatte. Daraufhin übernahm Begin auch noch das Außenministerium. In einem anschließenden Interview mit Dean Fischer, dem Chef des *Time*-Büros in Jerusalem, und dem Korrespondenten David Halevy sagte Dayan: »Die Palästinenser wollen Frieden, und sie sind bereit zu irgendeiner Form von Regelung. Ich bin überzeugt, daß es machbar ist.«

Vielleicht. Aber er hat es nicht mehr erlebt.

Diese Angelegenheit war der Auslöser für eine Reihe anderer Operationen, mit denen man Informationen von Senatoren und Kongreßabgeordneten bekommen wollte; es hatte beinahe den Anschein, als ob die Al-Tätigkeit Zustimmung gefunden hätte. Sie mußten etwas über die Verwicklung des Mossad gewußt haben, aber es passierte nichts. Niemand sagte etwas. Beim Geheimdienstspiel läuft das so: Wenn man jemanden bei Aktivitäten beobachtet, aber dann lieber wegschaut, wird der ermutigt, noch mehr zu wagen, bis man ihm auf die Finger haut oder auf den Kopf, je nachdem.

Die Al hört weiterhin die verschiedensten Privathäuser ab, sammelt Daten im Senat und im Kongreß, macht Kontakte, schleicht sich ein, rekrutiert, besorgt sich Kopien von Dokumenten, öffnet Diplomatenpost – halt all die üblichen Operationen einer Station. Katsas besuchten Parties in Washington und New York. Und alle machten sie ihre Geschäfte. Einer unterhielt einen »Begleitschutzdienst«, den es immer noch gibt.

Der Mossad gibt die Existenz der Al immer noch nicht zu. Im Institut wird gesagt, daß der Mossad nicht in den Vereinigten Staaten arbeitet. Aber die meisten Mossad-Leute wissen, daß die Al existiert, auch wenn sie nicht wissen, was die genau machen. Der größte Witz bei alldem ist, daß damals, als LAKAM mit dem Pollard-Fall aufflog, die Mossad-Leute immer sagten: »Eines ist jedenfalls sicher: Wir arbeiten nicht in den Vereinigten Staaten.«

Was nur beweist, daß man einen Spion nicht immer beim Wort nehmen kann.

# 14

## OPERATION MOSES

Alle waren sie da: ausländische Diplomaten, die der drücken-
den Hitze von Khartum entfliehen wollten; Touristen aus
ganz Europa, die unbedingt einen Tauchkurs im Roten Meer absolvieren oder unter kundiger Führung Touren in die Nubische
Wüste genießen wollten; und auch hohe sudanesische Beamte –
sie alle erholten sich in dem neuerbauten Touristenzentrum,
knapp hundert Kilometer nördlich von Port Sudan, wo jenseits
des Meeres Mekka liegt.

Wie sollten sie ahnen, daß sich hinter der Fassade der wunder-
schönen Anlage der Mossad verbarg? Selbst an dem Morgen,
Anfang Januar 1985, als die etwa 50 Gäste aufwachten und merk-
ten, daß die Angestellten verschwunden waren – außer ein paar
Einheimischen, die das Frühstück servieren sollten –, wußten sie
immer noch nicht, was passiert war. Und sogar heute wissen es
nur wenige Leute. Die Touristen wurden auf ausgelegten Zetteln
darüber informiert, daß die europäischen Besitzer der Anlage
pleite gegangen seien, den Gästen aber alle Kosten voll erstattet
würden (was auch wirklich geschah). Die Angestellten, entweder
Mossad-Männer oder israelische Seeleute, waren in aller Stille in
der Nacht verschwunden, einige per Schiff, andere per Flugzeug.
Sie hatten ausreichend Lebensmittel zurückgelassen, und auch
vier Lastwagen standen auf einem Parkplatz, mit denen die Touristen zurück nach Port Sudan gebracht werden konnten.

Was sich wirklich in diesem Touristenzentrum abgespielt hatte,
das war die Organisation einer großen Massenflucht, deren Ab-

lauf der Welt nur teilweise als »Operation Moses« bekannt geworden ist: Die Rettung und Überführung von Tausenden schwarzer äthiopischer Juden, der Falaschen, aus dem von einer verheerenden Dürre heimgesuchten und vom Krieg zerrissenen Äthiopien nach Israel.

In vielen Berichten, ja sogar Büchern wurde das waghalsige, verborgene Ausfliegen der Falaschen aus den Flüchtlingslagern im Sudan und Äthiopien geschildert. Eine gecharterte belgische Boeing 707 der Trans European Airways wurde für die Luftbrücke mit Start in Khartum oder Addis Abeba und Flug über Athen, Brüssel, Rom oder Basel nach Tel Aviv eingesetzt.

In diesen Geschichten – die alle von den Desinformationsspezialisten des Mossad lanciert wurden – wird behauptet, daß 12000 schwarze äthiopische Juden in einer kurzen, spektakulären Operation gerettet worden seien. In Wirklichkeit wurden 18000 gerettet, und nur 5000 davon über die in der Öffentlichkeit bejubelte Luftbrücke. Der große Rest gelangte über das »Touristenzentrum« am Roten Meer nach Israel.

Zur Jahrhundertwende gab es noch einige hunderttausend Falaschen in Äthiopien, aber bis 1980 war ihre Zahl auf höchstens 30000 geschrumpft, die hauptsächlich verstreut in der abgelegenen, nordwestlichen Provinz Gondar (Gojam) lebten. Zwei Jahrhunderte lang hatten sie sich nach dem gelobten Land gesehnt, aber erst 1972 wurden ihre Überlieferungen vom sephardischen Oberrabbinat in Israel als jüdisch anerkannt. Der Oberrabbiner Ovadia Yosef legte fest, daß die Falaschen »zweifellos vom Stamm der Dan« seien, das heißt die Bewohner des biblischen Havileh, dem heutigen südlichen Teil der arabischen Halbinsel. Die Falaschen glauben an die Thora, die grundlegende Schrift der Juden; sie sind beschnitten und halten den Sabbat sowie die Reinheits- und Speisegebote ein.

Aufgrund dieser Entscheidung des Oberrabbinats beschloß ein Regierungsausschuß, daß diese Äthiopier unter Israels »Heimkehrergesetz« fielen, das allen Juden automatisch die israelische

Staatsbürgerschaft gewährt, sobald sie im Land eintreffen, um sich dort niederzulassen.

Im Jahr 1977, als Menachem Begin Premierminister wurde, versprach er, den Falaschen bei der Heimkehr ins gelobte Land zu helfen. Der äthiopische Staatschef Mengistu, der seit 1970 mit einem erbittert geführten Bürgerkrieg fertig werden mußte, hatte jedem Äthiopier harte Strafen angedroht, der aus dem Land zu fliehen versuchte. Deshalb ließ Begin einen Plan entwerfen, der heimliche Waffenlieferungen an Äthiopien vorsah und im Gegenzug die Erlaubnis, verborgene Rettungsaktionen aus Äthiopien oder über den Sudan für die Falaschen durchzuführen. Es waren gerade erst 122 schwarze Juden aus Addis Abeba ausgeflogen worden, als der israelische Außenminister Moshe Dayan einem Rundfunkreporter in Zürich am 6. Februar 1978 erzählte, Israel verkaufe Waffen an Äthiopien. Mengistu, der striktes Stillschweigen über den Handel verlangt hatte, stoppte sofort alle weiteren Flüge.

1979, als Begin und Sadat das Camp-David-Abkommen unterzeichneten, überredete Begin Sadat, mit Sudans Präsidenten Jafar al-Numeiri zu sprechen und von ihm die Erlaubnis zur Überführung der Falaschen aus den sudanesischen Flüchtlingslagern nach Israel zu erhalten. Im Verlauf der folgenden Jahre gelangten nach und nach ungefähr 4000 Falaschen nach Israel. Doch diese Aktion fand ein jähes Ende, als Sadat 1981 ermordet wurde und al-Numeiri sich zum islamischen Fundamentalismus bekannte.

Im Jahr 1984 spitzte sich die Lage jedoch zu. Die Falaschen litten wie unzählige andere Äthiopier auch unter schrecklichem Hunger und Dürre. Auf der Suche nach Nahrung begannen sie in Scharen die Grenze zum Sudan zu überschreiten. Im September 1984, als Israels stellvertretender Premierminister Yitzhak Shamir US-Außenminister George Shultz in Washington traf, bat er ihn darum, die amerikanischen Verbindungen zu den Ägyptern und den Saudis zu nutzen, die al-Numeiri überreden sollten, eine Rettungsaktion unter dem Deckmantel einer internationalen Nahrungsmittelhilfe zu gestatten. Sudan, das eigene Probleme mit der Dürre und einem Bürgerkrieg im Süden des Landes hatte, würde angesichts der Perspektive, einige tausend Mäuler weniger stopfen zu müssen, sicher nicht unglücklich sein. Sudanesische wie auch äthiopische Behörden verlangten allerdings erneut absolute Geheimhaltung.

Zwischen November 1984 und Januar 1985 verlief die Operation tatsächlich geheim. In der ersten Januarwoche 1985 schickte der damalige US-Vizepräsident George Bush, nachdem er al-Numeiris Zustimmung erhalten hatte, eine US-Hercules-Maschine nach Khartum, die dort 500 Falaschen aufnahm und direkt nach Israel flog. Dieser Teil der Operation wurde später in Büchern und Zeitschriften ausführlich dargelegt. Viele Leute waren darüber informiert: Amerikaner, Briten, Sudanesen, Ägypter, die Äthiopier selbst und auch viele Angestellte von Fluggesellschaften in Europa. Aber alle bewahrten Stillschweigen, bis Yehuda Dominitz, ein hoher Angestellter der United Jewish Agency, einem Reporter der *Nekuda,* einer kleinen Zeitung jüdischer Siedler auf dem Westufer, erzählte, daß die Hilfsoperation angelaufen sei. Und das bedeutete nicht nur das Ende der Operation, von der er gerade berichten wollte, sondern auch jener geheimen Aktivitäten, die der Mossad am Ufer des Roten Meeres organisiert hatte.

Wie üblich bei solchen Angelegenheiten wußten die Journalisten in Israel die ganze Zeit von der Operation – oder zumindest wußten sie das, was der Mossad und das Büro des Premierministers wollten, daß sie wußten. Sie hatten sich bereit erklärt, die Story zurückzuhalten, bis die offizielle Erlaubnis zur Veröffentlichung erteilt würde. Es gibt ein Komitee von Herausgebern aller größerer israelischer Publikationen, das sich *Vaadat Orchim* nennt, das regelmäßig mit Regierungsbeamten zusammentrifft, um Hintergrundinformationen zu aktuellen Ereignissen zu erhalten. Das israelische Fernsehen und alle Radiostationen unterliegen – bis auf eine kleine Station – staatlicher Kontrolle, so daß die Nachrichtensperre kein Problem darstellt.

Die Journalisten werden mit diesen regierungsamtlichen Nachrichten gefüttert und fühlen sich dadurch als Teil der Regierung.

Es kann sogar vorkommen, daß sie auf Missionen mitgenommen werden, aber stets unter der Voraussetzung, daß sie erst dann alle notwendigen Informationen erhalten, wenn es im Interesse Israels ist, daß eine Story veröffentlicht wird. Manche Leute glauben, das sei besser als Zensur (obwohl es die in Israel auch gibt).

Sobald die Nachricht von der Geheimoperation an die Öffentlichkeit gedrungen war, reagierten die Araber schnell und absehbar. Libyen verlangte eine Sondersitzung der Arabischen Liga, und Zeitungen in vielen arabischen Ländern verurteilten den Sudan wegen seiner Zusammenarbeit mit Israel. Die sudanesische Regierung ihrerseits leugnete jede Beteiligung an der Luftbrücke. Hashem Osman, der Außenminister des Sudan, bat arabische, afrikanische und asiatische Diplomaten zu sich, um Äthiopien zu beschuldigen, daß man dort »die Augen« vor dem Exodus der Falaschen im Tausch gegen Geld und Waffen aus Israel »verschließe«. Der äthiopische Außenminister Goshu Wolde entgegnete, daß der Sudan »eine große Zahl äthiopischer Juden bestochen hat, damit sie aus Äthiopien fliehen«. In Kuweits *Al rai al A'am* stand in einem sehr scharfen Leitartikel: »Der Schmuggel äthiopischer Juden über den Sudan kann nicht einfach als vorübergehendes Ereignis angesehen werden, sondern als eine erneute Niederlage der arabischen Nation.«

Man stelle sich ihre Empörung vor, wenn sie die ganze Wahrheit erfahren hätten.


Während die Operation ablief, erklärte Premierminister Shimon Peres öffentlich: »Wir werden nicht eher ruhen, bevor nicht alle unsere Brüder und Schwestern aus Äthiopien sicher zu Hause sind.« Im Frühjahr 1984, als sich die Situation für die hungernden Falaschen verschlechterte, ging Peres daran, sein Versprechen einzulösen. Während die Gespräche mit anderen Regierungen bezüglich einer Luftbrücke über Brüssel weiterliefen, bestellte Peres Nahum Admony, den damaligen Mossad-Chef (mit Kodenamen »ROM«), zu sich, um mit ihm einen Weg herauszufinden, auf dem man noch mehr Falaschen retten konnte.

Admony, der den Ernst der Lage ebenfalls erkannte, erhielt

von Peres die Erlaubnis, falls erforderlich, sogar Mittel und Wege außerhalb des Mossad zu nutzen – seien es zivile oder militärische.

Nach dieser Zusammenkunft bat Admony David Arbel zu sich, den damaligen Chef von Tsafririm, jener Abteilung, deren einzige Aufgabe darin besteht, Juden zu retten, wo immer sie auf der Welt bedroht sind. Arbel hatte sich, wie bereits beschrieben, mit dem »Lillehammer-Fiasko« einen »Namen« gemacht. Arbels Abteilung zeichnete auch für die Aufstellung jüdischer Selbstverteidigungsgruppen *(Misgerot)* in der ganzen Welt verantwortlich, mittlerweile sogar in Gebieten der USA, wo Antisemitismus als Bedrohung angesehen wird. Häufig erklären sich Leute mit besonderen Qualifikationen, Ärzte etwa, bereit, für kürzere Zeiten »einberufen« zu werden, um bei diesen Gruppen zu helfen. Normalerweise sind pensionierte Mossad-Leute die Chefs der Stationen für die Sicherheitsnetzwerke in den verschiedenen Ländern. Der Job wird allgemein als eine Art Belohnung, ein *Tshupar*, für treue Dienste angesehen. Diese Leute besaßen soviel Erfahrung, weshalb sollte man das nicht nutzen?

Die Hauptaufgabe besteht darin, Führern jüdischer Gemeinden außerhalb Israels zu helfen, ihre eigene Sicherheit zu organisieren. Zum Teil wird dies von den *Hets va-keshet,* d. h. »Pfeil und Bogen«, Israels paramilitärischen Jugendbrigaden, übernommen. Während alle israelischen Jugendlichen, Jungen wie Mädchen, Mitglied im *Eduday noar ivry* oder »Batallion der hebräischen Jugend« sind, werden oft jüdische Jugendliche aus anderen Ländern nach Israel geholt, um den Sommer damit zu verbringen, Grundkenntnisse über Sicherheitsmaßnahmen zu erlernen. Zu den Kursen zählen sportliche Übungen wie Hindernisse zu überwinden, zu lernen, ein Zelt aufzuschlagen, und Übungen im Scharfschießen sowie im Umgang mit Uzi-Sturmgewehren. Andere lernen bereits Geheimdiensttechniken, wie etwa einen »Slick« anlegen, Waffen und Dokumente verstecken, wann und wie Sicherheitsüberprüfungen vornehmen, sowie die Grundlagen für das Sammeln von Geheimmaterial und das Anstellen von Nachforschungen.

Jeder Gebrauch dieser jüdischen »Sicherungsrahmen« außer zum reinen Selbstschutz ist niemals offiziell von irgendeiner Regierung gebilligt worden, obwohl alle Mossad-Beamten Beispiele für solche »Einsätze« kennen. Folglich wußte Yitzhak Shamir davon, aber Peres, der nie ein Mann des Mossad war, nicht, obwohl er Premierminister war. Israel verkauft an diese jüdischen »Bürgerwehren« keine Waffen auf direktem Wege, sondern liefert sie auf Umwegen über bekannte Waffenhändler.

Der Mossad sieht diese »Sicherheitsnetze« nicht als Informationsbeschaffer, obwohl die Leiter aus Erfahrung wissen, daß der schnellste Weg, um Lob zu bekommen, die Beschaffung hilfreicher Informationen ist. Viele dieser Jugendlichen, die in den Sommerlagern in Israel ausgebildet werden, werden später Sayanim. Sie stellen mit Sicherheit eine große Gruppe williger und engagierter Helfer dar, die gut trainiert und mit dem Fachjargon einigermaßen vertraut ist und bereits bewiesen hat, daß sie Gelegenheiten zu nutzen versteht.

Für diese besondere Operation mußte der Mossad jedoch Helfer gewinnen. Nach dem Treffen mit Admony lud Arbel alle seine leitenden Beamten in die Abteilung Tsafririm ein.

»Ich will ebenfalls mein Entebbe haben«, sagte er. »Ich möchte, daß auch mein Name in die Geschichte eingeht.«

Arbel sagte seinen Beamten, daß er so viele Falaschen wie möglich aus dem Sudan holen wolle: »Eigentlich alle.« Dann forderte er sie auf, darüber nachzudenken, wie das zu schaffen sei.

Arbels Abteilung arbeitete normalerweise mit einem sehr knappen Budget, aber in diesem Fall war klar, daß sie alles bekommen würden, was sie brauchten. Hayem Eliaze, Chef jenes Ressorts, das auf geheime Operationen zur Rettung von Juden hinter den feindlichen Linien spezialisiert war, wurde direkt mit dieser Tarnoperation Moses betraut und erhielt den Auftrag, so schnell wie möglich einen Operationsplan auszuarbeiten.

Innerhalb von drei Tagen versammelte Eliaze sein Team zu einem längeren Brainstorming in seinem Büro außerhalb des Mossad-Hauptquartiers an der Ibn Gevirol Avenue, ein Stockwerk über der südafrikanischen Botschaft in Tel Aviv.

Mit detaillierten Reliefkarten an der Wand und allen erreich-
baren Informationen über den Sudan vor sich auf dem Tisch, gab
jeder eine persönliche Einschätzung der Situation und wie man
am besten zu einer Lösung kommen könnte. Die Falaschen waren größtenteils in Lagern in den Gebieten um Kassala und Ala-
tarch östlich von Khartum in Richtung äthiopische Grenze untergebracht. Auf die Unterstützung durch sudanesische Rebellen,
die seit Jahren die Zentralregierung bekämpften, konnte man in
keiner Weise rechnen.

Auf einer Sitzung sagte einer der Männer beim Studieren der
Karte, daß ihm ein Vorfall bei Magna in den Sinn komme, im
Nordwesten des Roten Meeres, als ein israelisches Torpedoboot
auf der Rückfahrt durch den Sueskanal technische Probleme mit
seinem Radar hatte – der Kreiselkompaß funktionierte nicht –,
und das Schiff unbeabsichtigt auf einen falschen Kurs geriet. Mitten in der Nacht war es am saudi-arabischen Ufer aufgelaufen,
was fast einen internationalen Konflikt ausgelöst hätte.

Wie durch ein Wunder hatte das Raketenboot trotz einer Geschwindigkeit von 30 Knoten irgendwie eine Lücke in den Koral-
lenriffen gefunden, bevor es in der Bucht auf Grund lief. Innerhalb weniger Stunden waren auf die gefunkten Hilfesignale hin
israelische Marineeinheiten zur Stelle. Alle Dokumente wurden
entfernt, die Schiffsmannschaft wurde von einem anderen
Raketenboot übernommen, und die Kommandos errichteten einen Brückenkopf, um ihre Stellung, wenn erforderlich, zu verteidigen. Bei Sonnenaufgang stand man vor dem bizarren Spektakel
eines israelischen Raketenbootes, das, von Marinesoldaten be-
wacht, im saudi-arabischen Sand festsaß.

Da die beiden Länder keinerlei Beziehungen unterhielten, bat
die israelische Regierung die Amerikaner, den Saudis zu sagen,
daß es sich nicht um eine Invasion, sondern nur um ein Versehen
handele. Gleichzeitig erklärten sie, daß jeder, der sich dem Boot
nähere, ein toter Mann wäre. Normalerweise hätte sich dort in
dem abgelegenen Wüstenstreifen im Umkreis Hunderter von Kilometer niemand aufgehalten, aber zufällig feierte ganz in der
Nähe ein Beduinenstamm ein Fest. Glücklicherweise näherten

sich die Araber nicht dem Boot. Die Saudis schickten einige Beobachter, und man kam überein, den Israelis zu gestatten, ihr
Schiff ins offene Wasser zu schleppen, sobald die Kommandos
den Strand verlassen hätten.

Zuerst hatte man das Schiff sprengen wollen, aber die Marine
lehnte das ab (mehrere dieser Raketenboote wurden später nach
Südafrika verkauft, wo sie heute noch Dienst tun). Statt dessen
wurde von einem herbeibeorderten Hubschrauber aus das ganze
Schiff mit einer Schicht Styroporschaum überzogen, dann eine
Trosse über den Bug zu zwei anderen Schiffen geführt, die dann
das Raketenboot vom Strand zogen und bis nach Eilat schlepp-
ten.

Wie so häufig im Verlauf von derlei Brainstorming-Sitzungen
bringt das Erzählen einer solchen Geschichte die Teilnehmer auf
weitere Ideen. Mitten im Erzählen rief ein anderer: »Wartet mal,
wartet. Der Seeweg führt doch dicht an der sudanesischen Küste
entlang. Und wir können mit unseren Raketenbooten ziemlich
nahe ans Ufer fahren. Warum können wir die Falaschen nicht mit
dem Schiff herausholen?«

Man dachte eine Weile über diesen Vorschlag nach, verwarf
ihn aber dann doch aus einer ganzen Reihe von Gründen. Es
würde einfach zuviel Zeit beanspruchen, die Leute auf Schiffe zu
bringen. Das wäre nicht machbar, ohne Aufsehen zu erregen.
»Aber wir könnten doch wenigstens irgendeine Art von Station
dort haben«, sagte er.

»Was willst du denn machen? Ein Schild aufstellen: ›Achtung!
Mossad-Einsatzzentrale. Bitte nicht betreten!‹ Oder wie?« fragte
ein anderer.

»Nein«, antwortete er. »Aber wir könnten doch einen Tauchclub gründen. Das Rote Meer ist ein ideales Revier für Taucher.«

Zuerst ließ man auch diese Idee fallen, aber im Laufe der Zeit,
als weitere Ideen diskutiert und abgelehnt wurden, setzte sich
doch die Idee von einer Tauchschule und einem Touristenclub in
den Köpfen fest. Man hatte bereits Kontakt zu einem Mann, der
dort an der Küste lebte und einen solchen Club betrieb. Obwohl
er mehr Zeit damit zubrachte, zu tauchen und am Strand herum-

zuhängen, als Unterricht zu geben und seine Ausrüstung zu ver-
leihen, hatte er doch immerhin ein eingeführtes Unternehmen.
Bei richtiger Planung und der erforderlichen Zustimmung aus
Khartum ließe es sich in ein richtiges Touristenzentrum verwan-
deln.

Der arabisch sprechende Yehuda Gil, einer der erfahrensten
Katsas, wurde nach Khartum geschickt, wo er als Vertreter eines
belgischen Tourismus-Unternehmens auftreten sollte, das Tauch-
kurse im Roten Meer und Sightseeing in der Wüste in sein Programm aufnehmen wollte. Normalerweise wurden Katsas nicht
in arabische Länder geschickt, sie wissen zuviel und müßten, falls
sie erwischt würden, ihre Kenntnisse eventuell unter Folter preis-
geben. Aber aufgrund der Dringlichkeit der Situation wurde beschlossen, diesmal das Risiko in Kauf zu nehmen.

Gils Aufgabe bestand darin, die erforderlichen Genehmigun-
gen zu erhalten; dafür mußte er verschiedene Beamte schmieren
und die touristischen Pläne seines Unternehmens darlegen. Er
mietete ein Haus im Nobelviertel von Khartum und ging an die
Arbeit.

Zur selben Zeit flog ein anderer Tsafririm-Mann nach Khartum, dann weiter nach Port Sudan und fuhr von dort aus die
Küste entlang, um den Mann zu finden, der dort den kleinen
Tauchclub betrieb. Das Glück wollte es, daß der Mann sowieso
vorgehabt hatte, seine Zelte an diesem Ort abzubrechen. Nach
einigem Hin und Her kam man überein, ihn nach Panama zu
schicken (wo er noch heute das Leben eines Strandbummlers
führt); sein Club ging direkt auf den neuen Eigentümer über.

Der Mossad sah in dieser Operation eine Neuauflage des »Flie-
genden Teppichs« (eine berühmte Rettungsaktion in den frühen
fünfziger Jahren, in deren Verlauf jemenitische Juden mit einer
Hercules-Maschine nach Israel ausgeflogen wurden). Man hatte
sich bereits entschieden, auch für das Ausfliegen der Falaschen
die solide Hercules zu benutzen. Um die Operation ausreichend
tarnen zu können, mußte das Touristencamp drastisch vergrößert
werden. In der Zwischenzeit hatte Gil die Zulassung für das neue

Unternehmen erhalten und organisierte schon in begrenztem Umfang Touren aus Europa. Als nächstes entdeckte man ein versunkenes Schiff, das etwa 100 Meter vom Ufer in 20 Meter Tiefe auf Grund lag – ideal für Tauchen in geringen Tiefen und ein guter Touristenmagnet.

Man begann vor Ort einheimische Arbeiter anzuheuern. Parallel dazu rekrutierten die Tsafririm-Beamten in Tel Aviv Köche, Tauchlehrer und sonstiges Personal, das für ein Touristenzentrum notwendig ist. Man suchte Leute aus, die englisch oder französisch sprachen. Arabisch zu können, war ein zusätzlicher Vorteil, weil sich dann Gespräche zwischen arabischen Beamten und Diplomaten verfolgen ließen, die dort möglicherweise Urlaub machen würden.

Unter den Rekruten gab es viele Leute, die schon bei früheren Tsafririm-Operationen dabeigewesen waren, und die Taucher, die als Lehrer für die Touristen gedacht waren, wurden in Kursen beim Marine-Nachrichtendienst geschult.

Schließlich hatte man ein Team von 35 Israelis zusammen, das das Touristencamp auf Hochglanz bringen sollte. Jeder besaß die für seine Arbeit notwendigen Papiere. Da die Zeit knapp war, wurde die geheime Arbeit auf kleine Teams verteilt. Die einheimischen Bauarbeiter waren in vier Teams aufgeteilt, die jeweils abwechselnd im Vier-Tage-Rhythmus arbeiteten. Nachts kam dann ein israelisches Team, um den Bau voranzutreiben. Aufgrund der wechselnden Tagesschichten wunderte sich jedoch niemand, wenn bei Arbeitsbeginn der Bau bereits wieder ein Stück weitergekommen war.

Die israelischen Arbeiter wurden ebenfalls ständig gewechselt. Aber um nicht dauernd für alle jeweils neue Papiere besorgen zu müssen, hatte man nur einen Satz von Dokumenten hergestellt, den das nachfolgende Team von seinen Vorgängern einfach übernehmen konnte.

Es waren offiziell nur drei Fahrzeuge zugelassen worden – ein Landrover und zwei Kleinlastwagen. In Wirklichkeit benutzte man jedoch neun Fahrzeuge. Man fertigte Duplikate der Nummernschilder an und versteckte die »inoffiziellen« Fahrzeuge.

Die ganze Operation wäre beinahe wegen eines dummen Fehlers schiefgegangen. Irgend jemand hatte entschieden, über Nacht eine Ladung Grassoden auf einem Landungsboot heranzuschaffen. Als am nächsten Morgen eine Mannschaft einheimischer Arbeiter auftauchte, gab es da plötzlich einen großen, grünen Rasen, wo vorher jahrhundertelang nur Sand gewesen war. Wie kann Gras über Nacht wachsen? Als man ihnen dann erklärte, das seien Rasensoden, fragten sie, wo man das im Sudan bekäme. Zum Glück nahmen die Einheimischen nach einigen mißtrauischen Blicken ihre Arbeit wieder auf.

In Khartum ließ Gil Prospekte über das Camp produzieren. Mit dem Vertrieb über verschiedene Reiseagenturen in ganz Europa hatte man auch bereits begonnen: Individualreisen zu günstigen Bedingungen. Das Zentrum wollte keine Reisegruppen anlocken, aus dem einfachen Grund, weil sich die Leute in Gruppen oft schon kennen und daher neugieriger sind auf das, was um sie herum vor sich geht.

Das Feriencamp wurde innerhalb eines Monats fertiggestellt. Neben den Hauptgebäuden für die Touristen, der Küche, den Zimmern usw. gab es mehrere Hütten, um die Ausrüstung für die Nachrichtenübermittlung und Waffen zu lagern. (Der Mossad würde an einen solchen Ort nie ohne Waffen gehen.) Man schmuggelte auch alles notwendige Gerät herein, das für Behelfslandebahnen in der Wüste notwendig ist: Leuchtfeuer, Lichter, Seitenbeleuchtungen, Kontrollgeräte, Windmesser und Laser-Entfernungsmesser.

Nahrungsmittel und andere notwendige Materialien wurden mit israelischen Raketenbooten herangeschafft, die in einem Abstand von nur einem halben Kilometer unterhalb des Camps ankerten. Weil ein halbes Dutzend Einheimische auf der Baustelle arbeitete, mußte immer erst festgestellt werden, ob sie da waren, wenn eine Lieferung eintraf. Sie sollten nicht Zeuge werden, wie ein israelisches Schiff entladen wurde.

Parallel zu diesen Aktivitäten war auch die zweite Operation mit dem belgischen Charterflugzeug angelaufen, bei der Mossad-Leute sudanesische Beamte mit enormen Summen schmieren mußten. Einer von ihnen, General Omar Mohammed al-Tayeb, ehemaliger Vize-Präsident, der unter Präsident al-Numeiri zum Geheimdienstchef avancierte, wurde im April 1986 wegen seiner Hilfe bei der Rettung der Falaschen zu zweimal lebenslänglich und einer Bußgeldzahlung von 24 Millionen sudanesischen Pfund verurteilt.

Im Verlauf der Vorbereitungen erhielt man im Mossad-Hauptquartier die Nachricht, daß einer der hohen sudanesischen Beamten ein Fahrrad mit zehn Gängen wünsche, um Umsiedlungspapiere für Falaschen zu transportieren. Weil im Geheimdienstgeschäft die Dinge gewöhnlich etwas anders sind als sie scheinen, wußten die Mossad-Beamten mit diesem seltsamen Anliegen überhaupt nichts anzufangen. Sie schickten eine Botschaft an ihren Kontaktmann und baten um nähere Erläuterung. Wieder kam die Nachricht, daß der Beamte ein Fahrrad mit zehn Gängen wolle. Die Mossad-Leute versuchten herauszubekommen, was das bedeuten könnte. Vielleicht ein Fahrrad in Gold aufgewogen? Oder war es ein Kode, den sie nicht verstanden? Zunehmend verwirrt, baten sie nochmals um präzise Auskunft, erhielten aber wieder die gleiche Antwort.

Schließlich wurde ihnen klar, daß der Sudanese wirklich ein Fahrrad wollte. Also schickten sie ihm ein Raleigh – das mindeste, was sie tun konnten.

Im Camp werteten die Israelis das Nachrichtenmaterial über das sudanesische Radarsystem genauestens aus. Am Ende entdeckten sie eine kleine Lücke, die nicht durch ägyptisches und saudi-arabisches Radar abgedeckt war; dieses Loch lag im Gebiet des Ras-al-Hadaribah, einer gebirgigen Gegend in der Nähe der ägyptisch-sudanesischen Grenze, und dort konnte ein tieffliegendes Flugzeug durchkommen, ohne entdeckt zu werden.

Also beschloß man, daß die Hercules nach dem Verlassen des Uvda-Militärstützpunktes in Eilat den Golf von Akaba und das Rote Meer in südlicher Richtung bis zu dieser Lücke im feindlichen Radar überfliegen sollte und dann weiter zu den Landebahnen, die in der Wüste angelegt werden sollten. Um geeignete Landeplätze ausfindig zu machen, brachte man Piloten in das

Camp, die dort als Führer für Touren in die Wüste arbeiteten. So konnten sie, ohne Argwohn zu erregen, in der Wüste herumfahren und auf ihren Karten Landeplätze markieren. Dann erklärten sie den anderen Israelis im Camp, wie man Landeplätze anlegt, welche Größe die haben müßten, wie Beleuchtung und Kommunikation zu funktionieren hatten.

Selbst Geheimdienstleute beweisen von Zeit zu Zeit mal Sinn für Humor. Einmal nahm ein Tsafririm-Mann einen israelischen Piloten mit nach Khartum, um dort etwas Geschäftliches zu erledigen. Zum Schluß hielten sie sich in der Villa eines einheimischen Geschäftsmannes auf. Der Katsa Yehuda Gil war ebenfalls dort, und während Gil und der Tsafririm-Mann voneinander wußten, was der jeweils andere machte, dachte der Pilot, Gil wäre wirklich ein Geschäftsmann. Als sich der Gastgeber für eine Weile entschuldigte, fragte der Tsafririm-Mann Gil, wie das Geschäft so liefe, worauf Gil erwiderte: »Was machen Sie eigentlich?«

»Och, ich bin israelischer Spion«, kam als Antwort.

Der Pilot wurde kreidebleich, aber die beiden anderen Männer lachten nur. Der Pilot sagte nichts zu dem Vorfall, bevor sie wieder auf dem Rückweg waren. Einige Kilometer außerhalb von Khartum brüllte er plötzlich los: »Bist du wahnsinnig geworden. Mach so etwas bloß nicht noch mal. Nicht mal im Scherz!« Der Tsafririm-Mann brauchte 15 Minuten, um den Piloten zu beruhigen und ihn aufzuklären.

Die Falaschen aus den Lagern herauszubekommen, das stellte für die Organisatoren dieser Operation ein Problem dar. Damals waren Hunderttausende schwarzer Äthiopier dem Krieg und dem Hunger in ihrem Land entflohen und hatten in verschiedenen sudanesischen Flüchtlingslagern Zuflucht gesucht. Ein Problem bestand also auch darin, die Juden unter den übrigen herauszufinden.

Diese Aufgabe wollten einige mutige Falaschen übernehmen, die sich zwar bereits in Israel in Sicherheit befanden – und bei ihrer Rückkehr nach Äthiopien bzw. in den Sudan Gefahr liefen, getötet zu werden –, jedoch trotzdem bereit waren, in die Lager zurückzugehen, um dort ihre Leute in Gruppen zusammenzustellen. Diese Nachricht verbreitete sich in Windeseile unter den Falaschen, die jedoch alles geheim halten konnten. So konnte man diese Phase der Operation zügig und mit Erfolg abschließen.

Etwa im März 1984 waren die ersten europäischen Touristen eingetroffen, und auch in Diplomaten- und Regierungskreisen in Khartum sprach sich herum, was sich da am Meer jetzt für eine schöne Anlage befand. Vom Zeitpunkt der Eröffnung bis zum Tag, an dem das »Personal« überstürzt abzog, war das Zentrum voll ausgebucht – ein exzellenter finanzieller Erfolg. Einmal spielte man sogar mit dem Gedanken, ob man nicht die PLO-Führung dazu bringen könne, dort eine Konferenz abzuhalten. Die PLO hätte sich wohl im Sudan, nur zirka 600 Kilometer Luftlinie von Mekka entfernt, vollkommen sicher gefühlt. Man hatte geplant, in einer Nacht Kommandos loszuschicken, die gesamte PLO-Führung festzusetzen, sie auf israelische Raketenboote zu verfrachten und als Gefangene nach Israel zu bringen. Vielleicht hätte es sogar funktioniert.

Inzwischen war man bereit, die letzte Phase der Operation abzuwickeln. Eine provisorische Landebahn war gebaut und ein Treffpunkt in der Wüste festgelegt, wo die Flüchtlinge Lastwagen besteigen und in sechsstündiger, halsbrecherischer Fahrt zur Hercules-Maschine gebracht werden sollten. Man wollte jedesmal etwa 100 Leute mitnehmen, aber oft drängten sich mehr als doppelt so viele schwache und abgezehrte Körper unter den Planen der Lkw zusammen. Hunderte von Falaschen starben entkräftet und völlig ausgehungert auf dieser beschwerlichen Fahrt und noch mehrere hundert weitere in der völlig überfüllten Hercules-Maschine auf dem Weg nach Israel. Aber da sie Juden waren, wurden auch die Toten, wenn möglich, für eine angemessene Bestattung nach Israel gebracht.

Vor jedem Flug orteten israelische Aufklärungsflugzeuge aus sehr großer Höhe die sudanesischen Straßensperren (die gewöhnlich nachmittags errichtet wurden) und benachrichtigten das Kommunikationszentrum im Touristencamp über die Standorte via digitale »Burst«-Nachrichtenübertragung mittels Zer-hacker.

In der ersten Nacht schien alles ohne Zwischenfall abzulaufen. Man traf sich an der richtigen Stelle in der Wüste. Alle Straßen-sperren waren umgangen worden. Und man kam mit den Flücht-lingen an der Landebahn an, noch bevor die Hercules eingetrof-fen war, für die zur Orientierung zwei Lichtstreifen im Wüsten-sand angebracht worden waren. Als die Hercules aus der Nacht auftauchte, schauten die Falaschen, die nie zuvor so ein Ding gesehen hatten, gebannt zu, wie sie gegen den Wind landete, drehte und mit röhrenden Triebwerken in einer Wolke von auf-gewirbeltem Sand und Steinen auf sie zurollte.

Voller Panik flüchteten die 200 Falaschen in die stockdunkle Nacht und versteckten sich, um diesem Monstrum zu entkom-men. Die Israelis konnten nur etwa 20 von ihnen wieder einsam-meln. Nachdem man noch eine Weile gesucht hatte, wurde be-schlossen, daß die Hercules starten solle. Den Rest der Gruppe müßte sie dann am folgenden Tag mitnehmen.

Bis zum Morgen hatte man alle bis auf eine alte Frau gefunden, die trotzdem wunderbarerweise überlebte. Sie war drei Tage lang bis in ihr Lager zurückgelaufen und gelangte später mit einer an-deren Gruppe nach Israel. Nach dieser ersten Erfahrung be-schlossen die Israelis, die Falaschen so lange auf den Lastwagen sitzen zu lassen, bis die Maschine gelandet war. Dann fuhren sie mit den Wagen dicht an das Flugzeug, damit die Flüchtlinge di-rekt hineingehen konnten.

Bis die Nachricht von der anderen Moses-Operation bekannt wurde, funktionierte diese geheime Wüsten-Luftbrücke rei-bungslos. Man flog fast jede Nacht. Oft waren zwei oder drei Maschinen gleichzeitig in der Luft, um so viele Juden wie mög-lich in denkbar kurzer Zeit herauszubekommen.

Dann passierte natürlich auch der übliche Zwischenfall. Ein-mal geriet ein leerer Kleintransporter auf dem Rückweg zum Camp in eine Straßensperre, und da weder Fahrer noch Beifah-rer ordnungsgemäße Papiere vorweisen konnten, wurden sie von sudanesischen Soldaten verhaftet, gefesselt und in ein Zelt gebracht. Diese Straßensperren dienten hauptsächlich dazu, die Aktivitäten der Rebellen im Süden zu überwachen bzw. zu kontrollieren. Die Besatzung bestand immer aus zwei Soldaten, die allerdings keine Funkgeräte besaßen. Sie blieben immer für einige Tage dort.

Als die beiden Männer nicht wieder im Touristencamp auftauchten, wurden Leute ausgeschickt, um sie zu suchen. Als man ihr Fahrzeug entdeckt hatte, wurde sofort eine Aktion zu ihrer Befreiung vorbereitet. Ein Lastwagen fuhr in zügigem Tempo auf die Blockade zu, und der Fahrer schrie zu den Gefangenen im Zelt hinüber, sie sollten sich hinwerfen. Die sudanesischen Soldaten näherten sich dem Lastwagen, als sich plötzlich die hintere Ladeklappe öffnete und sie mit Maschinengewehrfeuer niedergemäht wurden. Die Israelis steckten das Zelt an, legten einen Stein auf das Gaspedal des anderen Fahrzeugs und ließen es in die Wüste rasen – damit alles nach einem Guerilla-Überfall aussah. Dieser Zwischenfall erregte jedenfalls kein gefährliches Aufsehen.

Das einzige israelische Opfer dieser Operation war ein Passagier, der in einem Kleintransporter unterwegs nach Khartum war. Wieder stieß man auf eine Straßensperre, aber da das Fahrzeug nicht stoppte, eröffneten die Soldaten das Feuer und töteten einen Mann. Aber der Fahrer fuhr weiter. Den beiden sudanesischen Soldaten, die ohne Funkverbindung waren, blieb nur noch übrig, hinter dem Laster herzuschießen.

Aber dann, eines Nachts Anfang Januar 1985, kam aus Israel der Befehl, auf der Stelle einzupacken. In Khartum raffte Yehuda Gil ein paar persönliche Dinge zusammen, nahm das nächste Flugzeug nach Europa und flog von dort zurück nach Israel. Während die Touristen am Roten Meer ruhig in ihren Betten schliefen, brachten die Israelis ihre Ausrüstung auf die Schiffe, verluden den Landrover und zwei Lastwagen in die Hercules und verließen unbemerkt in aller Stille das Land. Hayem Eliaze, der die Touristenanlage »geleitet« hatte, stürzte noch von einem Laster, als der ins Flugzeug verladen wurde, und brach sich ein Bein.

Aber zweieinhalb Stunden später war Eliaze wieder zu Hause in Israel und nahm die Lobeshymnen seiner Kollegen entgegen. Er beklagte nur, daß ein geschwätziger Beamter und ein Zeitungsreporter einer Operation ein abruptes Ende bereitet hatten, die als die vielleicht erfolgreichste geheime Rettungsaktion in die Geschichte hätte eingehen können.

Unglücklicherweise blieben einige tausend Falaschen zurück. Ein Vertreter der Falaschen, Baruch Tanga, soll gesagt haben: »In all den Jahren war es so schwer, dort wegzukommen... Jetzt, wo noch die Hälfte unserer Familien dort ist, veröffentlichen sie alles. Wie konnten sie nur so etwas tun?«

So hat nicht nur er gedacht.

# 15

# HAFENVERSICHERUNG

Im Sommer 1985 stellte Libyens Revolutionsführer Muammar al-Gaddafi für den größten Teil der westlichen Welt die Verkörperung des Teufels dar. Reagan war zwar der einzige, der seiner Luftwaffe Befehl gab, ihn anzugreifen. Doch auch die Israelis machten ihn für den größten Teil der Waffenlieferungen an die Palästinenser und andere ihrer Feinde im arabischen Lager verantwortlich.

Es ist schwierig, Libyer für den Mossad zu rekrutieren. Sie sind nirgendwo sonderlich beliebt, das ist an sich schon ein Problem. Libyer müßten in Europa rekrutiert werden, aber sie reisen nicht besonders gern.

Libyen besitzt zwei große Häfen: Tripolis, die Hauptstadt, und Bengasi, im Nordwesten der Großen Syrte. Die israelische Marine beobachtete durch regelmäßige Patrouillen entlang der gesamten Mittelmeerküste die libyschen Aktivitäten sorgfältig. Israel betrachtet den Korridor von seiner Küste nach Gibraltar als seine »Luftröhre«. Es ist für Im- und Exporte die Verbindung zu Amerika und dem größten Teil Europas.

1985 unterhielt Israel einigermaßen intakte Beziehungen zu den anderen Staaten am Südrand des Mittelmeeres, zu Ägypten, Marokko, Tunesien und Algerien, nur nicht zu Libyen.

Libyen hatte eine ziemlich große Flotte, aber es gab große Probleme mit deren Bemannung und Unterhalt. Die Schiffe waren vielfach in miserablem Zustand. Libyen hatte von den Russen U-Boote gekauft, aber sie wußten entweder nicht, wie sie damit tauchen sollten, oder sie trauten sich nicht. Zumindest bei zwei Gelegenheiten begegneten israelische Patrouillen den libyschen U-Booten. Normalerweise geht ein U-Boot dann auf Tauchstation. Aber diese flüchteten und dampften zurück in ihre Häfen.

Die Israelis haben eine U-Boot-Horchstation auf Sizilien, die sie durch die Verbindung zu den Italienern benutzen können, die dort ebenfalls eine haben. Aber das reicht als Kontrolle nicht aus, da die Libyer durch ihre Unterstützung der PLO und andere Untergrundgruppen direkt die israelische Küste bedrohen. Israel betrachtet seine Küste als die »Weichteile« des Landes: dort ist es am angreifbarsten und gefährdetsten, da sich dort der größte Teil seiner Bevölkerung und seiner Industrie befindet.

Ein beträchtlicher Teil der Waffen und Munition für die PLO wird mit Schiffen aus Libyen herangeschafft, viel läuft dann wieder über Zypern, das sozusagen am Weg liegt – die Strecke wird allgemein die TNT-Route genannt: von Tripolis in Libyen nach Tripolis im Libanon. Seinerzeit konnten die Israelis einen Teil der Informationen über libysche Aktivitäten von der Zentralafrikanischen Republik aus sammeln, aber auch vom Tschad aus, der heftige Grenzkonflikte mit Gaddafis Streitkräften hatte.

Der Mossad hatte auch einige »Schiffsbeobachter«, gewöhnlich Zivilisten, durch seine Stationen in Europa rekrutiert, die einfach Schiffe beim Einlaufen in die Häfen fotografierten. Das war ziemlich risikolos und erbrachte doch einigen Aufschluß über Vorgänge in den Häfen. Aber auch wenn sie ab und an Waffenladungen auf Schiffen abfingen – mehr aufgrund glücklicher Zufälle –, war man doch darüber hinaus sehr daran interessiert, Zugang zu spezifischen Informationen über den Verkehr von und nach Tripolis und Bengasi zu bekommen.

Bei einer Zusammenkunft, an der die PLO-Forschungsabteilung des Mossad und der Tsomet-Ressort-Chef für Frankreich, Belgien und Großbritannien teilnahmen, beschloß man zu versuchen, einen Kontrollbeamten zu rekrutieren oder sonst jemanden, der im Büro des Hafenmeisters in Tripolis arbeitete und Zugang zu Detailinformationen über Namen und Heimathäfen der

Schiffe hätte. Obwohl der Mossad die Namen der PLO-Schiffe kannte, wußte er nicht immer, wo sie sich gerade aufhielten.

Wenn man sie versenken oder abfangen will, muß man wissen, wo sie sind. Das ist schwierig bei einem Schiff, wenn man nicht seine Route kennt oder den exakten Zeitpunkt seines Auslaufens. Viele von ihnen bleiben dicht unter der Küste und vermeiden die offenen Gewässer, wo sie vom Radar erfaßt werden können. Es ist auch schwierig, ein Schiff mit dem Radar vor einer bergigen Küste überhaupt zu erfassen, weil das »Geräusch« der Berge das Radar überlagert oder weil das gesuchte Schiff gerade in einem der vielen Häfen hinter der Küste liegt. Und wenn es dann auftaucht, dann ist die Identität erst einmal ungewiß. Das Mittelmeer ist stark befahren: Da gibt es die Sechste US-Flotte, die russische Flotte, Handelsschiffe aus der ganzen Welt. Der Mossad hat nicht völlig freie Hand. Alle Anrainerstaaten des Mittelmeers haben ihre eigenen Radaranlagen, das ist bei Aktivitäten zu berücksichtigen.

Genaue Informationen direkt aus Libyen zu bekommen, war leichter gesagt, als getan. Es war zu gefährlich, jemanden ins Land zu schicken, um eine Rekrutierung zu versuchen. Den Mossad-Leuten rauchten ganz schön die Köpfe. Bei dem Treffen hatte schließlich jemand, der schon als »Reporter« bei *Afrique-Asie,* einer französischen Zeitschrift (siehe Kapitel 3: »Die Anfänger«), gearbeitet hatte, die Idee, einfach im Hafen von Tripolis anzurufen und herauszufinden, wer über die Kenntnisse verfügte, die man brauchte. Auf diese Weise könnte man zumindest den Personenkreis eingrenzen.

Es sind oft die einfachsten Ideen, die übersehen werden, wenn Leute dauernd mit Intrigen und komplizierten operativen Details zu tun haben. So wurde also eine Telefonleitung eingerichtet, die von Tel Aviv aus benutzt werden konnte, aber über ein Büro bzw. Appartement in Paris lief, falls jemand den Anruf zurückverfolgen sollte. Der Raum befand sich im Gebäude einer französischen Versicherungsgesellschaft, die einem Sayan gehörte.

Bevor er anrief, hatte sich der Katsa eine komplette Legende als Versicherungsmann zugelegt. Er hatte ein Büro mit einer Sekretärin. Eine solche Frau wird eine *Bat leveyha* genannt, was soviel wie »Begleitung« heißt (und nicht in sexuellem Sinn gemeint ist). Das Wort bezieht sich einfach auf eine Frau aus der Umgebung, nicht unbedingt eine Jüdin, die als Agenten-Assistentin rekrutiert wird und einen Job dort erhält, wo eine Frau gebraucht wird. In der jeweiligen Botschaft wird sie darüber aufgeklärt, daß sie für den israelischen Geheimdienst arbeitet.

Die Sache lief nach dem Konzept des *Mikrim ve Tguvot,* die hebräischen Begriffe für »Aktion und Reaktion«, ab. Man weiß, wie man agieren will, aber die Reaktion muß vorherbestimmt werden. Für jede nur denkbare Reaktion muß eine erneute Aktion geplant werden. Das funktioniert wie ein riesiges Schachspiel, man plant allerdings nicht mehr als zwei Züge im voraus, weil das Ganze sonst zu kompliziert würde. Es ist jedenfalls Bestandteil der üblichen operativen Planung und wird bei jedem Zug erneut angewandt.

Mit dem Katsa saßen noch Menachem Dorf, Chef des PLO-Ressorts des Mossad, und Gidon Naftaly, der leitende Psychiater des Mossad im Raum, beide mit Kopfhörern ausgestattet. Naftaly sollte versuchen, den Teilnehmer am anderen Ende der Leitung sofort psychologisch einzuschätzen.

Der Mann, der als erster den Hörer abnahm, verstand kein Französisch, deshalb rief er jemand anderen an den Apparat. Ein zweiter Mann kam, nannte kurz seinen Namen und erklärte, er sei in einer halben Stunde zurück. Dann legte er wieder auf.

Als der Katsa zurückrief, fragte er mit Namensnennung nach dem Hafenmeister, bekam ihn an den Apparat und stellte sich als Versicherungsdetektiv einer französischen Firma vor.

Der erste Schuß muß sitzen. Nicht nur die Geschichte muß glaubhaft klingen, auch der, der sie erzählt. Jetzt erklärte der Katsa, womit er zu tun habe, daß seine Firma bestimmte Einzelheiten über bestimmte Schiffe, die in bestimmten Häfen lägen, erfahren müßte und daß sie wissen müßten, wer für diese Schiffe verantwortlich sei.

»Ich bin dafür verantwortlich«, sagte der Mann. »Wie kann ich Ihnen helfen?«

»Wir wissen, daß von Zeit zu Zeit Schiffe in Häfen einlaufen, von denen die Eigner behaupten, sie seien verlorengegangen oder beschädigt worden. Nun, wir sind zwar die Versicherer, aber wir können nicht immer direkt kontrollieren, wie berechtigt die Forderungen sind, deshalb benötigen wir genauere Informationen.«

»Was müssen Sie wissen?«

»Nun, wir müssen etwa wissen, ob die Schiffe repariert werden, ob sie be- oder entladen werden. Wir haben keinen Vertreter vor Ort. Wir hätten jedoch dort gern jemanden, der unsere Interessen wahrnimmt. Wenn Sie uns jemanden empfehlen könnten, wären wir auch bereit, ihn ordentlich zu bezahlen.«

»Ich glaube, ich kann Ihnen helfen«, sagte der Mann. »Ich habe die Informationen, die Sie brauchen, und es ist für mich kein Problem, sie weiterzugeben, solange wir über die zivile Schiffahrt sprechen und nicht über Kriegsschiffe.«

»An Ihrer Kriegsmarine sind wir nicht interessiert«, sagte der Katsa. »Die versichern wir ja nicht.«

Die Unterhaltung dauerte etwa zehn oder 15 Minuten und in ihrem Verlauf erkundigte sich der Katsa nach fünf oder sechs Schiffen. Nur eins von ihnen, ein PLO-Schiff, wurde gerade repariert. Er fragte nach einer Adresse, an die er das Honorar schicken könne, nannte dem Hafenmeister seine eigene Adresse und Telefonnummer und sagte ihm, daß er immer anrufen könne, sobald er Informationen habe, die er für interessant hielte.

Das lief alles so gut, und die Zielperson klang so vertrauenerweckend, daß der Katsa riskierte, den Mann danach zu fragen, ob es ihm erlaubt sei, außer seiner regulären Arbeit im Hafen noch einen Job als Versicherungsagent anzunehmen.

»Ich könnte vielleicht ein bißchen was verkaufen«, antwortete der Hafenmeister, »aber nur als Teilzeitjob. Zumindest bis ich sehe, wie es sich anläßt.«

»Prima. Ich schicke Ihnen einen Leitfaden und ein paar Visitenkarten. Wenn Sie sich das angesehen haben, können wir wieder miteinander reden.«

Das Gespräch war beendet. Jetzt hatte der Mossad einen bezahlten Agenten im Hafen von Tripolis, obwohl der nicht wußte, daß er rekrutiert worden war.

Nun hatte die »Geschäftsabteilung« von Metsada die Aufgabe, den versprochenen Versicherungsleitfaden so zu entwerfen, daß er vernünftig klang *und* zum Mittel werden konnte, die gewünschten Informationen von dem Libyer zu erhalten. Innerhalb weniger Tage war das Handbuch auf dem Weg nach Tripolis. Sobald jemandem im Rekrutierungsablauf eine Adresse und eine Telefonnummer mitgeteilt wird, müssen die für mindestens drei Jahre »gültig« bleiben, selbst wenn man über das erste Stadium der Rekrutierung niemals hinauskommt – es sei denn, es ist zu einer Auseinandersetzung gekommen, in deren Verlauf der Katsa gefährdet werden könnte, dann würden sofort alle Hinweise beseitigt.

In den folgenden beiden Monaten lieferte der neue Mann regelmäßig Berichte, aber bei einem Anruf erwähnte er, daß er zwar das Handbuch gelesen habe, sich aber immer noch nicht im klaren sei, worin seine Tätigkeit als Agent der Gesellschaft bestünde.

»Ich verstehe«, sagte der Katsa. »Ich erinnere mich, daß es mir genauso ging, als ich es das erste Mal durchlas. Sagen Sie, wann haben Sie Ferien?«

»In drei Wochen.«

»Großartig. Statt das alles am Telefon zu erklären, wäre es doch viel besser, wenn Sie auf unsere Kosten nach Frankreich kämen. Ich schicke Ihnen das Ticket. Sie haben sich schon so gut bewährt, daß wir Ihnen gern in Südfrankreich ein paar Ruhetage spendieren würden, und so könnten wir das Geschäftliche mit dem Angenehmen verbinden. Und ehrlich gesagt, es ist auch aus steuerlichen Gründen für uns besser, wenn Sie hierherkämen.«

Der Rekrut war begeistert. Der Mossad bezahlte ihm nur etwa 1 000 Dollar monatlich, aber in der nun folgenden Zeit reiste er mindestens dreimal nach Frankreich. Er war nützlich, obwohl er außer seinem Wissen über die Schiffsbewegungen im Hafen über keine wichtigen Beziehungen verfügte; doch man wollte seine Funktion nicht gefährden. Nach der persönlichen Begegnung in Frankreich schien es am sinnvollsten, ihn auch weiterhin lediglich als Informanten über die Vorgänge im Hafen zu benutzen und keinen Versuch zu unternehmen, ihn für andere Aktivitäten zu verwenden.

Zu Beginn hatte man ihn nur über einzelne Schiffe, die in Tripolis festmachten, ausgefragt. Von denen hatte man behauptet, sie wären bei der Gesellschaft versichert. Dann fanden sie einen Dreh, durch den ihnen der Hafenmeister die komplette Liste aller einlaufenden Schiffe liefern würde. Sie versprachen, ihn entsprechend zu bezahlen. Wenn sie eine vollständige Liste erhielten, so sagte man ihm, könnten sie die Informationen an andere Versicherungsfirmen weitergeben, die darüber so froh sein würden, daß sie gut dafür zahlen würden. Die Einnahmen würden dann wieder anteilig über sie an ihn zurückfließen.

Der Libyer kehrte zufrieden nach Tripolis zurück und lieferte Informationen über den gesamten Hafenverkehr. Einmal wurde ein Schiff, das Abu Nidal gehörte, im Hafen mit militärischer Ausrüstung beladen – einschließlich tragbarer Flugabwehrraketen und vieler anderer Waffen. Die Israelis wollten verhindern, daß diese Waffen in den Händen palästinensischer Kämpfer an ihren Grenzen landeten.

Sie hatten von Abu Nidals Schiff bereits durch das Abhören der PLO-Nachrichtenverbindungen Wind bekommen – in einem Gespräch hatte sich der sonst übervorsichtige Abu Nidal verplappert. Nun mußten sie nur noch »ihren« Hafenmeister fragen, wo genau das Schiff lag und wie lange es bleiben würde. Er meldete den Liegeplatz des Schiffes zusammen mit dem eines anderen, das ebenfalls mit Gütern beladen wurde, die für Zypern bestimmt waren.

In einer warmen Sommernacht des Jahres 1985 schienen zwei israelische Raketenboote der SAAR-4-Klasse auf einer der üblichen Kontrollfahrten zu sein. Dieses Mal unterbrachen sie ihre Fahrt jedoch und setzten sechs Kommandoeinheiten in einem kleinen, elektrisch angetriebenen U-Boot mit einer länglichen

Kappe aus; es sah aus wie ein tragflächenloses Kampfflugzeug aus dem Zweiten Weltkrieg – oder wie ein langer Torpedo mit einem Propeller am Heck. So etwas wurde »nasses U-Boot« genannt; die Stoßtrupps hockten in Taucheranzügen unter der Kappe und waren mit Sauerstoffflaschen ausgerüstet.

Nachdem sie von den Patrouillenbooten ins Wasser gelassen worden waren, schwammen sie schnell zu einem Schiff, das in den Hafen einlief, hefteten sich mit großen Magneten an seinen Rumpf und ließen sich so in den Hafen ziehen.

Die Kappe des U-Boots bot den Kommandos einen lebenswichtigen Schutzschild. Der Mossad wußte aus den Gesprächen mit dem Hafenmeister, daß der libysche Geheimdienst alle fünf Stunden durch den Hafen patrouillierte und Handgranaten ins Wasser warf, die eine so starke Druckwelle erzeugten, daß alle Froschmänner, die sich eventuell im Hafenbecken aufhielten, erledigt gewesen wären. Sie waren auf diese »Sicherheitsmaßnahmen« aufmerksam geworden, als der Katsa bei einem Telefonat Explosionen im Hintergrund hörte und den Hafenmeister fragte, woher denn der Krach käme. Es ist eine durchaus übliche Sicherheitsvorkehrung in den meisten Häfen von Ländern, die sich im Kriegszustand befinden. Auch in Syrien und Israel wird das gemacht.

Nun warteten sie einfach in ihrem Mini-U-Boot, bis der Sicherheitsdienst seine Runde gedreht hatte, und schwammen dann mit ihren Haftminen los. Nachdem sie sie an den beiden mittlerweile beladenen PLO-Schiffen befestigt hatten, kehrten sie zu ihrem U-Boot zurück. Das Ganze hatte nur etwa zweieinhalb Stunden gedauert. Da sie durch ihren Informanten wußten, welche Schiffe in jener Nacht den Hafen verlassen würden, näherten sie sich einem Tanker, der kurz vor der Hafeneinfahrt war. Aber sie machten dann doch nicht an ihm fest, weil es schwierig hätte werden können, ihr kleines Gefährt wieder loszubekommen, wenn der Öltanker erst einmal in voller Fahrt war.

Dummerweise ging der Sauerstoff in den Tanks zu Ende, und auch die Batterie ihres U-Bootes gab den Geist auf. Es gab keine Möglichkeit, es in diesem Zustand aufs offene Meer mitzunehmen; deshalb vertäuten sie es an einer Boje, wo es später abgeholt werden könnte. Sie verbanden sich untereinander mit einem Seil und formierten eine sogenannte »Sonnenblume«: Dazu führt man einfach Luft in den Taucheranzug, der sich dann wie ein Ballon aufbläht, so daß Froschmänner dann ohne jede Anstrengung auf der Wasseroberfläche treiben können. Die Leute konnten sogar abwechselnd zwischendurch schlafen, während einer Wache hielt. Ein paar Stunden später pirschte sich ein israelisches Patrouillenboot, durch Notsignale über ihre Position informiert, heran, griff sie auf und brachte sie in Sicherheit.

Um 6 Uhr früh am folgenden Morgen gab es vier starke Explosionen im Hafen, und die beiden Schiffe sanken in wenigen Minuten, beladen mit militärischer Ausrüstung und Munition im Wert von mehreren Millionen Dollar.

Der Katsa nahm an, daß jetzt mit ihrem Hafenmeister Schluß sei. Sicher würde der Vorfall ihn in Verdacht bringen. Jedoch das Gegenteil geschah. Als der Mann an jenem Tag anrief, war er bester Laune.

»Stellen Sie sich vor, was passiert ist!« sagte er. »Sie haben zwei Schiffe mitten im Hafen in die Luft gejagt!«

»Wer denn?«

»Die Israelis natürlich«, sagte er. »Ich weiß nicht, wie sie die Schiffe herausgefunden haben, aber sie waren es. Zum Glück waren es keine, die ihr versichert hattet. Also macht euch deswegen keine Sorgen.«

Der Hafenmeister arbeitete noch ungefähr weitere eineinhalb Jahre für den Mossad. Er verdiente eine Menge Geld damit, bis er eines Tages verschwand. Zurück ließ er nur eine Spur aus versenkten palästinensischen Schiffen.

# 16

## BEIRUT

Es zählte nicht zu Israels glücklichsten Stunden. Mitte September 1982 waren die Bilder des Massakers in der ganzen Welt zu sehen, im Fernsehen, in Tageszeitungen und Magazinen. Überall lagen Leichen herum. Männer, Frauen, Kinder. Selbst Pferde waren abgeschlachtet worden. Einigen der Opfer war aus nächster Nähe in den Kopf geschossen worden, anderen hatte man die Kehle durchgeschnitten, einige waren kastriert worden; junge Männer waren in Gruppen von zehn bis 20 Mann zusammengetrieben und dann wahllos niedergeschossen worden. Nahezu alle der 800 Palästinenser, die in den beiden Flüchtlingslagern Sabra und Shatila in Beirut starben, sind unbewaffnet gewesen, unschuldige Zivilisten, an denen christlich-libanesische Falangisten grausam Rache geübt hatten.

Es war eine grauenvolle Tat, die nicht nur von den israelischen Besatzungsstreitkräften toleriert, sondern sogar durch sie gefördert worden war. US-Präsident Ronald Reagan, Israels wichtigster internationaler Verbündeter in der damaligen Situation, beklagte danach, daß Israel sich in den Augen der Weltöffentlichkeit von einem David in einen Goliath des Nahen Ostens verwandelt hätte. Zwei Tage später schickte Reagan seine Marines als Bestandteil einer US-amerikanisch-französisch-italienischen Friedenstruppe nach Beirut zurück.

Die Reaktion auf Israels Verhalten war einmütig. In Italien zum Beispiel weigerten sich die Hafenarbeiter, israelische Schiffe zu beladen. Großbritannien verurteilte Israel offiziell, und Ägypten rief seinen Botschafter zurück. Es gab Massenproteste auch in Israel selbst.

Seit der Gründung des Staates Israel haben viele Israelis davon geträumt, mit den arabischen Ländern in Frieden zusammenzuleben – Teil einer Welt zu werden, in der es für die Menschen keine Grenzen gäbe und man überall als Freund begrüßt würde. Die Idee einer offenen Grenze, wie etwa die vielgerühmte kanadisch-amerikanische, ist für die Israelis immer noch unvorstellbar.

Ende der siebziger Jahre stellte Admony, damaliger Chef der Verbindungsabteilung im Mossad, durch den CIA und seine Beziehungen in Europa solide Verbindungen zu Bashir Gemayel her, dem Führer der christlichen Falangisten im Libanon, einem Mann, der zugleich rücksichtslos und mächtig war. Admony legte der Mossad-Führung dar, daß der Libanon seine Hilfe brauche. Der Mossad seinerseits überzeugte die israelische Regierung davon, daß Gemayel – ein enger Freund von Salimeh, dem »Roten Prinzen« – es aufrichtig meine. Das war das Bild, das der Mossad über Jahre hinweg durch seine gefilterten Informationen der Regierung präsentierte.

Gemayel arbeitete damals auch für den CIA, aber beim Mossad löste die Vorstellung, in einem arabischen Land einen »Freund« zu haben – egal wie doppelzüngig er sich verhalten mochte –, Begeisterung aus. Zusätzlich hatte Israel den Libanon niemals wirklich gefürchtet. Damals kursierte ein Witz: Sollte es zwischen beiden Ländern zum Krieg kommen, würde Israel sein Militärorchester schicken, um die Libanesen zu besiegen.

Auf jeden Fall waren die Libanesen viel zu sehr damit beschäftigt, sich gegenseitig zu bekämpfen, als daß sie sich um jemand anderen noch kümmern konnten. Die verschiedenen moslemischen und christlichen Streitkräfte stritten um die Vorherrschaft, wie auch heute noch. Gemayel, dessen Truppen damals belagert wurden, entschloß sich, Israel um Hilfe anzugehen. Einen zusätzlichen Vorteil eines möglichen Eingreifens sah der Mossad darin, sich Israels Feind Nummer eins, der PLO, zu entledigen. Noch lange Zeit nachdem Israels Aktionen sich bereits zum Schaden des eigenen Landes ausgewirkt hatten, blieb die libanesische Verbindung für den Mossad entscheidend wichtig, weil Admony, der Mossad-Chef, der Mann gewesen war, der alles in die Wege geleitet und darin die Krönung seiner Arbeit gesehen hatte.

In vieler Hinsicht erinnert der Libanon von heute an das Chicago oder das New York der zwanziger oder dreißiger Jahre, als die verschiedenen Gangs oder Mafia-Banden um die Vorherrschaft kämpften. Gewalt und Protzerei bestimmte den Alltag, und zeitweise schienen die Regierungsstellen nicht in der Lage oder willens zu sein, etwas dagegen zu unternehmen.

Auch der Libanon hat seine »Familien«, jede besitzt ihre eigene Armee oder Miliz, die dem »Paten« ergeben ist. Aber religiöse und Familien-Bande hatten immer nur sekundäre Bedeutung, an erster Stelle ging es um Macht und Geld, die beide aus dem Drogenhandel und vielen anderen Mafia-Aktivitäten erwuchsen, die die libanesische Korruptionsmaschine und die dort herrschende Anarchie am Leben halten.

In Beirut können die Leute sehr gut leben, nur weiß niemand, wie lange. Nirgendwo auf der Welt steht eine Metropole so vor dem endgültigen Aus wie in Beirut. So erklärt sich, daß die herrschenden Gruppen, seien es nun die Familien, Milizen oder Kriminellen, das Leben in vollen Zügen genießen, solange es noch möglich ist. Das sind höchstens 200000 Menschen, während über eine Million Libanesen in und um Beirut versuchen, ihr Leben unter katastrophalen Bedingungen zu fristen und dabei noch ihre Familien zu ernähren.

1978 hatte »Babyface« Bashir Gemayel über seine Mossad-Verbindungen um Waffen für seine Auseinandersetzung mit den Franjiehs, dem anderen einflußreichen Christen-Clan, gebeten. (Tony Franjieh, den Gemayel zusammen mit seiner Frau und Tochter im Juni 1978 ermorden ließ, stand mit dem Mossad nicht auf gutem Fuß.) Der Mossad verkaufte ihm Waffen, vom »Geschäftspartner« auf eine Art und Weise erworben, wie es selbst der Mossad noch nie erlebt hatte.

1980 wurde eine Gruppe von Falangisten auf dem Militärstützpunkt in Haifa ausgebildet, u. a. im Umgang mit den kleinen Dabur-Kanonenbooten, die von einer israelischen Waffenfabrik ausgerechnet in Beersheba produziert wurden, einem Ort, der inmitten der Wüste liegt, auf halber Strecke zwischen Mittelmeer und Rotem Meer. Als ihre Ausbildung abgeschlossen war, traf der Chef der christlichen libanesischen Marine in seinem üblichen glänzenden Seidenanzug per Schiff in Haifa ein, begleitet von drei Bodyguards und drei Mossad-Beamten, die mehrere Koffer trugen. Gemayels Militärs kauften fünf Boote, jedes zum Preis von etwa 6 Millionen US-Dollar, und bezahlten sie in US-Währung – in bar. Das Geld hatten sie in den Koffern mitgebracht. Sie fuhren mit den Kanonenbooten gleich nach Juniyeh zurück, einer Hafenstadt nördlich von Beirut.

Als die Koffer geöffnet wurden, fragte der Oberkommandierende der libanesischen Marine den höchsten Mossad-Beamten, ob er das Geld zählen wolle. »Nein, wir glauben Ihnen«, sagte er. »Aber wenn es nicht stimmt, dann sind Sie ein toter Mann.« Sie zählten es später nach, und es stimmte genau.

Die meiste Zeit über verwendeten die Falangisten ihre »Kriegsmarine« dazu, vor der Küste West-Beiruts in langsamer Fahrt zu kreuzen und mit Maschinengewehren auf Moslems zu feuern, eine »Übung«, die Hunderte von unschuldigen Menschen das Leben kostete, aber im Grunde keinerlei militärische Vorteile erbrachte.

Aufgrund seiner Mossad-Verbindungen erhielt Israel von Gemayel 1979 die Erlaubnis, in Juniyeh eine Marine-Radarstation einzurichten, in der 30 Mann von der israelischen Marine arbeiteten. Es war Israels erster Stützpunkt im Libanon. Die Existenz dieser Station stärkte natürlich die Position der Falangisten, da die Moslems – und auch die Syrer – sich hüteten, sich mit Israel anzulegen. Viele Verhandlungsrunden zwischen dem Mossad und Gemayel wegen der Radarstation fanden auf dem Sitz der Familie nördlich von Beirut statt. Als »Aufwandsentschädigung« zahlte der Mossad monatlich zwischen 20000 und 30000 Dollar an Gemayel.

Gleichzeitig besaßen die Israelis noch einen weiteren Freund im südlichen Libanon – den christlichen Major Haddad, der eine

Miliz befehligte, die hauptsächlich aus Schiiten bestand. Haddad war beinahe ebenso eifrig wie die Israelis darauf aus, die Truppen von Yassir Arafats PLO aus dem südlichen Libanon zu vertreiben. Auch er war, sobald die Zeit reif dafür wäre, bereit, gegen Arafat zu marschieren.

Die Mossad-Station in Beirut, sie wurde »U-Boot« genannt, lag im Kellergeschoß eines ehemaligen Regierungsgebäudes nahe der Grenzlinie zwischen dem von Christen beherrschten Ost-Beirut und dem von Moslems dominierten West-Beirut. Dort waren ständig etwa zehn Leute beschäftigt, darunter sieben bis acht Katsas, wovon wiederum einer oder zwei aus der Einheit 504 stammten, dem israelischen Militärgeheimdienst, der sich offiziell mit dem Mossad die Räume teilte.

Anfang 1980 unterhielt der Mossad zu weiteren, einander bekämpfenden libanesischen Familien enge Verbindungen. Er zahlte für Informationen, die er dann an die verschiedenen Gruppen weitergab, und er bezahlte sogar die Gangs und einige Palästinenser in den Flüchtlingslagern für Nachrichtenbeschaffung und sonstige Dienste. Außer Gemayel standen auch die Familien Jumblat und Berri auf der Gehaltsliste des Mossad.

Die Situation bezeichneten die Israelis mit einem arabischen Wort als *Halemh,* »lautes Durcheinand«. Und dann wuchs das Durcheinander noch, als Bürger aus dem Westen gekidnappt wurden. Im Juli 1982 zum Beispiel wurde David S. Dodge, 58, Rektor der amerikanischen Universität von Beirut, von vier bewaffneten Leuten entführt, als er aus seinem Büro nach Hause wollte.

Eine verbreitete Methode, Geiseln zu transportieren, nannte man »Mumien-Transport«. Das bedeutete, jemand von Kopf bis Fuß mit braunem Plastikklebeband zu verschnüren, wobei man nur eine kleine Öffnung zum Atmen freiließ, und dann das Paket in den Kofferraum oder unter den Sitz ins Auto zu legen. Manche Opfer ließ man einfach liegen und sterben, gewöhnlich dann, wenn die Kidnapper an eine Straßensperre gerieten, die von gegnerischen Milizen errichtet worden war.

Während der Mossad an seinen verschiedenen Verbindungen

im Libanon arbeitete und Verteidigungsminister Ariel Sharon – von den Amerikanern als »Falke unter den Falken« beschrieben – auf Krieg drängte, geriet Begin allmählich unter Druck. Es sei zumindest an der Zeit, so hieß es, die PLO im Süden des Libanon auszuradieren, wo sie ihre Position dazu nutzte, mit Granaten über die Grenze zu schießen und israelische Dörfer im Grenzgebiet zu überfallen.

Sharon wurde nach dem Yom Kippur-Krieg von 1973 immer als »Arik, Arik, König von Israel« gegrüßt. Der nur 1,65 Meter große Zwei-Zentner-Mann, häufig aufgrund seiner Statur und seines politischen Stils als »Bulldozer« tituliert, war gerade erst 25 Jahre alt, als er ein Kommando-Unternehmen befehligte, in dessen Verlauf eine Vielzahl unschuldiger Jordanier umkam und das Israels damaligen Premierminister David Ben Gurion zu einer öffentlichen Entschuldigung zwang. Später stellte ihn Moshe Dayan beinahe wegen Befehlsverweigerung vor ein Kriegsgericht, weil er 1956 im Sinai-Feldzug Befehle mißachtete und ein Manöver mit Fallschirmjägern angeordnet hatte, das Dutzende israelischer Soldaten das Leben kostete.

Bereits Monate vor der israelischen Invasion im Libanon hatte die PLO eine Invasion befürchtet, und Arafat ordnete einen Bombardierungsstopp der israelischen Dörfer an. Dennoch zog Israel im Frühjahr 1982 viermal Invasionstruppen an seiner Nordgrenze zusammen und befahl jeweils erst im letzten Moment den Rückzug, hauptsächlich aufgrund amerikanischen Drucks. Begin versicherte den Amerikanern, daß Israel, falls es angreifen würde, seine Soldaten nur bis zum Litani-Fluß marschieren lassen würde, 30 Kilometer nördlich der Grenze, um damit auszuschließen, daß die PLO weiterhin israelische Siedlungen beschießen könne. Er hielt sein Versprechen nicht, und wenn man das Tempo bedenkt, mit dem die israelische Armee Beirut erreichte, hatte er das auch gar nicht vorgehabt.

Am 25. April 1982 zog sich Israel aus dem letzten Drittel des Sinai zurück, das es seit dem Sechs-Tage-Krieg 1967 besetzt gehalten hatte. Damit war das ägyptisch-israelische Camp David-Abkommen aus dem Jahr 1979 erfüllt worden.

Aber als israelische Bulldozer die letzten Spuren israelischer Siedlungen auf dem Sinai zerstörten, brach Israel gleichzeitig einen Waffenstillstand an seiner 120 Kilometer langen Grenze zum Libanon, der 1981 in Kraft getreten war. 1978 hatte Israel mit 10 000 Mann und 200 Panzern den Libanon angegriffen, aber es war ihm nicht gelungen, die PLO zu vertreiben.

Am 6. Juni 1982, einem sonnigen Sonntagmorgen, gab Begins Kabinett Sharon grünes Licht für die Invasion im Libanon. An jenem Tag kam der irische Generalleutnant William Callaghan, Befehlshaber der UNO-Truppen im Libanon (UNIFIL), in das vorgeschobene Hauptquartier des israelischen nördlichen Truppenkommandos in Zefat, um die Resolution des UNO-Sicherheitsrates zu diskutieren, die eine Beendigung des Sperrfeuers von seiten Israels und der PLO im Grenzgebiet forderte. Statt der erwarteten Diskussion erhielt er vom israelischen Stabschef, Generalleutnant Rafael Eitan, die Auskunft, daß Israel in 28 Minuten den Libanon angreifen würde. 60 000 Mann mit mehr als 500 Panzern überrollten kurz darauf den Libanon in einem unseligen Feldzug, der zwar 11 000 PLO-Soldaten aus dem Land vertrieb, aber Israels internationalem Ansehen schweren Schaden zufügte, 462 israelische Soldaten das Leben und weitere 2218 Verwundete kostete.

Innerhalb der ersten 48 Stunden wurden die Hauptkräfte der PLO besiegt, aber in Sidon, Tyrus und Damur leistete die PLO erheblichen Widerstand. Auf zwei dringende Schreiben Ronald Reagans an Begin, den Libanon nicht anzugreifen, hatte der geantwortet, Israel wolle nur die PLO von seinen Grenzen verdrängen. »Der blutrünstige Aggressor steht vor unserer Tür«, schrieb er. »Haben wir nicht das selbstverständliche Recht auf Selbstverteidigung?«

Während die Israelis die PLO im Süden des Landes angriffen, schlossen sie gleichzeitig ihre Streitkräfte mit den christlichen Falangisten Gemayels in den Vororten von Beirut zusammen. Als sie in die Stadt einmarschierten, wurden sie zuerst von der christlichen Bevölkerung als Befreier begrüßt und mit Reis, Blumen und Bonbons überschüttet. Es dauerte nicht lange, und die

Truppen hatten mehrere tausend PLO-Kämpfer sowie 500000 Bewohner in West-Beirut eingekesselt.

Die todbringenden Bombardements gingen weiter, und im August äußerte Begin angesichts ausländischer Kritik, die den Israelis vorwarf, daß es Opfer vor allem unter der Zivilbevölkerung gab: »Wir tun, was wir tun müssen. West-Beirut ist keine Stadt, sondern ein militärisches Ziel, umgeben von Zivilisten.«

Schließlich, nach zehnwöchiger Belagerung, schwiegen die Waffen, und die PLO räumte die Stadt. Daraufhin sagte der libanesische Premierminister Chafik al Wazzan: »Wir haben das Ende unserer Leiden erreicht.« Er hatte sich zu früh gefreut.

Ende August rückte eine kleine italienisch-amerikanisch-französische Friedenstruppe in Beirut ein, während die Israelis ihren Druck auf die umkämpfte Stadt immer noch verstärkten.

Am 14. September 1982, um 16.08 Uhr, detonierte eine ferngezündete 100-Kilogramm-Bombe im dritten Stock des Hauptquartiers der christlichen Falange in Ost-Beirut und tötete den gewählten Präsidenten Bashir Gemayel und 25 weitere seiner Anhänger, als er und zirka 100 Parteimitglieder eine Versammlung abhielten. Bashir wurde durch seinen 40 Jahre alten Bruder Amin ersetzt.

Als Attentäter konnte Habib Chartuni, 26 Jahre alt, gefaßt werden, der offenbar über einen Kontaktmann der prosyrischen libanesischen Partei, die Gegner der Falangisten, den Sprengstoff und seine Instruktionen erhalten hatte. Die Operation war vom syrischen Geheimdienst im Libanon unter Leitung von Oberstleutnant Mohammed G'anen durchgeführt worden.

Da der CIA Pate gestanden hatte, um Gemayel und den Mossad zusammenzubringen, hatten die Vereinigten Staaten mit dem Institut im Gegenzug ein Abkommen über die gegenseitige Belieferung mit Nachrichtenmaterial geschlossen (was hauptsächlich zum Vorteil des Mossad war, da er kaum etwas an andere Organisationen weitergibt). Aber weil der Mossad im CIA »Spieler, die nicht spielen können«, sieht, gibt es keinen Zweifel, daß er über die Rolle der Syrer bei Gemayels Ermordung bestens Bescheid wußte.

357

Zwei Tage nach dem Attentat hatten der israelische Generalmajor Amir Drori, Befehlshaber des Nordkommandos, und
einige andere hohe Offiziere in ihrer Kommnandozentrale im
Beiruter Hafen Gäste: Fady Frem, der Kommandeur der christlichen Miliz, und ihr berüchtigter Geheimdienstchef Elias
Hobeika, eine schillernde und bösartige Figur, der immer eine
Pistole, ein Messer und eine Handgranate bei sich trug, und der
gefürchtetste Falangist im Libanon war. Hobeika war ein enger
Bundesgenosse des christlichen Generals Samir Zaza. Später
wechselten sich die beiden im Oberkommando der christlichen
Armee ständig ab. Für den Mossad war Hobeika ein wichtiger
Kontaktmann. Er war Absolvent des *Staff and Command College*
in Israel. Er führte die Truppen an, die in die Flüchtlingslager
eindrangen und die Zivilisten abschlachteten.

Hobeika, der Amin Gemayel haßte und seinen Führungs-
anspruch anfocht, war in einen erbitterten internen Machtkampf
verwickelt, weil er von einigen Leuten dafür verantwortlich gemacht wurde, daß Bashir Gemayel nicht ausreichend geschützt
worden war.

Am 16. September, gegen 17.00 Uhr, zog Hobeika seine Truppen am internationalen Flughafen von Beirut zusammen und
drang in das Lager Shatila ein, unterstützt durch Leuchtspurge-
schosse und später Panzer- und Artilleriefeuer der Israelischen
Verteidigungsstreitkräfte (IDF). Kurz darauf behauptete ein israelischer Kabinettssprecher vor der Presse, daß die IDF »in
West-Beirut Stellung bezogen habe, um der Gefahr von Gewalt,
Blutvergießen und Anarchie vorzubeugen«.

Am folgenden Tag erhielt Hobeika die Erlaubnis der Israelis,
zwei weitere Bataillone in die Lager zu bringen. Israel wußte,
daß dort ein Massaker stattfand. Die israelischen Streitkräfte
hatten sogar auf den Dächern an der Kreuzung, an der die Botschaft Kuwaits liegt, Beobachtungsposten eingerichtet; von dort
besaß man einen freien Blick auf die Schlächterei.

In der Empörung über das Gemetzel und die israelische Rolle
dabei nahmen die Auseinandersetzungen zwischen Reagan und
Begin an Schärfe zu. Ende Oktober schickte Reagan 1 200 US-

Marineinfanteristen nach Beirut zurück, das sie erst 19 Tage zuvor verlassen hatten. Sie verstärkten nun die 1 560 französischen Fallschirmjäger und 1 200 Italiener der zweiten Friedenstruppe.

Die ganze Zeit über arbeitete die Mossad-Station in Beirut auf Hochtouren. Einer ihrer Informanten war ein »Stinker« – das ist ein jiddischer Ausdruck, mit dem in Israel ein Informant bezeichnet wird (im Sinne des englischen Begriffs »stool pigeon« = Lockvogel). Der »Stinker« hatte Zugang zu einer Beiruter Autowerkstatt, die sich auf das Präparieren von Autos für Schmuggelunternehmungen spezialisiert hatte. Viele israelische Militärangehörige schmuggelten zum Beispiel zollfreie Videogeräte und Zigaretten aus dem Libanon nach Israel und machten dort riesige Profite, weil in Israel solche Dinge mit 100 oder 200 Prozent Zoll belegt werden. Der Mossad wiederum gab der israelischen Militärpolizei zweckdienliche Hinweise, so daß viele Schmuggel-Versuche aufflogen.

Im Sommer 1983 berichtete der erwähnte Informant dem Mossad von einem großen Mercedes-Lastwagen, der von den Schiiten mit Hohlräumen ausgestattet wurde, in denen Bomben untergebracht werden könnten. Er sagte, diese Fächer seien sogar größer als normalerweise in einem solchen Fall. Das könne nur bedeuten, daß man ein größeres Zielobjekt im Auge habe. Der Mossad wußte, daß sich für ein mögliches Attentat nur wenige große Ziele anboten – eines davon das Hauptquartier der US-Marines. Nun war die Frage, ob man die Amerikaner vor einem Lastwagen bestimmter Bauart warnen sollte oder nicht.

Die Entscheidung war zu wichtig, um in der Beiruter Station getroffen zu werden. Sie wurde deshalb an Tel Aviv weitergereicht, wo Admony, der damalige Mossad-Chef, entschied, daß man den Amerikanern nur die normale, allgemein gehaltene Warnung zukommen lassen sollte, einen vagen Hinweis, daß man Grund hätte zu glauben, gegen sie sei möglicherweise eine Operation geplant. Aber das klang wirklich so allgemein und nichtssagend wie eine Wettervorhersage. Es war unwahrscheinlich, daß daraufhin ein besonderer Alarm ausgelöst oder die Sicherheitsvorkehrungen erhöht werden würden. Beispielsweise gab es in den sechs Monaten, die dieser »Nachricht« folgten, mehr als 100 Warnungen vor Angriffen mit Autobomben. Also würde eine mehr oder weniger dieser Art die amerikanische Sicherheitsbereitschaft nicht erhöhen.

Admony erklärte seine Weigerung, den Amerikanern genauere Informationen zukommen zu lassen, mit den Worten: »Wir sind nicht dazu da, die Amerikaner zu schützen. Die sind ein großes Land. Schickt einfach die normale Information.«

Gleichzeitig ging jedoch an alle israelischen Stellen in Beirut die exakte Beschreibung des Mercedes-Lkw, verbunden mit einer entsprechenden Warnung.

Am 23. Oktober 1983 näherte sich morgens früh um 6.15 Uhr ein großer Mercedes-Lastwagen dem Beiruter Flughafen, passierte in Sichtweite die israelischen Wachen der nahe gelegenen Basis, durchfuhr einen Kontrollpunkt der libanesischen Armee und bog nach links auf einen Parkplatz ein. Ein Wachtposten der Marines schrie noch, daß der Lastwagen Gas gab, aber trotz der Beschießung durch einige Wachen raste der Lkw schon auf den Eingang der vierstöckigen, aus armiertem Beton erbauten Abfertigungshalle zu, in der das Hauptquartier des 8. Marineinfanterie-Bataillons untergebracht war. Er durchbrach das schmiedeeiserne Tor, überfuhr einen Wachtposten hinter Sandsäcken, durchschlug eine weitere Barriere und krachte durch eine Mauer aus Sandsäcken in die ebenerdige Halle. Dort explodierte der Lkw mit furchtbarer Gewalt und legte das ganze Gebäude in Schutt und Asche.

Wenige Minuten später raste ein anderer Lastwagen in das Hauptquartier der französischen Fallschirmjäger in Bir Hason, ein Gebäude, das am Meer inmitten eines Wohngebiets liegt, keine drei Kilometer von dem US-Gelände entfernt. Die Gewalt der Explosion war so groß, daß das ganze Gebäude um zehn Meter zur Seite rutschte. 58 Soldaten starben.

Der Tod von 241 US-Marines, von denen die meisten zum Zeitpunkt der Explosion noch in ihren Betten schliefen, bedeutete für die Amerikaner den höchsten Verlust an einem einzigen

Tag seit den 246 Toten in Vietnam zu Beginn der Tet-Offensive am 13. Januar 1968.

Nach wenigen Tagen übergab der Mossad dem CIA eine Liste mit den Namen von 13 Leuten, die seiner Meinung nach in die beiden Attentate verwickelt waren. Die Liste enthielt syrische Geheimdienstleute, Iraner, die in Damaskus saßen, und den Schiiten-Führer Fadlallah.

Im Hauptquartier des Mossad hörte man einen Seufzer der Erleichterung, weil nicht die Israelis Ziel des Angriffs gewesen waren. Es wurde als kleiner Zwischenfall angesehen, was den Mossad anging, etwas, worüber man gestolpert war, was man aber niemandem erzählen würde. Das Problem war doch: Wenn der Mossad die Information hätte durchsickern lassen und man sie zurückverfolgt hätte, dann wäre der Mossad-Informant tot gewesen. Wir hätten dann möglicherweise nicht mehr erfahren können, ob *wir* nicht vielleicht die nächsten auf der Attentatsliste wären.

Die allgemeine Haltung den Amerikanern gegenüber war: »Na und, die wollten doch unbedingt ihre Nase in den Libanon stekken, dann müssen sie halt auch dafür bezahlen.«

Ich erhielt im Nachgang zu dieser Katastrophe den ersten großen Rüffel von meinem Vorgesetzten im Mossad, dem Liaison-Offizier Amy Yaar. Ich äußerte damals die Meinung, die amerikanischen Soldaten, die in Beirut ermordet worden seien, würden unser Gewissen länger belasten als unsere eigenen Gefallenen, weil sie mit dem Vorsatz gekommen seien, uns aus dem Dreck herauszuhelfen, in den wir uns selbst reingeritten hatten. Yaar erwiderte: »Halt bloß die Klappe. Du redest wie deine Genossen. Wir geben den Amerikanern viel mehr, als wir von ihnen kriegen.« Das haben sie immer gesagt, aber es stimmt nicht. Wenn man allein an die vielen Teile der israelischen Militärausrüstung denkt, die aus den USA stammt. Und auch der Mossad hatte den Amerikanern viel zu verdanken.

In dem ganzen beschriebenen Zeitraum wurde eine Reihe westlicher Staatsbürger im Libanon gefangengehalten, und durch Aktionen verschiedener Fraktionen kamen immer neue Geiseln dazu. Ende März 1984 verließ eines Tages der Chef der CIA-Station William Buckley, der offiziell als politischer Offizier an der US-Botschaft firmierte, seine Wohnung in West-Beirut und wurde mit Waffengewalt von drei Schiiten entführt. Er blieb 18 Monate in Gefangenschaft, wurde schwer gefoltert und am Ende brutal ermordet. Er hätte gerettet werden können.

Der Mossad hatte durch sein umfangreiches Informantennetz einen ziemlich guten Überblick darüber, wo und von welchen Gruppen die meisten Geiseln festgehalten wurden. Selbst wenn man den Aufenthaltsort nicht kennt, so ist es doch von großem Wert, zu wissen, welche Gruppierung dahintersteckt, sonst verhandelt man womöglich mit Leuten, die überhaupt keine Geiseln haben.

Leuten vom Range Buckleys wird unter den Terrorkommandos große Bedeutung zugemessen, weil sie über eine Menge Wissen verfügen. Aus ihnen Informationen herauszupressen kann für viele Geheimdienst-Operateure in der ganzen Welt das Todesurteil bedeuten. Eine Gruppe, die sich Heiliger Islamischer Krieg nennt, übernahm die Verantwortung für die Entführung Buckleys. Bill Casey, der CIA-Chef, war so darauf aus, Buckley zu retten, daß ein Expertenteam des FBI, das auf das Aufspüren von gekidnappten Menschen spezialisiert war, nach Beirut geschickt wurde, um ihn zu finden. Aber auch nach einem Monat hatten die Männer immer noch nichts herausgebracht. Die offizielle US-Politik lautete damals, mit Geiselnehmern im Libanon nicht zu verhandeln, aber Casey hatte beträchtliche Summen zur Verfügung gestellt, um Informanten zu bezahlen und Buckley notfalls freizukaufen.

Schon bald wandte sich der CIA mit einem Hilfeersuchen an den Mossad. Kurz nach Buckleys Entführung bat der CIA-Verbindungsoffizier in Tel Aviv den Mossad, ihnen soviel Information wie möglich über Buckley und einige andere Geiseln zu liefern.

An einem Vormittag wurde gegen halb zwölf im Hauptquartier über Lautsprecher durchgegeben, daß das gesamte Personal das Erdgeschoß und den Fahrstuhl nicht betreten dürfe, weil Gäste im Hause seien. Zwei CIA-Beamte wurden abgeschirmt ins Gebäude geleitet und dann zu Admonys Büro im neunten Stock gebracht. Der Mossad-Chef sagte ihnen, daß man ihnen alles geben würde, was man hätte, aber wenn sie etwas ganz Bestimmtes haben wollten, müßten sie sich an den Premierminister wenden, »weil er unser Boß ist«. Admony wollte im Grunde nur ein formelles Ersuchen erzwingen, so daß der Mossad später bei Bedarf und passender Gelegenheit auf eine Gefälligkeit pochen könnte.

Auf jeden Fall stellten die Amerikaner durch ihren Botschafter ein förmliches Ersuchen an den damaligen Premierminister Shimon Peres. Peres erteilte Admony die Anweisung, daß der Mossad dem CIA jede nur denkbare Hilfe leisten solle, um in der Geiselaffäre behilflich zu sein. Normalerweise beinhalten derlei Anweisungen bestimmte Einschränkungen – wie etwa »Wir geben alle uns zur Verfügung stehenden Informationen, sofern sie nicht unsere Leute gefährden« –, in diesem Fall jedoch nicht, ein deutliches Indiz dafür, wie wichtig sowohl die Vereinigten Staaten als auch Shimon Peres die Geiselfrage nahmen.

Politisch gesehen, können solche Ereignisse enormen Sprengstoff bedeuten. Die Reagan-Administration erinnerte sich nur zu gut daran, welche Demütigung Jimmy Carter erdulden mußte, als zahlreiche Amerikaner nach dem Sturz des Schahs im Iran als Geiseln festgehalten wurden.

Admony versicherte Peres, daß er alles in seiner Macht Stehende tun würde, um den Amerikanern zu helfen. »Ich habe in dieser Hinsicht ein gutes Gefühl«, sagte er. »Wir haben da vielleicht etwas, was Ihnen weiterhelfen könnte.« In Wahrheit hatte er nicht die geringste Absicht, ihnen zu helfen.

Zwei CIA-Beamte wurden zu einem Treffen mit dem *Saifanim* (»Goldfisch«)-Ressort gebeten, das sind die PLO-Spezialisten. Die Zusammenkunft fand in der Akademie statt. Da Israel in der PLO seinen Hauptgegner sieht, handelte der Mossad oft nach dem Prinzip, daß wenn man der PLO etwas anlasten konnte, es seine Aufgabe erfüllt hatte. Deswegen machten sie sich an die Aufgabe, der PLO die Entführungen zuzuschieben, obwohl man wußte, daß viele der Geiseln, darunter auch Buckley, in keinerlei Beziehung zur PLO standen.

Um den Anschein zu erwecken, als wären sie zu völliger Kooperation bereit, behängten die Saifanim-Leute alle Wände im Konferenzraum mit Karten und boten den Amerikanern unzählige Daten für die Bestimmung des ungefähren Aufenthaltsorts der Geiseln an. Obwohl die Geiseln ständig verlegt wurden, wußte der Mossad im allgemeinen gut darüber Bescheid, wo sie sich gerade befanden. Der Mossad unterschlug einfach viele Details, die er aus seinen Quellen erfahren hatte, sagte aber den Amerikanern, daß sie nach ihrem allgemeinen Eindruck entscheiden könnten, ob man weiter in die Einzelheiten gehen solle. Dies war natürlich Bestandteil eines unausgesprochenen, aber sehr wirksamen Systems der Schuldenbegleichung und des Punktesammelns für künftige Gefälligkeiten.

Am Ende des Treffens wurde Admony ein genauer Bericht geliefert. Die Amerikaner ihrerseits diskutierten die Sache mit ihren Vorgesetzten. Zwei Tage später kamen sie wieder und wollten genauere Informationen zu einer Antwort haben, die sie bei der ersten Zusammenkunft erhalten hatten. Der CIA meinte, daß sich das als heiße Spur erweisen könnte, wollte aber die Einzelheiten sorgfältig prüfen. Sie baten um ein Gespräch mit der »Quelle«, aus der die Information stammte.

»Kommt nicht in Frage«, sagte der Mossad-Mann. »Niemand spricht mit den Quellen.«

»Okay«, sagte der CIA-Mann. »Das sehen wir ein. Wie wäre es, wenn wir mit seinem Operateur sprechen könnten?«

Der Mossad schützt die Identität der Katsas sehr rigoros. Man riskiert es einfach nicht, daß andere sie sehen. Wer garantiert schließlich, daß sie als Folge eines solchen Gsprächs nicht irgendwann mal enttarnt werden? Ein Katsa im Beirut von heute kann morgen ganz woanders arbeiten, begegnet dort dem CIA-Mann wieder, und eine ganze Operation kann fehlschlagen. Allerdings lassen sich Befragungen von Katsas auf vielfältige Weise durchführen, ohne daß sich die Beteiligten wirklich begegnen: hinter einem Schirm zu sprechen, die Stimme zu verzerren, eine Kapuze zu tragen hätten in diesem Fall ausgereicht. Aber der Mossad hatte nicht die Absicht, besonders hilfsbereit zu sein. Trotz direkten Befehls ihres »Bosses« Peres sagten die Saifanim-Beamten, daß sie es erst mit dem Mossad-Chef besprechen müßten.

Im Hauptquartier war zu hören, daß Admony einen schlechten Tag hatte. Seine Geliebte, die Tochter des Tsomet-Chefs, hatte auch einen schlechten Tag. Vielleicht hatte sie ihre Tage – so jedenfalls lautete häufiger mal die scherzhaft gemeinte Begründung. Beim Mittagessen in der Kantine sprachen alle von der Geiselaffäre. Bis die Geschichte die Kantine erreicht hatte, war sie möglicherweise bereits etwas übertrieben worden, jedenfalls soll Admony gesagt haben: »Diese verdammten Amerikaner. Sollen wir ihnen vielleicht auch noch die Geiseln herausholen? Sind die denn total verrückt geworden?«

Auf jeden Fall lautete die Antwort Nein: Der CIA durfte den Katsa nicht sehen und nicht sprechen. Obendrein erzählten sie den Amerikanern, daß die Information, die die Nachfrage ausgelöst hatte, mittlerweile überholt sei und sich auch auf einen ganz anderen Fall bezogen habe, jedenfalls nichts mit der Buckley-Entführung zu tun habe. Das stimmte nicht, und noch dreister war die Aufforderung an die Amerikaner, sie sollten die Information vergessen, um das Leben anderer Geiseln nicht zu gefährden. Sie versprachen den Amerikanern sogar, im Gegenzug ihre Anstrengungen zu verdoppeln.

Viele Leute im Büro sagten, daß der Mossad so ein Verhalten eines Tages noch bereuen werde. Aber die Mehrheit fand es gut so. Die allgemeine Einstellung war: »Wir haben es ihnen gezeigt. Wir lassen uns von den Amerikanern nicht herumschubsen. Wir sind der Mossad. Wir sind die Besten.«

Diese Sorge um Buckley und die anderen Geiseln veranlaßte CIA-Chef Casey, die in der Verfassung vorgesehene Zustimmung des Kongresses zu umgehen und sich auf den Plan einzulassen, trotz eines Embargos Waffen in den Iran zu liefern, um im Tausch dagegen die amerikanischen Geiseln freizubekommen – das war der Beginn der Iran-Contra-Affäre. Hätte sich der Mossad gleich nach den ersten Entführungen kooperativer verhalten, hätten nicht nur Buckley und andere gerettet werden können, sondern dieser Skandal, der die gesamte politische Landschaft der USA schwer erschütterte, hätte vermieden werden können. Peres hatte deutlich erkannt, daß eine Zusammenarbeit im israelischen Interesse lag, aber der Mossad – vor allem Admony – hatte andere Interessen und verfolgte sie rücksichtslos.

Die endgültige Tragödie in der vom Mossad eingefädelten Verwicklung Israels im Libanon trat ein, als die Beirut-Station, das »U-Boot«, geschlossen wurde, viele Agenten zurückblieben und das ganze Netzwerk zusammenbrach. Viele Agenten wurden getötet. Andere konnten noch erfolgreich herausgeschmuggelt werden.

Israel hatte den Krieg nicht begonnen, und es hat ihn nicht beendet. Es ist wie beim Blackjack im Spielcasino – du fängst kein Spiel so richtig an und beendest auch keines. Israel hat einfach nur keinen Jackpot gewonnen.

In jener Zeit hatte Peres einen »Berater für Terrorismusfragen« mit Namen Amiram Nir. Als Peres den Verdacht schöpfte, daß der Mossad den Amerikanern nicht so behilflich war, wie von ihm gewünscht, beschloß er, Nir als seinen persönlichen Verbindungsmann zwischen den beiden Staaten einzusetzen. Diese Entscheidung brachte Nir in Kontakt mit US-Oberleutnant Oliver North, einer Zentralfigur im folgenden Iran-Contra-Skandal. Nir führte die berühmte von Reagan signierte Bibel mit sich, als North und der ehemalige nationale Sicherheitsberater Robert McFarlane mit gefälschten irischen Pässen im Mai 1986 geheim in den Iran reisten, um Waffen zu verkaufen. Das Geld aus diesen Verkäufen wurde wiederum benutzt, um Waffen für die von den USA unterstützten Contras in Nicaragua zu erwerben.

Nir war ein Mann, der viele Kontakte hatte und eine Menge Insiderinformationen besaß. Er hatte 1985 eine wichtige Rolle bei der Gefangennahme der Entführer des Kreuzfahrtschiffes *Achille Lauro* gespielt, und er erstattete dem US-Vizepräsidenten (und früheren CIA-Direktor) George Bush über die Waffenverhandlungen mit dem Iran Bericht.

Nir hat nachweislich gesagt, daß er und North 1985 und 1986 mehrere Anti-Terror-Operationen überwachten, die durch ein

Geheimabkommen zwischen Israel und den USA abgesegnet worden waren. Im November 1985 habe Nir – nach North' Aussage – die Idee gehabt, die aus den Waffenverkäufen an den Iran resultierenden Gewinne für andere verdeckte Operationen zu verwenden.

Nirs Rolle in diesem Zusammenhang wird noch dubioser aufgrund seiner Beziehung zu einem undurchsichtigen im Iran ansässigen Geschäftsmann namens Manucher Ghorbanifar. Der CIA-Chef Bill Casey warnte North ausdrücklich davor, daß Ghorbanifar mit ziemlicher Sicherheit ein Agent des israelischen Geheimdienstes sei. Jedenfalls haben Ghorbanifar und Nir im Sommer 1986 für die Freilassung von Reverend Lawrence Jenco, einer von libanesischen Extremisten festgehaltenen amerikanischen Geisel, mit Erfolg die Unterstützung des Iran erreicht. Wenige Tage nach der Freilassung von Jenco erklärte Nir George Bush, daß nun als notwendige Gegenleistung Waffenlieferungen an den Iran zu folgen hätten.

Ghorbanifar war seit 1974 eine CIA-Quelle, er war der Mann, der 1981 das Gerücht verbreitete, daß libysche Killerkommandos in die Vereinigten Staaten geschickt worden seien, um Reagan zu töten. Zwei Jahre später, nachdem man festgestellt hatte, daß es sich um ein bewußt fabriziertes Gerücht gehandelt hatte, brach der CIA seine Beziehung zu ihm ab und formulierte 1984 sogar eine »Burn Notice« (»Verbrennungspapier«), die die Warnung erhielt, Ghorbanifar sei ein »begabter Gerüchteproduzent«.

Gleichwohl war es Ghorbanifar, der bei dem saudi-arabischen Milliardär Adnan Kashoggi ein 5-Millionen-Dollar-Überbrückungsdarlehen besorgte, um aufkeimendes Mißtrauen zwischen dem Iran und Israel bei dem Waffengeschäft zu beseitigen. Kashoggi selbst war schon Jahre zuvor vom Mossad als Agent geworben worden. Sogar sein berühmter Privat-Jet, über den schon soviel geschrieben wurde, ist in Israel ausgerüstet worden. Kashoggi erhielt nicht wie die anderen Agenten ein monatliches Grundgehalt vom Mossad, sondern er verwendete für viele seiner Unternehmungen einfach das Geld des Mossad. Er erhielt Darlehen, wann immer er Geld zur Zwischenfinanzierung brauchte, und der Mossad konzentrierte große Summen in Kashoggis Unternehmen, von denen viele von Ovadia Gaon stammten, einem in Frankreich ansässigen jüdischen Multi-Millionär marokkanischer Abstammung, auf den man oft zurückgriff, wenn man große Geldsummen brauchte.

Wie auch immer: Der Iran wollte in der damaligen Situation nicht bezahlen, bevor er nicht die Waffen in Händen hielt, und Israel wollte die zugesagten 508 TOW-Raketen nicht schicken, bevor es nicht das Geld hatte. Deshalb spielte der Überbrückungskredit von Kashoggi bei der Durchführung dieser Transaktion eine so wichtige Rolle. Kurz nach diesem Geschäft wurde eine weitere amerikanische Geisel, der Reverend Benjamin Weir, freigelassen. Das überzeugte die Amerikaner erneut davon, daß Ghorbanifar, trotz seiner Talente als Lügner, über seine Kontakte zum Iran Geiseln frei bekommen konnte. Gleichzeitig verkaufte Israel auf geheimen Kanälen Waffen im Wert von 500 Millionen Dollar an Khomeini. Es kann also kaum ein Zweifel daran bestehen, daß Ghorbanifar und sein Kumpan Nir dieses Mittel benutzten, um Vereinbarungen über die amerikanischen Geiseln zu treffen.

Am 29. Juli 1986 traf sich Nir mit George Bush im King David-Hotel in Jerusalem. Die Details dieses Treffens wurden in einem streng geheimen Drei-Seiten-Memo festgehalten, das Craig Fuller verfaßte, der Stabschef von Bush. Nir wird mit den folgenden Worten zitiert, in denen er Bush vom Engagement Israels erzählt haben soll: »Wir verhandeln mit den radikalsten Elementen (im Iran, weil) wir mitbekommen haben, daß sie liefern können, die Gemäßigten aber nicht.« Reagan hatte ständig behauptet, daß er beim Waffentransfer in den Iran mit den »Gemäßigten« verhandle. Nir sagte Bush, daß die Israelis »diese Schiene aktiviert (haben). Wir haben für die Operation eine Fassade und Organisation aufgebaut, eine physische Basis geliefert, Flugzeuge bereitgestellt.«

Nir war 1989 im Prozeß gegen North wegen des Iran-Contra-Skandals eigentlich als einer der Hauptzeugen vorgesehen, vor allem auch deshalb, weil er behauptet hatte, daß Anti-Terror-

Aktivitäten, die er und North 1985 und 1986 überwacht hatten, durch ein geheimes amerikanisch-israelisches Abkommen gedeckt gewesen seien. Seine Aussage hätte für einige Leute höchst unbequem sein können, nicht nur für die Reagan-Administration, sondern auch für die Israelis mit ihrer bedeutsamen Rolle, die sie in der ganzen Affäre gespielt haben.

Am 30. November 1988 jedoch, als Nir in einer Cessna T210 eine Farm 180 Kilometer westlich von Mexico City überflog, kam er zusammen mit dem Piloten beim Absturz der Maschine ums Leben. Unter den drei anderen Passagieren, die leicht verletzt überlebten, befand sich auch die 25jährige Kanadierin Adriana Stanton aus Toronto, die behauptete, in keiner Verbindung zu Nir zu stehen. Die Mexikaner beschrieben sie jedoch als seine »Sekretärin« und »Guide«, und sie arbeitete in einer Firma, zu der Nir Beziehungen unterhielt. Sie verweigerte jede weitere Aussage.

Nir hatte sich in Mexiko aufgehalten, um die Vermarktungsmöglichkeiten von Avocados zu prüfen. Am 29. November hatte er im mexikanischen Staat Michoacán einen Verpackungsbetrieb für Avocados besucht, an dem er in größerem Umfang finanziell beteiligt war. Er charterte unter dem Decknamen Pat Weber am folgenden Tag für einen Flug nach Mexico City eine kleine Maschine und wurde veröffentlichten Angaben zufolge beim Absturz getötet. Seine »Leiche« wurde jedoch von einem mysteriösen Argentinier namens Pedro Cruchet identifiziert, der für Nir arbeitete und sich illegal in Mexiko aufhielt. Er erzählte der Polizei, er habe seinen Ausweis beim Besuch eines Stierkampfs verloren, erreichte aber dennoch, daß man ihm die Sachen von Nir übergab.

Außerdem haben Originalberichte aus dem Büro des Generalstaatsanwalts bestätigt, daß sowohl Nir als auch Stanton unter falschen Namen reisten, obwohl sie doch angeblich auf einer ganz normalen Geschäftsreise waren. Das wurde später von einem Inspektor des Flughafens, auf dem sie gestartet waren, bestritten; der Widerspruch wurde jedoch nie erklärt.

Mehr als 1000 Leute kamen zu Nirs Begräbnis in Israel, und

Verteidigungsminister Jitzak Rabin sprach von »seiner Mission für bisher noch nicht bekanntgemachte Aufgaben in geheimem Auftrag und für geheime Dinge, die er in seinem Herzen verschlossen hielt«.

Zur Zeit von Nirs Unfall wurde im *Toronto Star* ein nicht namentlich genannter Geheimdienstler zitiert, der Nirs Tod bezweifelte. Eher habe der sich, so sagte er, sein Gesicht in Genf von einem plastischen Chirurgen verändern lassen, dort, »wo die Kliniken sehr gut, sehr privat und sehr diskret sind«.

Was immer mit Nir geschehen ist, wir können nur darüber spekulieren, welchen Schaden seine Aussage für die Reagan-Administration und die israelische Regierung in den Prozessen und den Iran-Contra-Hearings bedeutet hätte.

Aber im Juli 1987 tauchte bei den Untersuchungen des Senatsausschusses ein Memo auf, das North am 15. September 1986 für den früheren nationalen Sicherheitsberater Vizeadmiral John Poindexter geschrieben hatte – das aus Sicherheitsgründen zensiert war –, in dem er empfahl, daß Poindexter den Waffendeal zuerst mit Casey diskutiere und dann Präsident Reagan Bericht erstatte.

Poindexter war der einzige von sieben Leuten, der für schuldig befunden und ins Gefängnis gesteckt wurde. Am 11. Juni 1990 erhielt er eine Haftstrafe von sechs Monaten und einen strengen Verweis vom Bezirksrichter Harold Greene, der meinte, daß Poindexter die Haft verdiene als »der entscheidungsbefugte Kopf der Iran-Contra-Operation«.

Am 3. März 1989 wurde Robert McFarlane zu 20000 Dollar Geldstrafe und zwei Jahren auf Bewährung verurteilt wegen des Vorenthaltens von Informationen gegenüber dem Kongreß in vier Fällen. Am 6. Juli 1989 wurde Oliver North nach einem spektakulären Prozeß in Washington zu 150000 Dollar Geldstrafe und 1200 Stunden Sozialarbeit verurteilt. Er war von der Jury in drei von zwölf Punkten für schuldig befunden worden. Obendrein erhielt er eine dreijährige – ausgesetzte – Gefängnisstrafe und zwei Jahre Bewährung.

North' Memo an Poindexter betont Nirs Rolle in diesem

Skandal im folgenden Abschnitt: »Amiram Nir, der Sonderbeauftragte von Premierminister (Shimon) Peres für Terrorismusbekämpfung hat angedeutet, daß Peres in dem 15minütigen Privatgespräch mit dem Präsidenten wohl mehrere heikle Themen anschneiden werde.«

Zu jenem Zeitpunkt waren drei amerikanische Geiseln in Verbindung mit den Waffengeschäften freigelassen worden: Jenco, Weir und David Jacobsen.

Unter der Überschrift »Geiseln« steht in dem Memo: »Vor mehreren Wochen verlieh Peres seiner Besorgnis Ausdruck, daß die Vereinigten Staaten die Beendigung der gegenwärtigen Bemühungen im Iran erwägen. Die Israelis sehen die Geisel-Angelegenheit als eine Hürde, die auf dem Weg zu einer erweiterten strategischen Beziehung zur iranischen Regierung genommen werden müsse.

Es ist wahrscheinlich, daß Peres Zusicherungen möchte, daß die Vereinigten Staaten in der gegenwärtigen ›gemeinsamen Anstrengung‹ fortfahren, bei der ohne israelische Hilfe heute weder Jenco noch Weir frei wären ... es wäre hilfreich, wenn der Präsident sich einfach bei Peres für die diskrete Hilfe bedanken würde.«

Das hat Reagan offenbar getan. Und es ist sehr wahrscheinlich, daß Peres den Dank zumindest teilweise erwiderte, indem er Nirs rechtzeitigen »Tod« arrangieren ließ, damit der nicht öffentlich aussagen mußte.

Es ist sehr schwierig, hier Verläßliches auszusagen, aber berücksichtigt man die seltsamen Umstände des Absturzes sowie die Tatsache, daß damals israelische Waffenhändler den kolumbianischen Drogenkönigen über karibische Länder Waffen und Ausbildung zukommen ließen ist es unwahrscheinlich, daß Nir tot ist.

Vielleicht werden wir es nie genau erfahren. Aber wir wissen, daß die ganze Iran-Contra-Affäre vielleicht niemals passiert wäre, wenn der Mossad seine Kenntnisse über die amerikanischen und andere westliche Geiseln weitergegeben hätte.

371

# EPILOG

Am 8. Dezember 1987 kollidierte ein israelischer Militärlast-
wagen mit mehreren Lieferwagen im Gaza-Streifen; dabei
kamen vier Araber ums Leben, 17 weitere wurden verletzt. Der
Zwischenfall löste am nächsten Tag eine große Protestwelle aus,
vor allem nachdem sich das Gerücht verbreitete, daß der Unfall
eine bewußte Vergeltung für die Ermordung eines israelischen
Politikers am 6. Dezember gewesen sei.

Am folgenden Tag blockierten Demonstranten im Gaza-Streifen Straßen mit brennenden Autoreifen. Sie warfen Steine, Mo-
lotow-Cocktails und Eisenstangen auf israelische Truppen. Am
10. Dezember griffen die Ausschreitungen auf das Balata-Flücht-
lingslager in der Nähe der Stadt Nablus auf dem Westufer über.

Am 16. Dezember setzen Spezialeinheiten der israelischen Polizei zum ersten Mal Wasserwerfer gegen die Demonstranten ein,
und eine große Zahl israelischer Soldaten wurde in den Gaza-
Streifen entsandt, um dort zu versuchen, die wachsenden Unruhen einzudämmen.

Zwei Tage später strömten nach dem Freitagsgebet palästinensische Jugendliche aus den Moscheen und verwickelten israelische Soldaten in Straßenschlachten. Drei weitere Araber wurden
erschossen. Danach stürmten israelische Truppen das Shifa-
Krankenhaus im Gaza-Streifen, verhafteten Dutzende verwun-
deter Araber und schlugen Ärzte und Krankenschwestern zusammen, die versuchten, ihre Patienten zu beschützen.

So begann die *Intifada*.

Am 16. Mai 1990 wurde Israel in einem 1000seitigen Report, der vom schwedischen Zweig des *Save The Children Fund* unterstützt und von der Ford Foundation finanziert worden war, »ernsthafter, wahlloser und wiederholter« Gewaltanwendung gegenüber palästinensischen Kindern beschuldigt. In diesem Bericht wurde geschätzt, daß zwischen 50000 und 63000 Kinder wegen Verletzungen behandelt worden sind, darunter mindestens 6500, die durch Gewehrschüsse verwundet worden waren. In diesem Report wurde festgehalten, daß die meisten Kinder sich nicht am Steinewerfen beteiligt hatten, als sie erschossen wurden, und in einem Fünftel der Fälle, die man untersucht hatte, zeigte sich, daß die Opfer entweder zu Hause oder nicht mehr als zehn Meter entfernt vom Haus erschossen worden waren.

Ein Ende der Intifada ist auch heute, im Juli 1990, noch nicht in Sicht. Bis zum Juni 1990 waren laut AP bereits 722 Palästinenser von den Israelis getötet worden, weitere 230 von palästinensischen Radikalen; mindestens 45 Israelis starben.

Im Jahr 1989 schickte Israel bis zu 10000 Soldaten in den Gaza-Streifen und auf das Westufer, die versuchen sollten, die Ordnung herzustellen. Im April 1990 waren es nur noch 5000 Mann.

Am 13. Februar 1990 berichtete das *Wall Street Journal*, in einer Studie israelischer Banken sei geschätzt worden, daß die ersten beiden Jahre der Intifada Israel 1 Milliarde Dollar an Wachstums- und Produktionsausfällen gekostet haben. Außerdem hatte das Land 600 Millionen Dollar für militärische Ausrüstung zur Unterdrückung des Aufstands ausgegeben.

Auf den 380 Quadratkilometern des Gaza-Streifens sind mehr als 600000 Palästinenser zusammengepfercht. Etwa 60000 von ihnen fahren täglich nach Israel zur Arbeit, schuften hauptsächlich im niedrigbezahlten Dienstleistungsgewerbe, kehren jeden Abend nach Hause zurück, weil es ihnen verboten ist, über Nacht zu bleiben.

Am 16. März 1990 hat Israels Knesset der Regierung von Premierminister Yitzhak Shamir mit 60 zu 55 Stimmen eine Niederlage beigebracht, das erste Mal, daß eine israelische Regierung einem Mißtrauensantrag zum Opfer gefallen ist. Ein wichtiger

Grund lag in Shamirs Weigerung, einem US-Plan für die Aufnahme israelisch-palästinensischer Friedensgespräche zuzustimmen.

Am 7. Juni bildeten Shamir und sein rechter Likud mit einigen Splitterparteien eine Koalition, durch die sie über zwei Stimmen Mehrheit in der Knesset verfügten; diese Koalition wird von vielen Beobachtern als die extremste Rechtsregierung in der Geschichte Israels angesehen. Mit dieser Koalition kann Shamir seine Siedlungspolitik in den umstrittenen Territorien fortsetzen und sich weiter Gesprächen mit den Palästinensern verweigern.

Am 15. November 1988 hatte der Palästinensische Nationalrat, der von der PLO als ihr Exil-Parlament angesehen wird, auf dem Höhepunkt seiner viertägigen Sitzung in Algier die Bildung eines unabhängigen palästinensischen Staates proklamiert und erstmals wichtigen UN-Resolutionen zugestimmt, die indirekt das Existenzrecht des Staates Israel anerkennen.

In dieser immer noch andauernden Zeit der Unruhe hat Israels Ansehen im Ausland ernsthaft gelitten. Trotz der verstärkten Anstrengungen von offizieller Seite, die Berichte über die Unruhen in Gaza und auf dem Westufer zu unterdrücken, empören die Bilder von bewaffneten Soldaten, die unbewaffnete palästinensische Jugendliche schlagen und erschießen, selbst einige von Israels standhaftesten Verbündeten.

Drei Tage nachdem der Mißtrauensantrag gegen Shamir bestätigt worden war, sagte der ehemalige US-Präsident Jimmy Carter während einer Reise durch die Region, daß die Revolte »zum Teil aufrechterhalten (wird) durch die Mißhandlungen der Palästinenser« durch israelische Soldaten; dazu zählte ungerechtfertigtes Töten, Hauszerstörungen und Verhaftungen ohne rechtliche Grundlage.

»Es gibt kaum eine Familie, die auf dem Westufer lebt, in der nicht eins der männlichen Mitglieder gegenwärtig von der Militärbehörde eingekerkert ist«, sagte Carter.

Zahlen der israelischen Armee zeigen, daß zwischen 15000 und 20000 Palästinenser verwundet worden sind und bis zu 50000 verhaftet wurden. Von ihnen befinden sich immer noch 13 000 im Gefängnis.

Bei einem offenbar gut geplanten Versuch, die Gemeinschaft der Christen zu provozieren, besetzte am 12. April 1990 in der Osterwoche eine Gruppe fanatischer jüdischer Nationalisten einen leerstehenden Gebäudekomplex mit 72 Zimmern, der als St. Johannes-Hospiz bekannt ist und im Herzen des Christen-Viertels Jerusalems liegt. Das Hospiz befindet sich in unmittelbarer Nähe der Kirche zum Heiligen Grab, die von den Christen als traditionelle Stätte des Grabes Jesu Christi verehrt wird.

Zehn Tage lang leugnete die israelische Regierung jede Beteiligung an diesem Vorfall. Schließlich gab sie zu, daß sie der Gruppe insgeheim 1,8 Millionen Dollar hatte zukommen lassen, 40 Prozent der Mietkosten für den Komplex.

US-Senator Robert Dole schlug in einem Interview, das er auf seiner Reise durch Israel gab, vor, daß die Vereinigten Staaten ihre massive Hilfe für Israel reduzieren sollten, um Mittel für die neu entstehenden Demokratien in Osteuropa und Lateinamerika zu gewinnen.

Am 1. März 1990 sagte US-Außenminister James Baker, daß die Bush-Administration bereit sei zu erwägen, die Auslandshilfe für Israel und andere Länder zu kürzen, um den neuen Demokratien zu helfen. Baker löste bei Shamir einen Wutanfall aus, als er ein israelisches Ersuchen um ein 400-Millionen-Dollar-Darlehen an die Garantie knüpfen wollte, die Errichtung neuer Siedlungen in den besetzten Gebieten einzustellen.

Das beste Beispiel für die vorherrschende Haltung unter der Rechten in Israel ist der bekannte Fall des Rabbis Moshe Levinger, Führer der extremrechten Bewegung jüdischer Siedler. Im Juni 1990 wurde er zu sechs Monaten Gefängnis wegen fahrlässigen Verhaltens verurteilt: Er hatte einen Araber durch Schüsse getötet.

Levinger war am 7. Oktober 1988 mit seinem Wagen durch Hebron gefahren, als jemand einen Stein gegen das Auto schleuderte. Er sprang heraus, begann gleich zu schießen und tötete einen Araber, der in seinem Friseurladen stand. Bei seinem Erscheinen vor Gericht trat Levinger bei einer Gelegenheit auf die Richter zu, schwenkte ein Gewehr über seinem Kopf und rief, er habe das »Privileg« gehabt, einen Araber zu erschießen. Nach seiner Verurteilung wurde er von einer jubelnden Menschenmenge auf den Schultern ins Gefängnis getragen.

Rabbi Moshe Tswi Neriah, Führer der berühmten B'Nai Akiva Yasheeva (Religionsschule), sagte bei einem Vortrag über Levinger: »Es ist nicht die Zeit zu denken, sondern es ist die Zeit, nach rechts und links zu schießen.«

Heim Cohen, ein pensionierter Richter an Israels Oberstem Gericht, sagte: »Wenn ich die gegenwärtige Situation betrachte, habe ich nicht den Mut zu sagen, wohin wir noch kommen werden. Ich habe noch nie gehört, daß jemand wegen Fahrlässigkeit verurteilt worden ist, nachdem er jemanden kaltblütig erschossen hat. Ich werde wohl alt.«

Die Intifada und in ihrer Folge der Zusammenbruch von Moral und Menschlichkeit sind ein direktes Ergebnis jener Art von Größenwahn, der die Operationen des Mossad charakterisiert. So fängt alles an – dieses Gefühl, daß man alles tun kann, was man will, mit wem auch immer und wie lange auch immer, weil man die Macht dazu hat.

Israel steht vor seiner größten Bedrohung. Die Entwicklung ist nicht zu kontrollieren. In Israel werden nach wie vor Palästinenser mißhandelt, und Shamir sagt: »Sie lassen uns grausam werden. Sie zwingen uns dazu, Kinder zu schlagen. Sind sie nicht furchtbar?« So etwas passiert nach endlosen Jahren der Geheimnistuerei, des »Wir haben Recht, also ist es Recht, wie auch immer es aussieht«, der bewußten Desinformation von Politikern, der Rechtfertigung von Gewalt und Unmenschlichkeit durch Betrug oder frei nach dem Wahlspruch des Mossad: »durch die Wege der Täuschung«.

Es ist eine Krankheit, die mit dem Mossad begonnen hat und die sich durch die ganze Regierung bis tief in die israelische Gesellschaft hinein ausgebreitet hat. Es gibt in Israel große Teile der Bevölkerung, die gegen dieses Abrutschen protestieren, aber ihre Stimmen werden nicht gehört. Und mit jedem Schritt abwärts ist es leichter, alles zu wiederholen, und schwieriger, es zu stoppen.

Der stärkste Fluch, den ein Katsa im Mossad einem anderen an den Kopf werfen kann, ist der einfache Wunsch: »Hoffentlich lese ich mal was über dich in der Zeitung.«

Vielleicht ist das der einzige Weg, eine Wende herbeizuführen.

# EIN BUCH WIRD GEJAGT –
## NACHWORT ZUR AMERIKANISCHEN
## PAPERBACK-AUSGABE 1991

Es kam nicht vollkommen überraschend. Am 5. September, etwa um 21.45, war ich gerade in der Küche und machte Kaffee, als sie an die Haustür klopften. Bella öffnete. Es waren Oren Riff, mein ehemaliger Kursleiter, und Arelah Sherf, Chef der Akademie, beide ranghohe Mossad-Offiziere. Riff, der rechts stand, trug eine schwarze Lederjacke, ein weißes Hemd und eine Ledertasche über der Schulter. Sherf trug einen braunen Wollblazer, braune Hosen, Hemd und Krawatte.

»Wir wollen mit dir reden«, stieß Sherf auf hebräisch hervor.

»Ich habe euch nichts zu sagen«, erwiderte ich, während ich den Telefonhörer abnahm und 911 wählte.

»Nur eine Minute«, sagte Sherf.

Ich legte auf. Einige Sekunden später rief die Nepeaner Polizei an und fragte, ob ich 911 gewählt hätte. Ich sagte ja, aber im Moment sei alles in Ordnung.

Ich ging zur Tür. Sie wollten hereinkommen, aber ich sagte nein. Ungefähr in diesem Augenblick kam unsere Tochter Leeorah, die gehört hatte, daß hebräisch gesprochen wurde, und dachte, wir hätten Besuch aus Israel, glücklich ein paar Stufen die Treppe herunter, zog sich aber schnell wieder zurück, als sie mich in zornigem Ton sprechen hörte. Bella regte sich noch mehr auf, besonders wegen Sherf, der sich geweigert hatte, mit mir zu sprechen, als ich mit jemandem reden wollte, und der nun vor meiner Tür stand.

»Ich hätte nicht geglaubt, daß du es tun würdest«, sagte Riff.

»Laß uns vernünftig sein«, fügte er hinzu und machte Anstalten hereinzukommen, um sich hinzusetzen.

»Vergiß es. Es gibt nichts, worüber wir zu reden hätten.«

»Wir wissen von dem Buch«, sagte Sherf, als ob ich nicht wüßte, warum sie gekommen waren. »Wir wollen wissen, in welchem Stadium es ist. Du weißt, daß wir uns jetzt im Krieg befinden.«

»Soweit ich weiß, sind es dort die Amerikaner und Kanadier, nicht ihr.«

»Hilf uns, das Buch zu stoppen«, sagte er. »Wie viele Exemplare könnten allein in Kanada rauskommen? Hör zu, was immer es dich oder die Leute kosten mag, die damit zu tun haben, wir werden zahlen. Wir zahlen auch jede Summe, die du deiner Meinung nach damit verdienen wirst.«

»Du mußt es verhindern«, warf Riff ein.

»Du weißt, daß Geld kein Problem ist«, fuhr Sherf fort. »Du mußt auch an deine Familie und deine Kinder denken. Du kennst Leute von der PLO und andere Gruppen. Sie werden hinter dir her sein.«

»Warum sollte die PLO hinter mir her sein?«

»Sie werden glauben, daß du noch mehr weißt, und sie werden hinter dir her sein.«

Mir war klar, daß zwei ranghohe Mossad-Offiziere ohne Überwachungsmaßnahmen nie bis an die Tür kommen würden; so wußten sie, daß im Haus niemand war, der ihnen schaden konnte, und daß das Gebiet »sauber« war. Dies war der beste Moment für eine Entführung. Ich war noch nicht bekannt und das Buch noch nicht erschienen. Also mußte ich sie hinhalten.

»Das hängt nicht von mir ab. Ich muß mit jemandem sprechen. Ich melde mich bei euch. Wo kann ich euch erreichen?«

Sherf gab mir eine Nummer in Israel. Ich sagte ihm, er solle sich nicht lächerlich machen und mir eine hiesige Nummer geben. Er bat mich, das israelische Konsulat in Toronto anzurufen.

»Warum nicht die Botschaft?« fragte Bella.

»Nein, nein, das Konsulat«, sagten Riff, Sherf und ich gleichzeitig.

Zu diesem Zeitpunkt durfte die Botschaft nichts über die Operation erfahren. Es war politisch zu heikel, in einem befreundeten Land über die Botschaft zu arbeiten, und deshalb würde man die Sache durch den Shaback oder die interne Sicherheit im Konsulat erledigen. Für den Anruf gaben sie mir Zeit bis 20 Uhr des nächsten Tages. Ungefähr zehn Minuten lang saßen sie vor dem Haus in einem roten Mittelklasse-Mietwagen mit Quebecer Nummernschild. Dann fuhren sie davon. Ich wußte, daß es auch für mich Zeit war zu verschwinden. Erstens wollte ich nicht, daß sie mich im Beisein meiner Familie schnappten, falls sie versuchten, mich zu kriegen, da meine Angehörigen dann in Gefahr gerieten, und zweitens wollte ich mich nicht schnappen lassen. In jener Woche hatten Claire Hoy und ich in Toronto die Verlagsleitung der Stoddart Publishing Company und zwei Marketing-Manager von St. Martin's Press aus New York getroffen. Da die Amerikaner erst im August von dem Buch erfahren hatten, hatten wir vereinbart, den Termin für die Veröffentlichung in Kanada um einen Monat, vom 4. September auf den 4. Oktober, zu verschieben, um St. Martin's die Möglichkeit zu einer zeitgleichen Publikation zu geben. Ironischerweise wäre das Buch ohne den Aufschub bereits auf dem Markt gewesen, als der Mossad zu Besuch kam. Nun, so schien es, galten sämtliche Abmachungen nicht mehr.

Ich wartete eine Stunde, packte einen Diplomatenkoffer, stieg in meinen Wagen und fuhr ein paar kleine Umwege, um zu sehen, ob ich verfolgt wurde. Wurde ich, und zwar von Männern in einem kleinen grauen Auto mit Heckklappe und anderen in einem dunklen Lieferwagen. Ich schüttelte sie ab und fuhr direkt zum Flughafen Ottawa. Da es bis zum nächsten Morgen keinen Flug nach Toronto gab, ging ich zum Sicherheitsbüro der Royal Canadian Mounted Police (RCMP) im Flughafen, zeigte ihnen ein Exemplar des Buchumschlags – was meiner Ansicht nach das einzige war, was der Mossad zu diesem Zeitpunkt hatte –, erzählte ihnen von dem Besuch des Mossad und erklärte, daß ich die Nacht im Flughafen verbringen würde. Sie versprachen, regelmäßig nach mir zu sehen. Etwa um ein Uhr nachts rief ich den

Verleger Jack Stoddart und Claire Hoy an und erzählte ihnen die Lage.

Als ich am nächsten Tag bei Stoddart ankam, erfuhr ich, daß sie gerade einen Brief von Anwalt Joel Goldberg im Namen des Staates Israel erhalten hatten, in dem er ankündigte, er werde beim Gerichtshof von Ontario eine einstweilige Verfügung gegen die Veröffentlichung des Buches beantragen.

Die gute Nachricht bestand darin, daß, entgegen der üblichen Politik des Mossad, Goldbergs Brief öffentlich bestätigte, daß ich für den Mossad gearbeitet und Informationen erhalten hatte, die für viele Leute und Länder gefährlich werden konnten, wenn sie an die Öffentlichkeit gelangten. Dies beseitigte unsere Befürchtungen, daß Israel einfach jede Kenntnis meiner Person oder über die Informationen des Buches abstreiten würde.

Die schlechte Nachricht war, daß am nächsten Morgen Richter Robert Montgomery Israel einer zehn Tage wirksamen einstweiligen Verfügung zustimmte. Es war das erste Mal in Kanadas Verlagsgeschichte, daß eine ausländische Regierung ein Verbot vor einer Veröffentlichung zugesprochen bekam. (Kopien des Beschlusses von Richter Montgomery und der Klageschrift folgen im Anschluß an dieses Nachwort.)

Nach einer improvisierten Pressekonferenz am Nachmittag galt meine erste Sorge meiner Sicherheit. Ich mußte annehmen, daß der Mossad die Absicht hatte, mich zu kidnappen und nach Israel zurückzuschmuggeln. Nelson Doucet, ein leitender Angestellter von Stoddart, führte mich zu Thomas Milakivic, einem Offizier des Polizeinachrichtendienstes von Toronto. Der Sicherheitsdienst der RCMP wurde gerufen, und man beschloß, mich nach Hause zu fahren, wo ich ihrer Meinung nach besser gegen mögliche Entführungsversuche geschützt werden könne. Als Claire Hoy mit meinem Koffer im Prince-Hotel erschien, erklärte ihm ein RCMP-Offizier, daß sie mich zurück nach Ottawa gefahren hätten. Hoy fuhr dann weiter nach Brantford, einer mittelgroßen Stadt eine Stunde westlich von Toronto, um dort im Haus seiner Eltern das Wochenende zu verbringen. Die Polizei von Brantford, die von der RCMP alarmiert worden war, nahm die Bedrohung ernst genug, um Detective Dan Camilleri aus der Kriminalabteilung ihres Nachrichtendienstes zu beauftragen, sich mit Hoy zu treffen, über das Wochenende ein paarmal am Haus vorbeizukommen und zusätzliche Polizeistreifen einzusetzen.

In der Zwischenzeit hatte Bella Anrufe von alten Freunden in Israel erhalten, die ihr mitteilten, daß eine Gruppe von ihnen demnächst nach Kanada geflogen würde, um mich zur Aufgabe des Publikationsvorhabens zu überreden. Bella sagte ihnen, sie sollten sich keine Gedanken machen, aber sie erklärten, sie würden nur noch auf die Tickets warten. Riff rief Bella an diesem Tag mehrmals an und trug ihr auf, mich zu bitten, mit ihm in Kontakt zu treten, damit wir uns unterhalten konnten. Als Bella ihm sagte, er solle unsere israelischen Freunde anweisen, nicht zu kommen, meinte er: »Ich weiß nicht, wovon du sprichst.« Bella erwiderte: »Wenn du willst, daß ich die Nachricht an Vicky weitergebe, dann erzähle es deinen Leuten, die wissen, wovon ich spreche.« Er tat es, und die Reise meiner Freunde wurde gestrichen.

In Israel hatten die Medien ihren großen Tag: Sie druckten Stories, in denen sie mich einen Lügner, Säufer, verurteilten Dieb und eine Menge anderes nannten. Es gab sogar eine Geschichte über den Fund eines Kartons mit Mossad-Akten in meiner Wohnung in Tel Aviv. In der ersten Version wurde behauptet, man habe ihn in einer Gasse gefunden; aber dann erkannte jemand, daß ein Pappkarton voll Akten nicht vier Jahre im Freien stehen konnte, und so wurde der Schauplatz auf den Dachboden meiner Wohnung verlegt. Ich habe keine Wohnung in Tel Aviv. In Erinnerung an einen Zwischenfall, bei dem ich der Polizei geholfen hatte, einige Männer wegen Kreditkartenbetrugs zu verhaften, ließ man an die Medien Stories durchsickern mit der Behauptung, statt für die Polizei zu arbeiten, sei ich selber ein Betrüger gewesen. Später erschien eine Geschichte, in der erzählt wurde, ich hätte meinen Sicherheitstest nicht bestanden. Wenn man bedenkt, daß der Mossad mich ja aufgenommen hat, dann ist dies die lächerliche Beschuldigung einer Organisation, die sich selbst rühmt, der anspruchsvollste Geheimdienst der

Welt zu sein. Außerdem wurden in den Stories meine Dienstjahre beim Mossad so verkürzt, daß Claire Hoy scherzte: »Was werden sie als nächstes sagen – daß du ein verlängertes Wochenende in der Akademie verbracht hast?«

Es überraschte mich nicht, daß der Mossad versuchte, mich zu bestechen, obwohl ich doch mehr Finesse erwartet hätte. Es war frustrierend, weil wir durch den Gerichtsbeschluß mundtot gemacht worden waren, während der Mossad und die Medien sagen konnten, was sie wollten. Da saß ein israelischer Journalist in einem Hotel in der Innenstadt von Ottawa und las seinen Rundfunkhörern in Israel aus dem Buch vor, doch uns – den Autoren und Verlegern – war es verboten, über seinen Inhalt zu diskutieren.

Es war vier Uhr morgens, als ich mit der RCMP aus Toronto zurückkam. Im Gegensatz zur RCMP war ich nicht der Meinung, daß mein Zuhause der beste Aufenthaltsort für mich war. Später am Morgen fuhr Bella mich zum Bahnhof, wo ich gerade drei Minuten vor Abfahrt des Zuges nach Toronto ankam. Wenn jemand mir hätte folgen wollen, hätte ich ihn gesehen; ich war der letzte, der zustieg.

Am 9. September, etwa um 19 Uhr, meldete sich Bill Hanna, Stoddarts Vizepräsident für Auslandsrechte, im Sheraton-Centre-Hotel im Zentrum von Toronto unter seinem Namen an (so daß mein Name nicht auf der Liste auftauchte), trug meine Taschen hinauf ins Zimmer und traf sich mit mir in der Nähe der Münzfernsprecher abseits des Hauptfoyers. Ich wußte, daß der Mossad die größeren Hotels observieren würde. Sie konnten leicht zwanzig oder dreißig Sicherheitsleute von der Botschaft, dem Konsulat oder von ihren verschiedenen New Yorker Operationen zusammenziehen. Diese Leute waren nicht die besten Observierungsleute. Sie sind das, was wir »Zeiger« nennen: Ihre Aufgabe besteht darin, dich ausfindig zu machen, dann jemand anderen zu benachrichtigen und zu verschwinden.

Als Bill und ich an zwei angrenzenden Telefonen miteinander sprachen, bemerkte ich einen Mann in einem dunkelblauen Blazer. Er hatte dunkles, kurzgeschnittenes, lockiges Haar, und er blickte mich an. Im Spiegel konnte ich sehen, wie er einem anderen durch kurzes Wenden des Kopfes ein Zeichen gab, und so blickte ich in die angezeigte Richtung und sah den anderen Mann. Er trug Jeans, ein Sweatshirt und Palladium-Schuhe – die braunen Leinenschuhe, ähnlich denen der Basketballer, die von israelischen Militärs beim Kommandotraining getragen werden.

Ich sagte Bill, daß ich wieder hinunter in die Ladenpassage ginge, so daß er sie beobachten konnte, wenn sie bestimmte Positionen einnahmen. Zwei Minuten später kam Bill herunter und erzählte mir, daß sie genau das getan hatten, was ich vermutet hatte. Ich sagte Bill, er solle das Gebäude verlassen und in genau einer Stunde zum Seiteneingang zurückkommen.

Ich ging zurück ins Foyer und schaute dem Mann mit den Jeans direkt ins Gesicht. Er sah unbehaglich drein und verzog sich hinter eine Säule. Ich ging ebenfalls auf die andere Seite der Säule, worauf er sich entsprechend weiterbewegte. Wir liefen ein paarmal im Zickzack, bis er schließlich fortging und ich mit dem Fahrstuhl zu meinem Zimmer hinauffuhr. Ich duschte und rasierte mir dann den Schnurrbart ab.

Ich war in Jeans ins Zimmer gegangen. Als ich wieder herunterkam, trug ich einen dunklen Anzug. Der Kerl in den Jeans starrte direkt auf den Fahrstuhl, als ich ausstieg. Ich begann eine Unterhaltung mit zwei Männern aus Alberta. Wir sprachen über die Lagerung von Rindfleisch, und der Mann, der den Aufzug beobachtete, bemerkte mich nicht einmal. Ich ging geradewegs zum Ausgang, als Bills Wagen davor hielt. Ich sprang hinein, und wir fuhren los. In den folgenden Tagen verbrachte ich die Nächte in wechselnden Hotels und bei verschiedenen Angestellten von Stoddart.

Kanadas stellvertretender Justizminister (Solicitor General) Pierre Cadieux, der für den kanadischen Geheimdienst verantwortlich ist, wurde am 11. September von Journalisten gefragt, warum es Mossad-Offizieren erlaubt sei, einen kanadischen Staatsbürger zu schikanieren. Cadieux erwiderte, daß kein befreundeter ausländischer Spionagedienst ohne seine Genehmigung in Kanada operieren könne. »Es ist mir nicht bekannt, daß jemals ein derartiger Wunsch geäußert wurde... und meines Wissens läuft keine solche Operation in Kanada.« Wenn Cadieux wirklich glaubt, daß der Mossad nur mit offizieller Zustimmung der Regierung in befreundeten Ländern operiert, dann hat er noch viel zu lernen.

Vielleicht wußte er nichts davon, aber in Israel hatte eine Mossad-Quelle gegenüber einem Journalisten bereits zugegeben, daß der Mossad wirklich zwei Männer geschickt hatte, um mich zu überreden, die Veröffentlichung des Buches zu verhindern, und daß sie einen Plan für meine Entführung entwickelt hatten, ihn aber aufgaben, als ich untertauchte. Nach Angaben des »Boston Globe« wurde das von Yossi Melman, dem Ko-Autor eines anderen Bestsellers über den israelischen Geheimdienst, *Every Spy a Prince*, bestätigt. Über ihn wurde berichtet, er wisse »aus zuverlässiger Quelle«, daß der Mossad mich kidnappen und nach Israel zurückbringen wollte.

In der Tat hat der Mossad in der Vergangenheit Menschen entführt, die er in Israel bestrafen wollte. Die meisten Leute kennen z. B. den Fall von Mordechai Vanunu, der von einer schönen Agentin namens Cindy auf eine Yacht in der Nähe von Rom gelockt wurde. Die israelische Zeitung »Maariv« enthielt in ihrer Ausgabe vom 19. September eine kleine, handgedruckte Anzeige, die offensichtlich dazu bestimmt war, meine Aufmerksamkeit zu erregen. Sie lautete: »An Victor Ostrovsky. Ich wünsche dir ein glückliches schönes neues Jahr (wo immer du bist). Ich werde dich bald besuchen kommen. Cindy.«

Im Ausland begann man, auf das Buch aufmerksam zu werden, doch es schlug auf der internationalen Bühne wie eine Bombe ein, nachdem sich am 11. September eine Gruppe von etwa zehn Rechtsanwälten in das Wohnzimmer von Michael Dontzin, dem Richter am Obersten Gericht des Staates New York, in der Fifth Avenue gedrängt hatte. Am selben Tag hatte Israel die bedeutende Anwaltskanzlei Skadden, Arps, Slate, Meagher & Flom verpflichtet, eine einstweilige Verfügung zu beantragen, um die Veröffentlichung zu unterbinden.

Israels Anwälte baten um eine dringende Sitzung ungefähr um

21.30 Uhr, und Dontzin willigte ein. Skadden schickte eine Gruppe von Anwälten samt den führenden Prozeßpartnern Jonathan Lerner und Barry Garfinkel in Dontzins Wohnung.

Der amerikanische Verlag, St. Martin's Press, wurde vertreten durch seinen Rechtsbeistand und einen Teilhaber sowie die bekannten Anwälte John Lankenau und Robert Balin von der Kanzlei Langenau & Bickford. Noch ungewöhnlicher als die nächtliche Sitzung im Wohnzimmer des Richters war das Ergebnis: Ohne das Buch gelesen zu haben, stimmte Dontzin einer einstweiligen Verfügung zu. So geschah es zum ersten Mal, daß ein amerikanisches Gericht vor einer Veröffentlichung einen solchen Beschluß einer ausländischen Regierung aus Gründen der nationalen Sicherheit aussprach. Israel erklärte, daß die Veröffentlichung des Buches Menschenleben gefährden würde, brachte aber keinen Beweis vor, der dies belegte.

Dontzins Entscheidung schlug in den amerikanischen Nachrichtenmedien und in der gesamten Juristenschaft ein wie eine Bombe. Einer Titelstory in der »New York Times« folgten Sonderberichte in den abendlichen Nachrichtensendungen aller staatlichen und Kabelprogramme.

Die Gerichte brauchten nicht viel Zeit, um zu entscheiden, daß Israel keinerlei Argumente gegen ein Verbot vorgebracht habe. Dontzin berief beide Seiten für eine Verhandlung am 14. September vor vollbesetztem Gericht ein, aber die Anwälte von St. Martin's legten gegen seine Entscheidung sofort Beschwerde ein. Am 12. September teilte Berufungsrichter Ernst Rosenberger beiden Seiten mit, daß das Berufungsgericht St. Martin's Gesuch, Dontzins Beschluß zu Fall zu bringen, überprüfen müsse. Am nächsten Morgen brachten die Anwälte ihre Begründungen vor. Um 16 Uhr verkündete das Gericht, daß Israel keinen Beweis für seine Forderung erbracht hatte und daß ein Verbot des Buches, basierend auf dem Argument der Gefährdung von Menschenleben, ohnehin keine Wirkung hätte, da zahllose Buchläden und Grossisten ebenso wie die Kritiker der großen Medien bereits vor Dontzins Beschluß Exemplare davon erhalten hatten.

Zwei Tage nach der Entscheidung beschloß ich angesichts der

enormen Medienressonanz wieder aufzutauchen und nach Hause zurückzukehren. Meiner Einschätzung nach würde ich dort relativ sicher sein, zumindest so lange, bis die Medien das Interesse verloren und die Menschen mich vergessen hatten. Ich weiß, daß der Mossad nichts vergessen wird, aber das wußte ich auch schon bei der Planung des Projekts. Als ich Toronto verließ, sagte ich zu Jack Stoddart und Nelson Doucet, ich sei sicher, daß sich meine früheren Kollegen noch in der Stadt aufhielten.

Am Montag, dem 17. September, beschloß Israel, zurückgeschlagen durch die New Yorker Gerichtsentscheidung und die überwältigende Reaktion der Öffentlichkeit, die einstweilige Verfügung in Kanada nicht weiterzuverfolgen. Am vorangegangenen Wochenende war in den Büros von Stoddart eingebrochen worden. Die Polizei wußte nicht, wer den Einbruch verübt hatte, aber sie meinte, es seien »Profis« gewesen. Nichts war entwendet worden, aber die Schreibtischschubladen hatte man halb offengelassen, und die Schlüssel lagen als Botschaft obenauf, als wollten sie sagen: »Wir waren hier, und wir können zurückkommen, wann immer wir wollen.«

Der Rechtsstreit hatte natürlich zur Folge, daß *By Way of Deception* das am schnellsten verkaufte Buch in der Verlagsgeschichte von St. Martin's Press wurde. In wenigen Tagen schnellte die Zahl der Bestellungen von anfangs geplanten 42000 hoch auf über 300000. Das Buch wird nun in 23 Sprachen übersetzt, und Claire Hoy und ich haben sogar eine Version des Buches auf Tonkassette aufgenommen.

Die Existenz des Buches, sein Erfolg und die törichten Versuche des Mossad, es zu verhindern, blieben in Israel nicht ohne Folgen. In einem seltenen Schritt forderte die Knesset den Chef des Mossad auf, den durch die Enthüllungen im Buch und die Maßnahmen gegen dessen Veröffentlichung möglicherweise entstandenen Schaden für die Beziehungen zwischen Israel und den USA zu beurteilen. Politiker, auch einige aus Shamirs eigener Likud-Partei, kritisierten die unbedachten und ungeschickten Versuche der Regierung, das Buch zu verhindern. Inzwischen war klar, daß der einzige Effekt, den diese Versuche gehabt hatten, darin bestand, das Buch in einer Woche an die Spitze der kanadischen und amerikanischen Bestsellerlisten zu katapultieren, was Israel zugleich als repressiv und lächerlich dastehen ließ.

Der Erfolg des Buches löste einen Sturm der Kritik aus, der sich hauptsächlich auf meine Glaubwürdigkeit oder auf meine Absichten konzentrierte.

Die ursprüngliche Beschuldigung, das Buch gefährde das Leben der Mossad-Agenten oder ihrer Kontakte, wurde stillschweigend fallengelassen. Mein amerikanischer Verleger hatte mich ausführlich über diese Möglichkeit befragt, bevor er sich bereit erklärte, das Buch herauszubringen. Ich überzeugte ihn davon, daß jede denkbare gefährdete Person entweder durch Tarnung geschützt oder erst gar nicht erwähnt wurde. Und das erwies sich als richtig.

Gewöhnlich krankten die Angriffe an ihren Ungereimtheiten. In Israel äußerte Ministerpräsident Shamir gegenüber der »Jerusalem Post«, das ganze Buch sei mit üblen Absichten geschrieben worden. »Ich glaube, daß alles auf Böswilligkeit und Lügen beruht und mit der Absicht geschrieben wurde, Israel zu schaden.«

Die Verurteilung des Buches als »Lüge« steht jedoch in direktem Widerspruch zu von Israel bei kanadischen Gerichten hinterlegten Dokumenten, die nicht nur meine Tätigkeit beim Mossad bestätigen, sondern in denen auch extra eine Serie von Dokumenten, Schemata, Karten und anderen Informationen aufgelistet ist, die wir – widerrechtlich – in dem Buch als authentisches, dem Mossad gehörendes Material verwendet hätten.

In Israel beherrschte die »Ostrovsky-Affäre« eine Zeitlang die Medien. In der »Maariv« vom 14. September war die Titelgeschichte das Thema, wobei der größte Teil aus einer Collage bestand, die mich als Ebenbild Saddam Husseins darstellte. Ein Rundfunkreporter, der mich für einen israelischen Sender interviewte, nannte mich einen »Verräter«, und ein Journalist des Massenblattes »Yedioth Ahronoth« schrieb: »Mein erster Gedanke war, daß jemand Victor Ostrovsky eine Kugel in den Kopf schießen sollte.« Die ehemaligen Mossad-Chefs Meir Amit und Isser Harel machten die Runde in Nachrichtenshows, in denen sie mich zu diskreditieren versuchten.

Das Thema der Angriffe bestand regelmäßig darin, daß der Text des Buches Staatsgeheimnisse von höchster Wichtigkeit verriete – und daß alles gelogen sei.

Trotz der wiederholten allgemein gefaßten Anklagen wegen angeblicher Unwahrheiten zitierten die Sprecher des Mossad nicht eine spezifische Falschaussage über Tatsachen von größerer Bedeutung. Außerdem hat das Buch allen intensiven internationalen Prüfungen weltweit standgehalten. Auf Sri Lanka war die Regierung so beunruhigt über unsere Enthüllungen, daß sie zur Klärung eine Untersuchungskommission ernannte und der Bevollmächtigte nach Kanada kam, um mich zur Beweisaufnahme unter Eid aussagen zu lassen. In Dänemark wurde die Ausnutzung des dänischen Geheimdienstes durch den Mossad zum Politikum, als bekannt wurde, daß frühere Nachrichtenoffiziere öffentlich unsere Version der Story bestätigt haben. Die Nachrichten über Israels Kontrolle über die dänischen Bandaufnahmen palästinensischer Telefongespräche wurden Teil einer Hauptverhandlung über eine terroristische Zelle, die viele Jahre lang in Kopenhagen operiert hatte. Angeblich erzählte Israel den Dänen, daß der in dem Buch enthaltene Anhang über den dänischen Geheimdienst eine Fälschung sei. Er ist jedoch zusammen mit anderen Materialien in den bereits erwähnten Dokumenten aufgelistet und wurde in dem kanadischen Gerichtsverfahren von Israel als authentisches Mossad-Dokument zitiert. Entweder belügen sie die Gerichte, oder sie belügen die dänischen Behörden.

Die Berichterstattung in den amerikanischen Medien war ausführlich und im allgemeinen fair, und niemand hat sich gemeldet, um die Kernpunkte in der Darstellung über die Aktivitäten des Mossad innerhalb Nordamerikas anzufechten. Das am meisten diskutierte Ereignis, das die Amerikaner betraf, war die Tatsache, daß der Mossad die Amerikaner absichtlich nicht über alles informierte, was er über die Installierung einer Bombe in dem Mercedes-Lastwagen wußte, der später in das Hauptquartier der Marines in Beirut krachte. Der Mossad behauptet jetzt, daß er den Amerikanern damals eine ausdrückliche Warnung zukommen ließ. Aber wenn er es tat, dann wäre das schriftlich festgehalten worden, und er hätte es inzwischen vorweisen können. Er hat es nicht getan. Außerdem, wenn der Mossad von diesem Angriff überrascht wurde, wie konnte er dann eine Liste von dreizehn Schuldigen übergeben, die mit dem Attentat des nächsten Tages zu tun hatten?

Obwohl die meisten Kritiker die Vernebelungstaktik Israels durchschaut haben, tauchte doch immer wieder die Frage auf, wie ich angesichts meines relativ niedrigen Ranges beim Mossad überhaupt soviel erfahren konnte. Das ist eine berechtigte Frage, die wir in der Originalausgabe vielleicht nicht ausführlich genug behandelt haben. Aber als Katsa-Trainee beim Mossad hatte ich Zugang zum Mossad-Hauptcomputer. Wie alle anderen Auszubildenden hatte ich auch Zugang zu den Dokumenten, Akten und mündlichen Berichten der einzelnen Operationen einschließlich der Bänder und schriftlichen Kopien von abgehörten Gesprächen – wie es in diesem Buch beschrieben wird.

Nicht jeder, der im Hauptquartier des Mossad arbeitet, hat zum Großteil der Informationen freien Zugang, aber den Katsas ist das fast uneingeschränkt möglich. Man darf nicht vergessen, daß der Mossad eine kleine Organisation ist, in der alle Mitglieder nicht nur einander kennen, sondern durch die gemeinsame Aufgabe auch ein offenes Vertrauensverhältnis zueinander haben. Zugegeben, die Computerinformationen an den verschiedenen Konsolen sind aufgesplittet, aber wenn ein Offizier Zugang zu Informationen einer anderen Konsole haben will, braucht er nur hinunter in die Halle zu gehen und seinen Kollegen zu fragen. Das wird routinemäßig erledigt. Außerdem sollte es niemanden wundern, daß wir außerhalb des Büros diese Angelegenheiten im Kontakt untereinander und mit unseren Familien zu Hause offen besprachen.

Was den Zugang zu lebenswichtiger Information betrifft, so hat der Mossad viel von der Haltung der israelischen Armee übernommen. Anders als in vielen Armeen, in denen nur die Generale und einige ranghohe Offiziere wirklich wissen, was vorgeht, beziehen die Israelis gern viele Leute von der Spitze an bis nach unten mit ein, denn wenn ein Offizier getötet wird, kennt der rangniedrigere Mann das Ziel der Übung. Wenn auch er ums Leben kommt, kann der Mann unter ihm weitermachen usw. Unter Katsas gilt die gleiche Philosophie.

Die Reaktionen der Jüdischen Gemeinde in Kanada und den USA auf das Buch und mich sind unterschiedlich gewesen. Viele waren feindseliger Art. In Ottawa strich mich das Zentrum der Jüdischen Gemeinde z. B. aus seiner Adressenkartei, und ein prominenter Rabbi erzählte einer Gruppe von Leuten, er plane eine Bücherverbrennungsparty für *By Way of Deception*.

Die anfängliche Beschuldigung, ich sei ein Verräter, kam von Leuten, die das Buch nie gelesen haben und es auch nie lesen werden. In den Monaten seit der Veröffentlichung habe ich von immer mehr Juden erfahren, die das Buch inzwischen *gelesen* und erkannt haben, daß es *kein* Angriff auf Israel ist, sondern über eine aus der Kontrolle geratene Organisation berichtet, deren Politik und Vorgehensweise oft mehr Schaden als Nutzen bringen. Ich bin ein Israeli, der sich dem Überleben und dem Wohl unseres jüdischen Staates immer verpflichtet fühlt. Und ich weiß, daß Israel einen Mossad braucht – aber einen besseren als diesen.

Ich habe *By Way of Deception* nicht wegen des Geldes geschrieben; wenn es so wäre, hätte ich damals in Ottawa das finanzielle Angebot des Mossad angenommen. Ich schrieb es, weil ich mit einem Gefühl der Angst und Wut fest glaubte, daß Israel sowohl durch den Mossad als auch durch eine bestimmte Politik der Regierung Schaden erleidet. Sobald ich davon überzeugt war, fühlte ich mich immer mehr verpflichtet, dies so laut ich konnte zu äußern. Mir war klar, was einer, der »singt«, gewöhnlich ertragen muß, und ich will nicht so tun, als ob das nicht schmerzte. Aber das wird es wert sein, wenn mein Buch in Israel eine Selbstprüfung auslöst, aus der es letztlich als stärkere, gesündere Nation hervorgeht, auf die alle stolzer sein können.

# GERICHTSDOKUMENTE

BESCHLUSS VON RICHTER MONTGOMERY, GERICHTSHOF
ONTARIO IN DER ANGELEGENHEIT EINER BEABSICHTIG-
TEN KLAGE

RICHTER MONTGOMERY          FREITAG, 7. SEPTEMBER 1990

zwischen dem              STAAT ISRAEL                    Kläger

und              STODDART PUBLISHING CO. LTD.

          VICTOR OSTROVSKY und CLAIRE HOY          Beklagte

BESCHLUSS

Dieser Antrag des Klägers auf einstweilige Verfügung, der ohne
Ankündigung gestellt wurde, wurde heute in Toronto verhandelt.

Nach Lesung des Verfahrensantrags, der eidesstattlichen Erklärung von Yoav Ben-Dror und nach der Erklärung des Anwalts
der klagenden Seite ist eine Klageschrift so bald wie möglich ein-
zureichen.

1. Dieses Gericht verfügt, daß bis Montag, den 17. September
   1990, oder bis zu einem späteren, von diesem Gericht noch
   festzulegenden Zeitpunkt den Beklagten gesamt und jedem
   einzelnen von ihnen hiermit untersagt ist, jegliche Bücher,
   Aufsätze und Artikel zu drucken bzw. drucken zu lassen, zu
   veröffentlichen bzw. veröffentlichen zu lassen, zu vervielfälti-
   gen und zu vertreiben, die Informationen enthalten, welche
   von dem Beklagten Victor Ostrovsky oder irgendeiner anderen Person in seinem Namen geliefert wurden und zu denen
   der besagte Victor Ostrovsky aufgrund seiner Pflichten oder
   im Verlauf seiner Arbeit für den Mossad dem Institut für
   Nachrichten und Spezialoperationen des Staates Israel Zugang hatte.

2. Dieses Gericht verfügt, daß die im Verfahrensantrag enthaltene eidesstattliche Erklärung von Yoav Ben-Dror vom
   6. September 1990 und die angekündigte Klage hiermit als
   vertraulich behandelt und versiegelt werden und nicht Teil des
   öffentlichen Berichts bilden.

GERICHTSHOF ONTARIO

zwischen dem            STAAT ISRAEL                    Kläger

und            STODDART PUBLISHING CO. LTD.

VICTOR OSTROVSKY und CLAIRE HOY        Beklagte

KLAGE

(angekündigt am 7. September 1990)

1. Der Kläger verlangt:

a) eine Erklärung, in der jeder der Beklagten alle erhaltenen oder zukünftigen Einkünfte aus dem Verkauf des Buches, betitelt *By Way of Deception*, und anderer Bücher, Aufsätze oder Artikel, die Informationen enthalten, die von dem Beklagten Victor Ostrovsky oder anderen Personen in seinem Namen geliefert wurden und zu denen Victor Ostrovsky aufgrund seiner Arbeit mit dem Institut für Nachrichten und Spezialoperationen des Staates Israel Zugang hatte, einschließlich aller Einkünfte aus Lizenzverträgen, die die Beklagten in bezug auf besagtes Buch oder andere Bücher, Aufsätze oder Artikel abgeschlossen haben, zugunsten des Klägers in einem fingierten, stillschweigenden oder ausdrücklich erklärten Treuhandverhältnis verwaltet;

b) eine Anordnung einer Buchführung über alle erhaltenen oder zukünftigen Einkünfte der Beklagten aus dem Verkauf des Buches *By Way of Deception* und der anderen, oben erwähnten Bücher, Aufsätze oder Artikel;

c) eine Anordnung an die Beklagten, alle Einkünfte an den Kläger auszuzahlen, die sich aus der Buchführung ergeben;

d) eine einstweilige Verfügung, die es der Beklagten Stoddart Publishing Co. Ltd. bis zur Entscheidung dieses Gerichts untersagt, irgendwelche Gelder an die Beklagten Ostrovsky und/oder Hoy zu zahlen, auf die sie durch die Veröffentlichung und den Verkauf von *By Way of Deception* Anspruch haben;

e) eine Anordnung zur Aushändigung des Tagebuches des Beklagten Ostrovsky an den Kläger sowie alle Dokumente und

Fotografien, die Informationen enthüllen, die Eigentum des Klägers sind und die der Beklagte Victor Ostrovsky unrechtmäßig direkt oder indirekt aufgrund seiner Tätigkeit beim Institut für Nachrichten und Spezialoperationen des Staates Israel erhalten hat, einschließlich aller Kopien und Übersetzungen solcher Informationen, die, wie auch immer gespeichert, kopiert oder vervielfältigt worden sind;

f) eine Anordnung, diese Gerichtsakte zu versiegeln gemäß Abschnitt 147 des Courts of Justice Act von 1984, veröffentlicht vom Stationery Office, Kap. 11, wie angefügt;

g) eine Strafe einschließende Schadensersatzzahlung in Höhe von $ 2 000 000;

h) Ansprüche aus Vorverurteilung gemäß dem Courts of Justice Act von 1984, s. o.;

j) solch weitere und andere Anordnungen, wie sie dieses Gericht für angemessen hält.

## DIE PARTEIEN

2. Der Kläger ist eine souveräne Nation, die in der Stadt Ottawa, Bezirk Ottawa-Carlton, eine Botschaft und in der Stadt Toronto, im Bezirk von Groß-Toronto, ein Konsulat unterhält.

3. Der Kläger unterhält ein Büro im Staat Israel, das bekannt ist als Institut für Nachrichten und Spezialoperationen des Staates Israel (»der Mossad«).

4. Die Beklagte Stoddart Publishing Co. Ltd. (»Stoddart«) ist eine Aktiengesellschaft in Ontario, die die Veröffentlichung und den Vertrieb von Büchern in der Provinz Ontario und anderswo betreibt.

5. Der Beklagte Victor Ostrovsky (»Ostrovsky«) hat seinen Wohnsitz im Bezirk Ottawa-Carlton und war zu jeder entscheidungserheblichen Zeit sowohl Staatsbürger von Kanada als auch des Staates Israel.

6. Der Beklagte Claire Hoy (»Hoy«) hat seinen Wohnsitz im Bezirk Ottawa-Carlton und ist Autor.

## DER ARBEITSVERTRAG

7. Am oder um den 30. September 1984 begann Ostrovsky seine Tätigkeit beim Kläger. Mit Beginn der Anstellung war Ostrovsky beauftragt, für den Mossad zu arbeiten.

8. Als Bedingung für die Anstellung beim Kläger schloß Ostrovsky mit dem Kläger am oder um den 31. Dezember 1984 eine Vereinbarung, die eine Erklärung über den Schutz von Informationen enthält und worin er sich bereit erklärt, sich an die internen Bestimmungen des Mossad zu halten. Auch erklärt er darin, keine Informationen weiterzugeben, die er aufgrund seiner Arbeit erhält. Die Erklärung über den Schutz von Informationen wurde im Staat Israel abgegeben.

9. Abschnitt 4 von Bestimmung 70.01.16 untersagt die Veröffentlichung von Büchern, Aufsätzen und Artikeln u. ä., die Informationen enthalten, an die der Angestellte durch seine Position oder zufällig in Erfüllung seiner Pflichten oder im Verlauf seiner Arbeit gelangt ist, selbst wenn derartige Informationen nicht direkt mit seiner Arbeit verbunden sind. Abschnitt 4 untersagt auch die Weiterleitung jeglicher Informationen an eine Person, die diese in die Lage versetzen, ein Buch, einen Aufsatz oder Artikel etc. zu schreiben, der Informationen und Artikel enthält, die oben erwähnte Informationen enthalten.

10. Als Bedingung für die Fortsetzung der Beschäftigung von Victor Ostrovsky beim Kläger schlossen Ostrovsky und ein Vertreter des Klägers am oder um den 18. Januar 1985 einen Beschäftigungsvertrag (»der Arbeitsvertrag«). Der Arbeitsvertrag wurde auf dem Gebiet des Staates Israel geschlossen.

11. Paragraph 1 des Arbeitsvertrages besagt, daß er gemäß Bestimmung 1(2) der State Service Regulations (Vorschriften) (Sondervertrag) 5720-1900 und Paragraph 16.413 des Takshir geschlossen wurde. Der Takshir wiederholt die Verpflichtung zur Geheimhaltung sowohl während als auch nach Ende des Beschäftigungsverhältnisses.

12. Paragraph 8 des Arbeitsvertrages schließt ausdrücklich die Bedingungen der State Service Regulations und die zeitweilig gültigen Bescheide des State Service Commissariat ein.

13. Die State Service Regulations lauten u. a. wie folgt:
[Übersetzung]

42.512 Informationen – einschließlich falscher Informationen sowie Beschreibungen, Pläne, Mottos, Symbole, Formeln, Objekte oder Teile von ihnen, die Informationen enthalten oder als Informationsquelle dienen können.

42.521 VERBOT UND BEFUGNIS, INFORMATIONEN WEITERZULEITEN

42.521 b) Ein Angestellter, der gesetzlich nicht dazu autorisiert ist, darf an unbefugte Personen keine Informationen weiterleiten, die er aufgrund seiner Tätigkeit erhalten hat.

c) Ein Angestellter darf nicht ohne gesetzliche Genehmigung ein Dokument zurückhalten, das durch seine Tätigkeit in seinen Besitz gelangt ist. Ein Angestellter, der aus dem Dienst ausscheidet . . . muß alle Dokumente, die er durch seine Tätigkeit erhalten hat, der verantwortlichen Person zurückgeben.

42.523 Ein Angestellter, der Informationen, die ihm durch seine Tätigkeit zugänglich wurden, in eine Veröffentlichung einbeziehen möchte (wie in Paragraph 42.522 definiert), die er im Begriff ist zu veröffentlichen, muß sein Gesuch dem Government Secretariat unterbreiten, zusammen mit dem Entwurf der Publikation, die er zu veröffentlichen beabsichtigt . . . Der Angestellte muß seinen Wunsch dem Generaldirektor des Ministeriums, bei dem er angestellt ist, vortragen oder, falls er bereits aus dem Saatsdienst ausgeschieden ist, beim Generaldirektor des Ministeriums, bei dem er beschäftigt war.

42.525 Es ist verboten, Informationen an einen Journalisten weiterzugeben, wenn der Angestellte dazu nicht autorisiert worden ist . . .

42.531 Ein Angestellter darf den Inhalt offizieller Dokumente oder Informationen, die ihm im Verlauf seiner Arbeit zugänglich wurden, nicht weitergeben, wenn er vom Generaldirektor des Ministeriums, bei dem er beschäftigt ist, dazu nicht autorisiert worden ist . . .

42.532 Ein Angestellter darf nichts veröffentlichen, das mit seiner offiziellen Aufgabe oder mit Angelegenheiten zu tun hat, die Teil seiner offiziellen Aufgabe sind, wenn er dazu keine Erlaubnis von dem Generaldirektor seines Ministeriums erhalten hat.

42.54 VERÖFFENTLICHUNG VON BÜCHERN

42.541 Will ein Angestellter ein Buch veröffentlichen über Inhalte, die mit seiner Arbeit zusammenhängen, oder mit Dingen, für die er durch seine Tätigkeit verantwortlich ist, und will der Generaldirektor oder irgendein anderer Beamter, der von diesem autorisiert wurde, die Veröffentlichung des ganzen Buches oder eines Teils davon genehmigen... dann ist die autorisierende Person berechtigt, ihre Genehmigung von der Bedingung abhängig zu machen, daß das Buch als offizielles Dokument veröffentlicht wird.

42.542 Wenn die Genehmigung für die Veröffentlichung des Buches zur Bedingung hatte, dieses gemäß Paragraph 42.541 als offizielles Dokument zu veröffentlichen, dann hat der Angestellte Anspruch auf Vergütung, die zwischen ihm und dem Verantwortlichen vereinbart wurde und die nicht den offiziellen Satz übersteigt, der zwischen dem Autorenverband und dem Verlegerverband vereinbart wurde, oder auf Bezahlung zu einem anderen Satz, der mit Zustimmung der Civil Service Commission festgelegt wurde.

14. Am oder um den 9. März 1986 unterzeichnete Ostrovsky anläßlich seines Ausscheidens aus dem Beschäftigungsverhältnis mit dem Kläger eine Verpflichtungserklärung auf Geheimhaltung nach Beendigung seiner Tätigkeit beim Mossad, worin er u. a. anerkannte:

a) seine Verpflichtung, keinerlei Informationen preiszugeben, zu denen er durch seine Position oder im Verlauf seiner Arbeit beim Mossad Zugang hatte;

b) daß ihm die Veröffentlichung von Büchern, Artikeln, Berichten usw. untersagt ist, die Informationen enthalten, zu denen er durch seine Position und Arbeit Zugang hatte;

daß ihm untersagt ist, Journalisten, Autoren, Verlegern und anderen Publizisten Details bekanntzugeben, die ihm aufgrund oder im Verlauf seiner Arbeit bekannt wurden.

## VERTRAGSBRÜCHE

15. Während Ostrovskys Beschäftigungsverhältnis mit dem Kläger wußte Ostrovsky um durch den Arbeitsvertrag geschützte Informationen über die Operationen des Klägers. Im Verlauf seiner Tätigkeit bereitete Ostrovsky ein Tagebuch über seine Arbeit vor, das geschützte Informationen und widerrechtlich angeeignete Dokumente enthält, die Eigentum des Klägers sind (»die Dokumente«), einschließlich

   a) Organisationsschemata des Mossad,

   b) Organisationsschemata des Tsomet,

   c) eines Übersichtsplans der Mossad-Akademie,

   d) Ausbildungsmaterial, einschließlich Karten,

   e) Computer-Ausdrucken, einschließlich eines Ausdrucks, in dem der dänische Geheimdienst beschrieben wird,

   f) des AMAN-Fragebogens,

   g) Fotografien und

   h) weiterer und anderer Dokumente und Einzelheiten, die vor der Verhandlung vorgelegt werden sollen

16. Unter Verletzung des Arbeitsvertrages unterließ es Ostrovsky, sein Tagebuch dem Kläger auszuhändigen und die Dokumente zurückzugeben.

17. Im oder etwa im April 1988 verriet Ostrovsky unter Verletzung des Arbeitsvertrages Hoy Informationen über die Operationen des Mossad und seiner Kontakte, von denen Ostrovsky während seiner Tätigkeit für den Kläger erfuhr und die durch den Arbeitsvertrag geschützt sind.

18. Für einen Anteil am Gewinn aus der Veröffentlichung erklärte sich Hoy bereit, als Ko-Autor mit Ostrovsky ein Buch unter dem Titel *By Way of Deception* (»das Buch«) zu verfassen, das von Ostrovsky erhaltene, durch den Arbeitsvertrag geschützte Informationen enthüllt.

19. Von April 1988 bis November 1989 arbeiteten Hoy und

Ostrovsky zusammen an der Vollendung des Buchmanuskripts, wofür sie Informationen, das Tagebuch und die Dokumente benutzten, die alle durch den Arbeitsvertrag geschützt sind.

20. Im oder etwa im November 1989 schlossen Hoy und Ostrovsky mit Stoddart Publishing eine Vereinbarung, worin im Austausch für an Hoy und Ostrovsky zu zahlende Lizenzgebühren Stoddart die Exklusivrechte an Produktion, Veröffentlichung und Verkauf des Buches übertragen wurden, einschließlich der Berechtigung, Dritte dazu zu autorisieren.

21. Zu keinem entscheidungserheblichen Zeitpunkt suchte Ostrovsky um Genehmigung oder Vollmacht nach für die Veröffentlichung oder für die Weitergabe der Informationen, einschließlich des Tagebuchs und der Dokumente.

22. Der Kläger macht geltend, daß Hoy und Stoddart an Ostrovskys Vertragsbruch beteiligt waren. Sie überredeten Ostrovsky, seinen Vertrag mit dem Kläger insofern zu brechen, als

a) Hoy und Stoddart von Ostrovskys Verpflichtung wußten, keine Informationen, die sich aus seiner Arbeit mit dem Kläger ergaben, preiszugeben;

b) Hoy und Stoddart Kenntnis darüber hatten, daß die Veröffentlichung des Buches Ostrovskys Verpflichtungen gegenüber dem Kläger verletzen würde;

c) Hoy und Stoddart Ostrovsky beim Schreiben des Buches und bei den Vorbereitungen zu dessen Veröffentlichung ermutigten und unterstützten;

d) Hoy und Stoddart das Tagebuch, Informationen und Dokumente erhielten und zu ihrem eigenen Nutzen veränderten, obwohl sie wußten, daß diese geschützt waren.

EIGENMÄCHTIGES HANDELN

23. Am 6. September 1990 verständigten die Anwälte des Klägers die Anwälte von Stoddart von der Absicht des Klägers, am Morgen des 7. September 1990 eine einstweilige Verfügung in dringendem Fall zu erwirken.

24. Der Anwalt des Klägers erschien am Freitag morgen des

7. September 1990 vor diesem Gericht und bekam eine einstweilige Verfügung zugesprochen, die bis zum 17. September 1990 oder bis zu einem späteren, von diesem Gericht noch zu entscheidenden Zeitpunkt die Veröffentlichung jeglicher Informationen untersagt, die von Ostrovsky oder irgendeiner anderen Person in seinem Namen geliefert wurden und zu denen Ostrovsky aufgrund seiner Pflichten oder im Verlauf seiner Arbeit für den Mossad Zugang hatte.

25. Am Morgen des 7. September 1990 fuhren Stoddart und Ostrovsky fort, Medienvertreter zu treffen und an sie Anschauungsmaterial über den Inhalt des Buches zu verteilen mit vollem Wissen darüber, daß der Kläger zu diesem Zeitpunkt vor diesem Gericht eine einstweilige Verfügung beantragte, und mit der Absicht, widerrechtlich jeden rechtmäßigen Versuch des Klägers, die Veröffentlichung des Buches oder der darin enthaltenen Informationen gerichtlich verbieten zu lassen, zu verteilen.

26. Durch Stoddarts und Ostrovskys Treffen mit Medienvertretern wurden geschützte Informationen am 7. September 1990 durch Global Television Network und am 8. September 1990 durch den »Toronto Star« veröffentlicht.

27. Nach November 1989 vereinbarte Stoddart mit seiner Tochtergesellschaft in den USA, St. Martin's (»St. Martin's«), den Vertrieb des Buches in den USA. Der Vertrieb sollte im Oktober 1990 beginnen.

28. Nachdem Stoddart von der einstweiligen Verfügung dieses Gerichts erfahren hatte, veranlaßte er St. Martin's am oder um den 7. September 1990, den Vertriebstermin in den Vereinigten Staaten auf den 17. September 1990 zu verlegen. Der Vertrieb in den Vereinigten Staaten wurde am oder um den 11. September 1990 begonnen.

29. Der Kläger bringt vor, daß Stoddart unter Verletzung der einstweiligen Verfügung dieses Gerichts und mit der Absicht, die Wirkung jeglicher auf Unterlassung gerichteter Rechtsmittel in Ontario rechtswidrig zu vereiteln, den Beginn der Veröffentlichung in den Vereinigten Staaten vor dem Ergeb-

nis des Antrags auf eine Verfügung dieses Gerichts veranlaßt hat.

30. Infolge der frühen Veröffentlichung des Buches in den Vereinigten Staaten wurde jeglicher angemessene Nutzen einer gerichtlichen Verfügung in Ontario für den Kläger vereitelt. Stoddart begann den Vertrieb des Buches in Ontario am oder um den 17. September 1990.

31. Der Kläger macht geltend, daß die Beklagten nicht berechtigt sein sollten, von ihrem unrechtmäßigen Vorgehen zu profitieren.

## ANSPRUCH AUF BUCHFÜHRUNG

32. Der Kläger macht geltend, daß die Informationen einschließlich des Tagebuchs und der Dokumente, die Ostrovsky beim Mossad erhielt, geschützte Informationen darstellen und ausschließliches Eigentum des Klägers sind.

33. Der Kläger macht geltend, daß die Beklagten die geschützten Informationen einschließlich des Tagebuchs und der Dokumente, die Eigentum des Klägers sind, zu ihrem eigenen Nutzen veränderten, und fordert von den Beklagten eine Buchführung über alle Einkünfte aus der Verwendung derselben, einschließlich aller Einkünfte aus der Veröffentlichung und dem Vertrieb des Buches.

## FINGIERTES TREUHANDVERHÄLTNIS

34. Der Kläger fordert, daß jeder der Beklagten zugunsten des Klägers alle Einkünfte aus dem Verkauf des Buches und aller anderen Bücher, Aufsätze und Artikel mit Informationen, die von Ostrovsky oder anderen Personen in seinem Namen geliefert wurden und zu denen Ostrovsky durch seine Tätigkeit beim Mossad Zugang hatte, einschließlich aller Einkünfte aus Lizenzverträgen, die von den Beklagten im Hinblick auf besagtes Buch und anderer Bücher, Aufsätze oder Artikel abgeschlossen wurden, in einem fingierten, stillschweigenden oder ausdrücklich erklärten Treuhandverhältnis hält.

## STRAFE EINSCHLIESSENDER SCHADENSERSATZ

35. Der Kläger beantragt, daß das Verhalten von Stoddart und Ostrovsky, wie oben in Paragraph 24 bis 31 beschrieben, unabhängig von Ostrovskys Vertragsbruch, so eigenmächtig, rachsüchtig und verwerflich war und daß die berechtigten Interessen des Klägers und das Verfahren dieses Gerichts so schändlich mißachtet wurden, daß ein eine Strafe einschließender, verschärfter oder exemplarischer Schadensersatz gegen die Beklagten verfügt werden sollte.

## GERICHTSSTAND

36. Der Kläger schlägt vor, die Gerichtsverhandlung dieser Klage in Toronto stattfinden zu lassen.

Eingereicht am     Goodman & Carr, Joel Goldberg

Anwälte des Klägers

# ANHANG

# Anhang I

## ORGANISATIONSSCHEMATA UND DOKUMENTE

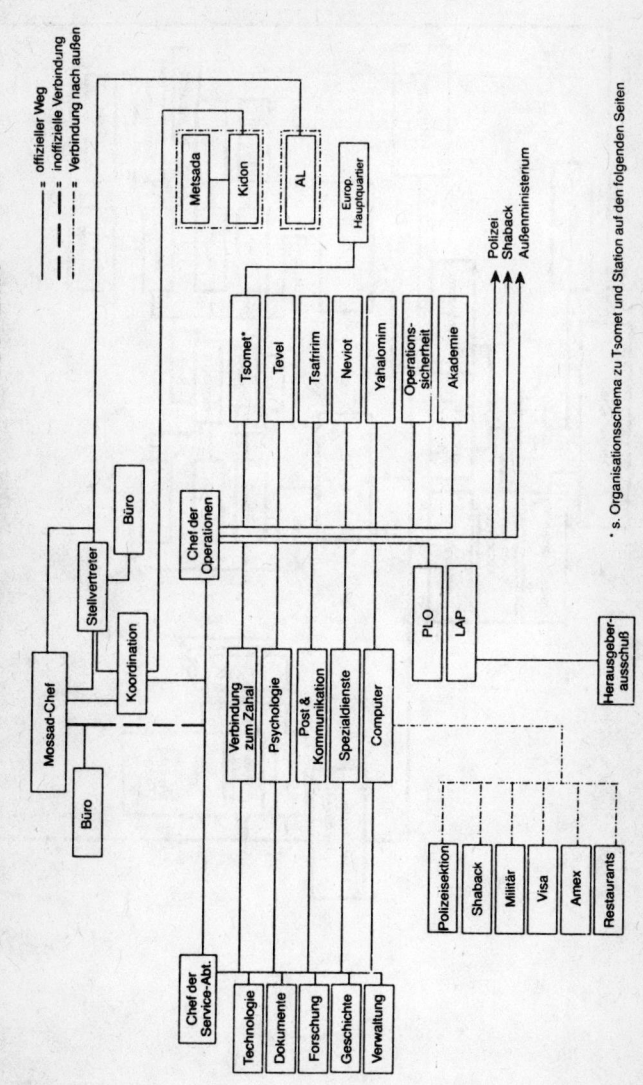

MOSSAD-ORGANISATIONSSCHEMA

= offizieller Weg
= inoffizielle Verbindung
= Verbindung nach außen

Metsada
Kidon
AL
Europ. Hauptquartier

Polizei
Shaback
Außenministerium

Tsomet*
Tevel
Tsafririm
Neviot
Yahalomim
Operations-sicherheit
Akademie

Stellvertreter
Büro
Chef der Operationen
Koordination
Mossad-Chef
Büro

PLO
LAP

Verbindung zum Zahal
Psychologie
Post & Kommunikation
Spezialdienste
Computer

Herausgeber-ausschuß

Polizeisektion
Shaback
Militär
Visa
Amex
Restaurants

Chef der Service-Abt.
Technologie
Dokumente
Forschung
Geschichte
Verwaltung

* s. Organisationsschema zu Tsomet und Station auf den folgenden Seiten

# TSOMET-ORGANISATIONSSCHEMA

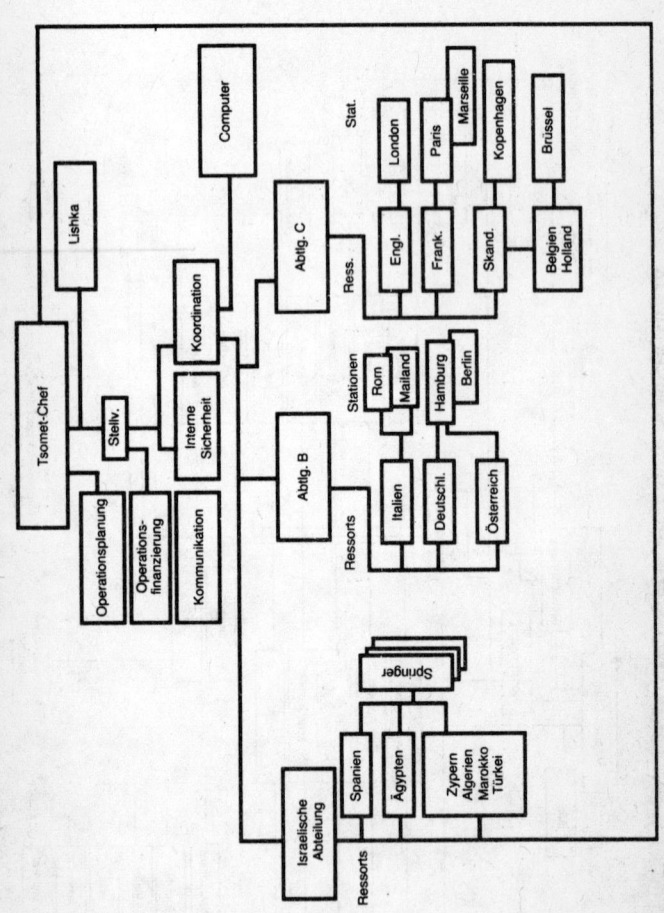

ORGANISATIONSSCHEMA
EINER
STATION

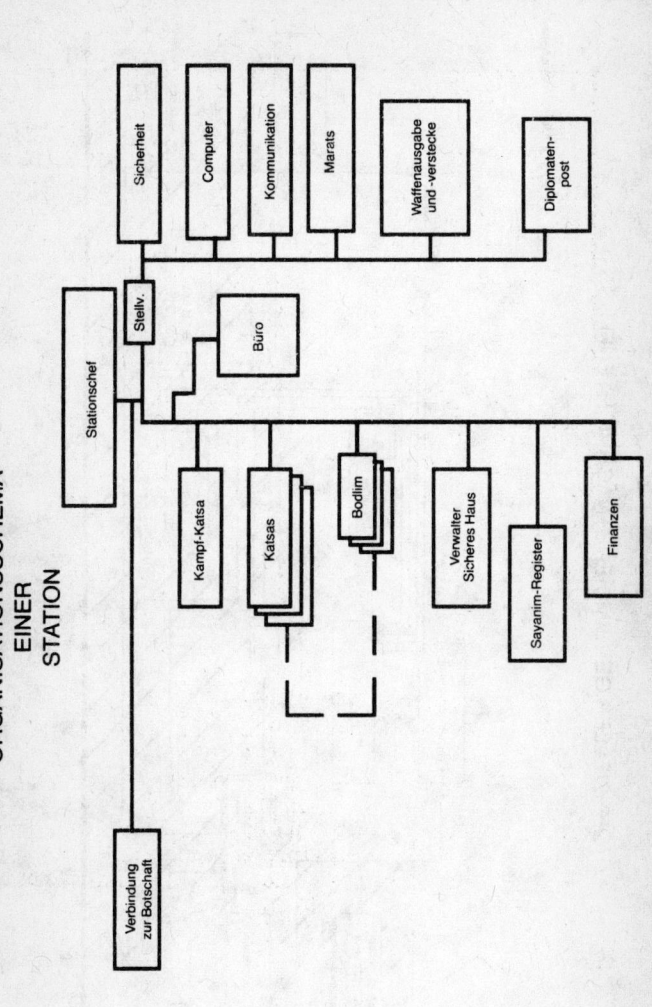

# OFFIZIELLER GEHEIMDIENSTNACHRICHTENFLUSS

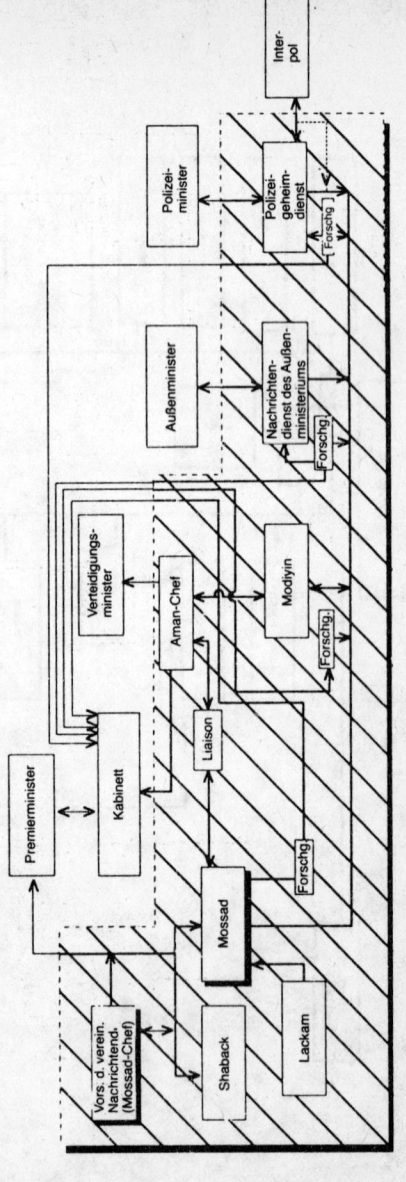

▧ = Geheimdienstgemeinschaft

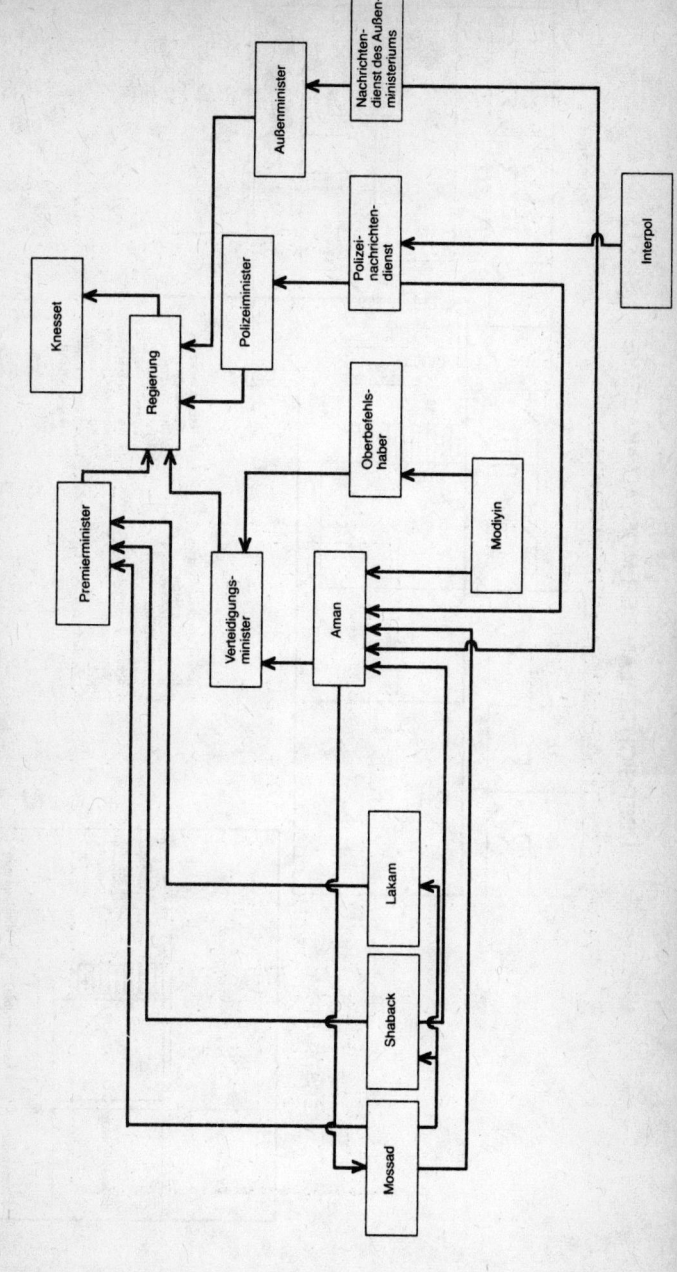

TATSÄCHLICHER GEHEIMDIENSTNACHRICHTENFLUSS

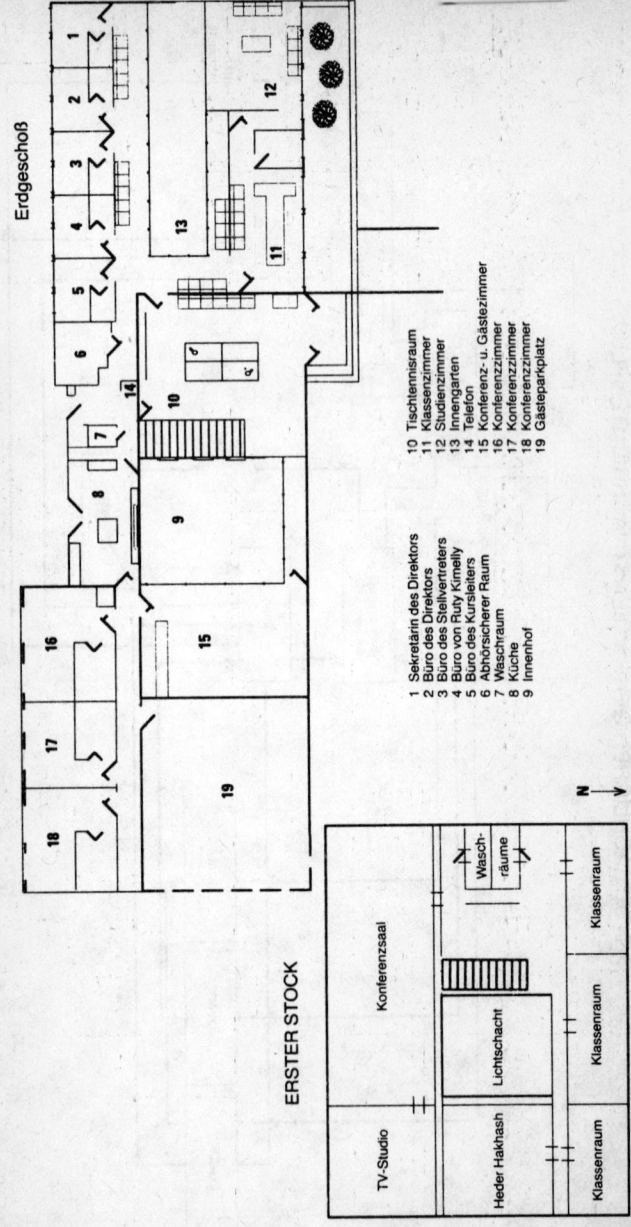

ÜBERSICHTSPLAN DER MOSSAD-AKADEMIE

# MOSSAD-ZAHLUNGSBELEG MIT AUSWEIS DES MONATSGEHALTS FÜR VICTOR OSTROVSKY

*(Die Form des Blattes verdeutlicht die Herkunft aus dem Büro des Premierministers)*

# SCHUTZROUTE:
## TREFFS MIT GEFÄHRLICHEN AGENTEN

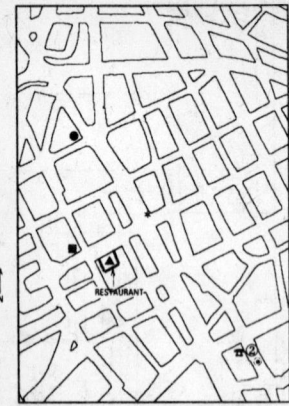

Das Team, das den Katsa beschützt, in der ersten Phase. Alle beziehen ihre Position.

| | Das Team, das den Katsa beschützt |
|---|---|
| ● | Teamchef |
| ▲ | Nr. 2 |
| ■ | Nr. 3 |
| ✳ | Nr. 4 |
| ✕ | Nr. 5 |
| ⊙ | Katsa |
| ⊗ | Kontaktperson |
| ① | Auto Nr. 1 |
| ② | Auto Nr. 2 |
| ☎ | Telefon |

1. Nr. 2 wartet im Restaurant. (Das Restaurant ist bereits für »sauber« erklärt worden; es war beobachtet worden, bevor der Kontaktperson die Adresse genannt worden ist, damit der Kontakt den Ort nicht für seine Zwecke präparieren konnte.)
2. Nr. 3 steht schräg gegenüber auf der Straße, um den Eingang zu beobachten, und ist bereit, der Kontaktperson zu folgen.

3. Nr. 4 ist bereit, zu beobachten und zu folgen.
4. Wagen Nr. 1 steht in Position.
5. Katsa sitzt im Wagen Nr. 2 außer Reichweite und wartet. Der Wagen steht neben einer Telefonzelle, damit der Katsa der Kontaktperson Instruktionen geben kann.
6. Nr. 5 sitzt im Wagen Nr. 1 und folgt dem Taxi der Kontaktperson.

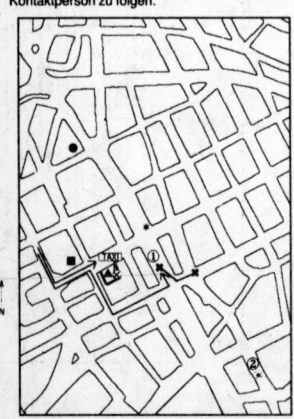

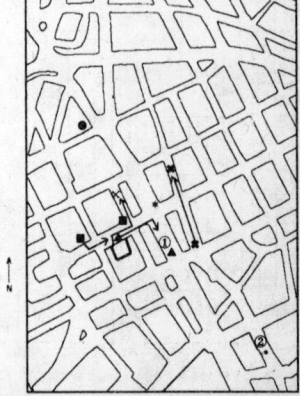

1. Wenn das Taxi der Kontaktperson eintrifft, sind alle in Position.
2. Nr. 5 steigt aus dem Wagen Nr. 1 und signalisiert dem Katsa in Wagen Nr. 2, daß er den »Kontakt« im Restaurant anrufen kann.
3. Wenn der Anruf getätigt ist, blendet Wagen Nr. 2 auf, um dies dem Wagen Nr. 1 zu signalisieren, der wiederum Signale an Nr. 4 weitergibt (etc.), daß der »Kontakt« die Instruktion erhalten hat.
4. Die Kontaktperson verläßt das Restaurant.

5. Nr. 3 folgt dem »Kontakt« und bekommt von Nr. 2 signalisiert, daß der »Kontakt« im Restaurant nicht telefoniert hat (hätte er es getan, würde man die Operation abbrechen, und alle Beteiligten würden das Gebiet im Auto verlassen).
6. Nr. 2 geht dann zu Wagen Nr. 1 und wartet (weil er mit dem »Kontakt« im Restaurant war, muß er nun von der Bildfläche verschwinden.)
7. Nr. 5 läuft zum Punkt, wo er aufgegabelt wird (zum »Take«-Punkt).

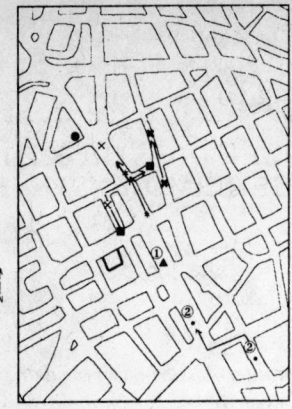
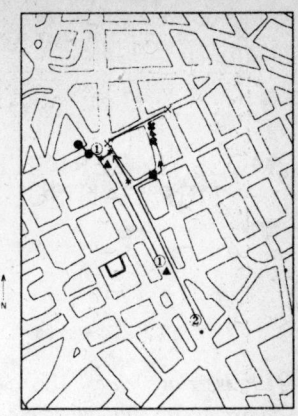

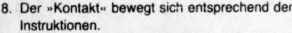

8. Der »Kontakt« bewegt sich entsprechend den Instruktionen.

9. Nr. 3 überläßt den »Kontakt« der Nr. 4 und signalisiert Nr. 4 zugleich, daß der »Kontakt« sauber ist.

10. Nr. 4 übernimmt »Kontaktperson«.

11. Wagen Nr. 2 mit dem Katsa geht in Position 2.

12. Nr. 5 geht in Position und schließt auf.

13. »Kontakt« setzt seinen Weg fort.

14. Nr. 5 nimmt den »Kontakt« auf.

15. Nr. 4 geht an die Ecke und gibt dem Teamchef Zeichen.

16. Wagen Nr. 1 kommt heran und nimmt Teamchef und Nr. 4 auf.

17. Wagen Nr. 2 kommt heran und nimmt Nr. 3 auf.

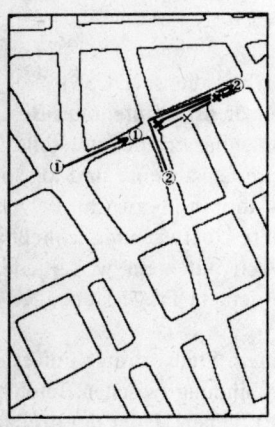
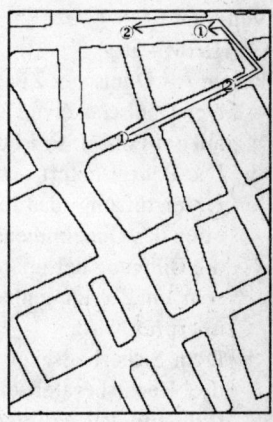

18. Jetzt ist Nr. 5 auf gleicher Höhe mit dem »Kontakt«.

19. Wagen Nr. 2 ist ebenfalls mit der »Kontaktperson« auf gleicher Höhe.

20. Der Katsa öffnet den hinteren Wagenschlag und Nr. 5 fordert den »Kontakt« auf, ins Auto zu steigen, und untersucht die Person nach Waffen o. ä.

21. Wagen Nr. 2 fährt dichter auf und folgt zum Schutz.

22. Alle verschwinden.

# Anhang II

## MOSSAD-BERICHTE ÜBER DIE STRUKTUR DER DÄNISCHEN GEHEIMDIENSTE

*(Übersetzung eines Mossad-Computer-Ausdrucks, in dem der dänische Geheimdienst beschrieben wird)*

Land 4647 1985                    Reprint
                                  Kopie für Land

---

Regulär – 1536    13. Juni 1985
An: Mashove
Von: Land
GEHEIM – 4647
Purple A – Dänischer Ziviler Sicherheitsdienst (DCSS)

1. Der Dänische Zivile Sicherheitsdienst ist integraler Bestandteil der Polizei. Er ist dem Justizministerium unterstellt.

2. Die Polizei liefert dem Geheimdienst Leute und logistische Unterstützung; das Justizministerium überwacht die Aktivitäten des Geheimdienstes. Diese Überwachung schließt auch die Billigung der operativen Aktivitäten ein, wobei jede einzeln im Zusammenhang mit dem in Frage stehenden Ziel überprüft wird.

3. Dem Sicherheitschef und seinem Stellvertreter unterstehen drei Rechtsberater, die als Verbindung zwischen Befehlszentrale und den Agenten vor Ort dienen. Jeder der drei arbeitet mit mehreren Einheiten.

4. Die Hauptziele des Geheimdienstes sind Gegenspionage und Terrorismusbekämpfung. Der Geheimdienst ist auch für die

Sicherung dänischer Einrichtungen und der ausländischen Botschaften verantwortlich. Seine Verpflichtungen Israel gegenüber umfassen die ständige Überwachung der palästinensischen Gemeinde in Dänemark, die etwa 500 Leute zählt.

5. Die operativen Aktivitäten des DCSS werden mit Argwohn und Feindseligkeit beobachtet. Das schränkt seine Möglichkeiten ein. Der Geheimdienst wird auch argwöhnisch von allen möglichen juristischen Instanzen überwacht, was seine Aktivitäten beschneidet. Der Geheimdienst ist verpflichtet, jede Aktion, die er unternehmen möchte, zu erklären, zu analysieren und zu rechtfertigen, insbesondere dann, wenn individuelle Freiheitsrechte auf dem Spiel stehen.

Da der Geheimdienst von Juristen geführt wird, ist er praktisch paralysiert.

6. Treffen mit Purple finden häufig statt. Sollten wir Aufklärung über operative Subjekte benötigen, könnten wir innerhalb weniger Stunden eine Zusammenkunft organisieren.

Alle drei Jahre gibt es ein PAHA-Seminar. Das letzte fand vor einem Monat statt.

7. Es besteht eine enge Kooperation mit Purple A. Die Beziehungen sind gut und vertraulich.

Einer unserer Abhörleute [Marats] sitzt in der Abhörabteilung von Purple und fungiert als Berater für PAHA.

Die Purples konsultieren uns laufend bezüglich der Ziele und Mayanot [Kodebezeichnung für Abhörorte; wörtlich übersetzt heißt es »Brunnen« oder »Quelle«].

Höhepunkt der Zusammenarbeit ist die Operation »Freundschaft« [das Verhör eines palästinensischen Piloten in einem Krankenhaus in Dänemark durch einen Mitarbeiter des Hauptquartiers in Tel Aviv. Der Kode-Name für das Hauptquartier in Tel Aviv lautet HA-Y-HAL oder »Palast«]. Bei der Operation, einen irakischen Piloten zu rekrutieren, haben die Purples sehr viel riskiert, dabei diente die ganze Operation nur unseren Zwecken.

In der Vergangenheit setzten wir eine Operation mit »Shonsanimo« und »Abu el Phida« in Gang, die in Dänemark stattfinden sollte. Aufgrund einer operativen Entscheidung unsererseits wurde sie dann doch nicht durchgeführt.

8. Die Informationen, die wir über Mayanot erhalten, liefern uns ein vollständiges und klares Bild von der palästinensischen Gemeinde in Dänemark sowie einiges Material über politische Aktivitäten der PLO.

9. Der Austausch über o. a. Punkte funktioniert sehr gut.

10. Was das Thema Mahol [wörtlich: »Tanz«, bezieht sich auf wechselseitige Rekrutierungsoperationen] angeht, gibt es völlige Übereinstimmung, wann immer wir es wünschen.

11. *Wichtige Persönlichkeiten*

   A. Henning Fode – Sicherheitchef. Im November 1984 ernannt.

   B. Michael Lyngbo – Stellvertreter seit August 1983. Hat keine Geheimdiensterfahrungen, ist jedoch trotzdem für Gegenspionage verantwortlich.

   C. Paul Moza Hanson – Rechtsberater des Sicherheitschefs. Er ist unser Kontaktmann zu den Purples. Seine Haupttätigkeit ist die Terrorismusbekämpfung. Er beendet demnächst seinen Dienst. Hanson nahm am letzten PAHA-Seminar in Israel teil.

   D. Halburt Winter Hinagay – Chef der Abteilung für Terrorismusbekämpfung und subversive Aktivitäten; nahm am letzten PAHA-Seminar teil.

Land 4648                                 Reprint
                                          Kopie für Land

---

Regulär – 1024   14. Juni 1985
An: Mashove regulär
Von: Land
GEHEIM – 4648
Purple B – dänischer »Mossad« (Dänischer militärischer Abwehrdienst, DDIS)

1. Allgemeines
   Der dänische »Mossad« ist der Geheimdienstarm des däni-
   schen Militärs. Er ist dem Armeechef und dem Verteidigungs-
   minister unterstellt. Chef des DDIS ist ein hoher Beamter der
   Armee.
2. »Mossad«-Struktur
   Der DDIS ist in vier Einheiten zusammengefaßt.
   A. Verwaltung
   B. Abhördienst (8200)
   C. Forschung
   D. Nachrichtensammeln
3. DDIS-Verantwortungsbereiche
   A. Für die NATO:
      (1) Ostdeutschland und Polen abdecken
      (2) Die Schiffsbewegungen des Ostblocks in der Ostsee
          registrieren; dafür werden sehr leistungsfähige, mo-
          derne Geräte verwendet.
   B. Intern:
      (1) Politische und militärische Forschung
      (2) Positives Nachrichtensammeln innerhalb Dänemarks
      (3) Verbindung zu ausländischen Nachrichtendiensten
      (4) Die Regierung mit nationalen Lageeinschätzungen
          beliefern. (Im allgemeinen gilt das Hauptinteresse des
          DDIS dem Ostblock.)
   C. Es wird ein neuer Aufgabenbereich vorbereitet, mit dem
      der Nahe Osten abgedeckt werden soll. Anfangs wird ein
      Mann einen Tag in der Woche daran arbeiten. Ziel ist,
      durch dänische Handels- und Geschäftsleute, die Kon-
      takte in Nahost haben, Nachrichtenmaterial zu sammeln,
      wie wir es auf der PAHA-Konferenz empfohlen haben.
4. Das Material, das wir vom DDIS erhalten, betrifft hauptsächlich den Ostblock, d. h. die sowjetischen Aktivitäten zu Land,
   zur See und in der Luft. Er ist spezialisiert auf das Fotografieren von sowjetischen Flugzeugen.
   Besonderes Gewicht wird auf den Einbau neuer Antennen in
   Flugzeugen gelegt.

5. Seit dem Besuch ihres Ressortchefs für Luftwaffenforschung und des Ressortchefs für Marineforschung in Haifa, wird der Beziehung zum DDIS größere Aufmerksamkeit geschenkt.
Im August wird in Israel ein gemeinsames Militärtreffen stattfinden.

6. *Wichtige Persönlichkeiten*
   A. Mogens Telling. Chef dieses Dienstes seit 1976. Besuchte 1980 Israel.
   B. Ib Bangsbore. Chef der Humant-Nachrichtensammlung seit 1982. Er will 1986 aussteigen.

# Anhang III

## DER AMAN-FRAGEBOGEN
## ÜBER DIE SYRISCHE
## MILITÄRBEREITSCHAFT

*(Dies ist die Übersetzung eines neueren Dokumentes, das einem hochrangigen syrischen Agenten vor seiner Abreise aus Europa zurück nach Syrien übergeben wurde.)*

Das Folgende ist eine militärische Informationsanweisung für ein Subjekt, das in ein Zielland reist. Die Anweisung ist nach Prioritäten geordnet. Sie können nach eigener Einschätzung die Punkte fallenlassen, von denen Sie glauben, daß die Quelle sie nicht beantworten kann.

### *Zustand der Alarmbereitschaft und Vorwarnzeiten*

1. Wie ist jede einzelne Stufe der Bereitschaft bei den syrischen Bodenstreitkräften definiert, und wie zeigt sie sich bei folgenden Punkten?
   a) Die Präsenz der Soldaten in den Stützpunkten
   b) Routineübungen
   c) Operativer Zustand der Ausrüstung
   d) Quantität der Waffen und Munition
2. Wie sieht die gegenwärtige Kriegsbereitschaft der syrischen Armee anhand der folgenden Kriterien aus?
   a) Mannschaftsstärke der Einheiten
   b) Einsatzbereitschaft der Ausrüstung
   c) Zustand von Vorräten, Munition, sonstiger Ausrüstung (Quartiermeister)

d) Ausbildungsstand der verschiedenen Einheiten

e) Zustand der strategischen Vorräte in Syrien – Nahrungsmittel, Treibstoff

3. Aus wie vielen Bataillonen bestehen folgende Brigaden?

a) Panzerbrigade 60

b) Panzerbrigade 67

c) Motorisierte Brigade 87 von der 11. Panzerdivision

d) Die 14. Division der »Spezialeinheiten«

*Ausbildungsprogramm für 1985*

4. Was sind die syrischen Zielvorgaben im Rahmen der Ausbildung im Jahr 1985?

5. Welche Einheiten auf Brigade- oder Divisionsebene sollen
voraussichtlich in diesem Jahr in voller Gefechtsbereitschaft
üben und wann?

6. Welche Übungen werden vom Oberkommando der Armeekorps und Divisionen erwartet, und wie sieht der Zeitplan
aus?

7. Welche Lehren hat die syrische Armee aus den Übungen im
Jahr 1984 gezogen?

8. Welche Einheiten haben sich 1984 besonders ausgezeichnet,
und welche Ziele wurden erreicht?

*Besonders zu prüfende Bereiche*

9. Welche Techniken wurden bei Angriffsübungen erprobt?

10. Wieviel Zeit wird in den verschiedenen Ausbildungsstufen
für die Vorbereitung und Durchführung einer Schlacht ver-
anschlagt?

11. Welcher Teil dieser Ausbildung wird nachts durchgeführt?

12. Welche Übungen wurden von der Panzerdivision Nr. 11 und
ihren verschiedenen Einheiten durchgeführt?

13. Gab es in diesem Jahr Übungen, an denen SSM [Boden-Bo-
den-Raketen]-Einheiten beteiligt waren?

14. Welche Kommandoeinheiten übten 1984 und auf welcher Stufe?
15. Welche Lehren zogen die Syrer aus der Galiläa-Friedens-Initiative in den folgenden Punkten?
    a) Panzereinheiten
    b) Kommandoeinheiten
    c) Artillerie- und Flak-Einheiten
    d) Befehl und Kontrolle
    e) Wie weit sind die Syrer bei der Lösung verschiedener Fragen in diesem Zusammenhang gekommen?

*Kriegführungstheorien*

16. Wie sieht die syrische Strategie für das Durchbrechen in befestigtem Gelände wie zum Beispiel auf den Golanhöhen aus?
    a) Wie schätzen die Syrer die israelischen Befestigungen ein, und in welcher Form glauben sie, daß diese Befestigungen angelegt sind?
    b) Welche Mittel haben die Syrer, um diese Hindernisse zu überwinden?
    c) Haben die Syrer Modelle der israelischen Verteidigungslinien?
    d) Wie sieht die syrische Strategie zur Überwindung der israelischen Befestigungsanlagen aus?
    e) Welche Einheiten sind für den Durchbruch vorgesehen? Welche Mittel sind für sie für diese spezielle Aufgabe im Kriegsfall vorgesehen, und welche Mittel besitzen sie heute?
    f) Wie gut sind diese Einheiten zur Bewältigung dieser Aufgabe ausgebildet?

*Die syrischen Kommandos*

17. Wie werden die »Spezialeinheiten« (Division Nr. 14) als Luftlandedivision operieren, wenn die Syrer, wie die

»Quelle« behauptet, nur eine begrenzte Hubschrauber-Transport-Kapazität haben?

18. Sind die Kommandotruppen mit gepanzerten Truppentransportern ausgerüstet, oder sollen sie in Zukunft so ausgestattet werden? Wenn ja, zu welchem Zweck?

19. Sollen noch mehr Divisionen von »Spezialeinheiten« aufgestellt werden? Wenn ja, in welchen Zeiträumen?

20. a) Planen die Syrer die Landung von Kommandotruppen in den vordersten Befestigungslinien?

   b) Planen die Syrer die Landung von Kommandotruppen bei Tel Abu Nida?

   c) Planen die Syrer die Landung von Kommandotruppen bei Tel El Hantsir?

   d) Planen die Syrer die Landung von Kommandotruppen bei Tiel Pars?

   e) Planen die Syrer die Landung von Kommandotruppen im Bukata-Tal?

   f) Werden sie Kommandos an Schnittpunkten landen?

   g) Werden sie Kommandotruppen landen, die versuchen sollen, Kommandoposten einzunehmen?

21. Wie sieht genau die Technik aus, die die Syrer beim Landen von Kommandotruppen anwenden werden?


*Grundlagen*

22. Welche Kräfte brauchen die Syrer nach eigener Einschätzung, um ein strategisches Gleichgewicht mit Israel herzustellen?

   a) Wie viele Divisionen und Armeekorps benötigen die Syrer nach eigener Einschätzung, um dieses Ziel zu erreichen?

   b) Wie viele Panzer, Truppentransporter und wie viel Artillerie benötigen die Syrer nach eigener Einschätzung, um dieses Ziel zu erreichen?

   c) Wie viele Spezialgeräte (siehe Auflistung unten) werden sie brauchen, um dieses Ziel zu erreichen?

1) Brücken und Minenfeld-Räumgeräte
2) SSMs
3) Ausrüstung zur Führung eines chemischen Krieges
d) Welche Hubschrauber-Kapazität für Truppentransporte strebt die syrische Armee an?
e) Wieviel Panzerabwehr-Helikopter müßte die syrische Armee in diesem Rahmen besitzen?

23. Was ist im wesentlichem der Inhalt des auf mehrere Jahre (siehe die Auflistung) angelegten Ausbauplans?
a) Wurde dieser Plan 1984 erfüllt? Wenn ja:
1) Welches waren die ursprünglichen Ziele?
2) Wie viele wurden davon erreicht?
3) Glauben Sie, daß sie die Aufgabe erreicht haben und, wenn ja, bis zu welchem Grad?
b) Welches sind die Ziele der gegenwärtigen Planung?
1) Die Zahl der Einheiten/Regimenter, die neu aufgestellt oder reorganisiert werden
2) Welche quantitativen Zielsetzungen enthält der Plan bei Panzern, ATC, Artillerie, Flak und Pioniereinheiten?
3) Welchen Prozeß muß die Armee dem Plan zufolge durchlaufen?
4) Wie sieht der Zeitablauf für jede einzelne Phase des Plans aus? Wann soll der Prozeß beendet sein?

24. Die Struktur der »Verteidigungskompanie« heute.
a) Welche Einheiten sind in der »Verteidigungskompanie« zusammengefaßt?
b) Wie sieht die Hierarchie in der »Verteidigungskompanie« aus?
c) Welche Einheiten wurden von der »Verteidigungskompanie« nach Siroko verlegt?
d) Gab es Anzeichen von Unruhe aufgrund der Verlegung von Soldaten der »Verteidigungskompanie« in andere Einheiten?
e) Wie sehen die operativen Ziele der »Verteidigungskompanie« heute aus?

25. »Spezialeinheiten« Division Nr. 14
    a) Welche Einheiten umfaßt diese Division gegenwärtig?
    b) Kann das Divisionskommando über Pläne zur Erhöhung der logistischen Unterstützungseinheiten entscheiden?
26. Die »Garde der Republik«
    a) Welche Untereinheiten umfaßt die Garde gegenwärtig, und wie sieht ihre Bewaffnung aus?
    b) Gibt es Pläne zur Erweiterung dieser Einheit?
27. Reserve-Einheiten in der syrischen Armee
    a) Sind (außer Rekruten-Reserven, um Kriegsausfälle aufzufüllen) solche Reserven vorhanden?
    b) Was sind das für Einheiten, und wo sind sie stationiert?
    c) Welche Art Ausbildung erhalten sie, und wie ist ihr Bereitschaftszustand?

*Panzerdivision Nr. 11*

28. Weitere Einzelheiten bezüglich der Untereinheiten dieser Division (konstitutive Bataillone der Brigaden, Bataillone der Artillerie-Batterien und die direkt dem Divisionskommando unterstellten Bataillone). Die Bewaffnung und der Nachschub in den verschiedenen Einheiten, Stand der Ausbildung und Bereitschaft in der Division.
29. Aufgaben und Ziele der Division Nr. 11. Ist die Division als allgemeine Stabsreserve für die Stationierung hinter den Linien vorgesehen, oder wird sie Teil eines neuen Armeekorps?
30. Welche Panzertypen gibt es in jeder Brigade der Division 11? Und wie hoch ist ihre Zahl pro Brigade bis November 1984?
31. Brigade 87 und Brigade 60. Auflistung ihrer Unterabteilungen, ihrer Zahl, Waffen und Ausrüstung, ihrer Mannschaftsstärke und Offiziere; ihre gegenwärtige Stationierung, Grad der Ausbildung und Bereitschaft.

*Gebirgsjägerbrigade 120*

32. a) Wem ist die Brigade heute unterstellt?
    b) Wo ist sie gegenwärtig stationiert?

c) Wo ist ihre ständige Basis?

33. Liste die der Brigade 120 unterstellten Einheiten auf, ihre Bewaffnung und Ausrüstung, Mannschaftsstärke, Offiziere und ihre Ausbildung.

34. Aufgaben und Ziele der Brigade. Wo wird sie im Ernstfall stationiert, und wem wird sie unterstellt?

*Territorial-Kommandos in der syrischen Armee*

35. Liste die verschiedenen Territorial-Kommandos auf, und nenne die operativen Einheiten, die unter ihrem Kommando stehen.

36. Offiziere und Mannschaftsstärke in den verschiedenen Kommandos.

37. Die Aufgaben der verschiedenen Kommandos in Krieg und Frieden.

38. Militärische Lager und Einrichtungen in den verschiedenen Kommandos.

*Armeekorps in der syrischen Armee*

39. Gibt es Pläne zur Bildung neuer Armeekorps in der syrischen Armee? Wenn ja, auflisten und Zeitplan angeben.

40. Wenn solche Korps aufgestellt werden, wird es dann auch weiterhin die allgemeinen Kommandoreserven geben?

*Oberste Heereskommandoleitung*

41. Wieweit ist die Bildung des Oberkommandos gediehen?
42. Welche Einheiten werden ihm unterstellt werden?
43. Offiziere und Mannschaftsstärke?
44. Stationierung der Einheiten und Kommandoposten im Ernstfall und normalerweise?
45. Ziele dieser Heeresgruppe?

46. Liste die Einheiten der Generalstab-Panzerabwehr auf, ihre Zahl und Offiziersstärke.
47. Ihre gegenwärtige Stationierung.
48. Die Standardbewaffnung der Einheiten.

*Beschaffungsziele*

50. Liste die Beschaffungsverträge mit der Sowjetunion auf seit dem Besuch von Assad in Moskau im Oktober 1984, unter besonderer Berücksichtigung hochentwickelter Waffensysteme (Typ, Stückzahl, Ankunftszeit, Zahlungsmodus).
51. Welche Einheiten werden als erste die hochentwickelten Waffensysteme erhalten (die verbesserten T-72-Panzer, die gepanzerten Truppentransporter BMP.1, die Panzerabwehrsysteme, Panzerbegleitsysteme und Artillerie), die in diesem Jahr geliefert werden sollen?
52. Kontakte und Verträge mit westeuropäischen Ländern im vergangenen Jahr und in naher Zukunft, unter besonderer Berücksichtigung hochentwickelter Waffensysteme (Panzer, ATC, mobile Artillerie, Ergänzungsausrüstung).

*Lagerungseinrichtungen*

53. Liste die Einrichtungen zur Lagerung der Neuanschaffungen und der alten Ausrüstung in der syrischen Armee auf. Kapazität, wem unterstellt, Zielvorgaben.
54. Spezifiziere den Bestand der Lager.

*Nachtsichtausrüstung*

55. Gibt es in der syrischen Armee Interesse an der Beschaffung von derlei Ausrüstung, und zu welchem Zweck? Wo wird solche Ausrüstung beschafft? Es ist merkwürdig, daß die »Quelle« nichts über den Gebrauch solcher Ausrüstung in der syrischen Armee weiß.

56. Woraus bezieht das »Subjekt« seine Einschätzung, daß die Panzerabwehr-»Fodge« nicht in Panzerabwehrbrigaden umgewandelt wird? [Eine »Fodge« ist eine Einheit, die kleiner als eine Brigade ist; wichtig in arabischen Streitkräften.]
57. Was ist der Unterschied zwischen einer Panzerabwehr-»Fodge« und einer Brigade?

*Spezialeinheiten*

58. Worauf gründet die Quelle ihre Sicherheit, daß das Kommando der »Fodge« nicht in ein Bataillonskommando umgewandelt wird?
59. Was ist der Unterschied zwischen einem »Fodge«-Kommando und einem Bataillonskommando?

*Offiziere und Mannschaften*

60. Liste die Neuernennungen und Ausschlüsse auf entsprechend der für Januar 1985 zu erwartenden Bekanntmachung.
61. Die Veränderungen im Oberkommando nach der Rückkehr von Rifad Assad und nach dem bevorstehenden Baath-Kongreß.
62. Warum ist Halmat Shaby nicht bei militärischen Zeremonien anwesend, die normalerweise die Anwesenheit des Stabschefs erfordern? Sind Veränderungen in seiner Funktion als Stabschef zu erwarten?
63. Entsprechen die Gerüchte der Wahrheit, daß Ebrahm Tsafi von der Division Nr. 1 zum Stellvertretenden Stabschef ernannt wird, nachdem Ali Atslan zum Stabschef an die Stelle von Shaby getreten ist?
64. Sind Veränderungen in der Position von Ali Duba und seinem Stellvertreter Magid Said zu erwarten? Wenn ja, wohin werden sie versetzt, und wer tritt an ihre Stelle?

65. Sind Veränderungen in der Verantwortlichkeit und den Zielen der von Rifat Assad geleiteten Truppe zu erwarten? Nach Aussagen der »Quelle« soll Rifat Assad Ahamed Diab in der Leitung des Büros für nationale Sicherheit ersetzen.

66. Die Neuernennungen in der Division 569.

67. Die Struktur des syrischen Verteidigungsministeriums.

68. Spezifiziere das Trainingsprogramm der Kadetten an der Militärakademie von Homs.

69. Wie viele Teilnehmer hat der Kurs der neuen Kadetten, die ihr Training an der Militärakademie in Timz aufnehmen sollen?

70. Nach welchem System geben sie die Beförderungs-Kennnummern an die Kadetten in der Militärakademie in Homs aus? Detailliert erläutern.

71. Mannschaftsstärke in der syrischen Armee verglichen mit der Sollstärke, speziell in den Divisionen?

72. Liste der Offiziere von so vielen Einheiten wie möglich.

73. Kodes der Reservisten nach ihren Berufen oder entsprechend ihren speziellen Einheiten.

74. Wo werden diese aufbewahrt? ($73 \times 73$)

75. Wie oft werden die Kodes gewechselt?

76. Spezifiziere die für '84–'85 erwarteten Rekruten, ausgehend von ihrer Ausbildung.

# GLOSSAR

AGENT Ein häufig falsch benutzer Ausdruck. Der Agent ist ein Rekrut, nicht ein einheimischer Angestellter eines Nachrichtendienstes. Der Mossad hat in der ganzen Welt etwa 35000, davon 20000 operative Agenten und 15000 »Sleeper« (oder »Schläfer«). »Schwarze« Agenten sind Araber, »weiße« Agenten sind Nicht-Araber. »Warn«-Agenten sind strategische Agenten, die auf Kriegsvorbereitungen hinweisen, das kann z. B. ein Arzt in einem syrischen Krankenhaus sein, der bemerkt, daß große Mengen Medikamente und medizinische Ausrüstung angeliefert werden; oder ein Hafenangestellter, der wachsende Aktivitäten bei Kriegsschiffen feststellt.

AKADEMIE (Midrasha) Offiziell Sommerresidenz des Premier-Ministers genannt, ist die Ausbildungsstätte des Mossad nördlich von Tel Aviv.

AL Eine geheime Einheit von erfahrenen Katsas, die, bestens getarnt, in den Vereinigten Staaten arbeitet.

AMAN Militärischer Geheimdienst.

APAM *(Avtahat Paylut Modienit)* Sicherheitsabteilung für Operationen.

BABLAT »Das Mischen der Bälle« oder *Bilbul Baitsin,* Unsinn reden.

BALDAR Kurier.

BASISLAND Westeuropa, Vereinigte Staaten, Kanada: wo der Mossad Basen besitzt.

BATH LEVEYHA Weibliche Begleiterinnen, nicht für sexuelle

Bedürfnisse; gewöhnlich einheimische Frauen, nicht unbedingt Jüdinnen, die als Agenten-Assistentinnen eingestellt werden.

BENELUX Das belgisch-holländisch-luxemburgische Ressort im Mossad-Hauptquartier.

BODEL (Pl. *Bodlim*) oder *Lehavdil*. Verbindungsglied, Kurier zwischen sicheren Häusern und den Botschaften oder zwischen verschiedenen sicheren Häusern.

DARDASIM *(Smerfs)* Eine Unter-Abteilung im Kaisarut; sie arbeiten in China, Afrika und im Fernen Osten, um Beziehungen aufzubauen.

DIAMANT *(Yahalomim)* Eine Einheit im Mossad, die mit den Agenten in den Zielländern die Nachrichtenverbindung herstellt und aufrechterhält.

DIREKTE NACHRICHTENERFASSUNG Wirkliche physische Bewegungen oder Aktivitäten, die beobachtet werden können; z. B. Bewegungen von Truppenverbänden oder Waffen oder Kriegsbereitschaft in Krankenhäusern oder Häfen.

DUVSHANIN Gewöhnlich bezahlte Leute bei den UN-Friedenstruppen, die Botschaften oder Päckchen über die israelisch-arabischen Grenzen transportieren.

EINHEIT 504 Ein Mini-Mossad; Einheit zur grenzüberschreitenden Nachrichtenbeschaffung beim Militär.

EINHEIT 8200 Eine militärische Einheit, die sich um das Abfangen von Kommunikationen für den israelischen Geheimdienst kümmert.

EINHEIT 8513 Ein Zweig des militärischen Geheimdienstes, der für das Anfertigen, Beschaffen usw. von Fotografien zuständig ist.

ENTWICKLUNG An die militärische Einheit 8200 angegliedert; sie stellt Spezialschlösser her, Koffer mit doppeltem Boden etc.

EXPERTE MIT GRIFF Ausdruck, der einen Profi auf einem Gebiet außerhalb der Spionage und/oder des Geheimdienstes beschreibt, der auf Unternehmungen mitgenommen wird, um Dokumente oder Gegenstände aus seinem Erfahrungsbereich zu identifizieren. »Mit Griff« ist eine Metapher für ein Paket, d. h., er wird vom Mossad-Team mitgeschleppt.

FELACHE Arabischer Bauer im Libanon, häufig vom israelischen Militär als Agent auf niedriger Stufe rekrutiert.

FORSCHUNG (Research). Dokumentations- bzw. Archiv-Abteilung. Dort werden Nachfragen der verschiedensten Abteilungen bearbeitet und Informationen beschafft und zusammengestellt.

GADNA Paramilitärische Jugendbrigaden in Israel.

HETS VA-KESHET (»Pfeil und Bogen«) Emblem und Sommerausbildungslager des Gadna.

HUMANT Das Sammeln von Informationen von menschlichen Wesen, d. h. Agenten jeder Art.

INSTITUT Formelle Bezeichnung des Mossad. Auf hebräisch lautet der vollständige Name: *Ha Mossad, le Modiyn ve le Tafkidim Mayuhadim* oder zu deutsch: Institut für Nachrichten und Spezialoperationen.

JUMBO Persönliche Information, die dem Geheimdienst vorenthalten wird, und die von Verbindungsoffizieren des Mossad bei ausländischen Verbindungsoffizieren, z. B. vom CIA, beschafft wird.

KAISARUT (ursprünglich *Tevel*) Die Liaison an den israelischen Botschaften; die Beamten sind bei den Behörden des jeweiligen Landes als Geheimdienst-Leute bekannt.

KATSA Operateur, Einsatzoffizier, Agentenführer. Der Mossad besitzt nur etwa 35 aktive Operateure, die weltweit Agenten aus feindlichen Staaten anwerben, anders als der KGB oder der CIA, die viele tausend beschäftigen.

KESHET (später *Neviot*) »Bogen«. Das Sammeln von Informationen in toten Objekten, d. h. aus Einbrüchen, der Installierung von Abhöranlagen etc.

KIDON »Bayonett«. Der operative Arm des Metsada, der für Exekutionen und Entführungen verantwortlich ist.

KOMEMIUTE Siehe *Metsada*.

KSHARIM »Knoten«. Computeraufzeichnungen von Wer-mit-wem-Beziehungen.

LAKAM *(Lishka le Kishrei Mada)* Verbindungsbüro des israelischen Premierministers für Fragen wissenschaftlicher Beziehungen.

LAP *(Lohamah Pscichlogit)* Psychologische Kriegsführung.

LEAD Eine Person rekrutieren, um an eine andere heranzukommen.

MABUAH Jemand, der Informationen nicht direkt, sondern aus einer Quelle anbringt.

MALAT Verbindungs-Ressort für Südamerika.

MARATS Einer, der abhört.

MASLUT »Route«. Ein Absicherungssystem, das zum Selbstschutz verwendet wird und mit dem man herausfinden will, ob man observiert wird oder nicht.

MAULTER Hebräisches Wort, das einfach »nicht geplant« bedeutet. Wird benutzt, um eine nicht geplante oder improvisierte Sicherheitsroute zu beschreiben.

MELUCKHA Ursprünglich *Tsomet* (soviel wie Königreich). Die Rekrutierungsabteilung, die sich um die künftigen Katsas kümmert.

METSADA (später *Komemiute*). Topgeheime Organisation, wie ein Mini-Mossad innerhalb des Mossad. Beschäftigt eigene Spione.

MISGAROT Siehe »Schutzrahmen«.

MISHLASHIM *»Tripler«.* Deponie oder tote Briefkästen.

MOLICH »Läufer«. Wie ein Blindenhund; jemand, der nicht für seine direkte Verwendung rekrutiert wurde, sondern um zu jemand anderem hinzuführen.

NAKA Einheitliches Mossad-Schreibsystem, Berichte über Operationen und Informationen.

NATIV Sammelt Nachrichten über die Sowjetunion; ist dabei behilflich, Fluchtwege für Juden aus dem Ostblock anzulegen.

NEVIOT Siehe *Keshet.*

OPERATEUR Der in den meisten Geheimdiensten übliche Name für Einsatzoffizier, entspricht dem Katsa beim Mossad. Im Mossad sind die Operateure die Leute im Metsada, die sich um die Spione kümmern.

OTER Ein bezahlter Araber, der hilft, Kontakte zu anderen Arabern herzustellen, und häufig beim Rekrutierungsprozeß benutzt wird; er erhält gewöhnlich 3000 bis 5000 Dollar monatlich plus Ersetzung von Ausgaben.

PAHA *(Paylut hablanit oyenet)* Feindliche Sabotage-Aktivitäten, d. h. die PLO.

PFERD *(Sus)* Eine hochrangige Person, die einem beim Hochklettern der Karriereleiter hilft.

RESEARCH Siehe *Forschung*.

ROUTE Siehe *Maslut*.

SAIFANIM »Goldfisch«. Abteilung innerhalb des Mossad, die für die PLO verantwortlich ist.

SAYAN (Pl. *Sayanim*). Freiwilliger jüdischer Helfer außerhalb Israels.

SCHUTZRAHMEN *(Misgarot)* Israelische Selbstschutzeinheiten (Bürgerwehren), die in der ganzen Welt eingerichtet wurden.

SHABACK Das israelische FBI.

SHICKLUT Die Abteilung, die für das Abhörpersonal zuständig ist, d. h. die *Marats*.

SHIN BET Früherer Name des Shaback.

SICHERES HAUS Vom Mossad eigentlich »operative Appartements« genannt; Appartements oder Häuser, die im Besitz des Mossad sind oder von ihm angemietet wurden. Plätze für geheime Zusammenkünfte und Operationsbasen (konspirative Wohnungen).

SIEBEN STERNE Kleines, ledergebundenes Tagebuch im Besitz der Katsas, in dem chiffrierte Telefonnummern und Kontakte stehen.

SLICK Versteck für Dokumente, Waffen etc.

SPIONE Israelis, die in arabische Länder geschickt werden, um dort getarnt zu arbeiten.

SPRINGER In Israel stationierte Katsas, die kurzfristig in fremde Länder »springen«, im Gegensatz zu jenen Katsas, die im Ausland stationiert sind.

TAGESLICHT Höchste Alarmbereitschaft in einer Mossad-Station.

TAYESET Deckname für die Ausbildungsabteilung.

TEUD »Dokumente« – Dokumente herstellen, z. B. Pässe.

TEVEL Siehe *Kaisarut.*

TSAFRIRIM Zu deutsch: »Morgenbrise«. Organisiert jüdische Gemeinden außerhalb Israels; ist bei der Aufstellung der jüdischen Selbstschutzgruppen (Bürgerwehren) behilflich.

TSIACH *(Tsorech Yediot Hasuvot).* Jährliche Zusammenkunft der militärischen und zivilen Geheimdienstorganisationen Israels; auch der Name des Dokumentes, in dem die nachrichtendienstlichen Informationen für das folgende Jahr aufgelistet sind, nach der Abfolge ihrer Wichtigkeit.

TSOMET Siehe *Meluckha.*

WEICHE NACHRICHTEN Beobachtungen nicht-physischer Art, wie wirtschaftliche Abläufe, Gerüchte, Moral, gesamtgesellschaftliche Stimmungen.

YARID »Jahrmarkt«. Teams, die für die Sicherheitsmaßnahmen bei Aktivitäten in Europa zuständig sind.

ZIELLAND Jedes arabische Land.

# NAMENREGISTER

439

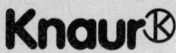
# Brennpunkt Naher Osten

(4076)

(4824)

(4028)

Immer stärker geraten die Länder des Nahen Ostens in den Blickpunkt der internationalen Politik. Von islamischer Weltrevolution ist die Rede, über die israelische Innenpolitik wird diskutiert, die Palästinenserfrage ist zum Gegenstand langwieriger Verhandlungen geworden. Knaur greift diese brisanten Themen auf.

(4867)

**Knaur®**

# Brennpunkt Politik

MISHA GLENNY
**Jugoslawien**
**Der Krieg, der**
**nach Europa kam**
MIT EINEM VORWORT VON PETER GLOTZ

(80023)

**GIOVANNI**
**FALCONE**
**MAFIA**
**INTERN**

(80012)

Erweiterte
Neuausgabe

**Michail**
**Gorbatschow**
**Perestroika**
Die zweite
russische Revolution

Eine neue Politik
für Europa und die Welt

(3961)

**Boris Jelzin**
**Aufzeichnungen**
**eines Unbequemen**

(4841)

ANTONINO
CAPONNETTO **Die**
**Antimafia**
Wie dem organisierten
Verbrechen
der Prozeß gemacht
werden kann

(80013)

Eberhard
Beckherrn
**Bankrott**
**einer Weltmacht**
Die armen
Erben
der Sowjet-
union

(77057)